Tom Copeland und Vladimir Antikarov

Realoptionen

Tom Copeland ist Leiter der Bereiche Corporate Finance und Finanzplanung bei der Monitor Group. Zuvor war er von 1987 bis 1998 Chef des Corporate Financial Service bei McKinsey & Company. Er ist Mitglied des Führungsgremiums des *Journal of Financial Management* und war darüber hinaus Vorsitzender des Practitioner's Board of Directors (eines Praktikergremiums) der Financial Management Association.

Nach seiner Promotion an der University of Pennsylvania war er als Professor an der Universität von Kalifornien (UCLA) tätig, wo er gleichzeitig die Position des Präsidenten des Fachbereichs Finanzwirtschaft und des Vice-Chairman der Graduate School of Management bekleidete; dazu dozierte er als Lehrbeauftragter am MIT und an der New Yorker Universität.

Tom Copeland gilt als einer der führenden Experten auf dem Gebiet der Unternehmensbewertung und ist Autor mehrerer Bücher zu diesem Themengebiet.

Vladimir Antikarov arbeitet ebenfalls für die Monitor Group in den Bereichen Unternehmensstrategie, netzwerkökonomische Konzepte, Fusions- und Übernahmeobjekte, strategische Unterstützung bei Akquisitionen und Ausschreibungen. Er war überdies mit dem Auf- und Ausbau der ROA-Kompetenz befasst. Zusammen mit Tom Copeland hat er die Methodenentwicklung sowie die Entwicklung von Software-Tools vorangetrieben, um eine breite Anwendung der Realoptionsanalyse zu ermöglichen, etwa bei Forschungs- und Entwicklungsprojekten, in der Produktentwicklung, bei der Analyse von Auslandsinvestitionen oder bei Investitionen in Wechselkapazität.

Vladimir Antikarov promovierte an der Boston University in Finanzwirtschaft. Er ist Fulbright-Stipendiat und Mitglied hochkarätiger Fach- und Forschervereinigungen wie *Beta Gamma Sigma*, einer nationalen Honor Society, und *Phi Beta Delta*, einer internationalen Akademikergesellschaft.

Tom Copeland und Vladimir Antikarov

Realoptionen

Das Handbuch für
Finanz-Praktiker

Deutsch von Herbert Allgeier

WILEY

Die englische Originalausgabe erschien 2001
bei Texere unter dem Titel *Real Options:
A Practitioner's Guide.*

Copyright © 2001 by Thomas E. Copeland.
This translation published by arrangement
with Texere LLC.

1. Auflage 2002

Die Deutsche Bibliothek – CIP-Einheitsaufnahme
Ein Titeldatensatz für diese Publikation ist bei
Der Deutschen Bibliothek erhältlich.

© 2002 WILEY-VCH Verlag GmbH & Co. KGaA,
Weinheim

Printed in the Federal Republic of Germany

Gedruckt auf säurefreiem Papier.

Lektorat   Dr. Ute Gräber-Seißinger, Lektoratsbüro
                 Satzreif, Bad Vilbel
Satz   TypoDesign Hecker GmbH, Leimen
Druck und Bindung   Ebner & Spiegel GmbH, Ulm
Umschlag   init GmbH, Bielefeld

ISBN   3-527-50045-6

Inhalt

9

Inhalt

Vorwort

Es gibt viele gute Bücher zur Theorie der Realoptionen, und darüber hinaus Hunderte von bahnbrechenden akademischen Aufsätzen. Nach wie vor aber fehlt es an einem Praxisleitfaden – einem Nachschlagewerk, das man griffbereit im Regal stehen hat und bei Entscheidungsproblemen im Alltag jederzeit heranziehen kann. Genau diese Lücke möchten wir füllen. Wir können auf über zwölf Jahre Erfahrung als Unternehmensberater zurückblicken und hatten in dieser Zeit Gelegenheit, unser Wissen in Dutzenden von Fällen erfolgreich in die Praxis umzusetzen. Dieses Buch ist die Quintessenz all dieser Erfahrungen. Natürlich hoffen wir, dass der Realoptionsansatz dadurch an Boden gewinnen und für die Entscheidungsträger in den Unternehmen schon bald ein unverzichtbares Instrument sein wird.

Die Hintergründe dieses Buches

Das zentrale Paradigma, das derzeit bei großen Investitionsentscheidungen das Feld beherrscht, ist der *Kapitalwert* (engl. *net present value*, kurz »NPV«). Leider weist dieses Konzept erhebliche Mängel auf, hauptsächlich deshalb, weil es die Möglichkeiten für Investitionen grundsätzlich und systematisch unterbewertet. Dies hat einen einfachen Grund: Das Kapitalwertkonzept basiert lediglich auf den für die Zukunft erwarteten Cashflows (Zahlungsströmen); für Wertflexibilität hingegen bleibt kein Raum. Nehmen wir ein konkretes Beispiel: Ein über acht Jahre laufendes Projekt kostet in der Entwicklungsphase 50 Millionen Dollar; die Realisierung verschlingt weitere 300 Millionen Dollar. Die Kapitalwertmethode ermittelt nun die zu erwartenden freien Cashflows (FCF) über die Lebensdauer des Projekts, diskontiert sie anhand der gewichteten Gesamtkapitalkosten (WACC) und errechnet so den Barwert (engl. *present value*, kurz »PV«) der erforderlichen Investitionen. Ist dieser Wert negativ, gilt das Projekt als nicht sinnvoll.

Wie gesagt: Flexibilität hat in diesem Ansatz leider keinen Platz. In unserem Beispiel bieten sich den Projektverantwortlichen tatsächlich jedoch mehrere Optionen. Beispielsweise kann das Projekt nach der Planungsphase abgebrochen werden, falls erforderlich. Oder man erweitert sein Volumen oder man streckt es zeitlich, falls es die Erwartungen erfüllt oder gar übertrifft. Oder es kann – als weitere Möglichkeit – auf Eis gelegt, das heißt aufgeschoben werden. Bei optimaler Nutzung sorgen alle diese Möglichkeiten für eine Flexibilität, die den Wert des Projekts deutlich erhöht. Der erfahrene Praktiker begreift intuitiv, dass der Kapitalwert (NPV) diesen Flexibilitäten nicht Rechnung zu tragen vermag, und hat daher oft wenig Vertrauen in die Ergebnisse einer solchen Analyse – und dies ganz zu Recht, wie wir sehen werden.

Der Paradigmenwechsel ist unseres Erachtens überfällig und nur noch eine Frage der Zeit. In zehn Jahren wird der Realoptionsansatz die Kapitalwertmethode als Instrument der Investitionsrechnung definitiv abgelöst haben. Dieses Buch soll den Einstieg in ein komplexes Thema erleichtern und dazu beitragen, dass dieses nützliche, produktive Analysewerkzeug im Alltag möglichst rasch an Boden gewinnt.

Der Aufbau des Buches

In Kapitel 1 definieren wir den Begriff »Realoptionen« und liefern anhand unserer Beratungspraxis zahlreiche Beispiele für den konkreten Nutzen dieses Ansatzes bei Investitionsentscheidungen. Kapitel 2 stammt von John Stonier von Airbus Industrie North America und ist ein Fallbeispiel zur Illustration der Herausforderungen, die mit der Einführung eines neuen Denkansatzes zwangsläufig einhergehen. Stonier beschreibt nicht nur, wie man bei Airbus im Bereich Marketing/Vertrieb mit Realoptionen arbeitet, sondern geht auch detailliert auf die Schwierigkeiten im Zusammenhang mit der notwendigen Veränderung des Führungsstils und der Unternehmenskultur ein. Diese beiden einführenden Kapitel dürften vor allem für höhere Führungskräfte von Interesse sein.

In den Kapiteln 3 bis 10 beschäftigen wir uns dann intensiv mit methodischen Fragen. Dieser Teil wendet sich primär an den Praktiker, wobei wir uns zunächst mit der Kapitalwertmethode auseinander setzen. Warum eigentlich, so fragen wir, gilt diese Methode den Aktionären allenthalben und meist unhinterfragt als *das* nutzen- und wertmaximierende Entscheidungsinstrument? Was verbirgt sich eigentlich hinter dem Terminus »freier Cashflow«, was hinter den gewichteten Gesamtkapitalkosten (*weighted average cost of capital*, kurz »WACC«)? Wie verändert sich der Barwert eines Projekts mit der Zeit? Kapitel 4 vergleicht die Kapitalwertmethode mit dem Entscheidungsbaumansatz und der Realoptionsanalyse (ROA). Außerdem führen wir hier ein neues Konzept zur Bewertung von Realoptionen ein: das Replikationsportfolio.

Die Kapitel 5 und 6 befassen sich detailliert mit der Bewertung verschiedener Arten einfacher Optionen (Aufschub, Abbruch, Erweiterung oder Einschränkung von Projekten), ferner mit etwas komplexeren Arten von Flexibilität wie zusammengesetzten Optionen und Wechseloptionen (Kapitel 6). In Kapitel 7 lernen Sie ganz konkret, wie Sie anhand eines Tabellenkalkulationsprogramms (Excel) bei der Bewertung einfacher, kombinierter und zusammengesetzter Optionen vorgehen müssen. Darüber hinaus zeigen wir Ihnen, wie Sie mit so genannten »Optionsgittern« (Bäumen) noch präziser arbeiten können, indem Sie nicht mit Jahresintervallen operieren, sondern das Jahr wahlweise in beliebig viele Schritte (Subperioden) untergliedern.

In Kapitel 8 stellen wir das vierstufige Verfahren vor, das sich bei unserer Beratungstätigkeit sehr bewährt hat. Wir beginnen mit der Bewertung des Projekts ohne Flexibilität, also seinem Kapitalwert (NPV). Danach ermitteln wir anhand einer Monte-Carlo-Analyse (das heißt eines Verfahrens zur Erzeugung von Zufallsvariablen) die Volatilität der Rendite des Projekts, wobei wir die vielen ursächlichen Unsicherheitsfaktoren (zum Beispiel Preis und Absatzmenge) in einer einzigen Größe – der Barwertänderung des Projekts – zusammenfassen, also bündeln. Ergebnis dieser zweiten Stufe unserer Lösungsmethodik ist ein so genannter Ereignisbaum, das heißt ein binomisches Gitter, welches das stochastische Verhalten des risikobehafteten Basiswerts modelliert und, so unsere Annahme, den Wert des Projekts *ohne* Flexibilität widerspiegelt. Auf der dritten Stufe geht es darum, die vorhandenen Realoptionen zu ermitteln und den Ereignisbaum in einen Entscheidungsbaum zu verwandeln. Auf der vierten und letzten Stufe schließlich findet eine Bewertung des Projekts *mit* Flexibilität statt, wobei wir mit Replikationsportfolios und risikoneutralen Wahrscheinlichkeiten arbeiten. Ergebnis ist der Realoptionswert des Projekts.

Die Kapitel 9 und 10 diskutieren Möglichkeiten der Modellierung von Unsicherheiten. In Kapitel 9 bündeln wir alle diese Faktoren im Rahmen einer Monte-Carlo-Analyse. In Kapitel 10 behandeln wir einen spezifischen Unsicherheitsfaktor – den technologischen – separat. Dies deshalb, weil die Zahlung des Basis- oder Ausübungspreises (das heißt die Investitionsentscheidung) in der Praxis häufig vom Ergebnis technologischer Bemühungen abhängt, etwa im Ölgeschäft (Erforschung und Erschließung von Ölfeldern) oder bei Forschungs- und Entwicklungsprojekten (Beispiel pharmazeutische Industrie), aber auch in der allgemeinen Produktentwicklung.

Kapitel 11 bietet Fallbeispiele nebst entsprechenden Lösungen und sollte daher für alle Leserinnen und Leser von Interesse sein. Kapitel 12 schließlich erörtert ein Potpourri von Themen, das von der strategischen Relevanz der Realoptionsanalyse (ROA) bis zur Frage der Beziehung zwischen ROA und Spieltheorie reicht.

Weiterführende Studien

Die Übungsaufgaben, mit denen jedes Kapitel schließt, stellen nicht einfach nur eine Zusammenfassung des zuvor behandelten Stoffes dar. Hier bieten sich der interessierten Leserschaft vielmehr neue, vertiefende Aufgabenstellungen für ein weiterführendes Studium. Zu diesem Zweck haben wir eigens ein Lösungshandbuch – *Real Options Solutions Manual* – entwickelt, das Sie über das Internet bei der Monitor Corporate Finance (www.corpfinonline.com) erwerben können.

Teil I

Kapitel 1
Zum Einstieg

Dieses Buch befasst sich mit unternehmerischen Entscheidungsprozessen. Dabei unterstellen wir, dass jede Unternehmenstätigkeit auf Wertschöpfung zielt, speziell durch Sachinvestitionen (im Unterschied zur Wertpapieranlage). Im Zentrum unserer Betrachtungen stehen groß angelegte Investitionen unterschiedlichster Art. Dies schließt eigene Projekte auf der grünen Wiese genauso ein wie Fusionen, Akquisitionen und Joint Ventures. Wir befinden uns mithin auf dem Gebiet der Investitionsrechnung. Klassischerweise ging es hierbei um strategische Entscheidungen nach dem Muster »alles oder nichts«.

Ganz anders unser Ansatz, wobei wir dieses Buch ganz bewusst als *Praktikerhandbuch* anlegen. Es soll folglich ein nützlicher Leitfaden sein, der den Finanzverantwortlichen (die heute in der Regel ja mit dem PC gut umzugehen wissen) en détail zeigt, wie man ein Investitionsprojekt im Sinne der Realoptionsanalyse (ROA) systematisch durchrechnet, um sich vorab über die möglichen Ergebnisse und Optionen Klarheit zu verschaffen. Leicht ist dies ganz offenkundig nicht auf einem Gebiet, das von abstrakten akademischen Aufsätzen und dem Itô-Kalkül[1] geprägt ist. Umso mehr hoffen wir, dass dieses Handbuch in der Praxis viele Freunde gewinnt und sich auf den Schreibtischen und in den Bücherregalen einen festen Platz zu sichern vermag. Wir waren bemüht, die mathematischen Anforderungen so gering wie möglich zu halten. In der Regel reichen Algebrakenntnisse aus schulischen Zeiten völlig aus – nur ganz selten war es notwendig, höhere Mathematik ins Spiel zu bringen. In den einführenden Kapiteln werden wir dem Leser ausreichend Gelegenheit geben, sich zunächst anhand von Beispielen mit der Materie vertraut zu machen. Erst danach werden wir uns intensiver mit Methodikfragen befassen, etwa im Zusammenhang mit der Quantifizierung von Risiken, der Arbeit mit so genannten »Gittern« (*lattices*) und Ereignisbäumen sowie dem Einbau von Entscheidungsknoten. Denn genau hierin – im Entscheidungscharakter – liegen das Geheimnis und der große Vorzug der Realoptionsanalyse.

Das Buch unterteilt sich grob in drei Teile. Teil 1 (Kapitel 1 bis 4) hat einführenden Charakter. Kapitel 1 bietet Praxisbeispiele. Kapitel 2 schildert die Schwierigkeiten, die bei Airbus auftraten, als das Unternehmen damit begann, das Realoptionskonzept systematisch in der Praxis zu verankern, speziell in den Bereichen Marketing und Verkauf. In Kapitel 3 nehmen wir traditionelle Kapitalwertansätze in der Investitionsrechnung kritisch unter die Lupe und stellen sie der ROA auf empirischer Basis vergleichend gegenüber. Kapitel 4 schließlich bietet anhand einfacher Optionen einige Anschauungsbeispiele. Teil 2, der große Mittelteil des Buches (Kapitel 5 bis 10), dreht sich im Kern um ein vierstufiges Verfahren, das wir aufgrund unserer positiven Erfahrungen zur Lösung von Optionsproblemen empfehlen: (1) Schätzung des Kapitalwerts (NPV) ohne Flexibilität; (2) Modellierung der Unsicherheiten, die den Investitionswert beeinflussen; (3) Einbau von Entscheidungsknoten in den zur Modellierung der Unsicherheiten erstellten Ereignisbaum; (4) Bewertung der Realoptionen anhand eines so genannten »Replikationsportfolio«-Ansatzes. Teil 3 schließlich rundet das Thema mit zwei Schlusskapiteln ab. Kapitel 11 spielt die Realoptionsanalyse anhand zweier realistischer Fallbeispiele exemplarisch durch. Kapitel 12 widmet sich einigen der schwierigeren Probleme, etwa der Beziehung zwischen Realoptionsanalyse und Spieltheorie.

Ein nützliches Analogon: Reise von A nach B

Nehmen wir an, Sie wollten mit Ihrem Auto quer durch den amerikanischen Kontinent von Boston nach Los Angeles fahren. Natürlich besorgen Sie sich – am besten aus dem Internet – zunächst eine gute Karte. Klar, sagen Sie sich, die kürzeste Entfernung zwischen zwei Punkten ist bekanntlich die Gerade. Doch ganz so einfach lässt sich die Route nicht festlegen. Es empfiehlt sich stattdessen, bei der Planung in erster Linie den großen Highways zu folgen und lieber einen kleinen Umweg zu machen, wenn man dafür zügig vorankommt.

Los geht es also, immer entlang der clever ausgewählten Route. Plötzlich aber geraten Sie in einen Stau oder müssen einer Umleitung folgen – eine so unerwartete wie ärgerliche Situation.

Übertragen wir das Beispiel auf die klassische Investitionsplanung. Der Kapitalwert – das heißt die diskontierten Cashflows – bezieht sich analog nur auf die *erwarteten* Zahlungsströme, die zu einem festen Satz abgezinst werden, wobei ein über die Laufzeit des Projekts gleich bleibendes Risiko unterstellt wird. Wer jedoch dergestalt mit fixen Werten arbeitet, verhält sich genau wie der Reisende, der glaubt, auf seiner einmal festgelegten Route problemlos ans Ziel zu kommen. Umleitungen, Staus, schlechtes Wetter – all dies wird außer Acht gelassen. Flexibles Reagieren auf Unwägbarkeiten ist da überhaupt nicht vorgesehen.

Erfahrene Praktiker stehen dem Kapitalwertansatz eingedenk dessen, dass ihnen das Leben schon so manchen Streich gespielt hat, ziemlich distanziert gegenüber. Das Konzept hat in der Tat leider eine gravierende Schwäche – die Annahmen sind viel zu restriktiv. Typischerweise stellt sich die Kapitalwertanalyse folgendermaßen dar: Ein Unternehmen beabsichtigt, über die nächsten zwei Jahre, sagen wir, 600 Millionen Dollar – 250 Millionen sofort, 350 Millionen im Folgejahr – in eine neue Fabrik zu investieren, die auf zwanzig Jahre angelegt ist und neue Erlöse garantieren soll, wobei die Cashflows beispielsweise am Ende des dritten Jahres in Höhe von 80 Millionen Dollar einsetzen und jährlich um 8 Prozent zunehmen sollen. Dem stehen planmäßige jährliche Gesamtkosten in Höhe von 60 Millionen Dollar gegenüber, die ebenfalls ab dem dritten Jahr anfallen und jährlich um 6 Prozent wachsen. Unterstellen wir, dass es keinen Veräußerungswert, kein betriebliches Umlaufvermögen und keine Steuern gibt und dass die Abschreibung linear erfolgt. Die gewichteten Gesamtkapitalkosten (WACC) liegen bei 10 Prozent. Der Kapitalwert (NPV), der sich unter diesen Bedingungen ergibt, liegt bei –1,44 Millionen Dollar. Nach der Logik des Ansatzes sollte man das Projekt daher am besten begraben. Doch das wäre ein Fehler, denn leider sind die Grundannahmen völlig unrealistisch. Die Investitionen in Höhe von 450 Millionen Dollar finden ja nicht auf einen Schlag, sondern gestaffelt statt – sie beginnen mit der Planung, setzen sich mit der technischen Umsetzung fort und münden schließlich in den tatsächlichen Bau. Auf jeder dieser Stufen kann das Projekt, falls notwendig, abgebrochen werden. Läuft es jedoch gut, wäre die Erweiterung des Umfangs oder die zeitliche Verlängerung (zu je spezifischen Kosten natürlich) zu überlegen. Ist das Objekt gebaut und der Betrieb läuft schlecht, gibt es gleichfalls Optionen: Das Projekt kann entweder zurückgefahren (eingeschränkt) oder das Objekt zu einem kalkulierten Mindestpreis komplett verkauft werden. Außerdem steht ja nirgends geschrieben, dass die Fabrik *sofort* gebaut werden muss. Es ist durchaus denkbar, das Projekt so lange aufzuschieben, bis die Voraussetzungen günstiger sind. Fazit: Dem Management bieten sich mindestens fünf verschiedene Arten von Handlungsflexibilität, um auf Unwägbarkeiten zu reagieren.

Definition des Begriffs ›Realoption‹

Unter einer Realoption versteht man das Recht, aber nicht die Pflicht, innerhalb eines vereinbarten Zeitraums (der Laufzeit der Option) zu vorab festgelegten Kosten (dem Basis- oder Ausübungspreis) in bestimmter Weise tätig zu werden (zum Beispiel das Projekt zu verschieben, zu erweitern, zu reduzieren oder aufzugeben). Um bei unserem Reisebeispiel zu bleiben: Würde man sich vorab eine umfassende Karte mit allen möglichen Reiserouten besorgen, dazu ein Radio, um die Wetter- und Staumeldungen verfolgen zu können, ferner ein globales Positionierungssystem zwecks schneller und sicherer Orientierung, so wäre dies eine Investition in Flexibilität – und die damit verbundene Zeitersparnis würde die Kosten sehr wahrscheinlich rechtfertigen. Zu glauben, man könne eine so lange Strecke hindernisfrei bewältigen, ist ganz klar unrealistisch. Genauso wirklichkeitsfern handelt, wer davon ausgeht, der erwartete Kapitalwert (NPV) berücksichtige bereits den Wert der Flexibilität, über welche die Entscheidungsträger faktisch durchaus verfügen, wenn sie ein Projekt angehen. Formulieren wir es ruhig schärfer: Die Kapitalwertmethode führt zu einer *systematischen* Unterbewertung eines jeden Projekts!

Wie bei Finanzoptionen, wird auch der Wert von Realoptionen von fünf Grundvariablen beeinflusst (weitere Faktoren können indes hinzukommen). Ein wichtiger sechster Parameter ist ebenfalls zu berücksichtigen. Doch widmen wir uns zunächst den fünf Basisvariablen:

1. *Der Wert des zugrunde liegenden risikobehafteten Objekts.* Im Falle von Realoptionen handelt es sich hierbei um ein Projekt, eine Investition oder eine Akquisition. Steigt der Wert des Basisobjekts, so steigt auch der Wert der zugehörigen Option. Einer der Hauptunterschiede zwischen Finanz- und Realoptionen besteht darin, dass der Inhaber einer Finanzoption den Wert des Basisobjekts (beispielsweise einer Aktie) überhaupt nicht zu beeinflussen vermag. Der Wert eines Sachobjekts hingegen lässt sich steigern, sodass sich auch der Wert aller Realoptionen, die von ihm abhängen, erhöht.

2. *Der Basis- oder Ausübungspreis.* Hierbei handelt es sich um den Geldbetrag, der bei Optionserfüllung fällig wird – zu dem das Basisobjekt im Falle einer Call-Option also gekauft und im Falle einer Put-Option verkauft wird. Je höher der Basispreis einer Option, desto niedriger der Wert des Calls und desto höher der Wert des Puts.

3. *Die Optionsfrist/-laufzeit.* Je länger die Laufzeit, desto höher tendenziell der Optionswert.

4. *Die Standardabweichung des Wertes des risikobehafteten Basisobjekts.* Je höher das mit dem Basisobjekt verbundene Risiko, desto höher ist auch der Optionswert, weil die Payoffs (Renditen) einer (Call-)Option davon abhängen, ob und inwieweit der Wert des Basisobjekts den (fest vereinbarten) Basispreis übersteigt. Die diesbezügliche Wahrscheinlichkeit wiederum steigt mit der Volatilität des Basisobjekts.

5. *Der risikofreie Zinssatz über die Laufzeit der Option.* Je höher der risikofreie Zinssatz, desto höher auch der Optionswert.

Die bereits erwähnte sechste Variable stellen die Dividenden dar, die vom Basisobjekt im Verlauf seiner Lebensdauer ausgeschüttet werden (das heißt die Barauszahlungen bzw. -einnahmen). Diese sechs Variablen sind in Abbildung 1.1 zusammenfassend dargestellt.

Werfen wir nun einmal einen Blick in die Geschichte, um das Realoptionskonzept und die damit verbundenen Variablen an einem praktischen Beispiel zu illustrieren. Schon bei Aristoteles werden wir fündig, genauer gesagt bei seiner Thales-Geschichte. Thales von Milet war ein berühmter, auf der Mittelmeerinsel Milos lebender griechischer Naturphilosoph aus der Schule der Sophisten (der »Weisheitslehrer«). Glaubt man der Überlieferung, so verfügte Thales über regelrechte seherische Fähigkeiten. Jedenfalls standen für ihn eines Frühjahrs die Zeichen auf eine sehr gute Olivenernte – so gut sogar, dass Thales seine gesamten, wiewohl bescheidenen Ersparnisse zusammenkratzte und von den Eigentümern der örtlichen Olivenpressen das Recht erwarb, die Maschinen während der Erntezeit zum marktüblichen Satz zu mieten.

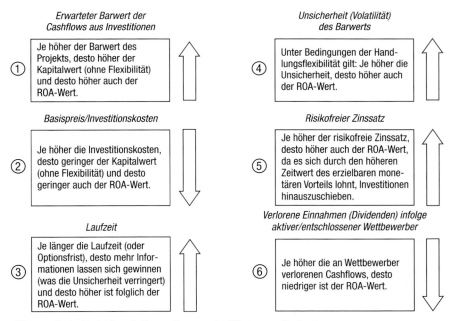

Abb. 1.1   Sechs Variablen als Determinanten des Wertes von Realoptionen

Quelle: T. Copeland, T. Coller und J. Murrin: *Valuation: Measuring and Managing the Value of Companies*, 3. Auflage, New York, John Wiley & Sons, 2000 (deutsch: *Unternehmenswert. Methoden und Strategien für eine wertorientierte Unternehmensführung*, 3. Auflage, Frankfurt am Main, Campus Verlag, 2002).

Nun, Thales hatte tatsächlich Glück. Die Ernte fiel hervorragend aus, und als die Olivenbauern zu den Pressen strömten, um sich ihr Öl zu beschaffen, stand Thales schon bereit. Er zahlte den Eigentümern der Pressen den vertraglich vereinbarten Mietpreis und kassierte flugs bei den Ölbauern ab – zum Marktpreis natürlich, und der lag angesichts der starken Nachfrage weit über dem Mietpreis für die Pressen. Thales erwarb sich auf diese Weise ein Vermögen und lieferte gleichzeitig ein Paradebeispiel für die sprichwörtliche Cleverness und lebenspraktische Klugheit der so genannten »Sophisten«. Im Prinzip handelt es sich hierbei um das früheste Beispiel eines Realoptionsvertrags. Schaffen Sie es, die beteiligten Variablen zu bestimmen?

Das risikobehaftete Basisobjekt ist der Mietwert der Olivenpressen. Hauptunsicherheitsfaktor ist die Schwankung im Ernteertrag, doch die eigentlich interessante Variable (das eigentliche Risikoobjekt) ist die Standardabweichung des Wertes der Mietgebühr für die Olivenpressen. Basis- oder Ausübungspreis ist der übliche Mietsatz, wie vertraglich fixiert. Als risikofreier Zinssatz kann vermutlich ein beobachtbarer Marktsatz gelten. Die Laufzeit oder Optionsfrist ist die Zeit bis zur Olivenernte. Der Optionswert wiederum ist die Summe, die Thales den Eigentümern der Pressen zahlte – mithin seine gesamten Ersparnisse.

Falls Sie diese Variablen korrekt identifizieren konnten, verfügen Sie zweifellos bereits über ausgeprägten Sachverstand. Trotzdem kann sicherlich das eine oder andere moderne Beispiel nicht schaden.

Zu meinen langjährigen Freunden zählt Professor Steve Ross, derzeit Lehrstuhlinhaber an der Sloan Graduate School of Management am MIT. Er war schon mein Lehrer zu Studenten- und Doktorandenzeiten (damals an der University of Pennsylvania), und er ist es bis heute geblieben. Vor einigen Jahren trafen wir uns in Yale, seiner damaligen Station, und aßen gemeinsam zu Mittag. Natürlich unterhielten wir uns auch über finanzwirtschaftliche Themen, und spaßeshalber gab er mir ein kleines Problem zu knacken mit der Auflage, die Zeche zu zahlen, falls ich es nicht würde lösen können. Um es vorwegzunehmen: Ich tappte glatt in die Falle. Doch schauen Sie selbst, ob es Ihnen vielleicht besser ergangen wäre.

Angenommen, Sie haben die Möglichkeit, eine Spielzeugbank zu kaufen, in die Sie heute einen Dollar einzahlen mit der Garantie, in genau einem Jahr 1,05 Dollar herauszubekommen (siehe Abbildung 1.2). Das Angebot gilt für ein Jahr. Der reale Zinssatz liegt momentan allerdings bei 10 Prozent. Preisfrage: Welchen Wert hat die Spielzeugbank?

Wie gesagt: Auch ich tappte damals in die Falle und hielt die Spielzeugbank für wertlos, weil ich dachte, bei der realen Bank einfach mehr holen zu können. Unser Mittagessen ging verdientermaßen auf meine Kosten, da ich nicht

1,05 $ Spielzeugbank   1,00 $

Falsche Antwort	Die Spielzeugbank ist wertlos, weil sich bei der realen Bank ja 10 Prozent,
Kapitalwert – keine Flexibilität	nicht nur 5 Prozent bieten. (Problem: Dabei unterstellen Sie einen festen, also schwankungsfreien Zinssatz!)

Richtige Antwort	Das Spielzeugbankangebot ist aus zwei Gründen durchaus wertvoll. Erstens stellt es
Gesamtwert *mit* Flexibilität (ROA)	eine Option dar (die Sie ausüben können, aber nicht müssen). Zweitens sind die Zinssätze faktisch unsicher. Es besteht durchaus die Möglichkeit/Gefahr, dass die Zinsen unter 5 Prozent fallen. Falls dies eintritt, ist die Option von Nutzen und wird ausgeübt. (Der unsichere Zinssatz ist also der Schlüssel zum Verständnis des Problems!)

Folglich ist der *Kapitalwert* (NPV) irreführend, da er den Options- beziehungsweise Flexibilitätswert der Spielzeugbank ignoriert.

Abb. 1.2 Beispiel einer einfachen Option

Quelle: Steve Ross, Sterling-Professor für Ökonomie und Finanzwirtschaft an der Universität Yale.

sah, dass die Spielzeugbank eine Option auf den Zinssatz darstellte. 10 Prozent hören sich zwar gut an, doch hätte mir klar sein müssen, dass dieser Satz Schwankungen unterliegt und die begrenzte Möglichkeit bestand, dass der Satz binnen eines Jahres unter 5 Prozent fallen würde. In diesem Fall wäre die Spielzeugbank ganz klar wertvoll. Anders formuliert: Sie verkörpert den Wert einer Einjahres-Option auf den Zinssatz, deren Basis- respektive Ausübungspreis 5 Prozent beträgt.

Betrachten wir ein zweites, voll aus dem Leben gegriffenes und ziemlich schmerzensreiches Beispiel, bei dem es ebenfalls um Zinssatzoptionen geht, deren Nutzen von den Verantwortlichen schlicht nicht erkannt wurde. Der Fall stammt aus der Lebensversicherungsbranche. Ende der sechziger Jahre standen die Zinssätze schon seit langem ziemlich niedrig. Einige Lebensversicherungsgesellschaften führten damals in ihren Verträgen eine Klausel, die dem Inhaber der Police das Recht gab, über deren Laufzeit in Höhe des Barwerts ein Darlehen aufzunehmen, und zwar zu einem festen Zinssatz (nehmen wir 9 Prozent an). Die stabil niedrigen Zinssätze im Bereich von 3 bis 4 Prozent ließen die Klausel zunächst als unerheblich erscheinen. Allerdings war die Laufzeit der Option mitunter extrem lang. Ich zum Beispiel war damals 22 Jahre alt und konnte von einer Lebenserwartung von über 50 Jahren ausgehen. Stellt sich also die Frage: Was ist eine Fünfzigjahres-Option auf die Zinssätze wert? Diese Frage verlor Anfang der achtziger Jahre sehr rasch ihren bis dahin rein rhetorischen Charakter, als nämlich die Zinssätze von US-Schatzbriefen auf 17 bis 18 Prozent kletterten. Selbst ich begriff, dass hier ein risikofreier Gewinn winkte, wenn ich bei der Versicherungsgesellschaft zu 9 Prozent borgte, um das Geld anschließend zu 17 Prozent in Schatzbriefe zu investieren. Als schließlich Millionen von Kunden ihr Optionsrecht ausübten, hatte dies für mehrere Gesellschaften üble Folgen, bis hin zur Insolvenz. Dies nur, weil sie ein paar Jahre zuvor, als sie glaubten, auf Biegen und Brechen Kunden an Land ziehen zu müssen, den Optionswert übersehen hatten.

Der asymmetrische Charakter der Renditen von Optionen

Abbildung 1.3 zeigt eine Log-Normalverteilung von Werten, wie sie etwa einer Aktie eigen sein können. Typisch dabei ist, dass der Wert nicht negativ werden kann, während auf der anderen Seite eine geringe Wahrscheinlichkeit dafür besteht, dass er ins Unendliche wächst. Bei der Bewertung von Aktien großer Unternehmen arbeitet man üblicherweise mit diskontierten Cashflows (das heißt der so genannten DCF-Methode). Es werden also zunächst die zu erwartenden Cashflows geschätzt. Anschließend wird anhand der risikobereinigten gewichteten Gesamtkapitalkosten (eines gewichteten Durchschnittswerts, engl. »WACC«) bis zur Gegenwart abgezinst.[2] Eine Call-Option rentiert sich bei Fälligkeit (zum Verfallstermin) immer dann, wenn der Aktienkurs S über dem Basispreis X liegt. Andernfalls ist sie wertlos. Mathematisch ausgedrückt:

Wert einer Call-Option am Verfallstag: MAX[S – X, 0]

In Abbildung 1.3 ist dies der obere Bereich (»Buckel«) der Verteilungskurve (ab dem Punkt also, an dem der Basispreis den Aktienkurs übersteigt). Für die Bewertung der Aktie ist die gesamte Verteilung relevant, für die Bewertung der Option hingegen nur der Buckelbereich der Kurve. Die Optionsauszahlungen sind freilich asymmetrisch, wie Abbildung 1.4 zeigt: Für eine Put-Option etwa sind sie positiv, wenn der Basispreis über dem Aktienkurs liegt (Schwanz der Kurve). Mathematisch ausgedrückt:

Wert einer Put-Option am Verfallstag: MAX[X – S, 0]

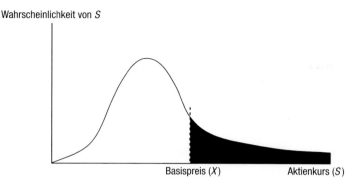

Abb. 1.3   Die Renditen (Payoffs) von Call-Optionen liegen im »Buckel« der Kurve

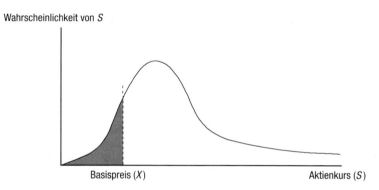

Abb. 1.4   Die Renditen (Payoffs) von Put-Optionen liegen im »Schwanz« der Kurve

Das eigentlich Interessante an diesen Diagrammen besteht jedoch in etwas anderem: Wenn man Call- und Put-Optionen auf diese Weise bewerten kann, lassen sich mit ihnen die Erträge (Payoffs) des zugrunde liegenden Risikoobjekts beliebig »stückeln« und miteinander kombinieren. Optionen sind in diesem Sinne die Lego-Bausteine der Finanzwirtschaft. Abbildung 1.5 illustriert, was damit gemeint ist.

Wir haben es hier mit zwei Call-Optionen mit voneinander verschiedenen Basispreisen (X_1 und X_2) zu tun. Wenn wir beide bewerten können und anschließend die beiden Werte voneinander abziehen, ergibt die Differenz genau den Wert des Verteilungsabschnitts zwischen X_1 und X_2. Mit der Bewertung von Optionen werden wir uns in einem späteren Kapitel noch eingehend beschäftigen, in dem wir recht einfache algebraische Methoden (kein Itô-Kalkül!)

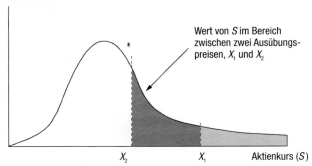

Wahrscheinlichkeit von S

Wert von S im Bereich
zwischen zwei Ausübungs-
preisen, X_1 und X_2

X_2 X_1 Aktienkurs (S)

Abb. 1.5   Optionen sind die »Legobausteine« der Finanzwirtschaft

verwenden. Dort werden wir dann auch einige sehr interessante »Lego-Anwendungen« kennen lernen.

Zur Begrifflichkeit des Realoptionsansatzes

Wer mit Optionen umgeht, kommt ohne ein gewisses Maß an Fachchinesisch nicht aus. Einige Grundbegriffe haben Sie bereits kennen gelernt – den Basis- oder Ausübungspreis (*exercise price*), das Basisobjekt (*underlying asset*, im Deutschen auch »Underlying« genannt) und seine Volatilität, ferner das Verfallsdatum (*maturity date*). Es gilt aber noch einiges mehr zu wissen.

Eine *Call-Option* bezeichnet das Recht, das Basisobjekt durch Zahlung des Basispreises zu erwerben. Der Gewinn aus dem Geschäft zum Zeitpunkt der Ausübung der Option resultiert aus der Differenz zwischen dem (aktuellen) Wert des Basisobjekts und dem vereinbarten Basispreis. Eine *Put-Option* ist genau das Gegenteil, nämlich das Recht, das Basisobjekt zum vereinbarten Basispreis zu liefern und die entsprechende Summe zu kassieren. Liegt bei einer Call-Option der Preis oder Kurs des Basisobjekts über dem Basispreis (womit im Falle der Ausübung der Option ein direkter Gewinn einhergeht), so spricht man von einer *Im-Geld-Option* (*in-the-money option*). Im umgekehrten Fall, wenn also der aktuelle Preis oder Kurs des Basisobjekts unter dem Basispreis liegt, ist die Option *aus dem Geld* (*out-of-the-money option*).

Optionen, die ausschließlich zum Fälligkeits- beziehungsweise Verfallstermin ausgeübt werden können, nennt man *europäische Optionen*. Optionen, die zu einem beliebigen Zeitpunkt innerhalb ihrer Laufzeit ausgeübt werden können, heißen *amerikanische Optionen*. Ferner gibt es hinsichtlich des Wertes des

Basisobjekts *Untergrenzen* (*floors*) und *Obergrenzen* (*caps*). Eine Hypothek zum Beispiel kann einen variablen, doch nach oben begrenzten Zinssatz aufweisen (so genannter Zinsdeckel).

Taxonomie der Realoptionen

Realoptionen klassifiziert man primär anhand des gebotenen Flexibilitätsgrades. Eine Option ist bekanntlich das Recht, aber nicht die Pflicht, zu einem späteren Zeitpunkt in ein Projekt zu investieren. Bei einer *Aufschuboption* (*deferral option*) handelt es sich um eine amerikanische Call-Option, wie sie bei vielen Projekten gegeben ist, deren Beginn flexibel gehandhabt werden kann. Der Basispreis besteht hier in der zum Anschieben des Projekts benötigten Investitionssumme. Eine *Abbruchoption* (*option to abandon*), bei der das Projekt zu einem festen Preis (der sich mit der Zeit allerdings verringert) aufgegeben, das heißt gestoppt werden kann, ist formell eine amerikanische Put-Option. Gleiches gilt für die *Reduzierungs-* oder *Einschränkungsoption* (*option to contract*), das heißt die Möglichkeit, das Projekt zurückzufahren, indem man einen Teil davon zu einem festen Preis veräußert. Die *Erweiterungsoption* (*option to expand*) hingegen, bei der es darum geht, das Projekt beziehungsweise den Betrieb durch Zusatzinvestitionen zu vergrößern, ist eine amerikanische Call-Option. Bei der *Verlängerungsoption* (*option to extend*) wiederum, mit der durch Zahlung eines Basispreises die Laufzeit des Projekts verlängert werden kann, handelt es sich ebenfalls um eine amerikanische Call-Option.

Wechseloptionen (*switching options*) sind Portfolios aus amerikanischen Call- und Put-Optionen, die es dem Besitzer erlauben, zu festgelegten Kosten zwischen zwei Betriebsweisen zu wechseln. In der Energiewirtschaft beispielsweise werden Spitzenlastgeneratoren (in der Regel Gasturbinen) immer dann zugeschaltet, wenn die Strompreise steigen, und im umgekehrten Fall werden sie wieder abgeschaltet. Weitere Beispiele wären die Option, aus einer Branche aus- und später wieder in sie einzusteigen, oder die zeitweilige Stilllegung einer Produktionsanlage.

Ferner gibt es Optionen auf Optionen, so genannte *zusammengesetzte Optionen* (*compound options*). In diese Kategorie gehören etwa gestaffelte Investitionen. Der Bau einer neuen Fabrik beispielsweise kann in Stufen erfolgen – Planungsphase, technische Umsetzung, Bau. Auf jeder Stufe besteht die Möglichkeit, das Projekt ganz zu stoppen oder zeitweilig auf Eis zu legen. Jede Stufe stellt folglich eine Option dar, die von der vorausgehenden Ausübung anderer Optionen abhängt – mithin handelt es sich um eine Option auf eine (oder mehrere) Optionen. Schließlich ist noch eine Optionskategorie zu erwähnen, die auf mehreren Unsicherheitsquellen beruht – so genannte *Regenbogenoptionen (rainbow options)*. Tatsächlich kommt dieser letztere Typ von Realoption in der Praxis sehr häufig vor. Unsicherheit besteht oft etwa in Bezug auf den Preis einer Produktionseinheit (Stückpreis), die potenzielle Absatzmenge und die Zinssätze (die ja den Barwert des Projekts beeinflussen). In der Praxis ist daher oft eine Modellierung im Sinne eben einer *zusammengesetzten Regenbogenoption* verlangt. Beispiele wären etwa die Ölproduktion, Forschungs- und Entwicklungsprojekte oder die Entwicklung neuer Produkte.

Realoptionen sind allgegenwärtig – Praxisbeispiele

Wie erwähnt, arbeiten wir inzwischen schon seit über zehn Jahren mit dem Realoptionskonzept.[3] Die gewonnenen Erfahrungen sprechen Bände. Sie beweisen nicht nur, dass die Realoptionsanalyse zu ganz anderen, nämlich viel besseren Managemententscheidungen führt, sondern dass sich dieser Ansatz auch weit stärker als die Kapitalwertmethode mit den intuitiven Einschätzungen des Praktikers deckt. Hinzu kommt als weiterer großer Vorteil die universelle Nutzbarkeit des ROA-Ansatzes.

Vor allem zwei kritische Fragen werden uns häufig gestellt. Erstens: Führt denn der Realoptionsansatz angesichts dessen, dass der Optionswert der Flexibilität ja zwangsläufig immer positiv ist, nicht zu einer Rechtfertigung von Projekten, von denen man besser die Finger lassen sollte? Nun, dazu ist zweierlei zu sagen. Erstens gilt es einfach zu begreifen, dass die Kapitalwertmethode mit einer systematischen Unterbewertung einhergeht, eben weil der Wert der Flexibilität unerfasst bleibt. Zweiter Punkt: Es stimmt, dass der Wert der Flexibilität an sich immer positiv ist, doch heißt dies ja noch lange nicht, dass sie genutzt werden muss. Nicht selten nämlich ist der Preis, der für die Flexibilität zu zahlen ist, höher als ihr Wert. Nehmen wir ein Beispiel: Es ist klar, dass ein Motor, der mit zwei verschiedenen Kraftstoffen (etwa Benzin und Propangas) betrieben werden kann, mehr Flexibilität bietet und folglich wertvoller ist als einer, der nur mit einem einzigen Kraftstoff läuft. Die Zusatzkosten, die mit dieser Wechselmöglichkeit einhergehen, können indes den Wert dieser Option beträchtlich übersteigen. Im genannten Fall wäre es gewiss lohnender, sich mit dem einfacheren, doch kostengünstigeren Benzinmotor zu bescheiden.

Die zweite Frage lautet: Wo sind Realoptionen eigentlich besonders nützlich? Nun, schauen wir uns Abbildung 1.6 an. Realoptionen sind, wie ersichtlich, dort am wertvollsten, wo drei Faktoren zusammenkommen. Nützlich sind sie zunächst sicherlich überall dort, wo die Verantwortlichen bei hoher

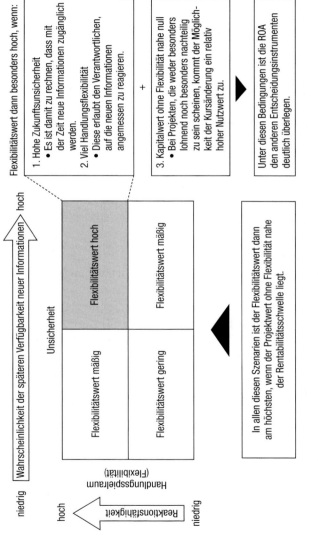

Abb 1.6 Bedingungen, unter denen Handlungsflexibilität besonders wertvoll ist

Quelle: T. Copeland, T. Koller und J. Murrin: *Valuation: Measuring and Managing the Value of Companies,* 3. Auflage, New York, John Wiley & Sons, 2000 (deutsch: *Unternehmenswert. Methoden und Strategien für eine wertorientierte Unternehmensführung,* 3. Auflage, Frankfurt am Main, Campus Verlag, 2002).

Unsicherheit flexibel reagieren können und wollen, doch noch bedeutsamer ist der Realoptionsansatz (verglichen mit der traditionellen Kapitalwertmethode) in Fällen, in denen der Kapitalwert gegen null geht – in der Grauzone gewissermaßen. Ist der Kapitalwert hingegen hoch, besitzen die meisten Optionen relativ geringen Wert, weil die zusätzliche Flexibilität, die sie bieten, eher selten genutzt werden wird. Auch im umgekehrten Fall, wenn der Kapitalwert also stark negativ ist, kann die Optionalität nicht mehr viel retten. Fazit: Der zusätzliche Wert der Handlungsflexibilität ist dort besonders hoch, wo die Entscheidung pro oder kontra knapp ist, der Kapitalwert also nahe bei null liegt. Bei den meisten Praxisbeispielen, die wir nachfolgend erörtern werden, war genau dies der Fall, wobei die Verantwortlichen typischerweise oft den intuitiven Eindruck hatten, dass mit dem Kapitalwertergebnis (NPV) etwas nicht ganz stimmen kann.

Aufschub-Call-Option

Beim fraglichen Klienten handelte es sich um einen von mehreren Bietern bei einer öffentlichen Ausschreibung zur Verpachtung staatlicher Kohlehalden in Verbindung mit einem Kohleabbaurecht. Das Management hatte die übliche Kapitalwertanalyse vorgenommen und dabei brav alle relevanten Parameter ermittelt: Preisentwicklung (pro Tonne Kohle) in der Vergangenheit; künftiger Preistrend; geschätzte Kohlemenge im Abbaugebiet; Förderkosten. Auf dieser Basis wurden anschließend die zu erwartenden frei verfügbaren Cashflows prognostiziert und anhand der geschätzten gewichteten Gesamtkapitalkosten auf die Gegenwart abgezinst. Im letzten Schritt wurden die Erschließungskosten abgezogen, sodass man unter dem Strich zu einen Kapitalwert von –81 Millionen Dollar gelangte. All dies geschah, wie gesagt, ganz ordentlich nach der allgemein üblichen Methode. Umso irritierter waren die Verantwortlichen, als sie gerüchteweise von viel höheren Konkurrenzangeboten hörten. Da der Erlös pro Tonne aber nur einen Dollar über dem Förderpreis je Tonne lag, war das Projekt außerordentlich riskant – eine Änderung um nur einen Dollar würde genügen, um die Gewinne zu verdoppeln oder aber gänzlich auszulöschen. Hinzu kam, dass die Erschließungskosten den Kapitalwert bei weitem überstiegen.

Im Rahmen der Erörterung des Kapitalwerts interessierten sich die Verantwortlichen auch für die Frage, wann mit der Erschließung zu beginnen wäre. Dabei stellte man fest, dass ab Vertragsdatum eine Einstiegsfrist von fünf Jahren bestand. Innerhalb dieses Zeitraums konnten die Arbeiten also beliebig begonnen werden, mussten es aber auch – ansonsten würden die Rechte wieder an den Staat zurückfallen. Einer ersten Idee folgend ermittelte man den Kapitalwert für fünf verschiedene, sich gegenseitig ausschließende Szenarien: Investition sofort; Investition am Ende des ersten Jahres, des zweiten Jahres und so weiter. Doch am Ergebnis änderte dies leider nicht viel.

Dann kam man auf die Idee, das Projekt einmal mit einer Aufschuboption durchzurechnen, um die Investitionsmaßnahme so lange vertagen zu können, bis man aufgrund eines gestiegenen Kohlepreises relativ sicher sein könnte, die Erschließungskosten vor dem nächsten Preissturz wieder hereinzuholen. Und siehe da! Als Aufschuboption war das Projekt *mit* Flexibilität nun plötzlich mit 159,5 Millionen Dollar in den schwarzen Zahlen. Tatsächlich bekam man auch den Zuschlag – zu einem Preis von 99 Millionen Dollar – und eröffnete die Zeche ein paar Jahre später. Das Projekt entwickelte sich in der Folge so gut, dass ihm momentan ein Wert von rund 800 Millionen Dollar zugeschrieben wird.

Dieses Beispiel macht den fundamentalen Unterschied zwischen dem Kapitalwertansatz und dem Realoptionswert sehr deutlich. Wir werden das Thema zwar später noch eingehend erörtern, wollen aber hier schon den zentralen Punkt festhalten: Die Kapitalwertmethode muss eine Verschiebung um beispielsweise ein Jahr als eine völlig eigenständige Alternative behandeln – eine Verschiebung um zwei Jahre, drei Jahre und so weiter kann dabei nicht ins Kalkül gezogen werden, sodass sich fünf wechselseitig unvereinbare Entscheidungsszenarien ergeben. Die Realoptionsanalyse hingegen schlägt diesen Bogen und bündelt die fünf Szenarien in einem einzigen Barwert: Investitionsentscheidung (pro oder kontra) sofort, doch mit einer eingebauten Entscheidungsregel dahingehend, wann am besten mit der Erschließung zu beginnen ist.

Amerikanische Put-Option: Leasingverträge mit Kündigungsrecht

In Gesprächen mit dem Finanzchef eines großen Herstellers von Flugzeugtriebwerken stellte sich heraus, dass das Unternehmen seinen Kunden ein Optionsrecht einräumte, Verträge über geleaste Flugzeuge, die sich im Eigentum des Triebwerkherstellers befanden, zu kündigen. Aufgrund des harten Wettbewerbs herrschte in der Branche ein so starker Druck, dass man Triebwerke um fast jeden Preis in Verkehr zu bringen suchte, da ein in Betrieb befindliches Triebwerk aufgrund des hohen Ersatzteilbedarfs auf dreißig Jahre Folgeeinnahmen sicherte, deren Barwert den Wert des Triebwerks selbst überstiegen. Der fragliche Triebwerkproduzent ging sogar so weit, selbst Flugzeuge zu kaufen, um sie mit den eigenen Triebwerken auszurüsten und anschließend zu vermieten. Natürlich fragte sich der Finanzchef, was die in den Verträgen enthaltene Kündigungsoption denn eigentlich genau wert sein mochte. Eine Kündigung der jeweiligen Operating-Lease war sowohl vor der Lieferung als auch für eine gewisse Zeit nach der Lieferung möglich – eine zweifellos komfortable Situation für den Kunden. Bei der Bewertung der Optionen stellten wir schließlich fest, dass sie im Falle von Großraumflugzeugen 19 Prozent und im Falle normaler Flugzeuge sogar 83 Prozent des Triebwerkwerts ausmachten.

Die Ergebnisse lösten Entsetzen aus. Händeringend fragte man uns, was in dieser Situation nun wohl getan werden könne, denn natürlich standen Umsatzeinbußen zu befürchten, falls man die Kündigungsoption einfach aus den Verträgen streichen würde. Also suchten wir nach einer Lösung und segmentierten den Markt, Fluglinie für Fluglinie, anhand der Variabilität der geschätzten Betriebserlöse, die ihrerseits wieder von den Schwankungen bei den passagierbezogenen Ertragsmeilen (sowie der jeweiligen Kostenstruktur) abhängen. Klar war: Für die Gesellschaften mit der höchsten Variabilität musste die Put-Option am wertvollsten sein, und sie würden sie folglich auch mit der größten Wahrscheinlichkeit ausüben. Unser Kunde entschloss sich in der Folge denn auch dazu, genau diesen Airlines die Option künftig nicht mehr anzubieten und dabei ruhig ein etwaiges Abspringen dieser Klientel in Kauf zu nehmen. Ein paar Jahre später, als der Flugzeugwert infolge eines Konjunktureinbruchs deutlich absackte, zahlte sich diese Strategie auch prompt aus – das Unternehmen blieb von Stornierungen einigermaßen verschont und sparte auf diese Weise Millionen.

Von Airbus ist bekannt, dass man dort in ähnlicher Weise mit dem ROA-Ansatz arbeitet, um den kundenseitigen Wert spezifischer Realoptionen zu ermitteln. Beispielsweise kann der Airbus-Kunde noch zwölf Monate vor Lieferung auf eine andere Flugzeuggröße umsteigen, sofern es sich um dieselbe (das heißt auf derselben Fertigungsstraße gebaute) Flugzeugfamilie handelt. Eine zuverlässige Schätzung des Optionswerts ermöglicht Airbus zweifellos eine effektivere Vertragsgestaltung. In Kapitel 2 werden wir allerdings im Einzelnen sehen, welche Schwierigkeiten die Implementierung des ROA-Ansatzes aus einer Change-Management-Perspektive mit sich bringt.

Inbetriebnahme und Stilllegung von Zechen: Wechseloptionen in der Praxis

Wechseloptionen stellen das Recht dar, einen Betrieb zu festgelegten Kosten zu schließen und ihn später zu ebenfalls festgelegten Kosten wieder zu eröffnen. Faktisch handelt es sich bei diesem Optionstyp um ein Portfolio aus Puts und Calls.

Die Anwendungsbeispiele für diese Optionsart sind zahlreich. Minenbetriebe etwa können temporär stillgelegt werden, wenn der Preis des Produkts allzu stark fällt, um sie bei steigendem Preis wieder in Betrieb zu nehmen. Fabrikanlagen (etwa Automobilmontagestraßen) können bei sinkender Nachfrage außer Betrieb gesetzt und bei steigender Nachfrage wieder in Betrieb genommen werden. Spitzenlast-Stromgeneratoren (Gasturbinen) können bei hohem Kassakurs zugeschaltet und bei sinkendem Preis wieder abgeschaltet werden. Oder nehmen wir die Ölförderung. Schweröl ist so dickflüssig, dass Direktdampf in den Boden gepumpt werden muss, um das Öl zu verflüssigen und pumpfähig zu machen. Bei der Stilllegung einer Bohranlage geht der in den Boden gepumpte Dampf freilich verloren und muss bei Neueröffnung ersetzt werden (was fixe Kosten beinhaltet). Auch die Aberntung einer Plantage etwa kann (zu fixen Kosten) forciert werden, wenn die Produktpreise steigen, lässt sich aber verlangsamen, wenn die Preise fallen. All dies sind Beispiele für Wechseloptionen.

Abbildung 1.7 zeigt die Ergebnisse einer Anwendung des Wechseloptionskonzepts im Bergbau. Nicht nur macht der Realoptionsansatz den Mehrwert sichtbar, der in der Möglichkeit der Schließung und späteren Wiederinbetriebnahme steckt, sondern er gibt auch Faustregeln für den Zeitpunkt der Optionsausübung an die Hand. Angenommen, der Preis einer Unze Gold liegt bei 350 Dollar und die Gewinnungskosten betragen 300 Dollar. Fällt der Unzenpreis nun auf 299 Dollar, wäre nach der ökonomischen Standardtheorie die Schließung der Mine verlangt, da der Grenzertrag nun unter den Grenzkosten liegt und das Unternehmen pro gewonnener Unze Gold einen Dollar verliert. Die Sache wird nun freilich dadurch verkompliziert, dass einerseits für die Stilllegung und Wiederinbetriebnahme der Mine fixe Kosten anfallen und andererseits der Goldpreis schwankt. Es besteht eine durchaus hohe Wahrscheinlichkeit, dass der Goldpreis schon am nächsten Tag wieder dreht und die 300-Dollar-Marke alsbald übersteigt. Folglich besteht die optimale Strategie darin, erst einmal abzuwarten, bis der Preis so weit unter die 300-Dollar-Marke gefallen ist, dass die zu erwartenden Produktionsverluste die Schließungskosten erreichen. Es empfiehlt sich mithin, vor der Stilllegung zunächst eine gewisse Zeit lang mit Verlust zu produzieren. Schließt man zu früh und steigt

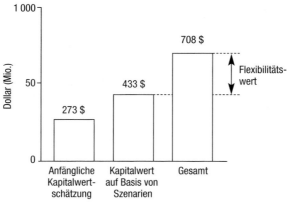

Abb. 1.7 Wechseloptionen im Bergbau

Quelle: T. Copeland, T. Coller und J. Murrin: *Valuation: Measuring and Managing the Value of Companies*, 3. Auflage, New York, John Wiley & Sons, 2000 (deutsch: *Unternehmenswert. Methoden und Strategien für eine wertorientierte Unternehmensführung*, 3. Auflage, Frankfurt am Main, Campus Verlag, 2002).

der Preis wieder über die 300-Dollar-Marke, kann die Wiederinbetriebnahme aus ökonomischer Sicht erst dann stattfinden, wenn der Preis ein Niveau erreicht, bei dem der zu erwartende Gewinn die Anlaufkosten deckt. Die Realoptionsansätze zur Lösung dieses Problems zeigen, dass die mit der Schließung und Wiedereröffnung verbundene Flexibilität den Wert der Mine umso stärker erhöht, je niedriger die Wechselkosten sind. Außerdem erhält das Unternehmen genauen Aufschluss über die optimalen Schwellenpreise.

Gestaffelte Investitionen in eine chemische Fabrik: Beispiel einer zusammengesetzten Option

Ein Chemieunternehmen war bei der Ermittlung des Kapitalwerts einer neuen Anlage bei einem Ergebnis von –72 Millionen Dollar gelandet. Die geplanten Investitionen waren jedoch in drei Stufen vorgesehen (vergleiche Abbildung 1.8). Für die Konzeptstufe wurden 50 Millionen Dollar veranschlagt, gefolgt von einer Projektierungsstufe, die sechs Monate später beginnen sollte und 200 Millionen Dollar kosten würde. Mit dem Bau schließlich sollte nach einem Jahr begonnen werden, Kostenpunkt 400 Millionen Dollar. Der genannte Kapitalwert lag allerdings nur bei etwa minus 10 Prozent der gesamten Durchführungskosten. Hinzu kam, dass die Spanne zwischen den Inputkosten (Einsatzchemikalien) und dem Marktpreis der chemischen Erzeugnisse

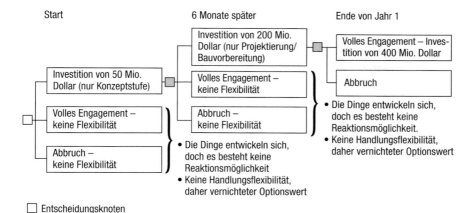

Start   6 Monate später   Ende von Jahr 1

Investition von 50 Mio. Dollar (nur Konzeptstufe)

Volles Engagement – keine Flexibilität

Abbruch – keine Flexibilität

Investition von 200 Mio. Dollar (nur Projektierung/ Bauvorbereitung)

Volles Engagement – keine Flexibilität

Abbruch – keine Flexibilität

- Die Dinge entwickeln sich, doch es besteht keine Reaktionsmöglichkeit
- Keine Handlungsflexibilität, daher vernichteter Optionswert

Volles Engagement – Investition von 400 Mio. Dollar

Abbruch

- Die Dinge entwickeln sich, doch es besteht keine Reaktionsmöglichkeit.
- Keine Handlungsflexibilität, daher vernichteter Optionswert

☐ Entscheidungsknoten

Abb. 1.8 Zusammengesetzte Optionen (*compound options*) im Anlagenbau

Quelle: T. Copeland, T. Coller und J. Murrin: *Valuation: Measuring and Managing the Value of Companies*, 3. Auflage, New York, John Wiley & Sons, 2000 (deutsch: *Unternehmenswert. Methoden und Strategien für eine wertorientierte Unternehmensführung*, 3. Auflage, Frankfurt am Main, Campus Verlag, 2002).

stark schwankte, eine Tendenz zum Mittelwert aufwies und sich aktuell in der Zyklusmitte befand (siehe Abbildung 1.9). Die durchgespielten Kapitalwert-szenarien erwiesen sich als wenig hilfreich, weil im Durchschnitt wiederum die bereits erwähnten –72 Millionen Dollar herauskamen. Niemand wagte eine Prognose, ob die Spanne sich demnächst vergrößern oder verkleinern würde. Klar war allen Beteiligten nur, dass sie beträchtlichen Schwankungen unterlag. Nun, der Realoptionsansatz konnte hier helfen, indem er das Projekt als eine Reihe von zusammengesetzten Optionen betrachtete – jede Option hing also von der Ausübung der vorausgehenden ab. Am Ende der Konzeptionsphase zum Beispiel konnte das Projekt erneut auf seine Lebensfähigkeit geprüft wer-den, ausgehend von der dann gegebenen Handels- respektive Gewinnspanne. Auf dieser Stufe gab es mithin drei Alternativen: Projektabbruch; volles Enga-gement (komplette Realisierung aller Folgestufen); Entscheidung lediglich für die nächste Stufe (II). Stufe II stellte mithin eine von Stufe I abhängige Call-Option dar. Gleiches galt für die Situation nach einem Jahr, das heißt am Ende der Stufe II – hier galt es anhand der dann gegebenen Spanne zu entscheiden, ob tatsächlich gebaut würde oder nicht. Die mit der Investitionsstaffelung ein-hergehende Handlungsflexibilität erhöhte den anfänglich errechneten Stan-dardkapitalwert um nicht weniger als 454 Millionen Dollar, sodass der Pro-jektwert mit 382 Millionen Dollar stark ins Plus rutschte. Keine Frage: Stufe I wurde in Angriff genommen.

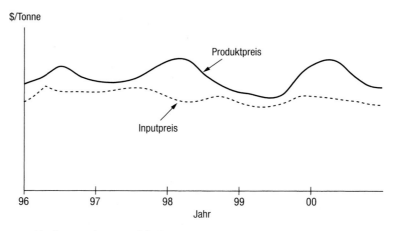

Abb. 1.9 Zyklische, unsichere Handels- bzw. Gewinnspanne

Viele Managemententscheidungen erfolgen in diesem Sinn gestaffelt, also ohne Vorabfestlegung auf das gesamte Projekt, nach dem Motto »Komme, was wolle!« Beispiele sind die Entwicklung und Einführung neuer Produkte oder die Expansion in Auslandsmärkte.

Ölproduktion: Beispiel einer Regenbogenoption

Hierbei handelt es sich um den sowohl komplexesten als auch praxisrelevantesten der in diesem Kapitel behandelten Fälle. Ein großer Ölmulti stand vor der Frage, ob sich die weitere Erschließung eines Ölfeldes lohnt – Kostenpunkt 1 Milliarde Dollar für Investitionen in Raffinerien, Pipelines, Lagerstätten und Verladeanlagen. Zum fraglichen Zeitpunkt hatte man das Ölvorkommen bereits untersucht, zu 60 Prozent per Probebohrungen, zu 40 Prozent durch Schalluntersuchungen. Die Verantwortlichen waren sich in ihrer Einschätzung aber völlig uneins. Die eine Hälfte votierte für den sofortigen Einstieg in die Erschließung und Förderung, weil so bereits in naher Zukunft Einnahmen fließen würden und Shareholder-Value entstünde. Die andere Hälfte aber wollte – auf Nummer sicher gehend – zunächst die Probebohrungen zu Ende führen. Ihr Argument lautete: Würde man sofort mit der Förderung beginnen, hätte dies mit großer Sicherheit eine Fehldimensionierung des Projekts zur Folge. Falls sich nämlich in den restlichen, bislang noch nicht durch Probebohrungen untersuchten 40 Prozent der Fläche mehr Öl als erwartet befände, müsste eine zusätzliche, jedoch relativ kleine und damit unökonomische Raffinerie gebaut werden; bliebe das Ölvorkommen hingegen hinter den

Erwartungen zurück, wären die anfänglich vorgenommenen Investitionen zu hoch und das Ganze damit ebenfalls unwirtschaftlich. Die Führungsmannschaft war also gespalten. In der Not beschloss man, es einmal mit dem Realoptionsansatz zu versuchen. Der in Abbildung 1.10 illustrierte Entscheidungsbaum stellt eine zusammengesetzte Option dar, wobei die Entscheidungen jeweils von den Ergebnissen der weiteren Untersuchungen abhängen. Ferner wird deutlich, dass zwei Unsicherheitsfaktoren im Spiel sind. Erstens der Ölpreis: Er war zu Beginn des Projekts bekannt, doch seine Unsicherheit wuchs, je weiter man in die Zukunft griff. Zweitens war die im Boden lagernde Ölmenge unklar. Dieser Unsicherheitsfaktor ist anfänglich hoch, nimmt dann aber im Zuge der Probebohrungen sukzessive ab.

Die Realoptionsanalyse zeigte, dass eine Strategie der Probebohrungen über die nächsten drei Jahre – gefolgt von einer weit solideren, besser dimensionierten Erschließungsentscheidung am Ende dieses Zeitraums sowie einer definitiven Erschließungs- und Produktionsentscheidung nach elf Jahren – einen um 125 Prozent höheren Wert besaß als der Referenzfall (das heißt der traditionelle Kapitalwert). Das Problem wurde im vorliegenden Fall also zugunsten einer weiteren Erforschung der Ölvorkommen gelöst. Dies musste jedoch keineswegs zwangsläufig die ideale Lösung sein. Falls etwa die Probebohrungen das Unsicherheitsproblem nur bedingt lösen würden, die Kosten solcher Untersuchungen jedoch hoch wären, könnte sich durchaus eine gegensätzliche Entscheidung empfehlen.

Zusammengesetzte Regenbogenoptionen sind, wie erwähnt, die wohl komplexesten und der Realität am nächsten stehenden Realoptionen, mit deren Bewertung wir Sie in diesem Buch vertraut machen wollen. Vor allem ihre breite Anwendbarkeit macht sie so wichtig, denn außer in der Ölbranche spielen sie zum Beispiel auch im Bereich Forschung und Entwicklung und bei der Produktentwicklung eine große Rolle.

Warum dem ROA-Ansatz die Zukunft gehört

Der Durchbruch bei der Optionsbewertung gelang Anfang der siebziger Jahre, als Robert Merton, Fischer Black und Myron Scholes ein ebenso altes wie schwieriges theoretisches Problem zu lösen vermochten und dafür später auch den Nobelpreis erhielten. Seitdem wurden Hunderte von Aufsätzen theoretischer wie empirischer Art publiziert. Die ersten praktischen Anwendungen des Konzepts fanden fast ausschließlich im Bereich der Preisbestimmung von Wertpapieren statt, da hier die Informationslage bekanntlich sehr gut und der Marktpreis des risikobehafteten Basisobjekts direkt beobachtbar ist. Frei-

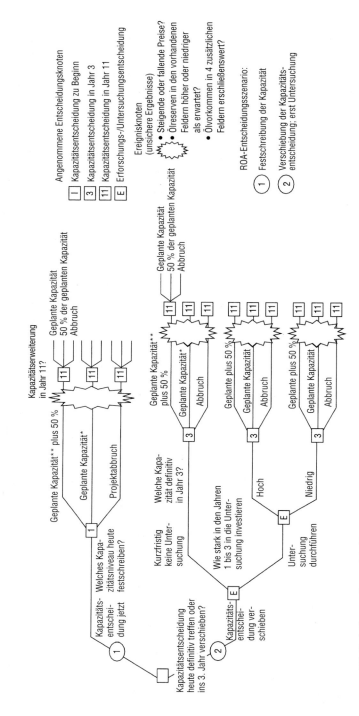

* Zu Illustrationszwecken vereinfacht
** Vor der Realoptionsanalyse geplante Kapazität

Abb. 1.10 Zusammmengesetzte Regenbogenoption – Untersuchung und Erschließung von Ölvorkommen

Quelle: T. Copeland, T. Coller und J. Murrin: *Valuation: Measuring and Managing the Value of Companies,* 3. Auflage, New York, John Wiley & Sons, 2000 (deutsch: *Unternehmenswert. Methoden und Strategien für eine wertorientierte Unternehmensführung,* 3. Auflage, Frankfurt am Main, Campus Verlag, 2002).

lich arbeitete die Forschung vorzugsweise mit höherer Mathematik (etwa stochastischen Differenzialgleichungen), was für die praktische wirtschaftliche Anwendung des ROA-Konzepts ein deutliches Hindernis darstellte.

Zu Beginn des neuen Millenniums und dreißig Jahre nach den bahnbrechenden Arbeiten von Merton, Black und Scholes beginnt sich diese Situation nun entscheidend zu ändern. Einige der Gründe hierfür haben wir in Abbildung 1.11 zusammengestellt. Zunächst und vor allem ist der PC zu nennen, dessen rasant gestiegene Leistungsfähigkeit den Projektplanern bei der Lösung von Entscheidungsproblemen nun endlich Transparenz und Realitätsnähe ermöglicht. Der Praktiker ist bei seiner Analyse nun glücklicherweise nicht mehr auf den Itô-Kalkül angewiesen. Stattdessen lässt sich mit Gittern beziehungsweise Bäumen und algebraischen Lösungen arbeiten, die nicht nur leicht verständlich, sondern auch leicht auf einem PC zu implementieren sind. Ferner nahmen die frühen Pioniere an, der Realoptionsansatz setze zwangsläufig ein marktgängiges Basisobjekt (wie beispielsweise Öl, Kohle oder Gold) voraus. Inzwischen aber ist klar, dass der ROA-Ansatz praktisch überall da anwendbar ist, wo der Kapitalwert des Basisprojekts ohne Flexibilität (also der NPV) ermittelt werden kann. Es ist nun in der Tat möglich, Realoptionen für

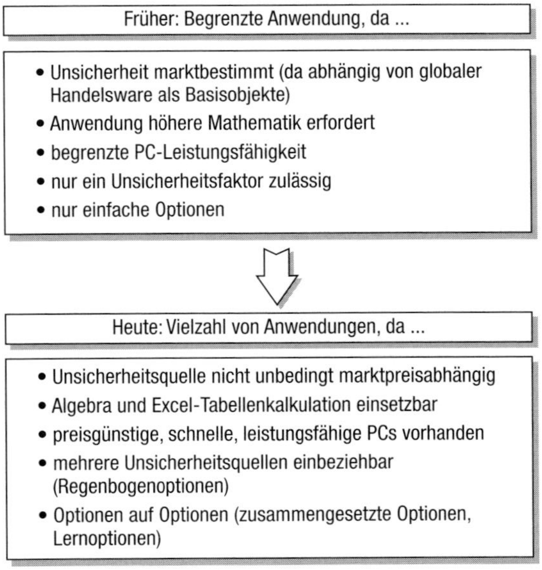

Abb. 1.11   Die ROA hat heute viele Anwendungsmöglichkeiten

Quelle: T. Copeland, T. Coller und J. Murrin: *Valuation: Measuring and Managing the Value of Companies*, 3. Auflage, New York, John Wiley & Sons, 2000 (deutsch: *Unternehmenswert. Methoden und Strategien für eine wertorientierte Unternehmensführung*, 3. Auflage, Frankfurt am Main, Campus Verlag, 2002).

eine Vielzahl realer Anwendungen zu entwickeln und zu bewerten, und dies gilt auch für zusammengesetzte Optionen und Optionen mit mehreren Unsicherheitsquellen.

Zusammenfassendes Fazit

Dieses Buch ist ein praktischer Leitfaden für den Umgang mit Realoptionen, speziell im Hinblick auf die Bewertung von groß angelegten Investitionen. Der besondere Nutzen des ROA-Konzepts liegt dabei darin, dass es die Bewertung der Handlungsflexibilität (im Sinne der Reaktion auf ungewisse Ereignisse) erlaubt. Bei den Kapitalwertmethoden hingegen ist genau dies nicht der Fall, weshalb sie Projekte systematisch unterbewerten. Stellt sich die Frage: Ist der ROA-Ansatz in der Anwendung schwieriger als herkömmliche Methoden? Die Antwort ist zwar ein klares Ja – doch eben deshalb schreiben wir ja dieses Buch! Im Rahmen unserer über zehnjährigen Erfahrung ist es uns gelungen, den Realoptionsansatz solide in der Praxis zu verankern. Im nächsten Kapitel wollen wir uns nun ausgiebig mit dem Veränderungsprozess befassen, der mit der Implementierung dieses Ansatzes in aller Regel einhergehen muss.

Übungsaufgaben

1. Wie lauten die sechs Variablen, die den Wert einer Realoption beeinflussen?[4]

2. Worin liegt der Unterschied zwischen einer Option und einer (unflexiblen) »Alles-oder-nichts«-Entscheidung?

3. Das folgende Diagramm zeigt den Wert einer Call-Option C als Funktion des Wertes eines zugrunde liegenden Risikoobjekts.

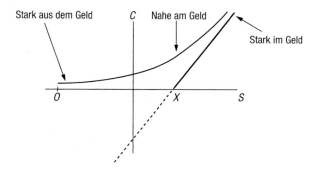

Der Basispreis sei X. Zeichnen Sie ein neues Diagramm (siehe unten), das den Quotienten aus dem Call-Wert und dem absoluten Wert der Differenz zwischen S und X auf der vertikalen Achse mit dem Wert des Basisobjekts S auf der horizontalen Achse in Beziehung setzt.

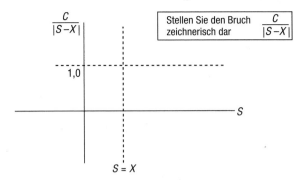

Was sagen die Ergebnisse über den relativen Wert der Nahe-am-Geld-Optionen aus, wenn wir die vertikale Achse als den Wert der Flexibilität, C, in Prozent des (absoluten Betrags des) Kapitalwerts des Projekts betrachten?

4. Warum erhöht sich mit steigender Volatilität des Basisobjekts sowohl der Wert einer Call-Option als auch derjenige einer Put-Option?

5. Um welche Art von Option handelt es sich bei einer Kfz-Vollkaskoversicherung (ohne Selbstbeteiligung)? Wie lauten die fünf Parameter, die ihren Wert beeinflussen?

6. Wo liegt aus der Realoptionsperspektive der Unterschied zwischen einer einmaligen Akquisition und einem Akquisitionsprogramm (mit Plänen für mehrere Akquisitionen)?

7. Erstellen Sie eine Grafik für die zu erwartenden Renditen einer Call-Option mit Basispreis 50 Dollar und einer Put-Option mit Basispreis 60 Dollar, wenn der Kurs der zugrunde liegenden Aktie eine log-normale Verteilung aufweist und derzeit bei 70 Dollar notiert (es gebe keine Dividendenzahlungen).

8. Unternehmer X weiß, dass er in den nächsten fünf Jahren seinen Betrieb jederzeit um die Hälfte verkleinern und Gebäude nebst Ausrüstung für 2 Millionen Dollar veräußern kann. Freilich würde dadurch auch der verbleibende Geschäftswert um 40 Prozent sinken. Um welche Option handelt es sich hier? Bestimmen Sie das Basisobjekt (das heißt das zugrunde liegende risikobehaftete Asset), den Basispreis, die Laufzeit und die Volatilität!

9. Warum lässt sich behaupten, dass die Kapitalwertanalyse jedes Projekt systematisch unterbewertet?

10. Im Mittelalter gab es bekanntlich strenge Gesetze gegen Wucher, doch diese konnten auf folgende Weise umgangen werden: Angenommen, Sie sind Bäcker und wollen einen Betrieb aufbauen, besitzen aber kein eigenes Kapital (sind also zu 100 Prozent auf das Geld anderer Leute – sprich: ein Darlehen – angewiesen). Da jedoch Kredite zu einem positiven Zinssatz verboten sind, treffen Sie mit einem wohlhabenden Kaufmann folgende Abmachung: Er leiht Ihnen das Geld, Sie überschreiben ihm dafür die Bäckerei. Gleichzeitig verpflichten Sie sich, ihm die Bäckerei in genau fünf Jahren für die Summe X abzukaufen, während er sich verpflichtet, Ihnen die Bäckerei zum selben Datum für die gleiche Summe X zu verkaufen. Angenommen, Sie brauchen konkret 100 000 Dollar für Ihr Projekt und der Händler verlangt eine jährliche Verzinsung von 20 Prozent. Wie hoch wäre in diesem Fall die Summe X? Welche Optionsarten sind hier im Spiel? Welches Risiko geht der Händler/Banker ein, wenn er dem Geschäft zustimmt?

11. Handelsbanken beziehen bekanntlich einen Großteil ihrer Einnahmen aus dem Kreditliniengeschäft. Für eine Gebühr (beispielsweise von 3/8 eines Prozentpunkts) auf den eingeräumten Kreditrahmen (sagen wir, 300 Millionen Dollar) gewährt die Bank dem Unternehmen das Recht, zu einem festgesetzten Satz (etwa LIBOR plus 5/8) Kapital zu borgen. Welche Art von Option ist für den Kreditnehmer hiermit verbunden? Welche Unsicherheit liegt der Option zugrunde? Wie lautet der Basispreis?

12. Bei einem an der Harvard-Universität behandelten Business Case, »Arundle Partners« genannt, geht es um eine Investmentfirma (eben Arundle Partners), welche das Recht erwerben möchte, die von Filmstudios innerhalb des jeweiligen Jahres produzierten Filme in Form von Serien zu verwerten. Was für eine Option liegt hier vor? Wie lautet der Basispreis? Wie würden Sie die Volatilität des Basisobjekts bestimmen?

13. Ihr Unternehmen plant den Bau eines neuen Betriebs zur Herstellung von Alu-Karosserien für Rennwagen. Welche Optionen könnten bei dieser Entscheidung eine Rolle spielen?

Kapitel 2
Der Veränderungsprozess
Von John Stonier[*]

Die Veränderung braucht einen Rahmen

Ein Paradigmenwechsel vollzieht sich bekanntlich nicht über Nacht. Mehr als zwanzig Jahre brauchte zum Beispiel die Kapitalwertmethode, um sich in der amerikanischen Wirtschaft auf breiter Front gegen das zuvor gebräuchliche Amortisationskonzept durchzusetzen und zum Standardinstrument bei der Analyse von groß angelegten Investitionen zu avancieren. Trägheit ist also durchaus nicht nur eine physikalische Größe, sondern auch in Organisationen präsent. So gesehen kann es nicht überraschen, dass die Pioniere des Realoptionsansatzes – des neuen Paradigmas – ständig mit der gewiss nicht sehr intelligenten, aber irgendwie unausweichlichen Frage konfrontiert sind: »Warum sollten ausgerechnet wir den Vorreiter spielen? Warum es anders machen als all die anderen?«

Dieses Kapitel zeigt, dass und wie es tatsächlich anders geht – wie ein Unternehmen die Realoptionsanalyse (ROA) einsetzt und damit bei der Bewertung und Preisbestimmung von Kaufvertragsrisiken völlig neue Wege geht. Vor allem aber handelt es auch von den Schwierigkeiten der Änderung von Einstellungen aufseiten der Verantwortlichen (speziell des Topmanagements), die erforderlich ist, um einem neuen, realitätsnäheren Entscheidungsinstrument zum Durchbruch zu verhelfen. Die Erfolge und Fehlschläge, die Mühen der Implementierung, aber auch die Vorteile, die sich für Airbus bei der Vermarktung seiner Produkte ergaben – all dies wird in diesem Kapitel von Marketingchef John Stonier eingehend geschildert.

In Diffusion of Innovations, 4. Auflage[1], *beschreibt Everett Rogers fünf Merkmale, von denen die Adoptions- beziehungsweise Verbreitungsgeschwindigkeit abhängt (siehe die Übersicht in Abbildung 2.1). Erstens muss die neue Idee der alten deutlich überlegen sein. Nur eine gute neue Theorie vermag eine schlechte alte Theorie zu verdrängen. Für Airbus war es wichtig, den Wert von Flexibilität aus der Sicht*

[*] John Stonier ist Marketingdirektor bei Airbus Industrie North America. Die in diesem Kapitel enthaltenen Auffassungen spiegeln die subjektive Meinung des Autors wider und decken sich nicht notwendigerweise mit der Position von Airbus Industrie North America oder jener des Mutterkonzerns, Airbus S.A.S..

des Kunden zu verstehen und in den Kaufverträgen preislich zu erfassen. Kapital-
wertmethoden konnten dies einfach nicht leisten. Zweitens muss der neue Ansatz mit
den bisher verwendeten Konzepten kompatibel sein, muss also gleichsam auf ihnen
aufbauen. Folglich kam es darauf an zu zeigen, dass und wie die Realoptionsanaly-
se zu exakt den gleichen Ergebnissen wie die Kapitalwertmethode gelangt, wenn man
den Wert der Flexibilität herausrechnet. Nehmen wir die Physik als Analogon: Ein-
steins Relativitätstheorie zum Beispiel deckt sich voll mit der Newtonschen Theorie,
wenn man ein statisches System unterstellt. In unserem Fall kommt hinzu, dass das
Realoptionskonzept im Grunde sowieso eine Variante des Kapitalwertkonzepts dar-
stellt; folglich muss der Praktiker nicht grundsätzlich umdenken. Drittens kommt es
auf Einfachheit und leichte Handhabung an. Dieses Erfordernis stand der ROA bis-
lang allerdings deutlich im Wege, wie auch der Fall Airbus belegt. Genau deshalb
kam es uns darauf an, diesen Lösungsansatz durch die Verwendung von Gittern, die
nur einfache Algebra – keine stochastischen Differenzialgleichungen! – verlangen, er-
heblich zu vereinfachen. Trotzdem enthält die Realoptionsanalyse natürlich auch
Neues. So wird von den Verantwortlichen verlangt, dass sie mit dem Konzept der Un-
sicherheit umgehen können und verstehen, welche Entscheidungen daraus resultie-
ren können. Als Viertes ist die Testbarkeit zu erwähnen. Rogers beschreibt dieses Kri-
terium als »den Grad, zu dem mit einer Innovation auf begrenzter Basis experi-
mentiert werden kann«. Die Tatsache, dass die Realoptionsanalyse Modellcharakter
besitzt, erleichtert eben dieses Experimentieren. Der Praktiker kann also prüfen, ob
sich die Resultate mit seiner Intuition decken – insofern ist Testbarkeit also tatsäch-
lich gegeben. Ist eine Investition vorgenommen, ist sie freilich irreversibel. Folglich
sind unter Umständen auch die Investitionsaufwendungen verloren – die Testbarkeit
kann also teuer geraten. Das fünfte und letzte Merkmal, das eine Innovation

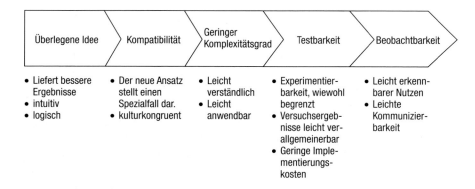

Abb. 2.1   Merkmale, die die Verbreitungsgeschwindigkeit von Innovationen beeinflussen

Quelle: Everett Rogers, *Diffusion of Innovations*, 4. Auflage, New York, Free Press, 1995.

auszeichnen sollte, ist die Beobachtbarkeit. Anders formuliert: Ihr Nutzen sollte leicht erkennbar und kommunizierbar sein. Genau darum geht es uns.

Mit diesen fünf Merkmalen vor Augen, wollen wir uns nun der Airbus-Story zuwenden, um zu sehen, welche Erfahrungen mit der Einführung des innovativen Realoptionsansatzes verbunden waren. Wo lagen die Erfolge, wo die Misserfolge? [Anmerkung: Die Kommentare von Tom Copeland sind jeweils eingerückt und mit einer anderen Schrift herausgestellt.]

Die Erfahrungen bei Airbus Industrie

Als Marketingleiter bei Airbus Industrie bin ich für die Entwicklung und Präsentation des »Business Case« für unsere Produkte – große Zivilflugzeuge – zuständig. Meine Hauptaufgabe besteht also darin, unsere Kunden, die Fluggesellschaften, davon zu überzeugen, dass unsere Angebote besser sind als diejenigen der Konkurrenz. Die damit verbundenen Analysen sind inzwischen hoch komplex und stark finanzwirtschaftlich orientiert, da wir versuchen müssen, dem Kunden ausdrücklich zu vermitteln, welche Nutzenelemente unsere über viele Jahre laufenden Lieferverträge enthalten und wie sie zu bewerten sind. Ich habe mich daher notgedrungen ziemlich intensiv mit dem in der Branche benutzten finanzwirtschaftlichen Entscheidungsinstrumentarium befasst und dabei versucht, mir ein objektives Bild zu machen, also sowohl die Stärken als auch die Schwächen und Restriktionen der einzelnen Ansätze zu identifizieren. In diesem Zusammenhang stieß ich auch auf den Realoptionsansatz.

Nur wer die Mängel sieht, kann sie auch abstellen

In vielen Branchen scheint man deren jeweilige Gegebenheiten für etwas recht Besonderes zu halten. Die Geschäftsprozesse, die sich über viele Jahre hinweg entwickelt haben, hält man mehr oder weniger für gottgegeben und mithin für die beste aller möglichen Welten. Weitere Gründe für das Festhalten am Bestehenden kommen gewöhnlich hinzu, etwa das eigene Technologieniveau oder der typische Verweis darauf, dass man die Dinge doch auch andernorts in der Branche so handhabe. So wundert es auch nicht, dass dieses Sonderstatus-Denken umso stärker ausgeprägt ist, je länger die Branchenzugehörigkeit und je geschlossener, abgeschotteter und monolithischer das Management ist. Es dürfte daher gewiss kein Fehler sein, diese traditionellen und meist tief verwurzelten Überzeugungen infrage zu stellen.

Wie schon erwähnt, war es meine Aufgabe als Chef der nordamerikanischen Vertriebsniederlassung von Airbus Industrie, unsere Kundschaft von Wert und Nutzen unserer Produkte zu überzeugen und auf diese Weise die Absatzbemühungen des Mutterkonzerns zu unterstützen. Im Laufe der Zeit kam ich immer mehr zu der Auffassung, dass es in diesem Bereich in der Tat manches zu verbessern gab. Die Konsequenzen, die sich daraus ergaben, beschränkten sich nicht auf unseren eigenen Geschäftsbetrieb, sondern berührten auch unsere Wettbewerber und Kunden. Meine Grundthese lautete, dass mit der Preisbestimmung der Dienstleistungen im Zusammenhang mit unserem Produkt irgendetwas nicht stimmen konnte. Die Feilscherei zwischen beiden Seiten, so schien mir, war ausgesprochen ineffizient. Dies vor allem deshalb, weil im Grunde niemand in der Lage war, seine subjektiven Einschätzungen mit verlässlichen Zahlen zu untermauern.

Das Problem und sein Hintergrund

Die wirtschaftliche Nutzungsdauer eines modernen Linienflugzeugs liegt bei über 25 Jahren. Selbst bei einem Mindestumfang je Flottentyp geht es bei einer Airline immerhin um Investitionen in ein- bis zweistelliger Milliardenhöhe. Entsprechend sorgfältig muss eine solche Investitionsentscheidung geprüft und abgewogen werden. Doch so detailorientiert die Fluggesellschaften bei ihrer langfristigen Flottenplanung auch vorgehen, so konventionell und einfallslos sind in der Regel auch ihre Investitionsrechnungsmethoden. Um die relevanten Betriebsparameter eines Flugzeugs – etwa Treibstoffverbrauch und Wartung auf der Kostenseite; Passagier- und Frachtladungsaufkommen auf der Einnahmenseite – zu quantifizieren, operiert man meist mit der so genannten DCF-Analyse (*discounted cash flow analysis*, das heißt diskontierter Einzahlungsüberschuss) und plant damit zwanzig Jahre oder noch länger in die Zukunft.

Doch auch wir, die Hersteller, machen es nicht viel besser. Auch wir arbeiten in der Regel mit einer ganz ähnlichen Analyse, um den Preis unserer Produkte auszutarieren, und zwar sowohl absolut als auch mit Blick auf den Wettbewerb. Diese beiden Einschätzungen des diskontierten Barwerts eines von einer Airline betriebenen Flugzeugs – also die käuferseitige und die verkäuferseitige – stellten in der Regel den Ausgangspunkt und die Basis der Vertragsverhandlungen dar, die dann irgendwann vielleicht zum Abschluss führten. Vor zwanzig Jahren saßen freilich noch überwiegend Ingenieure in den Führungsgremien der Fluggesellschaften, und Marketing erschöpfte sich in traditioneller Produktvermarktung. Dabei ging es in erster Linie um Parameter wie Reichweite, Nutzlast, Treibstoffverbrauch, Sitzkapazität und so fort.

Doch dieses Bild hat sich inzwischen gründlich geändert. Heute haben in den Führungsetagen der Airlines gewiefte Kaufleute das Sagen. Wenn erst einmal klar ist, welcher Flugzeugtyp aus unternehmensstrategischer Sicht gebraucht wird, dreht sich in der Folge alles um Lebenszykluskosten, Rendite (ROI) und Risikomanagement.

Verkompliziert wurde diese Standardanalyse durch den branchenweiten Trend, zusätzliche Anreize in Form von Boni zu gewähren, um dem potenziellen Kunden die Entscheidung zu erleichtern. Typischerweise handelt es sich dabei faktisch um eine Art Gratisleistung mit Risikoabsicherungscharakter, die den Fluggesellschaften zugute kommt (etwa Leistungs- und Objektwertgarantien, technische und finanzielle Unterstützung oder Einräumung einer gewissen vertraglichen Flexibilität). In der Mehrzahl dieser Fälle handelt es sich herstellerseitig allerdings schlicht und ergreifend um Eventualverbindlichkeiten. Zunächst freilich pflegten wir den Wert dieser Anreize überhaupt nicht explizit in unsere Vermarktungsstrategien aufzunehmen. Hinzu kam, dass wir bei manchen dieser Zusatzleistungen gar nicht in der Lage waren, ihre Kosten exakt zu erfassen. Gewiss, wir nahmen (die Bilanz belastende) Rückstellungen vor und verfügten damit über einen Mitteltopf, aus dem wir uns im Notfall bedienen konnten. Die Kunden freuten sich natürlich und spielten die Anbieter gnadenlos gegeneinander aus – wer die größten Zugeständnisse machte, war (zunächst) der Gewinner. Freilich gab es später mitunter lange Gesichter. Die schwierige Gratwanderung bestand darin, die Konkurrenz in Schach zu halten, den eigenen Rentabilitätsanforderungen einigermaßen Rechnung zu tragen und unschöne Überraschungen, die später ein großes Loch in die Renditerechnung reißen würden, möglichst zu vermeiden. Der wunde Punkt hierbei war ganz offenkundig die Bewertung der involvierten Eventualitäten respektive Risiken.

Es ging für uns allerdings nicht nur darum, die potenziellen eigenen Kosten besser zu verstehen, sondern auch den jeweiligen Wert des Bonus für den Kunden (die Airline). Nur so konnten wir sicherstellen, dass wir die richtigen Leistungen im richtigen Paket anboten und damit eine gute Chance hatten, das Geschäft zu machen. Nehmen wir ein Beispiel. Angenommen, eine Garantie bedeutet für den Hersteller zu erwartende Kosten in Höhe von 3 Millionen Dollar, die Fluggesellschaft hingegen misst ihr lediglich einen Wert von 1 Million Dollar bei. In diesem Fall wären beide Parteien gewiss besser beraten, sich auf einen Rabatt von 2 Millionen auf den Kaufpreis zu einigen. Die Differenz zwischen den beiden Bewertungen kann unterschiedliche Gründe haben, etwa eine Informationsasymmetrie oder differierende Ergebniserwartungen. Fingerhakeleien um solche Zusatzleistungen hat es, wie gesagt, immer gegeben, doch effizient gehandhabt wurde die Sache eben nie.

Immerhin signalisierten sich die beiden Parteien auf diese Weise, dass wechselseitig eine Bereitschaft besteht, gewisse Risiken in der Wertschöpfungskette mitzutragen. Leider nur waren diese »weichen« Kriterien bisher schwer zu quantifizieren.

Es gab natürlich auch Airlines, die in der Finanzanalyse recht versiert waren. Dennoch gelang es uns bei manchen Kosten- oder Ertragspositionen oft nicht, die Sache realistisch darzustellen. Nur allzu oft suchten wir in den Lehrbüchern vergeblich nach Modellen und Formeln und ärgerten uns über die Weltfremdheit und Theorielastigkeit der dargebotenen Beispiele. Nehmen wir nur die Bewertung einer Garantie der Instandhaltungskosten. Dabei garantiert der Hersteller dem Käufer, dass die flugwerkbezogenen Wartungskosten über die gesamte Lebensdauer des Flugzeugs gesehen ein gewisses Niveau nicht übersteigen. Natürlich versuchen sowohl die Hersteller als auch die Fluggesellschaften, die voraussichtlichen Lebenszykluskosten detailliert zu erfassen und zu kalkulieren. Der entscheidende Punkt ist nur, dass eine solche Garantie für die Airline das Kostenrisiko begrenzt, während sie für den Hersteller eine Eventualverbindlichkeit darstellt.

Die Fluggesellschaften verfuhren in der Regel so, dass sie alle Projektkosten und -einnahmen entweder zu den gewichteten Gesamtkapitalkosten (WACC) oder anhand eines bestimmten Mindestrenditesatzes diskontierten. Anders aber in einem solchen Garantiefall. Davon ausgehend, dass die Wartungskostengarantie das einschlägige Risiko mindert, pflegten sie die Diskontierung nicht zu den gewichteten Gesamtkapitalkosten, sondern zu den Fremdkapitalkosten vorzunehmen. Freilich ist der negative Cashflow umso höher, je niedriger der angesetzte Diskontierungssatz. Aber konnte das denn richtig sein? Nun, zunächst widersprach es gewiss der Intuition.

Die Anfänge eines neuen Ansatzes

In meiner Not rief ich Professor Dick Brealey an, seines Zeichens Koautor eines in der Branche häufig benutzten finanzwissenschaftlichen Standardwerks. Von seinem Büro an der London Business School aus erklärte er mir anhand der Grundtheorie des Anleihenmarkts, dass in theoretischer Hinsicht alles in Ordnung sei, da andernfalls ja eine »Dauersubvention« herauskäme – gewiss nicht das, was in der Praxis vorstellbar wäre. Während sich die Fluggesellschaft durchaus verständnisvoll zeigte, erwies sich eben doch, dass wir aufgrund unserer Unfähigkeit, die Garantie realistisch zu bewerten, nicht in der Lage waren, die involvierten Zusammenhänge und Kompromissmöglichkeiten richtig zu verstehen. Die Verhandlungen gingen also weiter. Das Problem aber behielt ich im Hinterkopf und hoffte darauf, es eines Tages irgendwann lösen zu können.

Ein anderes Problem war der Wunsch der Airline, bei der Analyse nicht die gewichteten Gesamtkapitalkosten (WACC) zu verwenden, sondern einen »Mindestrenditesatz«. Dies war für uns immer ein heikler Punkt. Wenn eine Fluggesellschaft sich eine neue Flotte anschafft, »verrechnet« sie häufig die anfänglichen Kapitalkosten mit den langfristigen Betriebskosteneinsparungen, da die neuen Flugzeuge hier natürlich Vorteile bringen. Je höher freilich der benutzte Abzinsungssatz, desto schlechter stellt sich das Ergebnis dar und desto niedriger ist der Flugzeugpreis, den das Unternehmen seinen Aktionären gegenüber rechtfertigen kann. Konnte uns unser Lehrbuch wenigstens dieses Mal retten? Offenbar nicht. Zwar gab es verschiedene Abschnitte zur Frage des anzusetzenden ROI, und auch die Alternativen zur Bildung einer Rangfolge im Falle begrenzter Kapitalmittel wurden erörtert. Wenig Nützliches aber gab es zur Frage der Spanne zwischen Mindestrenditesatz und gewichteten Gesamtkapitalkosten (WACC). Im Falle begrenzter Finanzierungsmittel sollte offenkundig das Projekt mit der höchsten Kapitalrendite (ROI) gewählt werden. Wie aber war im Falle sich wechselseitig ausschließender Projekte zu verfahren, wenn eines davon den »Status quo« darstellte? Wenn ein Unternehmen einen zu hohen Abzinsungssatz ansetzte, verzichtete es natürlich auf eine Investition, die mit einem höheren Shareholder-Value verbunden wäre (das heißt auf eine Rendite über den gewichteten Gesamtkapitalkosten). Sonderbarerweise schien es einen Zusammenhang zwischen dem Kurs der Aktie der Airline und ihrem Mindestrenditesatz zu geben. War der Aktienkurs hoch, waren Investitionen zu den WACC ganz in Ordnung. Je niedriger aber der Aktienkurs, in desto unvernünftigere Höhen stieg der Mindestrenditesatz, da man versuchte, die Wende herbeizuführen.

Die Verwendung einer relativ hohen Mindestrendite wirkte sich implizit auch auf die Bewertung der Anreize aus. Beispielsweise hatte ein von uns gewährter und zu unseren eigenen Kapitalkosten bewerteter Cashflow für die Fluggesellschaft einen viel geringeren Wert, da diese die Geldströme anhand des Mindestrenditesatzes bewertete. Es schien hier also eine regelrechte Wertvernichtung stattzufinden. Es gab, ich gestehe es, nicht wenige schlaflose Nächte, in denen ich mich mit diesen und ähnlichen Problemen herumschlug. Im Rückblick freilich, durch die Brille des Realoptionsansatzes gesehen, lösen sich alle diese Widersprüche in Wohlgefallen auf.

Verbesserung der Wettbewerbsposition durch eine bessere Finanzanalyse?

Insbesondere stellten wir uns folgende Fragen: Würde eine exaktere Bewertung der zusätzlichen Anreize, die wir im Paket mit dem Flugzeug gewährten, unsere Wettbewerbsfähigkeit steigern? Oder setzten wir da auf einen Punkt, in dem unsere Wettbewerber vielleicht einen Kostenvorteil besaßen? Und wie sah es bei den Kunden aus – würden sie sich von unseren Bewertungen überzeugen lassen? Alle diese Fragen galt es vor einem Einstieg in das Projekt zu klären.

Wie schon erwähnt, war ich der Auffassung, dass die bilateralen Verhandlungen zwischen den Fluggesellschaften und den Herstellern in gewisser Weise ziellos und ineffizient vonstatten gingen. Beide Seiten trafen mehr oder weniger willkürliche (wiewohl heuristische, auf Erfahrung basierende) Entscheidungen, was den Wert der im Paket enthaltenen, nicht selten recht risikobehafteten Boni anging. Hinzu kam, dass der den einzelnen Anreizen beigemessene Wert von Airline zu Airline schwankte. Auch von daher drängte sich also die Frage auf: Ließ sich die Bewertung strenger und effizienter gestalten? Der Nutzen einer exakteren Bewertung bestand vermutlich für beide Seiten in einem besseren Risikomanagement. Dabei gab es Grund zu der Annahme, dass manche Risiken besser von den Herstellern, andere besser von den Fluggesellschaften kontrolliert werden können. Beispiel: Ließen sich die nichtsystematischen Risiken angesichts dessen, dass die Hersteller viel stärker konzentriert sind als die Airlines, möglicherweise ganz oder teilweise über ein Portfolio solcher Verbindlichkeiten wegdiversifizieren? Oder nehmen wir den Punkt, dass die Fluggesellschaften herkömmlicherweise ihre Flugzeuge selbst instand hielten, diese Praxis aber zunehmend infrage stellten: Gab es in diesem Bereich aufseiten der Hersteller Synergien, die ein besseres Risikomanagement ermöglichten? Wenn schon immer häufiger Instandhaltungsgarantien gegeben werden mussten, war es dann nicht sinnvoll, die Instandhaltung gleich ganz in eigener Regie zu übernehmen?

Ein neues Paradigma war gefragt

Ich gelangte zu der Auffassung, dass realistischere Bewertungsmethoden entscheidend dazu beitragen konnten, die genannten Möglichkeiten zu nutzen und darüber hinaus einen Wettbewerbsvorteil zu erzielen. Es gab überhaupt keinen Grund zu glauben, dass die Konkurrenz insgesamt gesehen bei dieser Art von Dienstleistungen einen Kostenvorteil besaß. In Einzelbereichen mochte es anders aussehen; manches Mal schienen wir etwas im Vorteil, in anderen Fällen hatten die Wettbewerber die Nase vorn. Im Prinzip, so fand ich, würde die Branche insgesamt nur davon profitieren, wenn alle die gleichen (realistischeren) Methoden anwenden beziehungsweise unseren Risikobewertungsansatz übernehmen würden – ein mögliches Win-win-Szenario zeichnete sich also ab. Eigentlich musste allen Beteiligten klar sein, dass der heftige Alles-oder-nichts-Kampf um das Milliardengeschäft mit den größeren Airlines für die Flugzeughersteller ruinöse Konsequenzen haben konnte – denn gewinnen konnte nur, wer unangemessene, sich freilich erst später manifestierende Risiken einging. Die hoffnungsvolle Frage lautete also: Würden realistischere Bewertungsmethoden zu einem vernünftigeren Akquisitionsverhalten beitragen?

Organisatorische und Zuständigkeitsprobleme

Und noch etwas war unklar: Würde es uns gelingen, unsere eigenen Verantwortlichen, eingeschlossen die Chefs des Mutterunternehmens, für diese neuen Ideen zu gewinnen? Es gab Zuständigkeitsprobleme sowohl innerhalb unserer US-Vertriebsniederlassung als auch im Verhältnis zum Mutterunternehmen im französischen Toulouse. Traditionellerweise bestand unsere Aufgabe darin, im enorm wichtigen nordamerikanischen Markt Kundenakquise zu betreiben und Angebote vorzubereiten. Deren wirtschaftliche Auswertung oblag dann freilich der Konzernmutter, ebenso die letztendliche Entscheidung über das Angebot. Probleme gab es auch im Hinblick auf das Zusammenspiel zwischen den verschiedenen Funktionsbereichen des Unternehmens. Die Vertriebsleiter wurden (freilich mehr stillschweigend als ausdrücklich) dafür belohnt, potenzielle Abschlüsse herbeizuschaffen. Folglich ging ihnen im Grunde jede Initiative, die auf eine bessere finanzielle Durchleuchtung und Wirtschaftlichkeitsprüfung abhob, gewissermaßen gegen den Strich, weil dies ihrer Kreativität und Kundenorientierung natürlich Grenzen ziehen würde.

Faktisch bildeten also die Vertragsexperten der juristischen Abteilung das Gegengewicht zur Vertriebsmannschaft. Sie handelten sowohl die Bedingungen der Absichtserklärung aus, die mit einem potenziellen Kunden zunächst getroffen wurde, als auch jene des rechtlich bindenden Kauf- beziehungsweise Liefervertrages. Dabei richteten sich die Preisgestaltung und Vertragsbewertung nach einem einzigen unternehmensweiten Rentabilitätskriterium, wobei den Bereichsleitern jeweils ein entsprechender Zielwert vorgegeben wurde. Allerdings war es schon immer schwierig gewesen, mit dieser Zielgröße allen Eventualitäten Rechnung zu tragen. Der Erfolgreiche schloss eben ab, und wer abschloss, war erfolgreich. Der Druck, den Forderungen des potenziellen Kunden nachzugeben, war riesig, und gleichzeitig galt es irgendwie auch noch das Rentabilitätsziel im Auge zu behalten. Nicht zahlenmäßig erfasste Risiken kamen da natürlich gerade recht. So wundert es nicht, dass viele Verträge Konzessionen enthielten, die man zum Zeitpunkt des Vertragsabschlusses wenig bedacht oder für vernachlässigbar gehalten hatte, die sich später aber zu erheblichen finanziellen Belastungen auswuchsen. Bei der Unternehmensführung wie auch den Vertragsgestaltern war ein gewisser überzogener Optimismus unverkennbar. Man betrachtete die Zukunft durch die rosa Brille der Gegenwart und hoffte auf das Beste. Konnte eine solidere Finanzanalyse hier helfen?

Die Chance – ein Sponsor auf höchster Ebene

Um das Jahr 1998 herum setzte bei Airbus Industrie der Wandel ein, ausgelöst durch den Übergang von einem Konsortium europäischer Flugzeughersteller, das bestrebt war, im Kampf um Marktanteile mit Boeing gleichzuziehen zu einem reifen, auf Gewinnmaximierung zielenden privatwirtschaftlichen Unternehmen. Dies schuf gleichzeitig auch das nötige Veränderungsklima, um gewisse eingefahrene Verhaltensweisen und Abläufe (die bislang ja zweifellos gut funktioniert und das Unternehmen erfolgreich gemacht hatten) auf den Prüfstand zu stellen. Es ging damals unternehmensweit um mehr finanzielle Transparenz – ein guter Zeitpunkt also auch für uns.

Zu Anfang jenes Jahres warf unser Präsident als der für das operative Geschäft Verantwortliche die zweifellos berechtigte Frage auf, warum wir im Zusammenhang mit den Deals eigentlich Kaufrechte an unsere Kunden verschenkten. Gemeint waren hauptsächlich Optionen auf künftige Flugzeugkäufe – was unsererseits aber als Eventualverbindlichkeiten zu Buche schlug, da uns derlei Abmachungen rechtlich verpflichteten, die Maschinen irgendwann zu den vorab vereinbarten Bedingungen zu liefern. Stiegen unsere Kosten in der Zwischenzeit an (etwa aufgrund von Wechselkursschwankungen), so blieb uns gegebenenfalls nichts anderes übrig, als mit Verlust zu liefern. »Kann man diesen Sachverhalt vielleicht mit – bekanntlich recht wertvollen – Aktienoptionen vergleichen?«, wollte der Chef wissen. Auch uns war diese Frage durchaus schon durch den Kopf gegangen. Nur gut also, dass auch die Unternehmensspitze auf das Problem aufmerksam geworden war und der Sache nun kräftig Dampf zu machen begann.

Noch ein erklärendes Wort zu unserer Branche. Unsere Kunden, die Airlines, operieren traditionell in einem zyklischen Umfeld, ähnlich der Situation in vielen Grundstoffindustrien. Die Nachfrage hängt stark vom Wachstum des

Bruttoinlandprodukts (sprich: den Ausgaben der Verbraucher für nicht zum Grundbedarf zählende Güter) ab und reagiert damit empfindlich auf wirtschaftliche Abschwünge und militärische Konflikte. Die Produktionskapazität (und damit das Produkt) geht mit hohen Fixkosten einher, weshalb Angebot und Nachfrage mitunter aus dem Gleichgewicht geraten. Erschwerend hinzu kommt die traditionell lange Vorlaufzeit im Flugzeugbau. Die Airlines bestellen logischerweise in wirtschaftlich guten Zeiten, doch zum Lieferzeitpunkt können die Verhältnisse ganz anders sein. Es ist hier also eine Art Hysterese im Spiel – eine zeitliche Diskrepanz zwischen der Kaufentscheidung der Airline und den Auswirkungen dieser Entscheidung auf die Flugzeugflotte des Unternehmens.

Aus der Sicht des Flugzeugherstellers kommt noch ein beträchtlicher Hebelfaktor ins Spiel. Die einmaligen Entwicklungskosten sind ja enorm, was die Verfolgung aggressiver Marktanteilsziele unausweichlich macht, denn anders sind diese Kosten kaum hereinzuholen. Bisher verfuhr man nach folgender Logik: Je mehr Nachkaufrechte (Optionen) man gewährt, desto mehr von ihnen werden ausgeübt. In einem begrenzten Markt ist zudem jeder zusätzlich gewonnene Auftrag ein entgangener Auftrag für die Konkurrenz. Und nicht zu vergessen ist der nicht unwillkommene Effekt, dass man mit dem Saldo aus festen Bestellungen und Optionen nach außen hin mächtig Eindruck machen kann.

Hier also war unsere Chance – ein positiv gesonnenes Mitglied des Topmanagements und ein generell günstiges Klima des Wandels. Trotzdem gab es bezüglich unserer Vorgehensweise noch viele Fragen, über die wir uns zunächst Klarheit verschaffen mussten.

Kommentar: Der Veränderungsprozess – Kriterium ›überlegene Idee‹

An diesem Punkt hat John erkannt, dass Veränderung Not tut, und der Unternehmenschef ist der gleichen Auffassung. Beide begreifen intuitiv, dass die Kapitalwertmethode zu kurz greift, da sie die langfristigen Verbindlichkeiten (zum Beispiel Garantien) nicht angemessen berücksichtigt und keine vernünftige Abwägung zwischen den aktuellen Kapital- beziehungsweise Finanzierungskosten und unsicheren Kosteneinsparungen in der Zukunft erlaubt. Der Realoptionsansatz hingegen scheint – zumindest theoretisch – ein besseres, weil vorteilhafteres Instrument zu sein. Damit war die erste notwendige Bedingung für die Akzeptanz einer neuen Idee erfüllt – man betrachtete die ROA, zumindest auf einer intuitiven Ebene, als eine im Vergleich zum alten Ansatz potenziell überlegene Alternative. Beispielsweise vermag der neue Ansatz sehr wohl zu erklären, warum Optionen/Eventualverbindlichkeiten für die Fluggesellschaften umso interessanter sind, je stärker deren Flugmeilenerlöse schwanken. Als Nächstes gilt es nun aber zu prüfen: Passt der neue Ansatz in die Unternehmenskultur von Airbus? Ist er einfach genug für die Praxis? Ist er testbar? Sind seine Vorteile erkennbar und beobachtbar?

Welche Methode ist die beste?

Eine wichtige Frage betraf das Bewertungsmodell. Zur Modellierung von Lieferoptionen boten sich mehrere Verfahren an: Entscheidungsanalyse (analytische Entscheidungstheorie), Realoptionsanalyse (ROA), Monte-Carlo-Analyse und Lagerhaltungstheorie. Sogar ein Versuch mit traditionellen DCF-Methoden war denkbar. Die Attraktivität der DCF-Analyse kannte ich aus eigener Erfahrung – fast jeder glaubte, sie zu verstehen. Tatsächlich aber konnte die Basistheorie äußerst komplex sein. Wiewohl man also überall – auf allen Ebenen der Organisation – mit der DCF-Analyse arbeitete, wurde sie in den seltensten Fällen richtig verstanden. Immer wieder war mir aufgefallen, dass intern wie extern/kundenseitig mit Cashflow-Berechnungen und Zahlungsströmen operiert wurde, die zwar zunächst plausibel schienen, bei genauerer Betrachtung aber die Prämissen des Ansatzes grob verletzten.

Im Gegensatz dazu galt die Realoptionsanalyse als hoch komplex und nur bedingt anwendbar. Sobald man aber die Restriktionen und immanenten Schwächen der DCF-Analyse richtig begriffen hat, beginnt man auch zu erkennen, dass Realoptionen praktisch allgegenwärtig sind. Jedenfalls konnte ich in unserer eigenen Branche die vielfältigsten Einsatzmöglichkeiten für die ROA ausmachen. Das Problem bestand eigentlich hauptsächlich darin, beim Topmanagement wie auch kundenseitig einen »Blackbox«-Eindruck zu vermeiden, der mit Sicherheit zu einer ablehnenden Haltung gegenüber dem Modell führen würde. Wie wir noch sehen werden, lässt sich die Funktionsweise der ROA meist auf eine entscheidungsbaumähnliche Analyse reduzieren, wobei zur Modellierung eine ganz normale Tabellenkalkulationssoftware verwendet werden kann. Genau dies war der Schlüssel zur Vermeidung des »Blackbox-Syndroms«. Hinzu kam ein weiterer Pluspunkt: Die Verwendung des ROA-Ansatzes zur Modellierung von Flugzeuglieferoptionen würde gewissermaßen eine »Qualifizierungsplattform« darstellen – eine Option also, die anderweitige Einsatzmöglichkeiten eröffnen würde, bezogen etwa auf sonstige Risiken und Eventualverbindlichkeiten, die in den Kaufverträgen steckten.

Einfache Lösungsversuche

Bei unserem ersten Versuch zur Bewertung von Flugzeuglieferoptionen griffen wir auf das Black-Scholes-Modell zurück, das nahezu dreißig Jahre zuvor für die Bewertung von Aktienoptionen entwickelt und 1973 veröffentlicht worden war. Dieser – formal geschlossene – Lösungsansatz funktioniert recht einfach. Die Eingangsgrößen sind leicht zu beschaffen, zumindest als qualifizierte Schätzung: der Flugzeugpreis (Basispreis), der Wert des Flugzeugs für die Airline (Barwert), die Volatilität dieses Barwerts, die Optionsfrist und der risikofreie Diskontierungssatz. Wenn es auf eine rasche Analyse ankommt, ist aus meiner Sicht das Black-Scholes-Modell tatsächlich oft der beste Ansatz. Zwar ist das Ergebnis nicht immer sehr genau, doch erlaubt diese Methode allemal eine Problemeingrenzung nebst Identifizierung der für die Bewertung relevanten Variablen.

Diese einfache Analyse führte uns zu einigen interessanten Beobachtungen hinsichtlich der für den Optionswert bedeutsamen Einflussfaktoren. Zum Beispiel stellten wir fest: Je größer die Volatilität, desto höher der Optionswert. Unsere Kunden, die Fluggesellschaften, wiesen unterschiedliche Volatilitäten bei den Passagierertragsmeilen sowie unterschiedliche Verschuldungsgrade auf. Entsprechend unterschiedlich war daher auch die Volatilität ihrer Erträge/ Gewinne. Auch der Barwert unserer Flugzeuge wies aus Kundenperspektive eine höhere Volatilität auf. Die Optionen waren folglich für einige Airlines wertvoller als für andere, sodass wir den Markt in diesem Sinne segmentieren konnten.

Bange Frage: Wenn es also einen kundenspezifischen Wert gab – gab es dann etwa auch Kosten auf unserer Seite, die wir derzeit möglicherweise völlig außer Acht ließen? Sind beispielsweise Opportunitätskosten im Spiel, wenn ein Eventualgeschäft auf Kosten eines festen Abschlusses geht? Wir begannen auch zu begreifen, dass der Wert einer Option mit der Länge der Ausübungsfrist zunimmt. Je länger der Zeithorizont, desto höher die Unsicherheit und desto größer auch die Chance, dass der Flugzeugwert den Basispreis übersteigt. Und umgekehrt gilt natürlich: desto größer auch die Gefahr, dass unsere Kosten den Verkaufspreis übersteigen. Die Optionen, die wir unseren Kunden bis dato gewährt hatten, wiesen mitunter sogar ziemlich lange Laufzeiten von mehreren Jahren auf. Waren diese Optionen also tatsächlich wertvoller als jene mit kurzer Laufzeit? Damit aber nicht genug der haarigen Details: War die zugrunde liegende Volatilität eigentlich zufallsbedingt? Oder wohnte ihr eine zyklische Bewegung mit Tendenz der Rückkehr zum Mittelwert inne (was ja bedeuten würde, dass der Wertzuwachs der Option im Zeitverlauf begrenzt wäre)? Und wie stand es mit den entgangenen Erlösen? War es für die Airline vorteilhaft, ein Flugzeug früh zu kaufen, um einen Wettbewerber auszubremsen? Flugzeuge besitzen ja gleichsam einen »Verfügbarkeitsbonus« – einen wirtschaftlichen Nutzen oder potenziellen Ertragswert, der mit ihrem Besitz einhergeht. Galt es hier also eine Art Dividendeneffekt zu berücksichtigen? Und wie würde dieser gegebenenfalls den Optionswert beeinflussen?

Elementare Erkenntnis: Es fehlte uns an der nötigen finanztechnischen Kompetenz

Allmählich begriffen wir, dass weit mehr Aspekte im Spiel waren, als die einfache Black-Scholes-Formel zu erklären vermochte. Wir brauchten also unbedingt einen detailorientierteren Ansatz und beschlossen daher, uns von einem Experten für Finanzwirtschaft helfen zu lassen.[*] Schon in den Anfangsgesprächen kristallisierte sich heraus, dass eine Fluggesellschaft mit der gewährten Lieferoption gleichzeitig auch eine »natürliche Option« besitzt, die darin besteht, zunächst einmal abwarten zu können, wie sich die Dinge entwickeln und ob sich die Unsicherheiten klären. Es handelt sich hierbei um eine klassische Aufschuboption. Der Inhaber einer solchen Option konnte sich auf einen bestimmten Preis und ein bestimmtes Lieferdatum verlassen, während andere Airlines gezwungen waren, mit den zum jeweiligen Zeitpunkt gegebenen Bedingungen vorlieb zu nehmen. Da die Branche stark konjunkturabhängig ist, kann die Warteschlange mitunter ziemlich lang werden, und natürlich ziehen die Preise mit steigender Nachfrage an. Dies zeigt sehr deutlich, wie wertvoll eine Lieferoption ist, denn sie eliminiert für die Fluggesellschaft gleich zwei Unsicherheitsquellen – bezogen nämlich auf den Preis einerseits und das Lieferdatum andererseits.

Eine andere Komplexität lag darin, dass Flugzeugoptionen nicht sofort realisiert werden können, da der Bau eines Flugzeugs eine gewisse Vorlaufzeit benötigt. Bei Ausübung der Option spezifiziert der Kunde seine Bestellung; anschließend wird gebaut. Natürlich waren wir bemüht, die Fertigungszeiten auf ein Minimum zu komprimieren, etwa durch eine stärkere Standardisierung der Modellpalette. Wie aber wirkte sich dies eigentlich auf den Optionswert aus?

Das Bewertungsmodell geriet also immer komplexer, je intensiver wir uns mit der Sache befassten. Es gab eine ganze Reihe verschiedener Ansätze, die

[*] Wir sind Herrn Professor Alex Triantis von der University of Maryland für seine hervorragende Unterstützung sehr verbunden.

sich zur Lösung der involvierten Gleichungen anboten. Allerdings kam es uns sehr darauf an, ein flexibles Instrument zur Hand zu haben. Eines also, das nicht nur die Optionsbewertung erlaubte, sondern auch den Optionsvergleich – zum Beispiel den Wechsel zwischen verschiedenen Flugzeugtypen einer Fertigungsstraße, das heißt die Bewertung von Wechseloptionen. Dies war vor allem deshalb so wichtig, weil wir glaubten, in diesem Bereich einen Wettbewerbsvorteil zu besitzen. Wir hatten unsere Produktpalette nämlich relativ kurzfristig auf eine einheitliche Technologieplattform gestellt. Dies bedeutete, dass unsere Kunden innerhalb einer Produktfamilie zwischen verschiedenen Flugzeuggrößen wählen konnten, ohne dadurch Betriebseffizienzen oder Größenvorteile einzubüßen. Hinzu kam, dass diese Flugzeuge auf derselben Fertigungsstraße und mit einem sehr hohen Grad an gemeinsamen Komponenten gebaut wurden. Dies versetzte uns in die Lage, dem Kunden die Entscheidung über die definitive Flugzeuggröße sehr lange offen zu halten. Für die Airlines war damit ein ganz klar ersichtlicher Nutzen im Sinne einer besseren Beherrschung der Markt- wie auch der Wettbewerbsunsicherheit verbunden.

Unser Modell gewinnt Konturen

Ein Schlüsselelement bei der Modellbildung war die Anzahl der beteiligten Arten von Unsicherheit. Wir ermittelten drei solcher Faktoren: den Flugzeugpreis, die Wartezeit (oder Länge der Warteschlange) und den Barwert des Flugzeugs (das heißt den diskontierten Barwert für den Kunden, über die gesamte Lebensdauer des Flugzeugs gesehen). Die Erweiterung des Modells zwecks Einbeziehung von Wechseloptionen würde freilich einen zusätzlichen Unsicherheitsgrad für jeden weiteren Flugzeugtyp bedeuten. Wie oben schon angesprochen, zielten unsere Überlegungen auf eine »binomische Annäherung«, das heißt einen großen, risikobereinigten Entscheidungsbaum, um unser Modell möglichst einfach und damit intern wie extern leicht verständlich zu halten. Ein zweidimensionaler Baum vermag allerdings nur einem einzigen Unsicherheitsgrad Rechnung zu tragen, nämlich auf der vertikalen Achse, da die horizontale Achse ja der Zeit gehört. Eine Erweiterung um eine Dimension war zwar möglich, wenn wir im Rahmen der Tabellenkalkulation mehrere Blätter benutzten. Damit aber war gewissermaßen das Ende der Fahnenstange erreicht, denn eine neuerliche Erweiterung war ohne Monte-Carlo-Analyse äußerst schwierig. Allerdings wurde uns bald klar, dass sich sowohl der Flugzeugpreis als auch die Wartezeit als barwertabhängige Funktionen beschreiben ließen. Damit ließ sich das grundsätzliche Lieferoptionsmodell letztlich doch auf einen zweidimensionalen Baum, die Wechseloption auf einen dreidimensionalen Baum reduzieren.

Kommentar: Der Veränderungsprozess – Kriterien ›Kompatibilität‹ und ›Komplexität‹

Bei Airbus kannte man sich in der Finanzanalyse bereits gut aus. Mit der Begrifflichkeit und Methodik der Kapitalwertanalyse war man ja sowieso vertraut, und auch mit der Monte-Carlo-Analyse hatte man Erfahrung. Da man für die Bestimmung von Optionspreisen einen Gitter- beziehungsweise Entscheidungsbaumansatz favorisierte, brauchte man nach den erforderlichen Grundqualifikationen (Tabellenkalkulation, Algebra, Monte-Carlo-Analyse) nicht lange zu suchen – sie waren bereits da. Die Anforderungen des Realoptionsansatzes unterschieden sich also nicht grundsätzlich von dem, was bei den Projektplanern und Verantwortlichen bereits häufig geübte Praxis war. Beispielsweise werden beim Kapitalwertansatz ebenso wie bei der Realoptionsanalyse künftige Zahlungsströme diskontiert – der Rahmen ist also gleich und damit vertraut. Allerdings musste man sich mit einer völlig neuen Begrifflichkeit anfreunden (wie beispielsweise Puts, Calls, Basispreis), doch die Lösungsmethode war eine algebraische und insofern nichts Neues. Der Realoptionsansatz war also mit den gewohnten Entscheidungsinstrumenten zweifellos kompatibel. Ein anderes wichtiges Merkmal einer neuen Idee ist, wie gesehen, der Komplexitätsgrad. Ein neuer Ansatz mag vielleicht kompatibel sein, ist aber unter Umständen zu kompliziert, um rasch Akzeptanz zu finden. John Stonier hat das Wort »komplex« ziemlich oft benutzt. Hier sind einige Beispiele: »Die Realoptionsanalyse galt ... als hoch komplex«; »eine andere Komplexität lag darin, dass Flugzeugoptionen nicht sofort realisiert werden können ...«; »das Bewertungsmodell geriet also immer komplexer, je mehr wir ...«.

Keine Frage: Die Realoptionsanalyse ist zwar eine intuitiv einleuchtende und dem Kapitalwertansatz eindeutig überlegene Methode, doch komplexer ist sie leider auch. Man sollte dieses Problem also nicht totschweigen, sondern ihm dadurch Rechnung tragen, dass man im Zuge der Einführung des Ansatzes auf jeder Stufe versucht, so weit wie nur möglich zu vereinfachen. Genau hierzu will dieses Buch beitragen. Schauen wir uns nun aber an, wie man bei Airbus das Problem der Testbarkeit anging.

Das Modell im Test

An diesem Punkt waren wir zunächst froh, überhaupt ein exaktes Modell zu besitzen. Blieb zu hoffen, dass wir es unseren Adressaten in hinreichend einfacher und verständlicher Weise würden nahe bringen können. Wie gesagt, das Modell quantifizierte den Wert einer Option auf die künftige Lieferung eines Flugzeugs zu einem bestimmten Preis und Lieferdatum. Die Knoten des sich im Zeitverlauf verzweigenden Entscheidungsbaums repräsentierten alle möglichen Barwerte, die das Basisobjekt (das Flugzeug) künftig – das heißt bis zu jenem Zeitpunkt, zu dem die Airline das Flugzeug brauchen und die Bestellung vornehmen würde – annehmen konnte.

Der Wert der Option war folglich einfach der auf die Gegenwart abgezinste Erwartungswert (das heißt die Summe aller mit ihren jeweiligen Wahrscheinlichkeiten multiplizierten Ergebnisse). Zur Ermittlung des geeigneten Diskontierungssatzes je Zeitstufe verfuhren wir nach der Methode der so genannten – eine gewinnorientierte Arbitrage ausschließenden – »no profitable arbitrage condition«, wobei wir in rekursiver Weise auf die Gegenwart zurückrechneten.

Die Quantifizierung der Risiken

Einer der größten Streitpunkte bei der Projektbewertung ist bekanntlich die Wahl des Abzinsungs- oder Diskontierungssatzes und damit die Festlegung des Risikogrades. Die in der herkömmlichen Investitionstheorie am häufigsten benutzte Methode zur Bewertung des Marktrisikos ist das so genannte »Capital Asset Pricing Model (CAPM)«, ein Modell zur Beschreibung der Beziehung zwischen Risiko und Ertrag einer Anlage. Dabei wird unterstellt, dass den Aktionären eine Marktprämie gezahlt wird, die über dem risikofreien Zinssatz liegt. Die Differenz entschädigt sie dafür, dass sie bereit sind, das mit einer Branche oder einem Sektor verbundene systematische (das heißt nicht diversifizierbare) Risiko einzugehen. Anhand dieses höheren Satzes werden dann die mit einem Projekt verbundenen betrieblichen Cashflows abgezinst, wobei der Verschuldungsgrad des Unternehmens oder Projekts berücksichtigt wird. Anders bei der Realoptionsanalyse. Hier wird das Risiko anhand der Marktvolatilität der Erträge/Renditen des Basisobjekts quantifiziert. Die zu erwartenden risikobereinigten Cashflows werden anschließend zum risikofreien Satz diskontiert; das Marktrisiko kommt mit anderen Worten in der Volatilität der modellierten Cashflows zum Ausdruck.

Beim Realoptionsansatz muss freilich, da das Basisobjekt in der Regel nicht am Markt gehandelt wird, für die Bestimmung der Volatilität ein Ersatzobjekt oder eine Näherungsgröße gesucht werden. Dabei sind mehrere Varianten denkbar: Es kann sich um eine Monte-Carlo-Simulation des Projektwerts, ein geeignetes marktgängiges Objekt oder auch ein synthetisches Portfolio von Vermögenswerten handeln. Da es in der Praxis allerdings sehr schwierig sein kann, einen geeigneten »Platzhalter« ausfindig zu machen, liegt hier gleichzeitig auch das größte theoretische Problem im Zusammenhang mit der Realoptionsanalyse.

Angesichts der Kontroverse um die Risikomessung empfiehlt es sich, den Horizont etwas weiter zu ziehen und zur Absicherung verschiedene Methoden zu benutzen. Bei unserem Lieferoptionsproblem boten sich in diesem Zusammenhang mehrere Möglichkeiten an. Erstens nahmen wir an, dass der Marktwert einer Fluggesellschaft dem Barwert der Summe aller ihrer Investitionen entspricht, wobei es sich bei diesen Letzteren zum allergrößten Teil um Flugzeuge handelt. Airlines sind nicht-diversifizierte Unternehmen mit einem einzigen Geschäftszweig, weshalb die Flugzeugwerte zwangsläufig die Bilanz dominieren. Gleichzeitig handelt es sich um einen reifen Sektor mit geringen Wachstumschancen. Insofern bot sich die Volatilität der Aktienrenditen durchaus als ein möglicher Ersatzkandidat für die Volatilität der Flugzeugrenditen respektive des Barwerts eines bei einer Airline in Betrieb befindlichen Flugzeugs an. Wir kamen ferner zu der Erkenntnis, dass diese Volatilität partiell auch vom Verschuldungsgrad der Gesellschaft abhängt. Mit einem ähnlichen Verfahren wie bei der Ermittlung des verschuldungsbereinigten Betafaktors eines Unternehmens »entschuldeten« (bereinigten) wir auch die gemessene Volatilität.

Zweitens nahmen wir uns die in der Branche vorhandenen Transaktionsdaten für Gebrauchtflugzeuge vor. Da Linienflieger teure Anlagegüter sind und daher häufig fremdfinanziert werden müssen, führen einige Beratungsunternehmen entsprechende Transaktionsdatenbanken. Man kann daher recht gut die früheren Preise für Gebrauchtflugzeuge heranziehen, um die Preisvolatilität im Zeitverlauf zu messen, und zwar unter Berücksichtigung des Faktums, dass solche Anlagegüter eine begrenzte Lebensdauer besitzen und folglich fortlaufend an Wert verlieren. Wiewohl wir von dieser Messmethodik letztlich dann doch Abstand nahmen, war sie uns insgesamt eine wertvolle Hilfe, um das Volatilitätsproblem besser zu verstehen.

Drittens entwickelten wir ein theoretisches Modell auf der Basis der lebensdauerbezogenen Betriebskosten und Passagiererlöse. Anschließend maßen wir die typischen Flugnachfragevolatilitäten auf ausgewählten Routen und benutzten diese Werte im Rahmen des Modells dann zur Berechnung der Flugzeug-Barwertvolatilitäten.

Die Tatsache also, dass wir über drei verschiedene Methoden verfügten, um die Volatilität eines Anlageguts zu messen, und dass alle drei zu sehr ähnlichen Resultaten führten, half uns sehr, die Bedenken und Probleme, die im Zusammenhang mit dieser zentralen Basisgröße unseres Modells bestanden, systematisch auszuräumen.

Kommentar: Der Veränderungsprozess — Faktor ›Testbarkeit‹

Wiewohl das Modell dem Kriterium der Testbarkeit genügte, indem es im Hinblick auf den Wert von Wechsel- und Aufschuboptionen sehr brauchbare Ergebnisse lieferte, war damit das Akzeptanzproblem noch lange nicht gelöst, wie wir im nächsten Abschnitt sehen werden. Dies lag daran, dass die Entscheidungsträger leider nicht in die Entwicklung des Realoptionsansatzes eingebunden wurden. Dadurch wurde das Komplexitätsproblem später zu einer echten Hürde. Ein weiteres Problem bestand darin, dass der Nutzen des Modells nicht nur von der Fähigkeit zur Bewertung der Lieferoption abhing, sondern auch davon, dass (und wie gut) es gelang, diesen Wert dann im Verkaufsprozess effektiv zum Tragen zu bringen. Akzeptanz aber setzte eine Vertrautheit der Verantwortlichen mit der Realoptionsanalyse voraus.

Interne Einführung des Modells

Im Rückblick ist klar, dass es ein Fehler war, die Unternehmensführung nicht an der Entwicklung des Modells zu beteiligen. Es war eben leider so gelaufen, dass mein hilfsbereiter Professor und ich im stillen Kämmerlein eine Lösung ausgeheckt hatten, da wir die Verantwortlichen mit den Detailproblemen der Modellierung zunächst nicht behelligen wollten. Hinzu kam, dass sich die Entwicklung des Modells über mehrere Monate hinzog, weshalb sich das allgemeine Interesse an der Sache etwas verlor. Mir war klar, dass es nicht einfach sein würde, das Projekt wieder in Schwung zu bringen.

Ich entschloss mich daher zu einer Reihe von Präsentationen, um den Verantwortlichen das Modell vorzustellen – dessen Methodik, die Basis- beziehungsweise Eingangsgrößen, die involvierten Sensitivitäten, die erzielbaren Ergebnisse. Im Allgemeinen wurden die Bewertungen (die bei etwa 10 Prozent des Flugzeugpreises lagen) als sehr vertrauenswürdig empfunden. Die Diskussion konzentrierte sich in der Regel jedoch rasch auf die Frage, wie sich dieser Wert in den Optionspreis integrieren lasse und wie wohl die Kunden und Wettbewerber auf unsere Methode reagieren würden. Mir wurde klar: Nachdem ich mich bislang hauptsächlich mit methodologischen Fragen und theoretischen Aspekten der Optionspreisfindung befasst hatte, musste fortan der Implementierungsplan an allererster Stelle stehen.

Integration der Realoptionsanalyse in die Verkaufsverhandlungen und die Rolle der Marketingfunktion

Wie bei den meisten dynamischen Unternehmen, so sind auch bei uns die Zeithorizonte eher kurz. Taktischen Fragen wird stets mehr Aufmerksamkeit gewidmet als strategischen – konkrete Abschlüsse sind tendenziell wichtiger als die langfristige Vermarktung einer Flugzeugfamilie mit all ihren Ausprägungen. Anders formuliert: Die Marketingfunktion wurde oft als reine Verkaufsunterstützung betrachtet. Das Produkt- und Wertimage ist jedoch so schnell nicht formbar, sondern verlangt einen mittel- bis langfristigen Horizont. Im Rahmen einer Absatzkampagne ist es praktisch unmöglich, eine Fluggesellschaft zu einer Revision ihrer Betrachtungsweise und Werteinschätzung hinsichtlich der Leistungsmerkmale oder Zusatzleistungen zu bewegen, weil dies logischerweise bedeuten würde, dass der Hersteller im Grunde einen höheren Preis rechtfertigen kann. In der konkreten Verhandlungsphase pflegt der Informationsfluss mehr oder weniger zu versiegen, und der Zugang zu den Spezialisten auf der Arbeitsebene wird immer schwieriger. Zwar erwies sich unsere Bewertungsmethodik durchaus auch in der Verhandlungsphase als nützlich, um den Entscheidern auf Kundenseite den Wert der Lieferflexibilität zu verdeutlichen. Allein, die Umwandlung dieser Flexibilität von einem »weichen« in ein »hartes«, geldwertes Merkmal ließ sich in dieser Phase nicht mehr realisieren. Hier war vielmehr ein längerfristiger Prozess jenseits der Zwänge einer Absatzkampagne vonnöten.

Kommentar: Der Veränderungsprozess — Faktor ›Beobachtbarkeit‹

Es ist schwer zu sagen, wie die Unternehmensführung in der Hitze des Gefechts, das heißt in der aktiven, wettbewerbsorientierten Absatzkampagne, am besten ins Boot zu holen ist. Das Kriterium der Beobachtbarkeit macht es aber unumgänglich, dass man die neuen Ideen und Konzepte den relevanten Entscheidungsträgern klar vor Augen führt. Angesichts der mit der Kampagne einhergehenden Zwänge beschließt John Stonier daher, es mit einer flankierenden Maßnahme über die externe Kommunikationsschiene zu versuchen.

Externe Kommunikation

Um in der Branche für das neue Bewertungsmodell auf weniger direktem Wege eine Lanze zu brechen, begann ich Artikel zu schreiben und in der Fachpresse zu veröffentlichen. Auch Konferenzen boten Gelegenheit, den neuen Ansatz publik zu machen. Der Zeitpunkt erwies sich als recht günstig, und zwar aus verschiedenen Gründen. Auch bei den Fluggesellschaften beginnt man allmählich den Nutzen eines Risikomanagements zu erkennen, sodass die Skepsis gegenüber herkömmlichen DFC-Methoden, wie sie zur Bewertung des künftigen Nutzens von Flottenplänen ja häufig in Gebrauch sind, zu wachsen beginnt. Ein erheblicher Prozentsatz des Flugzeugbedarfs hat bei den Airlines heute Optionalstatus.

Ein unerwarteter positiver Nebeneffekt unserer Analyse bestand in der Lösung des oben bereits angesprochenen »Mindestrendite«-Problems. Jene Fluggesellschaften, die begriffen, dass eine Flotteninvestition, die heute profitabel erscheint, in drei oder fünf Jahren – also genau dann, wenn die Maschinen in Betrieb gehen – unprofitabel sein kann, strebten verständlicherweise nach einem Puffer zwischen ihren Kapitalkosten und der unterstellten Kapitalrendite. Dies geschah bislang auf heuristischer Basis. Es zeigte sich nun jedoch, dass die Spanne zwischen den Kapitalkosten und dem Mindestrenditesatz (also der Aufschlag auf den Kreditzinssatz) genau dann stimmig und korrekt ist, wenn sie dem Wert der Flexibilität entspricht, welche aufgegeben wird, wenn die Investitionsentscheidung bereits heute (in der Gegenwart) erfolgt. Daher konnten wir künftig mit dem Argument auftreten, dass die Lieferflexibilität dem Kunden im Regelfall einen niedrigeren Mindestrenditesatz ermöglichen sollte.

Ein unerwarteter Zusatznutzen – der Gesamtzusammenhang rückt ins Blickfeld

Aus unseren Analysen ergaben sich viele weitere interessante Fragen und Erkenntnisse im Zusammenhang mit der Handhabung spezifischer Geschäftsrisiken. Je stärker sich die Airlines des Wertes der Flexibilität bewusst wurden, desto stärker wuchs auch der (zunächst eher kleine) Anteil der Optionalbestellungen in unseren Auftragsbüchern an. Hinzu kam, wie schon erwähnt, dass wir die Fertigung umstellten und verschiedene Flugzeugtypen zu einer Flugzeugfamilie zusammenfassten, die auf ein und derselben Montagelinie gebaut wurde, was es den Kunden wiederum ermöglichte, noch kurzfristig zwischen verschiedenen Modellen zu wählen. Freilich gibt es saftige Konventionalstrafen, wenn der Hersteller nicht pünktlich zu liefern vermag, und Gleiches gilt für den Kunden, wenn er die Abnahme verweigert. Aufgrund dessen wie auch der Tatsache, dass die Produktionsniveaus in den vorausgegangenen Jahren beträchtlich gestiegen waren, lag uns ein effizientes Auftragsmanagement inzwischen sehr am Herzen. Je höher der Anteil der optionalen Bestellungen, desto schwieriger war es natürlich, unseren Verpflichtungen nachzukommen. Für die Produktionsplanung und -steuerung war lange Zeit eine relativ kleine Gruppe von Mitarbeitern zuständig gewesen – Strukturen, die noch aus einer Zeit stammten, als der Produktionsumfang noch viel kleiner war. Zur Verbesserung des Auftragsmanagements war es daher wichtig, den Informationsfluss zu optimieren, um möglichst früh über die Absichten des Kunden Bescheid zu wissen. Unsere Realoptionsanalyse bezüglich des Wertes der Lieferoptionen hatte in diesem Bereich viele Fragen aufgeworfen. Beispielsweise war uns aufgefallen, dass sich ein gewisser Teil der Lieferpositionen im Auftragsbuch durchaus doppelt verbuchen, also für zwei Kunden nutzen ließ, ausgehend davon, dass ja nicht alle Optionen ausgeübt wurden. Die Frage war natürlich, inwieweit wir so verfahren konnten, ohne unsere Lieferverpflichtungen zu gefährden. Gab es eine Möglichkeit, dieses Risiko wenigstens teilweise zu diversifizieren, indem man etwa die Optionen von zwei als antizyklisch einstufbaren Airlines »doppelte«? Unser weltweiter Kundenstamm ließ eine solche Strategie in der Tat als praktikabel erscheinen. Weitere Frage: War die Wahrscheinlichkeit der Optionsausübung vom Wachstum der Branche abhängig? Falls ja: Gab es einen ökonomischen Indikator, der hier stellvertretend herangezogen werden konnte? Welchen Einfluss hatte im Übrigen der Wettbewerb in der Luftfahrtbranche auf den Optionswert und die Wahrscheinlichkeit der Optionsausübung? Nahmen konkurrierende Airlines die gleichen Wachstumschancen zur gleichen Zeit wahr, sodass beide gleichzeitig expandieren und ihre Option ausüben würden?

Unterstützung der Vertragsgestalter bei der Identifizierung und Abfederung von Risiken

Die Black-Scholes-Formel war ein nützlicher Rahmen, der den Verantwortlichen half, in den Vertragsverhandlungen mit potenziellen Kunden mögliche Risikotreiber zu orten. Wie bereits erwähnt, pflegen Verhandlungsführer oft an einem gewissen Überoptimismus zu leiden, machen also gern den Fehler – und dies betrifft ganze Unternehmen ebenso wie Individuen –, die eigenen Fähigkeiten durch die rosa Brille zu sehen und allzu sehr auf ein positives Endergebnis zu hoffen. Anders formuliert: Die Beteiligten überschätzen bei

Optionalverträgen häufig das Positive und unterschätzen entsprechend das Negative. Gutes Beispiel: Eine Fluggesellschaft erbat sich von uns ein Vorkaufsrecht auf alle Flugzeuge eines bestimmten Typs. Auf der einen Seite war dies gewiss eine schöne Sache, bot sich uns doch die Chance, den Kunden zu fest vereinbarten Konditionen auf Dauer zu beliefern und der Konkurrenz das Wasser abzugraben. Zum Glück erkannten wir aber noch rechtzeitig, dass uns dadurch bei angespanntem Markt, guten Preisen und knappem Angebot völlig die Hände gebunden gewesen wären. Beispielsweise wäre es kaum mehr möglich gewesen, Produktionskapazitäten und Lieferpositionen im Rahmen von Kampagnen nach strategischen Gesichtspunkten zu vergeben und zum Beispiel für das Neukundengeschäft zu nutzen.

Bei Lieferengpässen pflegten wir unsere Kunden weltweit abzugrasen in der Hoffnung, eine Airline zu finden, der eine Lieferterminverschiebung genehm war. Aufgrund unseres vielfältigen Kundenstamms wurden wir meist auch fündig, sodass wir bislang von Lieferproblemen weitgehend verschont blieben. Doch ein Restrisiko bleibt. Dieses ließe sich durch eine entsprechende Vertragsgestaltung weitgehend auffangen, etwa durch die Aufnahme einer Option, der zufolge sich der Hersteller einen Teil der Lieferpositionen zu einem bestimmten Preis zurückkaufen kann.

Bessere Abstimmung zwischen Vertriebs- und Finanzbereich

In einem gewissen Sinne verkaufen wir unseren Kunden sowohl Sach- als auch Finanzwerte, doch die Funktionsbereiche Verkauf, Finanzen und Marketing zeichneten sich schon immer durch eine je eigene Arbeitsweise aus, ganz so, als bestünden Mauern zwischen ihnen. Den Vermarktern geht es vor allem darum, dem Kunden den Wert sämtlicher Elemente des verhandelten Leistungsumfangs so deutlich wie möglich vor Augen zu führen, um den bestmöglichen Preis herausschlagen zu können, sei es absolut oder in Relation zu einem Konkurrenzangebot. Die Finanzfachleute wiederum wollen zwar ebenfalls den Absatz fördern, halten sich aber gern so weit wie möglich bedeckt. In der Regel bedeutete dies, dass man die Finanzierungszusage im Verhandlungsprozess bis zum letzten Moment hinausschob, was wiederum zur Folge hatte, dass nur wenig Möglichkeit bestand, den Wert der Finanzierung als Preisfaktor zu nutzen, obwohl die Finanzierung meist Bedingung des Vertragsabschlusses war. Das Abstimmungsproblem wurde noch dadurch verstärkt, dass auch bei den meisten Airlines die Funktionen Flottenplanung und Finanzwesen strikt voneinander getrennt sind. Häufig trafen die Flottenplaner ihre Entscheidung, ohne im Mindesten Rücksicht auf die Finanzierung zu nehmen. Folglich gab es zwischen Hersteller und Airlines in der Regel zwei Kontakt- beziehungsweise Interaktionskanäle: Die Marketingteams standen mit den Flottenplanern in engem Kontakt, das Finanzierungsteam mit der Finanzabteilung des Kunden. Überlappungen waren selten.

Der ROA-Ansatz gewinnt Gestalt

Die Realoptionsanalyse ist mehr als nur eine neue Kalkulationsmethodik. Sie verkörpert vielmehr eine neue Sichtweise der Dynamik von Investitionsentscheidungen und erlaubt vor allem eine zuverlässige Risikobewertung. Mit unserer neu gewonnenen ROA-Kompetenz rückten wir nun einem spezifischen, in unserer Branche allerdings recht häufigen Garantieproblem zu Leibe. Dabei entwickelten wir ein zwar einfaches, doch sehr funktionstüchtiges Bewertungsmodell, indem wir das so genannte »Blacksche Modell«, einen Standard-Lösungsansatz geschlossenen Typs für Optionen auf Terminkontrakte, für unsere Zwecke modifizierten. Einer der großen Vorzüge dieses Modells besteht darin, dass es einen völlig neuen Zugang zum Garantieproblem gewährt. Bisher hatte man in einer Garantie schlicht ein Mittel gesehen, um dem Kunden die herstellerseitige Bewertung eines Kostentreibers schmackhaft zu machen. Man ging dabei zwar eine Verpflichtung ein, gewiss, doch hielt man diese mitunter eben einfach für nötig, um den gewünschten Preis durchzudrücken. Unser modifiziertes Modell machte nun aber deutlich, wie stark die Kostenwirksamkeit der Garantie faktisch von zwei Faktoren abhängt: zum einen von der zwischen den beiden Parteien bestehenden Asymmetrie der Zukunftserwartungen, zum anderen von der jeweils subjektiven Einschätzung des eigenen Risikos. Das Modell zeigte uns genau, wann es sinnvoll war, eine Garantie als zusätzlichen Anreiz ins Paket aufzunehmen – und wann nicht. Ein entscheidender Punkt war außerdem, dass auch der Kunde gehalten war, sich über die Garantie intensiv Gedanken zu machen und sie finanziell zu bewerten. Wir hatten nun also ein wesentlich besseres, genaueres Bewertungsinstrument zur Hand, das wir in Kooperation mit unseren Kunden einsetzen konnten. Damit war ein virulentes Problem vom Tisch – die heuristische (das heißt subjektiv-erfahrungsbezogene) Risikobereinigung von Cashflows und die damit verbundenen (irgendwie kontraintuitiven) Auswirkungen auf die Bewertung der Kostentreiber (oder negativen Cashflows).

Insgesamt gesehen steckt das Realoptionsdenken bei Airbus derzeit sicherlich noch in den Kinderschuhen. Zwar haben wir in der Bewertung der Rentabilität von Abschlüssen gewiss Fortschritte gemacht, indem wir die Kosten- und Risikotreiber nun umfassender durchleuchten und in Rechnung stellen können. Dies geschah bislang aber größtenteils noch ohne ein explizites Verständnis des Realoptionskonzepts. Risiken beziehungsweise Eventualverbindlichkeiten wurden, wo erforderlich, stochastisch (mittels Monte-Carlo-Analyse) oder auf der Basis der Wahrscheinlichkeitstheorie quantifiziert. Dies lässt sich häufig freilich recht gut mit der Entscheidungsbaumanalyse vergleichen. Wenn man sich entlang der Zeitachse durch den Baum bewegt, ändert sich das Ergebnis von Knoten zu Knoten. Eben deshalb aber sollte sich auch der Diskontierungssatz ändern! Beim Realoptionsansatz ergibt sich der korrekte Abzinsungssatz aus der »risikoneutralen« Bewertung. Wenn ich das ROA-Konzept bei uns im Hause vorstelle, höre ich anfänglich oft den Satz: »Aber das ist doch gar nichts Neues!« Nun, ist es wohl! Freilich ist die Erklärung – weil der Diskontierungssatz stimmt – nicht ganz einfach, wiewohl dieser Sachverhalt von elementarer Bedeutung für ein korrektes Bewertungsergebnis ist. Dieses Problem wird in der Praxis noch dadurch verschärft, dass die Finanzabteilung oft einen festen, bei allen Kalkulationen zu verwendenden Abzinsungssatz vorgibt, der dann auch gar nicht weiter infrage gestellt wird. Künftig muss sich hier bei Airbus gerade angesichts der vielen weiteren Einsatzmöglichkeiten des ROA-Ansatzes zweifellos noch eine Menge ändern. Ein ganz nahe liegendes Anwendungsgebiet sind zum Beispiel Geschäftspläne für die Entwicklung neuer Produkte. Allerdings muss es uns noch besser gelingen, allen Beteiligten deutlich zu machen, dass ein korrekter Diskontierungssatz weder Selbstzweck noch blutleere theoretische Übung, sondern ein essenzieller Faktor für gute Investitionsentscheidungen ist.

Der Veränderungsprozess und seine Lehren – eine Zusammenfassung

Meine Erfahrungen bei Airbus haben mich viel gelehrt, was die Implementierung neuer Konzepte und die Veränderung von Einstellungen angeht. Im Rückblick würde ich sicherlich manches anders angehen. Nachfolgend finden Sie einige wichtige Punkte, Erkenntnisse und Tipps, die für ROA-Praktiker und Unternehmen, die das Konzept einführen möchten, von Interesse sein dürften. Dabei gehe ich auch kurz darauf ein, was der Ansatz für die Unternehmensstruktur und die Vergütung der Führungskräfte bedeutet.

Geschickt implementieren

Bei der Einführung des Realoptionskonzepts sollten Sie zu Beginn auf jeden Fall ein Anwendungsbeispiel wählen, das die Vorteile der ROA sehr deutlich illustriert. Die problematischen oder kontroversen Fälle sind auf dieser Stufe überhaupt nicht geeignet – solche Fragen kommen später! Es ist schlicht eine Tatsache, dass sich die Menschen zunächst gegen alles Neue sträuben. Bei einer neuen Methode ist das nicht anders, selbst wenn die Schwäche der Alternative – die Subjektivität des bestehenden Ansatzes, der zum großen Teil auf die richtige Intuition angewiesen ist – offen zutage liegt. Bisher habe doch alles ganz ordentlich funktioniert, bekommt man schnell zu hören. Es kommt also zunächst darauf an, eine zukunftsorientierte Konsensbasis zu schaffen. Dazu wählt man am besten ein einfaches, klares Beispiel zur Illustration des Problems – eines, das verständliche und beobachtbare Ergebnisse liefert, aber noch keine großen Kreise zieht und folglich nur ein Minimum an interner Rückendeckung und organisatorischem Aufwand verlangt. Dennoch mag auch ein klein dimensioniertes Vorhaben schwer durchzusetzen sein, wenn die Modellierung des Problems mit einem beträchtlichen Ressourcenbedarf einhergeht. Am besten präsentieren Sie Ihr Projekt daher als Qualifizierungsoption auf den Erwerb von Fähigkeiten, mit denen sich künftig noch viele andere (und größere) Probleme lösen lassen.

Unterstützung aus der Führungsetage

Veränderung lässt sich am besten von oben initiieren. Folglich ist es wichtig, die Unterstützung eines hochrangigen Vorgesetzten zu gewinnen. Zu beachten ist freilich, dass im Topmanagement eher kurze Zeithorizonte vorherrschen, da die Probleme sich bekanntlich die Klinke in die Hand geben. Die »Turnaround-Zeit« oder Projektdauer kann daher wichtig sein. Stellen Sie auf jeden Fall sicher, dass man Ihr Projekt in der Unternehmensführung gut wahrnimmt und nicht aus den Augen verliert. Sichern Sie sich darüber hinaus die Unterstützung potenzieller Anwender. In der Entwicklungsphase ist es wichtig, die Tür offen zu halten für alle, für die das Modell relevant ist. Am besten binden Sie diese Personen aktiv – mit eigenem Beitrag – ein. Achten Sie darauf, dass es nicht zu dem kontraproduktiven »Not-invented-here«-Syndrom, einer Tendenz der Abschottung gegen Neues, kommt.

Trägheit

Unterschätzen Sie nicht die Beharrungskräfte eines Unternehmens. Man muss einfach sehen, dass viele Beteiligte ein persönliches Interesse an der Aufrechterhaltung des Status quo besitzen. Sie haben sich in den gegebenen Verhältnissen eingerichtet, wissen, wie alles läuft, und wissen auch ihre Vorteile daraus zu ziehen. Kein Mensch will da zunächst etwas ändern – die Pragmatiker sind gegenüber den Idealisten bei weitem in der Überzahl. Man akzeptiert die vorhandenen Regeln und arrangiert sich lieber, als nach Verbesserungsmöglichkeiten Ausschau zu halten. In einer kürzlich durchgeführten Erhebung hat man festgestellt, dass offenbar nur 20 Prozent aller Veränderungsprogramme in den Unternehmen wirklich erfolgreich sind. Jene Firmen allerdings, die interne »Change Center« eingerichtet, den Wandel also institutionalisiert hatten, schnitten deutlich besser ab. Prüfen Sie also, wie es in Ihrem Unternehmen mit der Veränderungsbereitschaft steht. Welche Schlüsse lassen die bisherigen Erfahrungen diesbezüglich zu? Zeichnet sich Ihr Unternehmen vielleicht durch ein günstiges Klima der Veränderung aus, das sich für Ihre Zwecke nutzen lässt?

Externe Unterstützung

Ein externer Berater kann hilfreich sein, wenn es gilt, neutrale und kompetente Unterstützung zu finden. In der Regel werden Verbesserungsvorschläge rascher akzeptiert, wenn sie von außen kommen. Die Kosten eines Beraters erhöhen bei den Verantwortlichen zudem den Anreiz (respektive den Druck), das Projekt auch zu einem Erfolg werden zu lassen. Außerdem trägt die Tatsache, dass ein Berater Geld kostet, zu einer positiven Erwartungshaltung bei. Freilich sind bei Beratern häufig fehlende Branchenkenntnisse zu bemängeln. Meiner Erfahrung nach ist es daher günstig, dem externen Berater einen internen »Champion« zur Seite zu stellen, da beide sich mit ihren Stärken wechselseitig ergänzen können. Auch wird auf diese Weise theoretisches und praktisches Wissen zusammengeführt, was es Kritikern deutlich erschwert, die Ergebnisse zu ignorieren.

Intuition kontra Analyse

Begehen Sie nicht den Fehler zu glauben, dass sich Ihr Ansatz schon allein deswegen durchsetzt, weil er vernünftig und gut ist. Die meisten Topmanager sind intuitiv und heuristisch veranlagt, also »Bauchmenschen« – nicht selten sind dies ja genau die Eigenschaften, die man von einem Unternehmensführer verlangt. Manche Ergebnisse der Optionspreistheorie mögen, so korrekt sie auch sind, zunächst kontraintuitiv anmuten. Oft auch stellt die Intuition den bequemen Ausweg dar, da man sich auf diese Weise eine zeitraubende Analyse spart – und Zeit ist bekanntlich immer knapp. Außerdem hat der intuitive, informelle Stil den Vorteil, dass man den Verantwortlichen nicht so leicht etwas anhängen kann. Wer kann später noch nachvollziehen, wie eine Entscheidung genau zustande kam und wer welche Position vertrat? Jeder der Beteiligten hat letztlich sein eigenes Bild davon, wie das Problem analysiert und schließlich gelöst wurde. Von daher ist es nur allzu verständlich, dass oft wenig Bereitschaft besteht, sich auf ein Modell einzulassen, mit dem später viel leichter der Finger in die Wunde gelegt werden könnte. Setzen Sie das Modell demonstrationshalber also am besten so ein, dass es mit der Intuition nicht kollidiert, sondern die intuitive Einschätzung nach Möglichkeit bestätigt und unterstützt.

Richtige ›Vermarktung‹

Versuchen Sie nicht, eine »Blackbox« zu verkaufen, deren Innenleben ein Buch mit sieben Siegeln darstellt. Ein gutes Modell muss seinen Adressaten erklärbar sein. Arbeiten Sie bei seiner Vermittlung mit Analogien und Beispielen. Es ist immer nützlich, Verbindungslinien zu ziehen und Kontext herzustellen. Verwenden Sie bei der Bestimmung und Erläuterung der wichtigen Eingangsgrößen (speziell des Parameters Risiko) so viele unterschiedliche beziehungsweise sich ergänzende Methoden wie möglich. Stellen Sie sicher, dass der neue Ansatz als mit dem alten (sofern vorhanden) vereinbar begriffen wird, indem Sie aufzeigen, dass er prinzipiell zu den gleichen Lösungen führen kann. Wichtig ist, dass Sie die Prämissen und Restriktionen der alten wie der neuen Methodik bestens kennen – Sie sollten sich in beiden Modellen besser auskennen als alle anderen. Es ist bekanntlich immer leichter, eine Neuerung zu torpedieren, als Bestehendes aus den Angeln zu heben und zu verbessern. Sie müssen daher genau verstehen, wo die Defizite anderer stochastischer Modelle – etwa der Entscheidungsbaumanalyse – liegen.

Risikobereitschaft belohnen

Bei der herkömmlichen Investitionsanalyse gilt es abzuwägen, inwieweit relativ sichere Anlaufkosten als Input zur Erzielung künftiger relativ unsicherer, hoffentlich aber profitabler Cashflows gerechtfertigt sind. Mit der Realoptionsanalyse, die ja gerade den Faktor Unsicherheit systematisch zu erfassen vermag, lassen sich die Gewichte noch stärker zur Risikobereitschaft (und zum kalkulierten Risiko) hin verschieben. Nehmen wir zum Beispiel die Zahlung einer Optionsprämie für das Recht, eine künftige Gelegenheit zu nutzen, so sie sich denn einstellt (wir wissen ja von der Börse, dass der Erwerb einer Call-Option auf eine Aktie mehr Risiko in sich birgt als der Erwerb des Basiswerts). Die ROA zeigt zwar, wann es – ausgehend von den zu erwartenden Ergebnissen – sinnvoll ist, diese Prämie zu zahlen, und wann nicht. Natürlich kann es trotzdem vorkommen, dass ein Projekt scheitert, die Erwartungen sich also nicht erfüllen. Dies bringt die Verantwortlichen unter Umständen in eine missliche Lage, vor allem, wenn sie über kein (risikoabsicherndes) Projektportfolio verfügen. Die Ausübung einer Put-Option (das heißt die Verfolgung einer Ausstiegsstrategie) lässt sich in gewisser Weise natürlich ebenfalls als Scheitern interpretieren. Die Verantwortlichen müssen darauf bauen können, dass es ihnen grundsätzlich positiv angerechnet wird, wenn sie kalkulierte, wiewohl das unternehmensintern gewohnte Maß übersteigende Risiken eingehen.

Finanzwirtschaft und Unternehmensstruktur

In vielen Unternehmen gibt es noch immer eine ziemlich strikte Trennung zwischen Investitions- und Finanzierungsentscheidungen. Dies hat in der Regel zur Folge, dass die Finanzabteilung die Kapitalkosten zentral berechnet und den operativen Abteilungen Richtlinien für die Projektbewertung nebst Ausgabelimits vorgibt. Allerdings sind die operativen Abteilungen den Marktunsicherheiten (und privatwirtschaftlichen Risiken) ausgesetzt, und sie sind es, die mit diesen Risiken klarkommen müssen. Sie sind es dementsprechend auch, die von der Realoptionsanalyse besonders profitieren können. Die Projektverantwortlichen sind in der Regel zwar durchaus daran gewöhnt, nach Wegen zu suchen, um die Unsicherheit modellhaft in den Griff zu bekommen, sei es über Szenarienanalyse, Entscheidungsbäume oder Monte-Carlo-Analyse. Hingegen sind sie es nicht gewohnt, Kapitalkostenvorgaben infrage zu stellen. Derlei Richtlinien gelten häufig als regelrecht sakrosankt. Doch genau diese »Gläubigkeit« muss abgelegt werden, wenn es gelingen soll, die risikoneutrale Bewertung von Realoptionen mit der derzeitigen Praxis strenger Vorgaben zur Verwendung eines unternehmensweiten, meist auf dem CAPM-Modell beruhenden Abzinsungssatzes in Einklang zu bringen. Den Realoptionspraktikern kann man daher nur empfehlen, sich Brückenköpfe aufzubauen, also jemanden zu suchen, der ihre Sache in der Finanzabteilung vertritt und fördert. Unternehmen, die mit dem ROA-Modell arbeiten, sollten sich über die Notwendigkeit einer engeren Koordination zwischen diesen beiden Bereichen absolut im Klaren sein. Es gibt darüber hinaus freilich noch eine ganze Reihe weiterer Gründe für die Integration von ROA und Finanzwirtschaft. Diese gehen aber über den Rahmen dieses Kapitels deutlich hinaus, da sie Themen wie Diversifizierung und Portfoliomanagement, Risikomanagement und Hedging-Strategien betreffen.

Wettbewerbsfragen

Je nach Problemlage ist es auch angezeigt, sich intensiv über die Wettbewerbsaspekte, die mit der Implementierung einer ROA-Strategie unter Umständen verbunden sind, Gedanken zu machen. Fragen Sie sich: Untermauern Sie mit der ROA einen Punkt, in dem Sie bereits einen relativen Vorteil besitzen? Wie wirkt sich die Maßnahme auf das Verhalten der Wettbewerber, Kunden und Lieferanten aus? Falls Verhandlungen mit Kunden oder Lieferanten eine Rolle spielen: Ist es sinnvoll, die Analyse gemeinsam durchzuführen und/oder das Modell gemeinsam zu nutzen? Welche Signale wollen Sie an Ihre Wettbewerber aussenden?

Das Gesamtbild ist wichtig

Der größte Nutzen des ganzen Prozesses dürfte allerdings in einem vertieften Verständnis grundsätzlicher Führungs- und Managementfragen liegen. Konzentrieren Sie sich also nicht allein nur auf die Ergebnisse des Modells und deren Praxistauglichkeit, sondern blicken Sie über den Tellerrand hinaus und bleiben Sie motiviert! Sie werden mir zustimmen: Einer muss den Karren ziehen. Außerdem macht es Spaß, am Steuer zu sitzen. Bremser gibt es immer, und der Erfolg mag auf sich warten lassen – aber er kommt!

Kommentar: Der Veränderungsprozess im Überblick

Airbus profitierte erheblich vom Einsatz der Realoptionsanalyse. Bei den Verhandlungen war man nun in der Lage, den Wert verschiedener Vertragselemente besser zu kalkulieren, etwa die dem Kunden eingeräumte Möglichkeit, seine Entscheidung über die Sitzkapazität lange offen zu lassen oder noch kurzfristig abzuändern, die Garantie von Preisobergrenzen oder Instandhaltungskostengarantien. Anhand der neuen Optionspreismethode konnte man den Markt sogar nach airlinespezifischen Parametern segmentieren, etwa mit Blick auf die Schwankungen der Ertragslage der Kunden.

Der Veränderungsprozess erwies sich jedoch als eine zähe Angelegenheit und hätte – im Rückblick gesehen – wohl glatter laufen können. Doch was genau hätte man anders machen sollen? Nun, gehen wir die kritischen Punkte noch einmal durch: Der ROA-Ansatz war ganz klar ein überlegenes und zudem mit dem Gitter- respektive Baumansatz kompatibles Konzept. Die Tatsache, dass nur Algebra, keine höhere Mathematik (Kalküle) erforderlich ist, war zwar hilfreich, löste das Problem aber leider nicht zur Gänze. Es wäre sicherlich sinnvoll gewesen, mit Unterstützung des Unternehmenschefs ein spezielles Schulungsprogramm einzurichten, um die Vertragsverantwortlichen und die Verkäufer/Vermarkter an einen Tisch und auf die gleiche Linie zu bringen.

Die Testbarkeit war kein besonders problematischer Punkt, sieht man einmal davon ab, dass John Stonier und sein Professor die neuen Methoden hinter verschlossenen Türen ausarbeiteten. Die Einbindung weiterer Führungskräfte wäre sicherlich sinnvoll und hilfreich gewesen, ebenso der experimentelle Einsatz besonders überzeugungskräftiger Realoptionsprobleme.

Das Kriterium der Beobachtbarkeit (und Nachvollziehbarkeit) der Ergebnisse schließlich war ebenfalls erfüllt, denn die Absatzzahlen sprachen für sich. Die Veränderungswiderstände hatten freilich einen anderen Grund, der darin bestand, dass man die ROA als zu komplex und schwierig ansah. Auch die Tatsache, dass die Investitionsentscheidungen und die Finanzierungsentscheidungen unabhängig voneinander und in getrennten Bereichen getroffen wurden, stand einer raschen Akzeptanz sicherlich im Wege.

Übungsaufgaben

1. Wie lauten die fünf Innovationsmerkmale, die Rogers im Hinblick auf eine rasche Verbreitung und Akzeptanz einer Idee als zentral betrachtet? Welches dieser Kriterien bereitete Airbus die größten Schwierigkeiten?

2. Mit welchen ungelösten ökonomischen Fragen hatte Airbus zu kämpfen? Beschreiben Sie, in welcher Hinsicht der Kapitalwertansatz kontraintuitive Lösungen lieferte, während der Realoptionsansatz zu intuitiv nachvollziehbaren Resultaten führte?

3. Warum handelt es sich bei der Option auf die Änderung der Sitzkonfiguration eines Flugzeugs um eine Realoption? Um welche Art von Option handelt es sich dabei? Wie wirkt sich eine höhere Variabilität bei den Passagierertragsmeilen auf den Optionswert aus, und zwar (a) beim Kapitalwertansatz und (b) bei der Realoptionsanalyse?

4. Was hätte Airbus tun können, um die Akzeptanz des Realoptionsansatzes zu beschleunigen? (Argumentieren Sie anhand der fünf Rogers-Kriterien: Überlegenheit des neuen Konzepts; Kompatibilität; Komplexität; Testbarkeit; Beobachtbarkeit.)

5. Wie wirkte sich die organisatorische Trennung zwischen Investitions- und Finanzierungsentscheidungen auf den Paradigmenwechsel – die Ablösung des Kapitalwertkonzepts durch das ROA-Konzept – aus?

6. Wie ließe sich die Realoptionsanalyse auf die aktuelle Airbus-Entscheidung anwenden, den 300XX (ein Passagierflugzeug mit 600 Sitzen) zu bauen?

7. Inwieweit würden Sie hinsichtlich der fünf Rogers-Kriterien unterschiedlich ansetzen, wenn Sie (a) Topmanager und (b) Analysten von der Realoptionsanalyse überzeugen müssten?

Kapitel 3
Die Kapitalwertmethode

Der Kapitalwert (engl. *net present value*/NPV) ist das in der Wirtschaft am häufigsten benutzte Instrument, wenn es um die Bewertung von groß angelegten Investitionen geht. Klammer (1972) verweist auf eine Erhebung unter mehr als 100 Großunternehmen, der zufolge im Jahre 1959 lediglich 19 Prozent die Kapitalwertmethode benutzten, während es 1970 bereits 57 Prozent waren. Rund ein Jahrzehnt später führten Schall, Sundem und Geijsbeek (1978) unter 424 Großunternehmen eine ähnliche Untersuchung durch. Nun lag die Quote unter den Erhebungsteilnehmern bei 86 Prozent. Es dauerte also über zwei Jahrzehnte, bis sich die Kapitalwertmethode auf breiter Basis durchgesetzt hatte. Zweifellos haben der Taschenrechner und der PC diese Entwicklung erheblich beschleunigt.

Wir wollen uns mit dem Kapitalwertansatz in diesem Kapitel eingehend beschäftigen, da er die Grundlage der Realoptionsanalyse darstellt. Die Themen, die hierbei eine Rolle spielen, sind vielfältig. Wir beginnen mit dem so genannten »Trennungsprinzip«. Es besagt, dass die Aktionäre eines Unternehmens grundsätzlich – also unabhängig von ihrer jeweiligen Zeitpräferenzrate – darin übereinstimmen, dass zur Maximierung des Shareholder-Value Investitionen verlangt sind, deren Rendite mindestens den marktbestimmten Opportunitätskosten entspricht (also dem maximalen Gewinn, der mit dem Kapital anderweitig erzielt werden könnte). Danach befassen wir uns mit den projektspezifischen Parametern »freie Cashflows« und »gewichtete Gesamtkapitalkosten« (WACC), ferner mit der Frage, wie der Bar- oder Gegenwartswert eines Projekts sich mit der Zeit ändert. Im dritten Teil des Kapitels erläutern wir die Äquivalenz zwischen dem Risikobereinigungs- und dem Sicherheitsäquivalenzansatz bei der Ermittlung des Kapitalwerts eines Projekts. Abschließend unterziehen wir die Kapitalwertanalyse und die Realoptionsanalyse einem zusammenfassenden empirischen Vergleich, der uns zu dem Schluss führen wird, dass die ROA der deutlich überlegene Ansatz ist.

Das Trennungsprinzip

Einfach ausgedrückt, handelt es sich beim so genannten Trennungsprinzip (*separation principle*) um das Ergebnis, an dem die Unternehmensverantwortlichen nach dem Willen der Aktionäre die Entscheidungsregel bei Investitionen ausrichten sollen – nämlich daran, dass der Grenzertrag auf den letzten Investitionsdollar mindestens so hoch ist wie die marktbestimmten Opportunitätskosten des Kapitals. Die Aktionäre brauchen hierüber nicht erst abzustimmen – weil sie logischerweise einstimmig dafür sind. Dies ist ein zentraler Grundpfeiler der Entscheidungstheorie, da wir den Verantwortlichen keine komplizierte Regel an die Hand geben müssen, die ihnen etwa abverlangt, sich zunächst um die Präferenzen der einzelnen Aktionäre zu kümmern.

Wir beginnen unsere Erörterungen mit einem einzigen Entscheider – nennen wir ihn Robinson Crusoe. Seine Gesamtnutzenfunktion ist in Abbildung 3.1 dargestellt. Er zieht sowohl aus dem aktuellen Verbrauch, C_0, als auch aus dem Verbrauch am Ende des Jahres, C_1, einen positiven Grenznutzen (MU). Folglich ist ihm »mehr« immer lieber als »weniger«. Anders ausgedrückt: Er ist gierig. Freilich ist sein Grenznutzen des Verbrauchs zu bei-

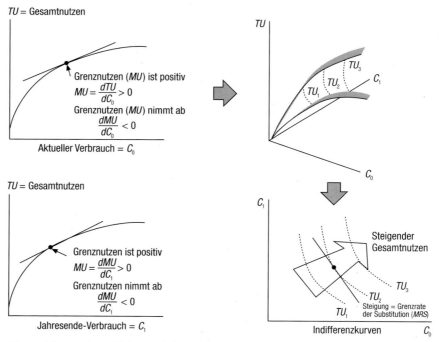

Abb. 3.1 Theorie der Wahlakte – Indifferenzkurven

den Zeitpunkten auch rückläufig. Wie wir noch sehen werden, führt dies zu einem risikoscheuen Verhalten. Verbindet man die Nutzenfunktionen für Periode 0 und Periode 1 miteinander, ergeben sich Isonutzenlinien – die gestrichelten Linien TU_1, TU_2 und TU_3 –, die sich bis auf die X-Achse des Diagramms hinunter projizieren lassen und Linien gleichen Gesamtnutzens darstellen. Wie aus Abbildung 3.1 (siehe Diagramm rechts unten) ersichtlich, spricht man hier auch von »Indifferenzkurven«, weil sie entlang einer beliebigen Linie die Kombinationen von aktuellem Verbrauch und Verbrauch am Jahresende darstellen, die Robinson Crusoe einen gleich bleibenden Gesamtnutzen (TU) garantieren. Diese Indifferenzkurven stehen stellvertretend für eine Theorie der Wahlakte. Die Steigung einer Tangente zu einer Indifferenzkurve (etwa in Punkt A, siehe Abbildung 3.2) zeigt das Austauschverhältnis zwischen aktuellem Verbrauch und Verbrauch am Jahresende – gleichsam den Umrechnungskurs, der Robinson Crusoe einen gleich bleibenden Gesamtnutzen belässt. Faktisch stellt seine Grenzrate der Substitution seinen subjektiven Preis für den Tausch aktueller gegen künftige Verbrauchseinheiten dar. Er verlangt also für den Verzicht auf eine gegenwärtige Verbrauchseinheit stets zusätzliche künftige Verbrauchseinheiten.

Wenden wir uns nun dem Problem der Investitionsentscheidung zu. Angenommen, Robinson Crusoe landet auf einer einsamen Insel, ausgestattet mit einem bestimmten Kontingent an Kokosnüssen, $\gamma(C_0, C_1)$, wie in Abbildung 3.3 dargestellt. Die Kurve im rechten Diagramm basiert auf der Annahme abnehmender Grenzerträge der Investition, wie im linken Diagramm illustriert. In dem Maße, wie das Investitionsvolumen, I, zunimmt, nimmt die Investitionsrentabilität, r, ab. Das rechte Diagramm wird auch als *Kurve der*

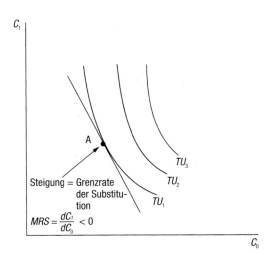

Abb. 3.2   Grenzrate der Substitution

Die Kapitalwertmethode

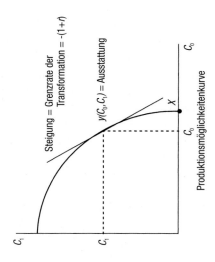

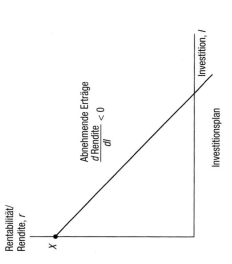

Abb. 3.3 Produktionsmöglichkeitenkurve – Wahlmöglichkeiten

Produktionsmöglichkeiten bezeichnet. Die Steigung der Tangente gibt die *Grenzrate der Transformation* an. Sie misst, anders ausgedrückt, die Rendite auf den marginalen Investitionsdollar – eine Rate, die objektiv technologieabhängig ist. Robinson Crusoe kann sich zum Beispiel dafür entscheiden, weniger Kokosnüsse aufzubrauchen, als ihm gegenwärtig zur Verfügung stehen (nämlich die Menge C_0), um die Differenz zu investieren (das heißt anzubauen) mit dem Ziel einer Ernte am Ende des Jahres (unterstellen wir einmal, dass die Bäume schnell genug wachsen und tragen). Beachten Sie, dass Punkt X in beiden Diagrammen eine Investition in Höhe von null bedeutet. Im rechten Diagramm verzehrt Crusoe also an Punkt X alles, was ihm zur Verfügung steht, hebt sich mithin nichts für die Zukunft auf. Seine Grenzrate des Ertrags (oder die Grenzleistungsfähigkeit seines Kapitals) entspricht folglich der Steigung einer Tangente an seiner Produktionsmöglichkeitenkurve – eben der Grenzrate der Transformation.

Nachdem wir uns über Crusoes Situation aus der Sicht der Wahlakttheorie (das heißt über seine Indifferenzkurven) sowie über seine Produktionsmöglichkeitenkurve (sprich: seine Optionen) Klarheit verschafft haben, lassen sich diese beiden Parameter nun zusammenfassen, um Aufschluss über seine optimale Wahl zu erhalten (siehe Abbildung 3.4). Bei Ankunft auf der Insel besitzt er die Möglichkeiten des sofortigen und des künftigen Verbrauchs, dargestellt durch Punkt A. Es handelt sich dabei offenkundig um eine Kombination, deren Gesamtnutzen die Kurve TU_1 darstellt. An diesem Punkt ist die Grenzrate der Substitution (MRS) zwischen gegenwärtigem und künftigem Verbrauch niedriger als die Grenzrate der Transformation (MRT), das heißt

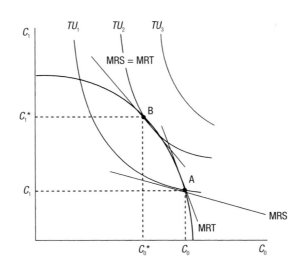

Abb. 3.4 Optimale individuelle Entscheidung unter der Annahme eines fehlenden Kapitalmarkts

des objektiven Ertrags, den eine Investition verspricht. Folglich wird er sich für die Investition entscheiden. Er ist also bereit, zugunsten späteren Konsums auf unmittelbaren Konsum zu verzichten, solange die MRS niedriger ist als die durch Investition (sprich: durch weniger gegenwärtigen Verbrauch) zu erzielende Ertragsrate. Dies ist entlang der Produktionsmöglichkeitenkurve genau so lange der Fall, bis Punkt B erreicht ist. Hier nun wird ein höheres Gesamtnutzenniveau, TU_2, erreicht, und die Grenzrate der Substitution (MRS) entspricht genau der Grenzrate der Transformation (MRT). An diesem Punkt B wird Crusoe festhalten. Er verbraucht also C_0^* in der Gegenwart und C_1^* am Ende der Periode, investiert also heute $(C_0 - C_0^*)$.

Wie sieht das Ganze nun unter Marktbedingungen (mit vielen Akteuren) aus? Angenommen, jeder einzelne Akteur verhält sich nach der Crusoe-Regel: Folgt daraus dann nicht, dass jeder eine andere optimale Kombination aus Konsum und Produktion wählt, weil jeder im Laufe der Zeit andere Verbrauchspräferenzen entwickelt? Die Antwort lautet Nein!

In einer reibungslosen Wirtschaft mit vielen Teilnehmern gibt es einen Marktzinssatz, r, der sowohl einen Kreditnahme- als auch einen Kreditvergabezinssatz darstellt. Angenommen, Sie verleihen heute die Summe W_0 zum Zinssatz r, so erhalten Sie am Ende der Darlehenslaufzeit $W_1 = (1 + r)W_0$. In Abbildung 3.5 ist dieser Zusammenhang grafisch dargestellt. Robinson Crusoe beginnt am Punkt A mit (C_0, C_1), wie gehabt. Sein marktabhängiges Vermögen lässt sich kalkulieren, indem wir seinen künftigen Verbrauch zum Satz r abzinsen und das Ergebnis zum gegenwärtigen Verbrauch hinzuaddieren. Mathematisch ausgedrückt:

$$W_0 = \frac{C_1}{1 + r} + C_0$$

Crusoe weiß, dass seine Grenzrate der Transformation in Punkt A höher ist als seine Grenzrate der Substitution. Folglich bewegt er sich – unter der Voraussetzung eines symmetrischen Zinssatzes r – auf seiner Produktionsmöglichkeitenkurve nach links oben, bis hin zu Punkt B (siehe Abbildung 3.5). Beachten Sie, dass der Produktionsausstoß an Punkt B, in dem die Marktlinie die Produktionsmöglichkeitenkurve berührt, den größtmöglichen Vermögenswert (W_0) annimmt. Gleichzeitig ist dies auch der Punkt mit dem maximalen Gesamtnutzen, denn Crusoe kann auf die Produktion an Punkt B einen Kredit zum Zinssatz r aufnehmen, um zu Punkt C zu gelangen, einem Konsumbündel mit Wert W_0^*. An Punkt C nun entspricht seine Grenzrate der Substitution der Steigung der Marktlinie [das heißt $-(1 + r)$]. Gleichzeitig berührt dieselbe Marktlinie in Punkt B auch die Kurve der Produktionsmöglichkeiten. Sofern Crusoe also bestrebt ist, sein Vermögen und damit seinen Gesamtnut-

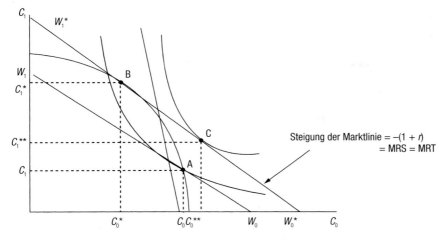

Abb. 3.5 Robinson Crusoes optimale Wahl unter Kapitalmarktbedingungen

zen zu maximieren (so genannte Wohlfahrtssteigerung), wird er die Ausstoß-
kombination an Punkt B erzeugen und dann einen Kredit aufnehmen, um zu
Punkt C zu gelangen. An Punkt C entspricht dann seine Grenzrate der Substitution der Steigung der Marktlinie, welche wiederum mit der Grenzrate der
Transformation identisch ist.

Abbildung 3.6 schließt diese Thematik ab. Hier sehen wir das *Trennungsprinzip* illustriert. Nicht nur Robinson Crusoe würde Punkt B wählen, sondern
jeder Investor. In einer Welt ohne Kapitalmärkte mag ein zweites Individuum
vielleicht Punkt C wählen, nicht aber unter Kapitalmarktbedingungen! In diesem Fall entscheidet es sich für die Produktionskombination B und gewährt
dann beispielsweise Kredit zum Zinssatz r, um zu Punkt D auf der Marktlinie
zu gelangen, sprich: zu einer Konsumkombination mit einem höheren Gesamtnutzen.

Unter Gleichgewichtsbedingungen werden folglich alle Marktteilnehmer,
unabhängig von ihren Präferenzen für gegenwärtigen und künftigen Konsum,
so lange investieren, bis die Grenzertragsrate ihrer Investition genau dem
Marktsatz (dem Marktzins) entspricht (wie in Punkt B der Fall). Auf die Aktionäre eines Unternehmens angewandt, bedeutet dies, dass die Verantwortlichen nur einer ganz simplen Regel zu folgen brauchen, um den Shareholder-
Value zu maximieren: Investiere so lange, bis die zu erwartende Rendite auf
die letzte Investitionseinheit mindestens noch den Kapitalkosten – das heißt
dem Marktzins – entspricht.

Wie bereits erwähnt, impliziert dieses Trennungsprinzip eine völlige Unabhängigkeit der wohlfahrtssteigernden beziehungsweise vermögensmaxi-

Die Kapitalwert-
methode

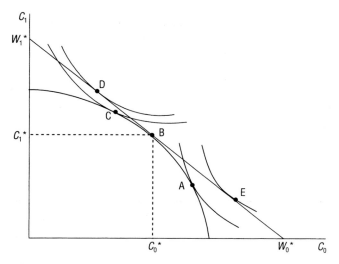

Abb. 3.6 Das Trennungsprinzip (*separation principle*)

mierenden Investitionsregel von jeglicher Information über individuelle Nutzenfunktionen. Und noch etwas gilt es festzuhalten: Das Trennungsprinzip gilt sowohl für die Kapitalwertregel als auch für den Realoptionsansatz.

Ermittlung der freien Cashflows

Um die auf dem Trennungsprinzip beruhende Investitionsentscheidungsregel handhabbar zu machen, müssen wir drei Faktoren bestimmen können: a) die freien Cashflows (das heißt die frei verfügbaren Einzahlungsüberschüsse) aus einem Projekt; b) das investierte Kapital; c) die entsprechenden Opportunitätskosten. Der erste Schritt besteht stets darin, den Projekt-Barwert *ohne* Flexibilität zu ermitteln. Dies gilt folglich auch für den Realoptionsansatz (bei dem es in der Folge freilich darauf ankommt, die Handlungsflexibilität im Entscheidungsprozess zu erfassen und zu bewerten). Die nachfolgenden Ausführungen stellen daher einen wichtigen, weil notwendigen Baustein dar.

Zur Darstellung unseres Ansatzes, bei dem es um die Schätzung der freien Cashflows (bezogen auf beide Kapitalarten, das heißt Fremd- und Eigenkapital) geht, bedienen wir uns eines einfachen Zahlenbeispiels. Dabei ermitteln wir den Kapitalwert des Zuwachses an Shareholder-Value auf zwei verschiedenen, allerdings äquivalenten Wegen: a) Abzinsung (Diskontierung) der freien eigenkapitalbezogenen Cashflows zu den Kosten des Eigenkapitals;

Tab. 3.1 Fiktive Ergebnisrechnung

Erlöse	1 300 $
Variable Kosten (VC)	–600
Fixe Kapitalkosten	0
Abschreibung	–200
Gewinn vor Zinsen und Steuern (EBIT)	500
Zinsaufwendungen (k_dD)	–50
Gewinn vor Steuern (EBT)	450
Steuern (T)	–225
Nettogewinn (NI)	225

b) Diskontierung der freien Cashflows aus dem Projekt (das heißt die gesamt-objektbezogenen Cashflows) zu den gewichteten Gesamtkapitalkosten (WACC). Tabelle 3.1 enthält eine fiktive Ergebnisrechnung für ein neu ge-gründetes Unternehmen. Die Anteilseigner bringen Kapital in Höhe von 500 Dollar ein und gehen dabei von einer 30-prozentigen Rendite aus. Ferner ist Fremdkapital in Höhe von ebenfalls 500 Dollar beteiligt, wobei die Kapitalge-ber/Gläubiger 10 Prozent Rendite fordern. Das gesamte Kapital wird in Aus-rüstung investiert, die entsprechend 1 000 Dollar kostet, jährlich 200 Dollar an Wert verliert und jährliche Instandhaltungskosten in Höhe von 200 Dollar ver-langt. Aus Gründen der Vereinfachung unterstellen wir, dass es sich bei allen Cashflows um ewige Reihen handelt (das Betriebskapital bleibt also konstant). Tabelle 3.2 gibt im Detail Auskunft über die Zahlungsströme, dies unter der Annahme einer fünfjährigen Projektlaufzeit, wobei das Unternehmen am Ende dieser Periode zum Marktwert verkauft werden soll. Die Aktionäre er-halten zu diesem Zeitpunkt also die Barmittel ausgezahlt, tilgen ihre Fremd-kapitalschulden (500 Dollar) und streichen den Rest als Gewinn ein.

In den Jahren 1 bis 5 erbringt das Projekt nach Abzug der Produktionskos-ten (600 Dollar) von den Erlösen (1 300 Dollar) jeweils einen Barertrag von

Tab. 3.2 Eigenkapitalbezogene Cashflows für das Projekt

Jahr	Zufluss	Abfluss	Abschrei-bung	Instand-haltung	Zinsen	Steuern	Netto-gewinn	Eigenkapital-Cashflow
0	1 000	–1 000	0	0	0	0	0	0
1	700		200	–200	–50	–225	225	225
2	700		200	–200	–50	–225	225	225
3	700		200	–200	–50	–225	225	225
4	700		200	–200	–50	–225	225	225
5	700	–500	200	–200	–50	–225	225	225 + 1 250

700 Dollar. Hiervon sind noch die Abschreibungen (200 Dollar), die Zinsen (50 Dollar) sowie die Steuern (225 Dollar) abzuziehen, woraus ein Nettogewinn von 225 Dollar resultiert. Die freien Cashflows an die Aktionäre errechnen sich wie folgt: Nettogewinn (225 Dollar) plus Abschreibung (200 Dollar, eine nicht-liquiditätswirksame Kostenposition), abzüglich der jährlichen Investitionsaufwendungen (das heißt der Ersatzinvestitionen in Höhe von 200 Dollar). Hieraus ergeben sich frei verfügbare Einzahlungsüberschüsse in Höhe von jährlich (und zwar auf Dauer) 225 Dollar, die den Aktionären zufließen. Der Barwert des Shareholder- beziehungsweise Aktionärsvermögens (S) entspricht daher den zu erwartenden freien Cashflows, diskontiert zu den Eigenkapitalkosten:

$$S = \frac{225\ \$}{k_s} = \frac{225\ \$}{0,30} = 750\ \$$$

Der Barwert des Vermögens der Bondholder beziehungsweise Anleihegläubiger (B) berechnet sich nach den zu den Fremdkapitalkosten diskontierten jährlichen Zinsaufwendungen:

$$B = \frac{50\ \$}{0,10} = 500\ \$$$

Die Addition dieser beiden Werte ergibt den Wert des Unternehmens: 1 250 Dollar. Festzuhalten ist, dass der Barwert des Eigen- und des Fremdkapitals in keiner Weise davon beeinflusst wird, dass am Ende des fünften Jahres ein Verkauf erfolgt. Die neuen Kreditgeber und Aktionäre übernehmen einfach den jeweiligen Cashflow und zahlen 500 respektive 750 Dollar. Wie aus Tabelle 3.2 ersichtlich, erhalten die Gesellschafter im fünften Jahr 1 250 Dollar, müssen aber an die Anleihegläubiger 500 Dollar bezahlen. Folglich beläuft sich der Vermögenszuwachs der Aktionäre auf 750 Dollar, nachdem die Anleihegläubiger ausbezahlt sind, und reduziert sich nach Abzug der ursprünglichen Kapitaleinlage auf 250 Dollar.

Eine alternative und etwas einfachere Möglichkeit, den Vermögenszuwachs aufseiten der Anteilseigner zu berechnen, besteht darin, die objekt- oder unternehmensspezifischen Cashflows (auch freie Liquidität aus dem Betrieb genannt) zu schätzen und dann zu den gewichteten Gesamtkapitalkosten abzuzinsen. Bei diesen betrieblichen Cashflows handelt es sich um die Cashflows nach Steuern, welche das Unternehmen (also das »Objekt«) besäße, wenn es schuldenfrei, also nicht fremdfinanziert wäre. Sie sind in Tabelle 3.3 dargestellt. Sie entsprechen dem Gewinn vor Zinsen und Steuern (EBIT) abzüglich

Tab. 3.3 Unternehmensbezogene Cashflows im Rahmen der Investitionsrechnung

Jahr	Betriebl. Cashflows	Abschrei-bung	Gewinn vor Zinsen und Steuern (EBIT)	Kapitalauf-wendungen	Steuern auf EBIT	Freier Cashflow
0	−1 000					−1 000
1	700	200	500	200	250	250
2	700	200	500	200	250	250
3	700	200	500	200	250	250
4	700	200	500	200	250	250
5	700	200	500	200	250	250 + 1 250

der Steuern auf diesen Gewinn (also etwa der fälligen Steuern, wenn das Unternehmen keine Schulden hätte; in unserem Fall wäre dies ein Steuersatz von 50 Prozent auf EBIT in Höhe von 500 Dollar), zuzüglich Abschreibung (ein nicht-liquiditätswirksamer Aufwand von 200 Dollar), abzüglich der jährlichen Kapitalaufwendungen (200 Dollar). Da sich Abschreibung und Kapitalaufwendungen gegeneinander aufheben, belaufen sich die freien Cashflows aus Betriebstätigkeit auf 250 Dollar im Jahr. Hinzu kommen im fünften Jahr 1 250 Dollar als Erlös aus der Veräußerung des Unternehmens.

Die gewichteten Gesamtkapitalkosten (WACC)

Unter den gewichteten Gesamtkapitalkosten (*WACC*) versteht man den gewogenen Durchschnitt der Grenzkosten des Kapitals nach Steuern. Der Parameter eignet sich zur Diskontierung unternehmens- oder projektbezogener Cashflows, da diese Überschüsse für Zahlungen auf beide Kapitalarten – Fremd- wie Eigenkapital – verwendbar sind. Im Übrigen werden Marktwertgewichte benutzt, da sich der für die Investition benötigte Gesamt-Cashflow nach dem Marktwert des eingesetzten Kapitals, nicht nach dessen Buchwert bemisst.

In unserem einfachen Zahlenbeispiel berechnen sich die gewichteten Gesamtkapitalkosten nach der folgenden Formel:

$$WACC = k_b(1-T)\frac{B}{B+S} + k_s\frac{S}{B+S}$$
$$= 0{,}10(1-0{,}5)\frac{500}{500+750} + 0{,}30\frac{750}{500+750}$$
$$= 0{,}02 + 0{,}18 = 20\ \%$$

Eine interessante Frage, der wir uns später noch zuwenden werden, lautet: Wie gelangt man zu Schätzwerten für die Grenzkosten des Eigen- und des Fremdkapitals? Nun, kurz gesagt: Es gibt in beiderlei Hinsicht Vergleichswerte. Zum einen lassen sich andere Verbindlichkeiten (Schuldtitel) mit vergleichbarem Risiko ausfindig machen, sodass wir von einer identischen Rückzahlungsrendite ausgehen können. Zum anderen benutzen wir das Capital Asset Pricing Model (mit all seinen Schwächen), um andere Eigenkapitalwerte (Aktien) mit vergleichbarem Beta-Faktor zu ermitteln und auf dieser Basis dann die eigenen Kapitalkosten zu schätzen. Als Praktiker greifen wir zur Schätzung unserer eigenen projektbezogenen Kapitalkosten also einfach auf vergleichbare, in den Kapitalmärkten gehandelte Wertpapiere zurück, deren Preise bekannt sind. Wenn wir dann die unternehmensbezogenen freien Cashflows zu den Gesamtkapitalkosten abzinsen, erhalten wir genau dasselbe Ergebnis – nämlich geschätzte 250 Dollar für den Wertzuwachs beim Aktionärsvermögen – wie beim Eigenkapitalansatz (siehe Tabelle 3.2). Wie die Berechnung konkret aussieht, zeigt Tabelle 3.4.

Freilich lässt sich ein logischer Zirkel nicht übersehen: Einerseits muss der Marktwert des Fremd- und Eigenkapitals bekannt sein, um die Gesamtkapitalkosten ermitteln zu können; andererseits wiederum müssen die Gesamtkapitalkosten bekannt sein, um den Unternehmenswert bestimmen zu können. Miller und Modigliani (1966), die Begründer dieses Ansatzes, erkannten dieses Problem durchaus und lösten es, indem sie empfahlen, zunächst die angestrebte Kapitalstruktur des Unternehmens zu bestimmen und diese Marktwertgewichtung dann bei der Schätzung der Kapitalkosten als Kapitalstruktur zugrunde zu legen.

Die Kapitalwertmethode wird daher als Instrument zur direkten Ermittlung der Zuwächse beim Shareholder-Value oder Aktionärsvermögen angesehen (unter der Annahme, dass im Entscheidungsprozess keinerlei Flexibilität vor-

Tab. 3.4 Kapitalwert der unternehmensspezifischen freien Cashflows

Jahr	Unternehmens-bezogene FCF	Diskontierung zu 20 %	Barwert
0	−1 000	1 000	−1 000,00 $
1	250	0,833	208,33
2	250	0,694	173,61
3	250	0,579	144,68
4	250	0,482	120,56
5	250	0,401	100,47
5	1 250	0,401	502,35
			250,00 $

handen ist). Ist der Kapitalwert eines Projekts gleich null, so bedeutet dies folglich, dass es genug freie Cashflows erzeugt, um zum einen den Kreditgebern Schuldbetrag nebst Zinsen zurückzuzahlen und zum anderen den Eigenkapitalinvestoren (Aktionären) zuzüglich zur ursprünglichen Kapitaleinlage die erwarteten Dividenden und Kapitalgewinne auszuzahlen. Beträgt der Kapitalwert des Projekts zum Beispiel 1 Dollar, fließt dieser zusätzliche Dollar in Gänze den Aktionären zu, denn ihnen gehört das Unternehmen ja schließlich.

Einer der Vorteile der Abzinsung der freien Cashflows des Unternehmens zu den gewichteten Gesamtkapitalkosten nach Steuern besteht darin, dass dadurch die Investitionsentscheidungen von den Finanzierungsentscheidungen getrennt werden. Die Bestimmung der freien Cashflows zeigt, mit welchen Erträgen das Unternehmen nach Abzug der Steuern rechnen kann, dies unter der Annahme, dass keine Fremdfinanzierung im Spiel ist. Folglich haben Änderungen im Verschuldungsgrad des Unternehmens keinerlei Einfluss auf die Cashflow-Ermittlung im Rahmen der Investitionsrechnung. Finanzierungsentscheidungen finden ihren Ausdruck vielmehr in den Kapitalkosten.

Unser simples Zahlenbeispiel sollte genügen, um die Hauptproblematik und die wesentlichen Punkte dieses Konzepts aufzuzeigen. Wer sich eingehender und auf realistischerer Basis mit dem Thema beschäftigen möchte, sei auf unser Buch *Valuation. Measuring and Managing the Value of Companies* (3. Auflage, New York, John Wiley & Sons, 2000; deutsch: *Unternehmenswert. Methoden und Strategien für eine wertorientierte Unternehmensführung*, 3. Auflage, Frankfurt am Main, Campus Verlag, 2002) verwiesen.

Das zeitliche Muster des Kapitalwerts

Gehen wir einmal von den freien Projekt-Cashflows in Tabelle 3.4 aus und fragen wir uns, wie der Barwert sich im Zeitverlauf verändert. Dabei betrachten wir zunächst den Fall, dass es sich um ein unbefristetes Projekt handelt; danach unterstellen wir, dass die Projektlaufzeit auf fünf Jahre begrenzt ist. Sie erinnern sich, dass der Kapitalwert des Projekts 250 Dollar beträgt (das heißt die Differenz zwischen dem Barwert (1 250 Dollar) und der Anfangsinvestition (1 000 Dollar). Sobald der Betrag von 1 000 Dollar abgeflossen ist, wird er zu Istkosten der Vergangenheit (ist also für den Entscheidungsprozess irrelevant), sodass sich der Projektwert sprunghaft auf 1 250 Dollar erhöht. Unter der Annahme eines »Point-input-point-output«-Modells wirft das Projekt am letzten Tag des ersten Jahres 250 Dollar an frei verfügbaren Einzahlungsüberschüssen ab. Am gleichen Tag aber fällt der inzwischen auf 1 500 Dollar gestiegene Projektwert wieder auf 1 250 Dollar. Nach diesem Muster folgt der

Unternehmenswert dem in Abbildung 3.7 dargestellten Sägezahnmuster (vergleiche linkes Diagramm).

Später, wenn wir uns im Zusammenhang mit der Bewertung von Realoptionen explizit mit der Modellierung des Faktors Unsicherheit befassen werden, wird der zu erwartende Projektwert Teil des »(Binomial-)Gitters«, das sich aus dem aktuellen Wert heraus entwickelt. Wir haben diese Gelegenheit hier vorab genutzt, um kurz zu skizzieren, wie sich die Wertentwicklung im Zeitverlauf darstellt, zumal man eine solche Darstellung nicht allzu häufig findet.

Dem rechten Diagramm in Abbildung 3.7 liegt die Annahme zugrunde, dass keine Ersatzinvestitionen stattfinden und dass folglich die freien Cashflows aus dem Projekt fünf Jahre lang – das heißt bis zum Projektende – jährlich 450 Dollar betragen. In Tabelle 3.5 finden sich die zugehörigen Berechnungen für den Barwert des Projekts am Beginn sowie am Ende des jeweiligen Jahres.

Tab. 3.5   Barwert der Cashflows aus einem Fünfjahresprojekt

Jahr	Barwert am Beginn des Jahres	Barwert am Ende des Jahres
0	345,78 $	1 614,93 $
1	1 164,93	1 397,92
2	947,92	1 137,50
3	687,50	825,00
4	375,00	450,00
5	0,00	–

Der Wert dieses zeitlich begrenzten Projekts fällt sukzessive, bis er am Ende der Laufzeit bei 0 angelangt ist. In beiden Fällen aber – bei dem unbefristeten wie auch bei dem zeitlich begrenzten Projekt – entspricht die Rendite auf das eingesetzte Kapital stets den Gesamtkapitalkosten (20 Prozent in unserem Beispiel).

Der sicherheitsäquivalente Kapitalwertansatz

Man kann den Wert eines Projekts auf zwei verschiedene Arten ermitteln: Entweder berechnet man die in der Zukunft zu erwartenden freien Cashflows und zinst sie zu den risikobereinigten gewichteten Gesamtkapitalkosten ab; oder aber man nimmt bei diesen Cashflows eine Risikobereinigung vor und diskontiert sie anschließend zum risikofreien Zinssatz. In beiden Fällen sollte sich das gleiche Ergebnis einstellen. Wie wir später noch sehen werden, ist der sicherheitsäquivalente Ansatz eine bei der Optionsbewertung auf Gitterbasis sehr häufig benutzte Methode.

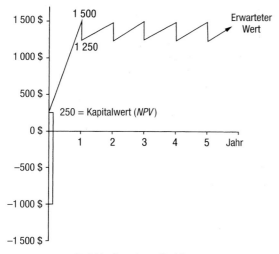

Projekt mit »ewigen« Cashflows

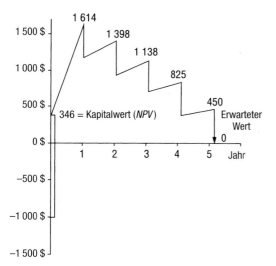

Projekt mit begrenzter Laufzeit

Abb. 3.7 Entwicklung der Erwartungswerte im Zeitverlauf

Nehmen wir zur Illustration der Äquivalenz zwischen dem risikobereinigten und dem sicherheitsäquivalenten Ansatz ein simples einperiodiges Beispiel. Als zu erwartende Cashflows setzen wir 1 000 Dollar an; der risikofreie Zinssatz R_f sei 10 Prozent, die zu erwartende Marktrendite r_m betrage 17 Prozent und der Beta-Faktor des Projekts sei 1,5. Unter der Bedingung eines eigenfinanzierten (schuldenfreien) Unternehmens bestimmt sich der Barwert (*PV*) wie folgt:

$$PV = \frac{E(FCF)}{1 + r_f + [E(R_m) - r_f]\beta_j}$$

$$= \frac{1\,000\,\$}{1 + 0{,}10 + (0{,}17 - 0{,}10)1{,}5} = \frac{1\,000\,\$}{1{,}205} = 829{,}88\,\$$$

Angenommen, die Anfangsinvestition *I* betrug 800 Dollar, so ergibt sich als Kapitalwert (NPV):

$$NPV = PV - I = 829{,}88\,\$ - 800\,\$ = 29{,}88\,\$$$

Das Projekt würde demzufolge gebilligt.

Der sicherheitsäquivalente Ansatz kommt zum selben Ergebnis, allerdings durch Bereinigung der Cashflows im Zähler. Dem Capital Asset Pricing Model (CAPM)[1] zufolge definiert sich der Beta-Faktor zwischen einem Unternehmen und dem Marktportfolio als die Kovarianz zwischen der Rendite des Unternehmens und der Marktrendite, dividiert durch die Varianz der Marktrendite:[2]

$$\beta_j = \frac{COV(r_j, r_m)}{VAR(r_m)}$$

Die periodenbezogene Rendite aus dem Projekt berechnet sich wie folgt:

$$r_j = \frac{FCF - PV}{PV} = \frac{FCF}{PV} - 1$$

Durch Einsetzung dieser Rendite in unsere obige Beta-Formel erhalten wir folgende neue Definition:

$$\beta_j = \frac{COV\left[\dfrac{FCF}{PV} - 1,\ r_m\right]}{VAR(r_m)} = \frac{1}{PV}\left[\frac{COV(FCF,\ r_m)}{VAR(r_m)}\right]$$

Indem wir dieses Ergebnis in die Einperioden-Barwertgleichung des risikobereinigten Ansatzes einsetzen, können wir einen sicherheitsäquivalenten Ansatz ableiten, der zum selben Ergebnis führt. Die neue Barwert-Gleichung lautet nun:

$$PV = \cfrac{E(FCF)}{1 + r_f + [E(r_m) - r_f]\left(\cfrac{1}{PV}\right)\left[\cfrac{COV(FCF,\ r_m)}{VAR(r_m)}\right]}$$

Angesichts dessen, dass $[E(r_m) - r_f]/VAR(r_m)$ im Capital Asset Pricing Model ja dem Marktpreis des Risikos entspricht, können wir hierfür das Symbol λ einsetzen, sodass sich obige Gleichung in ihrer sicherheitsäquivalenten Form wie folgt schreiben lässt:

$$PV = \frac{E(FCF) - \lambda\,COV(FCF,\ r_m)}{1 + r_f}$$

Dieser Ansatz sorgt also dadurch für Risikobereinigung, dass er von den zu erwartenden Cashflows gleichsam einen »Strafzins« abzieht, um zunächst sicherheitsäquivalente Cashflows zu gewinnen. Danach werden diese zum risikofreien Satz abgezinst.

In unserem einfachen Zahlenbeispiel nimmt die sicherheitsäquivalente Risikoprämie den Wert von 87,13 Dollar an. Folglich besteht eine Indifferenz (oder Äquivalenz) zwischen 1 000 \$ – 87,13 \$ = 912,87 \$ (risikofrei) und einem risikobehafteten Cashflow mit einem Erwartungswert von 1 000 Dollar und einem Beta-Faktor von 1,5.[3] In beiden Fällen resultiert derselbe Barwert PV:

$$PV = \frac{1\,000\ \$}{1,205} = \frac{E(FCF)}{1 + risikobereinigter\ Satz} = 829,88\ \$$$

$$PV = \frac{912,87\ \$}{1,10} = \frac{E(FCF) - Risikoprämie}{1 + risikofreier\ Satz} = 829,88\ \$$$

Weiter unten werden wir es im Zusammenhang mit der Erörterung der Methoden zur Bewertung von Realoptionen mit einem ganz ähnlichen Konzept zu tun haben. Auch dort werden wir sehen, dass sowohl ein risikobereinigter als auch ein risikoneutraler Ansatz verwendet werden kann, ohne dass sich am Ergebnis etwas ändert.

Unterschiede zwischen der Kapitalwertmethode und dem Realoptionsansatz

Beide Ansätze berücksichtigen alle Cashflows während der Laufzeit eines Projekts; beide zinsen die Cashflows auf die Gegenwart ab; beide arbeiten ferner mit den marktbezogenen Opportunitätskosten des Kapitals. Bei beiden Ansätzen handelt es sich folglich um DCF-Methoden (Diskontierung der Cashflows). Dennoch unterscheiden sie sich grundlegend voneinander, wobei der Kapitalwertansatz gewissermaßen einen Sonderfall des Realoptionsansatzes darstellt. Man könnte sagen, dass die Kapitalwertmethode einem Realoptionsansatz ohne Flexibilität entspricht.

Mitunter (wiewohl nicht immer) ist der Formalismus der Mathematik nützlich, um ein Problem zu klären. Der Kapitalwert eines Projekts wird häufig so geschrieben:

$$NPV = -I + \sum_{t=1}^{N} \frac{E(FCF_t)}{(1 + WACC)^t}$$

Eine wichtige Erkenntnis aufgrund der Betrachtung der Formel ist, dass die Unsicherheit der Cashflows im Kapitalwertansatz nicht explizit modelliert wird. Es werden vielmehr lediglich die erwarteten Cashflows abgezinst. In Wirklichkeit jedoch können die im Projektverlauf realisierbaren freien Cashflows auf vielen Pfaden fließen. Doch keiner dieser Pfade wird bei der Kapitalwertmethode erfasst, da man bei diesem Ansatz bereits vorab – in der Gegenwart – eine endgültige Entscheidung für oder gegen das Projekt treffen muss, wobei nur Informationen einbezogen werden, die bereits verfügbar sind. Mathematisch gesehen wird beim Kapitalwertansatz das Maximum einer Reihe möglicher, sich gegenseitig allerdings ausschließender Alternativen gesucht:

Kapitalwertregel: MAX(in $t = 0$) $[0, E_0 V_T - X]$

Die Analogie, die wir in Kapitel 1 benutzt haben – die Entscheidung, quer durch den amerikanischen Kontinent von der Ost- an die Westküste zu fahren –, illustriert das Problem auch hier. Der Kapitalwertansatz vergleicht sozusagen alle möglichen, sich indes wechselseitig ausschließenden Routen miteinander, um ihren jeweiligen Gegenwartswert, $E_0(V_T - X)$, zu ermitteln und sich in diesem Sinne dann für die beste Route zu entscheiden. Ganz anders der Realoptionsansatz. Mathematisch entspricht eine Call-Option einer Erwartung von Maxima (und nicht einem Maximum von Erwartungen):

ROA-Regel: $E_0 MAX$(in $t = T$) $[0, V_T - X]$

Aus der Optionsperspektive wird man ein Projekt zu einem späteren Zeitpunkt nur dann unternehmen, wenn $V_T > X$. Bei der Kapitalwertregel jedoch findet das Projekt in $t = 0$ dann und nur dann Zustimmung, wenn die Erwartung zum Zeitpunkt null lautet: $E_0 V_T > X$. Die beiden Ansätze sind völlig identisch unter der Bedingung, dass keine Unsicherheit herrscht, denn dann entspricht der tatsächliche Zukunftswert, V_T, exakt der aktuellen Erwartung des Zukunftswerts, $E_0 V_T$. Kommen wir noch einmal auf unser Reisebeispiel zurück. Das Realoptionsparadigma geht eben genau davon aus, dass während der Reise immer wieder Entscheidungen getroffen werden müssen, abhängig von den Verhältnissen, die sich konkret einstellen. Entscheidungen werden also dann getroffen, wenn sich Informationen über den Umweltzustand offenbaren (MAX in $t = T$). Beispielsweise wird man von der geplanten Route abweichen, wenn Bauarbeiten einen Umweg erfordern. Die optimale Entscheidung wird aber erst dann gefällt, wenn zum zukünftigen Zeitpunkt, $t = T$, entsprechende Informationen vorliegen.

Empirische Untersuchungen: Ein Blick in die Praxis

Es gibt viele Belege dafür, dass Kapitalwertmethoden in der Praxis das wichtigste quantitative Kriterium zur Bewertung größerer Investitionsentscheidungen darstellen. Wie oben bereits erwähnt, arbeiteten 1970 laut Umfrage schon über die Hälfte der Großunternehmen mit der Kapitalwertmethode, wobei dieser Anteil bis 1978 auf 86 Prozent stieg.

Einer der wenigen empirischen Belege für eine positive Reaktion des Marktes auf die Annahme von Projekten mit positivem Kapitalwert wurde 1985 von McConnell und Muscarella veröffentlicht. Die beiden Autoren untersuchten im Zeitraum 1975 bis 1981 anhand einer Stichprobe von 658 Unternehmen die Auswirkungen der Bekanntgabe von Investitionsplänen. Wie aus Tabelle 3.6 ersichtlich, reagierte der Markt positiv auf die Ankündigung einer unerwarteten Steigerung der Investitionsausgaben. Interessant ist, dass die Marktreaktion auf solche Verlautbarungen bei Industrieunternehmen einen statistisch signifikanten Wert von 1,3 Prozent erreichte (bezogen auf einen Zeitraum von zwei Tagen). Warum der Wert bedeutsam ist, erklärt sich von selbst, wenn man bedenkt, dass das Börsengeschäftsjahr aus rund 125 solcher Zweitagesperioden besteht. Rechnet man ihn auf das ganze Jahr (also alle zweitägigen Perioden) hoch, ergibt sich eine Gesamtrendite von rund 403 Prozent.

Die auf den Ankündigungszeitraum bezogenen Renditen öffentlich regulierter Versorgungsunternehmen waren demgegenüber statistisch nicht bedeutsam – wohl deshalb, weil die einschlägigen Regelungen und Vorschriften

Tab. 3.6 Stammaktienrenditen auf Investitionsankündigungen

	Größe der Stichprobe	Rendite im Ankündigungszeitraum	Rendite in Vergleichsperiode	t-Verteilung
Industrieunternehmen (priv. Sektor)				
Alle Budgeterhöhungen	273	1,30 %	0,18 %	5,60
Alle Budgetkürzungen	76	−1,75 %	0,18 %	−5,78
Öffentliche Versorgungsunternehmen				
Alle Budgeterhöhungen	39	0,14	0,11	0,07
Alle Budgetkürzungen	17	−0,84	0,22	−1,79

Aus: J. McConnell und C. Muscarella: »Corporate Capital Expenditure Decisions and the Market Value of the Firm«, in: *Journal of Financial Economics*, September 1985, S. 399–422.

die Renditen auf einen (neutralen) Satz in Höhe der Kapitalkosten beschränken (sodass also weder Shareholder-Value erzeugt noch zerstört wird). Da wir allerdings nicht wissen, ob das jeweilige Unternehmen mit der Kapitalwertmethode oder einem anderen Investitionsrechnungsansatz arbeitete, lässt sich auch nicht mit Sicherheit schlussfolgern, dass die McConnell-Muscarella-Ergebnisse für die Kapitalwertmethode sprechen.

Zum Methodenvergleich zwischen Kapitalwertansatz und Realoptionsansatz gibt es bislang nur einige wenige empirische Untersuchungen. Tabelle 3.7 enthält eine Liste von Unternehmen, die nach eigenen Angaben mit der Realoptionsanalyse arbeiten. Wir vermochten insgesamt nur vier empirische Studien ausfindig zu machen, in denen ein Vergleich der genannten Art angestellt wurde: Paddock, Siegel und Smith (1988), Bailey (1991), Quigg (1993) und Moel und Tufano (2002). Es steht zu hoffen, dass diese Lücke von den Wirtschaftswissenschaftlern demnächst geschlossen wird.

Paddock, Siegel und Smith (1988) sammelten Daten über Angebote von Unternehmen im Rahmen öffentlicher Ausschreibungen (Ölförderrechte in 21 Gebieten). Die Autoren berechneten den Wert der Konzession anhand eines staatlichen DCF-Modells sowie einer Aufschuboption. Dabei kamen sie zu dem Ergebnis, dass die beiden Modellierungsansätze zwar stark korrelierte Werte ergaben, dass diese im Durchschnitt aber nur halb so hoch lagen wie das siegreiche Angebot. Wohl lag der Wert im Falle der Aufschuboption geringfügig höher als beim staatlichen Modell, doch waren die hohen Preise, die tatsächlich gezahlt wurden, damit nicht zu erklären. Die Autoren vermuten, dass die hohen Summen Resultat eines so genannten »Winner's curse«-Problems (also eines ruinösen Wettbewerbs) sein könnten. Der Aufsatz ist daher für die

Tab. 3.7 Unternehmen, die mit dem Realoptionsansatz arbeiten (bis 2000)

Unternehmen	Jahr	Einsatzbereiche
Enron	1994	Neuproduktentwicklung; Wechseloptionen für Gasturbinen
Hewlett-Packard	Anfang 90er-Jahre	Produktion und Distribution
Anadarko Petroleum	90er-Jahre	Gebote für Öllagerstätten
Apple	1995/96	Ausstiegsentscheidung PC-Geschäftsbereich
Cadence Design Systems	90er-Jahre	Optionsbasiertes Verfahren zur Bewertung von Lizenzen
Tennessee Valley Authority	1994	Stromkaufoptionen
Mobil	1996	Erschließung eines Erdgasfeldes
Exxon	90er-Jahre	Erdölsuche und -förderung
Airbus Industrie	1996	Bewertung von Lieferoptionen
ICI	1997	Fabrikneubau
Texaco	90er-Jahre	Erdölsuche und -förderung
Pratt & Whitney	1989	Kündbare Leasingverträge (Operating Leasings)

empirische Untermauerung des Realoptionsansatzes nur von begrenztem Wert.

Bailey (1991) verglich den Realoptionsansatz mit dem DCF-Modell (Cashflow-Diskontierung) anhand der Aktienkurse von sieben Palmöl- und Gummiproduzenten, Zeitraum Januar 1983 bis Dezember 1985. Er vertrat die Auffassung, dass die Option der Eröffnung und Schließung/Stilllegung von Betrieben beim DCF-Ansatz unerfasst bleibt. Bei sechs der sieben Unternehmen erklärte der Realoptionsansatz die tatsächlichen Aktienkurse besser als das DCF-Modell, wobei der Unterschied in zwei der sieben Fälle statistisch bedeutsam war.

Quigg (1993) untersuchte 2 700 Grundstücksverkäufe in Seattle und fand empirische Belege zur Stützung eines Modells, das die Option des Abwartens bei der Grundstückserschließung berücksichtigt. Der Eigentümer des unerschlossenen Grundstücks besitzt hierbei eine Daueroption auf den Bau eines Gebäudes optimaler Größe zum optimalen Zeitpunkt. Quigg entwickelte ein Optionsmodell mit zwei Unsicherheitsquellen – den Erschließungskosten (Ausübungspreis) und dem Gebäudepreis (Basiswert). Zur empirischen Überprüfung ihres Modells beschaffte sich die Autorin zunächst Daten über 2 700 Grundstückstransaktionen (Seattle, Zeitraum 1976 bis 1979) und untergliederte diese Stichprobe dann in fünf Kategorien: Bereich Handel (»commercial«), Geschäftsbezirke (»business«), Gewerbegebiet (»industrial«), dünn besiedeltes Wohngebiet (»low-density residential«), dicht besiedeltes Wohngebiet (»high-density residential«). Danach arbeitete sie mit Regressionen, um die Grundstückspreise als Funktion diverser Parameter zu ermitteln: Gebäude- und Parzellengröße; Höhe und Alter der Gebäude; hinzu kamen Stellvertretervariablen für Standort und Saison. In einem weiteren Schritt schätzte Quigg anhand der Standardfehler der Regressionen die für das Optionsmodell benötigten Varianzen, nämlich die Varianz der Werte der erschlossenen Grundstücke sowie jene der Erschließungskosten. In einem letzten Schritt berechnete sie dann optionsbasierte Preise, und zwar unter der Annahme, dass das Gebäude dann gebaut (die Option also ausgeübt) wird, wenn der Quotient aus Gebäudepreis und Erschließungskosten über dem Marktzinssatz plus eins liegt.

Quiggs Ergebnisse stützen den Optionspreisansatz. Die Preise nach Maßgabe des Optionsmodells lagen im Durchschnitt um 6 Prozent über dem von den Regressionen nahe gelegten inneren Wert. Im Rahmen eines dynamischen Vergleichs, bei dem die tatsächlichen Transaktionspreise entweder mit dem Optionswert oder mit dem Regressionswert in Beziehung gesetzt wurden, war das Bestimmtheitsmaß R^2 des Optionsmodells in neun von fünfzehn Fällen höher, und die Steigungskoeffizienten in den Optionsregressionen lagen in sieben von fünfzehn Fällen näher bei 1. Addierte man ferner die Optionsprämie zur Mehrfachregression hinzu, so ergab sich in vierzehn von fünfzehn Fällen eine statistisch signifikante Variable.

Moel und Tufano (2002) untersuchten im Zeitraum 1988 bis 1997 die jährlichen Eröffnungs- und Stilllegungsentscheidungen von 285 erschlossenen nordamerikanischen Goldminen. Sie fanden starke Belege für die These, dass das Realoptionsmodell (insbesondere ein Wechseloptionsmodell) derlei Entscheidungen in der Tat gut zu erklären vermag. Wie vom Realoptionsmodell vorhergesagt, sind die Schließungen von einer Reihe von Faktoren abhängig. Dazu zählen der Goldpreis, dessen Volatilität, die Betriebskosten des Unternehmens, Näherungsgrößen für die Schließungskosten sowie der Umfang des vorhandenen Goldvorkommens.

Zusammenfassendes Fazit

In diesem Kapitel haben wir uns mit einigen grundlegenden Konzepten der Investitionsrechnung und -entscheidung befasst. Erstens haben wir gesehen, dass eine Trennung der Optimalregel von den individuellen Zeitpräferenzen der Unternehmenseigner möglich ist. Es gibt also eine singuläre Generalregel für die Maximierung des Vermögens aller Aktionäre. Sie lautet: Tätige nur Investitionen, deren erwartete Renditen über den (marktbestimmten) Opportunitätskosten des Kapitals liegen. Da dies per definitionem mit einer Steigerung des Shareholder-Value einhergeht, wird diese Entscheidungsregel von den Aktionären ohne Ausnahme akzeptiert.

Zweitens haben wir erfahren, wie die Cashflows und die gewichteten Gesamtkapitalkosten geschätzt werden, wobei auf wechselseitige Kompatibilität der Definitionen zu achten war. Beim unternehmens- oder projektbezogenen Ansatz (*entity approach*) werden die freien Cashflows aus Betriebstätigkeit (*operating free cash flows*) zu den gewichteten Gesamtkapitalkosten (WACC) abgezinst. Außerdem ist der Marktwert der offenen Kreditverbindlichkeiten vom Unternehmenswert abzuziehen, um so den (bereinigten) Marktwert des Eigenkapitals zu ermitteln. Der alternative Eigenkapitalansatz (*equity approach*) verlangt demgegenüber eine Abzinsung der eigenkapitalspezifischen freien Cashflows zu den Eigenkapitalkosten. In beiden Fällen jedoch stellt sich dasselbe Ergebnis ein. Analog dazu führt auch die Abzinsung der erwarteten Cashflows zum risikobereinigten Zinssatz zum gleichen Ergebnis wie die Abzinsung der sicherheitsäquivalenten Cashflows zum risikofreien Satz.

Wir haben ferner die im Zeitverlauf zu erwartenden Änderungen des Barwerts eines Projekts illustriert. Dabei handelt es sich mit Blick auf Projekte um einen relativ neuen Denkansatz, den wir später noch detailliert entwickeln werden; wir werden dazu eine Gitter- oder Baummethode verwenden, welche die möglichen Wertentwicklungspfade, die sich bei expliziter Modellierung der Unsicherheit ergeben, klar aufzeigt. Schließlich haben wir die Frage der grundlegenden Unterschiede zwischen Kapitalwertmethode und Realoptionsansatz aus entscheidungstheoretischer Sicht erörtert. In Kapitel 4 werden wir uns nun konkreter mit den Zusammenhängen der Preisbestimmung bei einfachen Realoptionen befassen, etwa dem Recht zur Aufschiebung des Projektbeginns, dem Recht zur Erweiterung oder Einschränkung des Projektumfangs, dem Recht des Ausstiegs aus dem Projekt oder dem Recht zur Laufzeitverlängerung.

Übungsaufgaben

1. Abbildung 3.8 illustriert das Trennungsprinzip. Angenommen, der Marktzinssatz (Kreditnahme wie -vergabe betreffend) steigt. Wie wirkt sich dies auf (1) die aktuelle Investitionssumme und (2) den Shareholder-Value (das heißt das Vermögen der Aktionäre) aus? Begründen Sie!

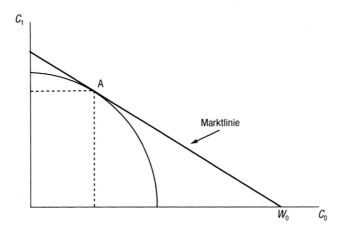

Abb. 3.8

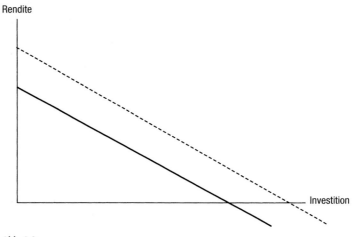

Abb. 3.9

2. Abbildung 3.9 zeigt einen Investitionsplan. Angenommen, die durchgezogene Linie verlagert sich nach rechts (gestrichelte Linie). Wie wirkt sich dies auf die Kurve der Produktionsmöglichkeiten aus?

3. Der interne Zinsfuß (IRR) eines Projekts ist definiert als der Satz, zu dem der Barwert der Einzahlungsreihe dem Barwert der Auszahlungsreihe entspricht:

$$NPV = 0 = -I + \sum_{t=1}^{N} \frac{E(FCF_t)}{(1 + IRR)^t}$$

Das Projekt sollte durchgeführt werden, wenn $IRR > WACC$. Wie hoch ist der interne Zinssatz IRR im Falle der folgenden Cashflows? Lohnt sich das Projekt bei Kapitalkosten in Höhe von 10 Prozent?

Jahr	E(FCF)
0	400 $
1	400 $
2	−1 000 $

4. Ermitteln Sie den Kapitalwert sowie den internen Zinsfuß (IRR) für die Projekte A und B. Welches Projekt sollte grünes Licht bekommen unter der Voraussetzung, dass die beiden Vorhaben sich wechselseitig ausschließen und die Kapitalkosten bei 10 Prozent liegen? Wie verhält sich Ihre Lösung zum Trennungsprinzip?

Erwarteter freier Cashflow (FCF)

Jahr	Projekt A	Projekt B
0	−1 000 $	−1 000 $
1	0	100
2	0	200
3	300	300
4	700	400
5	1 390	1 250

5. Berechnen Sie anhand der nachfolgenden Daten (Gewinn-und-Verlust-Rechnung; Bilanz) die zu erwartenden Cashflows. Angenommen, die gewichteten Gesamtkapitalkosten liegen bei 10 Prozent: Wie hoch ist der Kapitalwert des Projekts bei einer Anfangsinvestition von 1 400 Dollar?

Gewinn-und-Verlust-Rechnung (geplant)

	Jahr 1	Jahr 2	Jahr 3	Jahr 4	Jahr 5
Umsatzerlöse	1 000 $	1 000 $	1 000 $	1 000 $	1 000 $
Variable Kosten	−200	−200	−200	−200	−200
Fixe Kapitalkosten	−100	−100	−100	−100	−100
Abschreibungen	−200	−200	−200	−200	−200
Gewinn vor Zinsen und Steuern (EBIT)	500	500	500	500	500
Zinseinnahmen	15	20	25	30	35
Zinsaufwendungen	−90	−80	−70	−60	−50
Gewinn vor Steuern (EBT)	425	440	455	470	485
Steuern zu 50 %	−212	−220	−227	−235	−242
Reingewinn	213	220	228	235	243

Bilanz (Planwerte)

	Jahr 1	Jahr 2	Jahr 3	Jahr 4	Jahr 5
Aktiva:					
Kasse	50 $	50 $	50 $	50 $	50 $
Wertpapiere des Umlaufvermögens	100	150	200	250	300
Forderungen aus Liefer./Leistungen	100	100	100	100	100
Vorräte	200	200	200	200	200
Immobilien, Maschinen, Anlagen (brutto)	1 000	1 000	1 000	1 000	1 000
Kumul. Abschreibungen (Wertber.)	200	400	600	800	1 000
Immobilien, Masch., Anlagen (netto)	800	600	400	200	0
Gesamt	1 250	1 100	950	800	650
Passiva:					
Verbindlichkeiten aus Liefer./Leist.	100 $	100 $	100 $	100 $	100 $
Rückstellungen	0	0	0	0	0
Kurzfristige Verbindlichkeiten	200	150	100	50	0
Langfristige Verbindlichkeiten	700	650	600	550	500
Einbehaltene Gewinne	50	0	0	0	0
Sonstige	200	200	150	100	50
Gesamt	1 250	1 100	950	800	650

6. Stellen Sie die zeitliche Entwicklung beziehungsweise Änderung des Kapitalwerts des in Aufgabe 5 genannten Projekts grafisch dar. Unterstellen Sie dann, dass die jährlichen Ersatzinvestitionen den jährlichen Abschreibungen entsprechen und das Projekt unbegrenzt läuft (also mit »ewigen« Cash-

flows verbunden ist). Welcher neue Kapitalwert ergibt sich unter diesen Voraussetzungen? Stellen Sie diesen Kapitalwert im Zeitverlauf dar.

7. Angenommen, die gewichteten Gesamtkapitalkosten (WACC) eines einjährigen Projekts betragen 10 Prozent und der risikofreie Zinssatz liegt bei 5 Prozent. Der am Ende des Jahres erwartete Cashflow beträgt 5 000 Dollar. Wie hoch ist der Barwert des Projekts? Wie hoch sind die sicherheitsäquivalenten Cashflows?

8. Erweitern Sie das sicherheitsäquivalente Modell von einer auf mehrere Perioden.

9. Der große entscheidungstheoretische Unterschied zwischen der Kapitalwertmethode und dem Realoptionsansatz lässt sich so definieren, dass Erstere das Maximum einer bestimmten Menge sich wechselseitig ausschließender, zum Gegenwartszeitpunkt bewerteter Alternativen darstellt. Mathematisch ausgedrückt:

$$MAX(\text{in } t = 0) \: [0, \: E_0 V_t - X]$$

Demgegenüber stellt der Realoptionsansatz eine Erwartung von Maxima dar, die erst in der Zukunft bewertet werden, und zwar zustandsabhängig. Mathematisch ausgedrückt:

$$E_0 MAX(\text{in } t = T) \: [0, \: V_T - X]$$

Der Unterschied lässt sich auch anhand des folgenden einfachen Problems illustrieren:

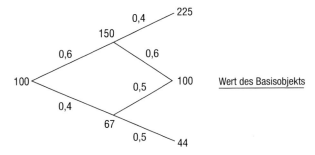

Der Wert des Basisobjekts ist in der obigen Grafik illustriert, zusammen mit seinen objektiven Wahrscheinlichkeiten.

(a) Angenommen, wir müssten heute 110 Dollar investieren, um das Projekt fortführen zu können, doch weitere Investitionen seien nicht erforderlich. Wie hoch ist der Kapitalwert des Projekts?

Die Kapitalwertmethode

(b) Nehmen wir alternativ an, dass sich die Investition aufteilen lässt: 30 Dollar heute, 80 Dollar erst am Ende des ersten Jahres. Wie wirkt sich dies auf den Kapitalwert aus?

(c) Lässt sich zur Lösung der beiden obigen Probleme – (a) und (b) – derselbe risikobereinigte Diskontierungsfaktor benutzen?

10. Wie lässt sich begründen, dass die DCF-Methode bei der Unternehmensbewertung recht gut funktioniert, bei der Bewertung von Projekten indes der Realoptionsansatz die besseren Ergebnisse liefert?

Kapitel 4
Kapitalwertmethode, Entscheidungsbäume
und Realoptionsanalyse im Vergleich

In Kapitel 3 haben wir uns mit einigen subtileren Punkten der Kapitalwertmethode befasst. Diese wird ja, wie erwähnt, stets den Ausgangspunkt für die Realoptionsanalyse (ROA) darstellen, da der Barwert des jeweiligen Projekts ohne Flexibilität als Bezugspunkt benötigt wird. Wir beginnen dieses Kapitel mit einer eingehenden Betrachtung der Hauptunterschiede zwischen den drei bekanntesten entscheidungstheoretischen Ansätzen – Kapitalwertmethode, Entscheidungsbaumansatz (*decision tree analysis*/DTA) und Realoptionsanalyse. Danach beschäftigen wir uns mit der zentralen Annahme, auf der die Realoptionsanalyse basiert – dem so genannten »Marketed Asset Disclaimer« (MAD), was schlicht bedeutet, dass die ROA auf einen marktgängigen Referenzwert verzichtet. Gegen Ende des Kapitels beschreiben wir die Unterschiede zwischen Finanz- und Realoptionen, stellen das Black-Scholes-Modell vor und erläutern, warum sich die Black-Scholes-Formel im Realoptionszusammenhang eher wenig eignet (wiewohl sie für eine grobe Annäherung ganz nützlich sein mag).

In diesem Kapitel lernen Sie nun erstmals die grundlegende Algebra der Realoptionen kennen. Gleichzeitig machen wir Sie – in etwas vereinfachter Form – mit der Grundidee der »Arbitragefreiheit« als einer Bedingung bekannt, die bei der Bewertung von Realoptionen ebenfalls eine zentrale Rolle spielt. Danach gehen wir allmählich zu komplexeren Problemen wie auch komplexeren Lösungsmethoden über. Fürs Erste aber halten wir die Beispiele so einfach wie möglich.

Eine einfache Aufschuboption

In ihrem Buch *Investment under Uncertainty* präsentieren Dixit und Pindyck (1994) ein einfaches Beispiel einer Aufschub-Call-Option. (Wie gesagt, es empfiehlt sich immer, unkompliziert zu beginnen.) Betrachten wir eine Entscheidung, bei der es darum geht, entweder heute bereits in ein 1 600-Dollar-Projekt zu investieren oder die Investition bis zum Jahresende aufzuschieben. Ist die Investition vorgenommen, ist sie irreversibel (anders gesagt: der Rest- beziehungsweise Veräußerungswert ist gleich null). Um eine ewige Reihe von Cashflows zu erzielen, muss die jährliche Abschreibung des Projekts durch Ersatzinvestitionen in gleicher Höhe kompensiert werden. Das Preisniveau des Ausstoßes beträgt gegenwärtig 200 Dollar, und die Chancen stehen 50 zu 50, dass dieser Preis bis zum Jahresende auf 300 Dollar steigen oder auf 100 Dollar fallen wird. In beiden Fällen ist von einer dauerhaften Preisänderung auszugehen. Folglich liegt das langfristig zu erwartende Preisniveau ebenfalls bei 200 Dollar. Die erste Produktionseinheit wird am Beginn des ersten Betriebsjahres verkauft. Die Kapitalkosten liegen bei 10 Prozent.

Wenn wir nun dieses Projekt der üblichen Kapitalwertanalyse unterziehen, müssen wir zunächst die zu erwartenden Cashflows ermitteln, sie zu den Kapitalkosten abzinsen und dann den Investitionsbetrag abziehen. Mathematisch ausgedrückt:

$$NPV = -1\,600 + \sum_{t=0}^{\infty} \frac{200}{(1,1)^t} = -1\,600 + 2\,200 = 600$$

Zu beachten ist, dass die erwarteten Cashflows, die den Zähler darstellen, auf einer Wahrscheinlichkeit von jeweils 50 Prozent basieren, dass der Preis dauerhaft auf 300 Dollar steigt oder auf 100 Dollar fällt.

Wiewohl der Kapitalwert mit 600 Dollar im Plus liegt und man daher geneigt ist, das Projekt gutzuheißen, gibt es eine die sofortige Projektannahme ausschließende Alternative in Form einer Aufschuboption, die eine Investition am Ende des Jahres erlaubt. Ermitteln wir also einmal den Wert dieser Alternative, wobei wir für den Augenblick annehmen, dass (a) dasselbe Risiko besteht und (b) die Cashflows ebenfalls zu 10 Prozent abgezinst werden können:

$$NPV = 0,5MAX\left[\frac{-1\,600}{1,1} + \sum_{t=1}^{\infty} \frac{300}{(1,1)^t}, 0\right] + 0,5MAX\left[\frac{-1\,600}{1,1} + \sum_{t=1}^{\infty} \frac{100}{(1,1)^t}, 0\right]$$

$$= 0,5MAX\left[\frac{-1\,600 + 3\,300}{1,1}, 0\right] + 0,5MAX\left[\frac{-1\,600 + 1\,100}{1,1}, 0\right]$$

$$= 0,5\left[\frac{1\,700}{1,1}\right] + 0,5[0] = \frac{850}{1,1} = 773$$

Das Schlüsselkonzept hierbei lautet: Falls der Preis auf 100 Dollar fällt und der Barwert der Cashflows lediglich 1 100 Dollar beträgt (also weniger als die erforderlichen Investitionen in Höhe von 1 600 Dollar), kann von einer Investition Abstand genommen werden. Falls der Preis aber auf 300 Dollar

Kapitalwertmethode, Entscheidungsbäume und Realoptionsanalyse im Vergleich

steigt und der Barwert der Cashflows mit 3 300 Dollar weit über den Investitionskosten liegt, wird man die Aufschuboption ausüben und die 1 600 Dollar tatsächlich investieren. Gewichtet man anhand der Wahrscheinlichkeit von 50 Prozent und zinst mit 10 Prozent ab, so ist diese Entscheidung gegenwärtig exakt 773 Dollar wert. Demzufolge ist es lohnender, sich für einen Aufschub zu entscheiden und gegenwärtig nicht zu investieren. Der Wert der Aufschuboption ergibt sich exakt aus der Differenz zwischen den beiden Alternativen: 773 \$ − 600 \$ = 173 \$.

Nehmen wir nun an, die Volatilität des Preises steigt, doch sein Erwartungswert bleibt gleich. Beispielsweise mag die Wahrscheinlichkeit gleich hoch sein, dass er auf 400 Dollar steigt oder auf 0 Dollar fällt. Wie wirkt sich dies nun auf unser Ergebnis aus? Zunächst einmal ändert sich am Kapitalwert überhaupt nichts, da der erwartete Preis ja nach wie vor bei 200 Dollar liegt.[1] Der Wert der Aufschuboption aber ändert sich wohl – er steigt. Intuitiv erkennen wir, dass mehr zu gewinnen ist, wenn man abwartet, um zu sehen, wie sich die Preisunsicherheit auflöst. Die Berechnungen sehen folgendermaßen aus:

$$
\begin{aligned}
NPV &= 0,5\,MAX\left[\frac{-1\,600}{1,1}+\sum_{t=1}^{\infty}\frac{400}{(1,1)^t},0\right]+0,5\,MAX\left[\frac{-1\,600}{1,1}+\sum_{t=1}^{\infty}\frac{0}{(1,1)^t},0\right] \\
&= 0,5\,MAX\left[\frac{-1\,600+4\,400}{1,1},0\right]+0,5\,MAX\left[\frac{-1\,600+0}{1,1},0\right] \\
&= 0,5\,MAX[2\,545,45,\,0]+0,5\,MAX[-1\,454,55,\,0]=0,5[2\,545,45]=1\,272,73
\end{aligned}
$$

Der Wert der Aufschuboption hat sich somit von 173 auf 673 Dollar erhöht. In diesem Beispiel hat der Wert des Aufschubs der Entscheidung also mit der Volatilität des Ergebnisses zugenommen. Dies gilt im Übrigen für alle Optionen. Eine interessante makroökonomische Implikation lautet zum Beispiel: Steigt die Unsicherheit in einer Volkswirtschaft (etwa infolge politischer Unruhen), so hat dies eine rückläufige Investitionstätigkeit zur Folge, weil es sich zunehmend lohnt, den Gang der Ereignisse erst einmal abzuwarten.

In Kapitel 1 haben wir ebenfalls bereits gesehen, dass die Unsicherheit den Optionswert steigert. Schauen wir uns Abbildung 1.3 noch einmal an. Sie ist im Übrigen die Basis von Abbildung 4.1; es wurde lediglich eine Verteilung mit höherer Volatilität darüber gelegt – vergleiche die gestrichelte Linie. Wie wir sehen, nimmt die Wahrscheinlichkeit, dass der Basispreis (X) überschritten wird, mit steigender Volatilität zu. Eben deshalb erhöht die Volatilität den Wert einer Option.

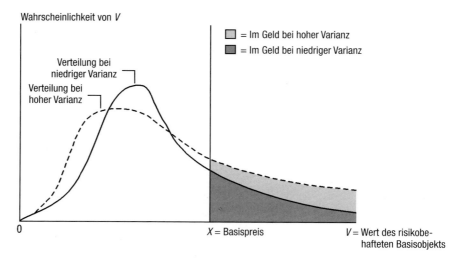

Wahrscheinlichkeit von *V*

☐ = Im Geld bei hoher Varianz
■ = Im Geld bei niedriger Varianz

Verteilung bei
niedriger Varianz

Verteilung bei
hoher Varianz

0

X = Basispreis

V = Wert des risikobe-
hafteten Basisobjekts

Abb. 4.1 Eine hohe Volatilität des zugrunde liegenden Risikoobjekts erhöht den Wert der zugehörigen Option

Kapitalwert, Entscheidungsbaumanalyse und Realoptionsanalyse – ein vereinfachter Vergleich

Nehmen wir ein anderes Beispiel einer einfachen Aufschuboption. Sie
stehen vor einem Projekt, das im nächsten Jahr mit Sicherheit 115 Millionen
Dollar kosten wird, dessen Cashflows aber ungewiss sind, wobei wir annehmen wollen, dass sie mit gleicher Wahrscheinlichkeit bei 170 Millionen oder
bei 65 Millionen liegen können. Die Alternative zur sofortigen Festlegung besteht darin, zunächst abzuwarten und die Entscheidung bis zum Jahresende
aufzuschieben. Dieses Recht kostet C_0 Dollar. Wie viel dies genau ist, werden
wir später erörtern. Für den Moment genügt es, uns klar zu machen, dass es
sich dabei um die Kosten der Flexibilität handelt. Als risikofreien Zinssatz
unterstellen wir 8 Prozent.

Ermittlung des Kapitalwerts

Wie geht man bei der Ermittlung des Kapitalwerts des Projekts nun vor?
Nun, wir kennen die Kapitalaufwendungen und können auf dieser Basis die
zu erwartenden Cashflows berechnen. Doch dann brauchen wir, wie gesehen,
einen risikobereinigten Diskontierungssatz. Woher nehmen wir diesen? In

Tab. 4.1 Cashflows eines Projekts und seines Zwillingspapiers

	Zu bewertendes Projekt	Zwillingspapier
Cashflow im günstigen Zustand	170 $	34 $
Cashflow im ungünstigen Zustand	65 $	13 $

der Regel verwendet man hier das Capital Asset Pricing Model und sucht – auf Unternehmensebene – nach Beta-Werten, von denen anzunehmen ist, dass sie dem Risiko des zu bewertenden Projekts entsprechen. Angenommen, es findet sich nach intensiver Suche ein so genanntes »Zwillingspapier« mit Cashflows, die exakt auf unser Projekt passen (und folglich denselben Beta-Wert aufweisen), der Marktpreis liege bei 20 Dollar pro Aktie. Tabelle 4.1 zeigt die Auszahlungen unseres Projekts im Vergleich zur »Zwillingsaktie« (dem Referenzwert).

Wie die Tabelle zeigt, liegen die Cashflow-Werte der Aktie bei genau einem Fünftel der Payoffs unseres Projekts – es handelt sich also um eine exakte Korrelation. Um nun den risikobereinigten Abzinsungssatz k zu erhalten, lässt sich unsere Kenntnis der erwarteten Cashflows und des aktuellen Preises folgendermaßen nutzen:

$$V_0 = \frac{q(V_u) + (1-q)(V_d)}{1+k}$$

$$20 = \frac{0,5(34\,\$) + 0,5(13\,\$)}{1+k}$$

$$k = 17,5\,\%,$$

wobei q und $(1-q)$ die *objektiven* Wahrscheinlichkeiten für das Auftreten der beiden Grenzvolatilitäten darstellen.

Da unser Projekt und die Referenzaktie also das gleiche Risiko aufweisen, lässt sich das Projekt zu 17,5 Prozent abzinsen und somit bewerten:

$$PV = \frac{0,5(170\,\$) + 0,5(65\,\$)}{1,175} = 100\,\$$$

Dies ist die so genannte *risikobereinigte DCF-Methode* zur Ermittlung des Barwerts eines Projekts. Der Kapitalwert bestimmt sich durch Subtraktion des Barwerts der Aufwendungen am Jahresende, auf die wir uns ja vorab festgelegt haben. Diesen sicheren Ausgabenbetrag von 115 Dollar können wir zum risikofreien Satz abzinsen. Als Barwert ergibt sich folglich: 115 $/1,08 = 106,48 $. Hieraus wiederum errechnet sich für das Projekt folgender Kapitalwert: 100 \$ – 106,48 \$ = –6,48 \$. Das Projekt wäre demzufolge nicht zu empfehlen.

Ein eleganterer Problemlösungsansatz besteht darin, ein Referenzportfolio aus Wertpapieren aufzubauen, deren Auszahlungen exakt denen unseres Projekts entsprechen. In diesem Fall greift das so genannte Gesetz des einheitlichen Preises, welches schlicht Folgendes besagt: Wenn Arbitragegewinne ausgeschlossen sein sollen, müssen zwei Werte, deren Payoffs sich in jedem Umweltzustand exakt entsprechen, wechselseitig voll substituierbar sein und müssen folglich auch exakt denselben Preis (oder Wert) besitzen. Nehmen wir ein Portefeuille bestehend aus m Aktien des »Zwillings«- oder Referenzpapiers sowie B Anleihen (Bonds), um die Auszahlungen unseres Projekts zu replizieren (nachzubilden). Im oberen Zustand lautet der Payoff dieses Portfolios wie folgt:

Payoff des Replikationsportfolios im günstigen Zustand: $m(34\ \$) + B(1 + r_f)$
$$= 170\ \$$$

Im unteren Zustand stellt sich die Auszahlung so dar:

Payoff des Replikationsportfolios im ungünstigen Zustand: $m(13\ \$) + B(1 + r_f)$
$$= 65\ \$$$

Wir haben nun zwei Gleichungen und zwei Unbekannte. Der Parameter m steht für die Anzahl der Anteile des Referenzpapiers, B für die Anzahl der risikolosen Anleihen. Die Lösung ist $m = 5$ und $B = 0$. Hieraus ergibt sich folgender Barwert für das Replikationsportfolio:

Barwert des Replikationsportfolios: $m(20\ \$) + B = 5(20\ \$) + 0 = 100\ \$$

Diese Ergebnisse sind leicht nachvollziehbar (wiewohl trivial). Da das Referenzpapier voll mit dem Projekt korreliert (die Payouts stehen exakt im Verhältnis von 1 zu 5 zueinander), muss der Wert des Projekts genau das Fünffache des Werts der »Zwillingsaktie« betragen, sprich: 5(20 \$) = 100 \$. Dies nennt man den *Replikationsportfolioansatz* (Replikation verstanden als Nachbildung). Wir werden bei der Bewertung von Realoptionen häufig auf ihn zurückgreifen. Es gibt indessen einen alternativen Ansatz – den so genannten *risikoneutralen Wahrscheinlichkeitsansatz* –, der häufig benutzt wird und mathematisch äquivalent ist. Auf beide Ansätze werden wir später noch detailliert eingehen. Für den Moment genügt es, sich folgende Differenzierung vor Augen zu halten: Der Replikationsportfolioansatz diskontiert die zu erwartenden Cashflows zum *risikobereinigten* Zinssatz, während der risikoneutrale Wahrscheinlichkeitsansatz sicherheitsäquivalente Cashflows zum *risikofreien* Zinssatz abzinst.

Entscheidungsbaumanalyse (DTA)

Hierbei handelt es sich um eine recht traditionelle Methode zur Erfassung des Wertes der Flexibilität. Wir wollen zunächst also mit diesem Ansatz versuchen, die Alternative zu einer sofortigen Entscheidung für die Investition zu bewerten. Diese besteht darin, mit der definitiven Investitionsentscheidung bis zum Ende der Periode zu warten. Tabelle 4.2 zeigt die Barauszahlungen der verschiedenen Alternativen.

Die Entscheidungsbaumanalyse erlaubt es dem Planer, seine Entscheidung bis zum Ende der Periode aufzuschieben, um dann in Kenntnis der eingetretenen Situation – des »Umweltzustandes« – die Investition vorzunehmen oder zu unterlassen. Der Kapitalwert der Entscheidungen wird ermittelt, indem man die erwarteten Cashflows bei gegebenem Aufschubrecht zu den gewichteten Gesamtkapitalkosten (WACC) wie folgt diskontiert:

$$NPV = \frac{0,5(55\,\$)+0,5(0\,\$)}{1+0,175} = \frac{27,5\,\$}{1,175} = 23,40\,\$$$

Der Kapitalwert des Projekts hat sich bei Möglichkeit des Entscheidungsaufschubs von –6,48 Millionen Dollar (unflexible Vorabentscheidung) auf 23,40 Millionen Dollar erhöht. Beim Entscheidungsbaumansatz berechnet sich der Wert der Aufschuboption daher folgendermaßen: 23,4 $ – (–6,48 $) = 29,88 Millionen Dollar.

Auf den ersten Blick scheint dies ein recht brauchbarer Ansatz zu sein. Bei näherer Betrachtung stellt sich indes heraus, dass die Entscheidungsbaummethode eine entscheidende Schwäche aufweist – *sie verletzt das Gesetz des einheitlichen Preises*. Der risikobereinigte Diskontiersatz von 17,5 Prozent eignet sich wohl für eine 50-zu-50-Chance von entweder 170 oder 65 Dollar, desgleichen für alle sonstigen Cashflow-Muster, die hiermit vollkommen korrelieren (also ein konstantes Vielfaches darstellen). Leider aber tanzen die Cashflows der Aufschuboption in Wirklichkeit völlig aus der Reihe. Werfen wir noch einmal einen Blick auf Tabelle 4.2. Die Cashflows in der fünften Spalte (55 oder 0) stehen mit den Netto-Cashflows des Projekts (55, –50) keineswegs

Tab. 4.2 Cash-Payoffs: Sofortige Durchführung kontra Aufschub

	Sofortige Durchführung	Investition	Netto-ergebnis	Aufschub
Günstiger Zustand (*up state*)	170 $	115 $	55 $	*MAX*[55 $, 0]
Ungünstiger Zustand (*down state*)	65	115	–50	*MAX*[–50, 0]

Kapitalwertmethode, Entscheidungsbäume und Realoptionsanalyse im Vergleich

in vollkommener Korrelation. Um die spezifischen Cashflows der Aufschuboption zu ermitteln, führt daher an der Replikationsportfoliomethode kein Weg vorbei.

Realoptionsanalyse

Um bei der Evaluierung der Aufschuboption dem Gesetz des einheitlichen Preises Rechnung zu tragen, können wir ein Replikationsportfolio aufbauen, das sich aus m Anteilen des Referenzpapiers, Preis pro Aktie 20 Dollar, und B Einheiten der risikolosen Anleihe, Barwert 1 Dollar pro Stück, zusammensetzt. Die Payoffs/Auszahlungen des Replikationsportfolios müssen mit denen der Aufschuboption (Spalte »Aufschub« in Tabelle 4.2) identisch sein. Am Periodenende weist das Replikationsportfolio die folgenden Auszahlungen auf:

Replikationsportfolio im günstigen Zustand: $\quad m(34\ \$) + B(1 + r_f) = 55\ \$$

Replikationsportfolio im ungünstigen Zustand: $\quad m(13\ \$) + B(1 + r_f) = 0\ \$$

Im günstigen Zustand erbringt jede der m Einheiten des zugrunde liegenden Risikowerts (der Referenzaktie) 34 Dollar, und unser Bestand von B Einheiten verzugsfreier Anleihen/Bonds garantiert Zinseinnahmen in Höhe von 8 Prozent. Am anderen Ende – im ungünstigen Zustand – werfen die m Stücke des Referenzpapiers jeweils 13 Dollar ab, während die verzugsfreien Anleihen nach wie vor 8 Prozent Zins erbringen.

Löst man diese beiden Gleichungen nach den beiden Unbekannten auf, so ergibt sich: $m = 2,62$ Anteile (der Referenzaktie) und $B = -31,53\ \$$. Dies impliziert eine Kreditaufnahme in Höhe von 31,53 \$ (der risikofreie Zinssatz beträgt wohlgemerkt 8 Prozent). Zur zweifachen Probe setzen wir diese Werte nun in die obigen Gleichungen ein. Wie wir sehen, sind die Ergebnisse korrekt (abgesehen von einem kleinen Rundungsfehler):

Replikationsportfolio im günstigen Zustand: $\quad 2,62(34\ \$) - 31,53\ \$\ (1,08)$
$$= 89,08\ \$ - 34,05\ \$ = 55,00\ \$$$

Replikationsportfolio im ungünstigen Zustand: $\quad 2,62(13\ \$) - 31,53\ \$\ (1,08)$
$$= 34,06\ \$ - 34,05\ \$ = 0\ \$$$

Da das Replikationsportfolio dieselben Payoffs besitzt wie das Projekt *mit* Aufschuboption, sollte es nach dem Gesetz des einheitlichen Preises auch denselben Barwert aufweisen. Dieser berechnet sich wie folgt:

Kapitalwertmethode, Entscheidungsbäume und Realoptionsanalyse im Vergleich

Barwert (PV) des Replikationsportfolios: $m(20 \text{ \$/Aktie}) - B(1,00 \text{ \$})$
$$= 2,62(20 \text{ \$}) - 31,53\text{\$} = 20,87 \text{ \$}$$

Der Wert der Aufschubflexibilität entspricht der Differenz zwischen dem Wert des Projekts bei Vorabfestlegung (–6,48 Millionen) und seinem Wert mit Aufschubflexibilität (20,87 Millionen). Hieraus resultiert für die Aufschubmöglichkeit ein Wert von 27,35 Millionen.

Hätten wir beim Entscheidungsbaumansatz bezüglich der erwarteten Cashflows aus dem Projekt mit Aufschuboption den korrekten risikobereinigten Diskontierungssatz benutzt, so hätte dieser Ansatz zum selben Ergebnis geführt. Der risikobereinigte Diskontierungssatz wird folgendermaßen berechnet:

$$Barwert\,(PV) = 20,87 \text{ \$} = \frac{0,5(55 \text{ \$}) + 0,5(0 \text{ \$})}{1+k}$$
$$k = 31,9\,\%$$

Dies bestätigt: Indem der Entscheidungsbaumansatz den für das inflexible, auf einer Vorabfestlegung basierende Projekt gültigen Abzinsungssatz (das heißt 17,5 Prozent) auch für die Bewertung der Cashflows aus dem Projekt *mit* Flexibilität, wie von der Aufschuboption geboten, benutzt, begeht er einen Fehler. Generell lässt sich sagen, dass die Entscheidungsbaummethode zu falschen Ergebnissen führt, eben weil sie durch den gesamten Entscheidungsbaum hindurch einen konstanten Diskontierungssatz annimmt, obgleich sich der Risikograd der Cashflow-Ergebnisse in Abhängigkeit von der Position im Baum ändert.

Die korrekte Bewertung der Aufschubflexibilität ist indes gar nicht schwer, wenn wir einen Replikationsportfolioansatz verwenden. Zunächst fragen wir uns: Wie lauten die Payoffs für die Option im Unterschied zu jenen des Projekts mit Flexibilität? Nun, Tabelle 4.3 gibt die Antwort. Die Aufschuboption ermöglicht es dem Entscheider, negative Ergebnisse (ungünstiger Zustand) zu vermeiden. Die Replikationsportfolios für die Option stellen sich wie folgt dar:

Replikationsportfolio im günstigen Zustand: $m(34 \text{ \$}) + (1 + r_f)B = 0 \text{ \$}$

Replikationsportfolio im ungünstigen Zustand: $m(13 \text{ \$}) + (1 + r_f)B = 50 \text{ \$}$

Tab. 4.3 Payoffs (Auszahlungen) des Projekts im Vergleich zur Option

Zustand	Payoffs für Projekt *mit* Flexibilität	Payoffs für Projekt *ohne* Flexibilität	Options-Payoffs
Günstiger Zustand	$MAX[170 \text{ \$} - 115 \text{ \$}, 0] = 55 \text{ \$}$	$170 \text{ \$} - 115 \text{ \$} = 55 \text{ \$}$	0 \$
Ungünstiger Zustand	$MAX[\ 65 \text{ \$} - 115 \text{ \$}, 0] = 0 \text{ \$}$	$65 \text{ \$} - 115 \text{ \$} = -50 \text{ \$}$	50 \$

Kapitalwertmethode, Entscheidungsbäume und Realoptionsanalyse im Vergleich

Lösen wir diese beiden Gleichungen nun nach den beiden Unbekannten auf, so ergibt sich: $m = -2{,}38$ und $B = 74{,}93$ \$. Folglich beträgt der Wert des Replikationsportfolios wie auch der Wert der Option:

Barwert (PV) der Option: $m(20\ \$) - B = -2{,}38(20\ \$) + 74{,}93\ \$ = 27{,}34\ \$$

Dies zeigt, dass sich der Marktwert der Flexibilität auf zwei Arten bestimmen lässt: entweder durch die Ermittlung der Differenz zwischen dem Wert des Projekts *mit* Flexibilität und seinem Wert *ohne* Flexibilität; oder aber durch direkte Bewertung der Flexibilitätsoption anhand der unterschiedlichen Cashflows, die sie erzeugt.

Der intuitiv erfassbare Hintergrund des Replikationsportfolioansatzes

Das Replikationsportfolio besteht aus m Einheiten der Referenzaktie und B Einheiten der risikolosen Anleihe. Nehmen wir an, C_u sei der Options-Payoff im günstigen Zustand (**Up-State**) und C_d sei der Payoff im ungünstigen Zustand (**Down-State**). V_u wiederum sei der Wert des zugrunde liegenden Referenzobjekts im günstigen Zustand und V_d entsprechend sein Wert im ungünstigen Zustand. Wenn wir nun nach der Anzahl der Stücke (m) der Referenzaktie im Replikationsportfolio auflösen, so ergibt sich das Verhältnis des zusätzlichen Options-Payoffs zur Änderung des Wertes des Referenzpapiers – ein Hedge-Faktor also.

$$m\ V_u + B(1 + r_f) = C_u$$
$$-[m\ V_d + B(1 + r_f) = C_d]$$
$$m = \frac{C_u - C_d}{V_u - V_d} = \frac{\text{inkrementeller Options-Payoff}}{\text{Änderung im Wert des Referenzpapiers}}$$

Folglich gilt: Multipliziert man den Hedge-Faktor m mit dem Wert des zugrunde liegenden Risikowerts (also des Referenzpapiers), V_0, und subtrahiert davon den Wert der Call-Option, C_0, so erhält man eine risikofreie Rendite, B_0, wie aus der nachfolgenden Gleichung ersichtlich:

$$m\ V_0 - B_0 = C_0$$
$$m\ V_0 - C_0 = B_0$$

Kapitalwertmethode, Entscheidungsbäume und Realoptionsanalyse im Vergleich

Besitzt man also *m* Stücke der Referenzaktie und die Aktie steigt, so steht dem resultierenden Kapitalgewinn ein genau gleich hoher Kapitalverlust in der durch Schreiben/Verkauf eines Calls geschaffenen Short-Position gegenüber.

Verzicht auf einen marktgängigen Referenzwert – das Konzept des ›Marketed Asset Disclaimer‹

Das Frustrierende am Referenzpapier-Ansatz besteht darin, dass es praktisch unmöglich ist, ein »Zwillings«-Wertpapier mit bekanntem Preis zu finden, dessen Payoffs (Auszahlungen) in jedem Umweltzustand, und zwar über die gesamte Projektlaufzeit gesehen, vollkommen mit denen des Projekts korrelieren. Entsprechend schwer, ja, unmöglich ist es, marktgängige Risiko-Basisobjekte zu finden. Anfänglich benutzte man bei der Realoptionsanalyse hilfsweise die Preise von weltweit gehandelten Waren (wie beispielsweise Rohstoffen oder Metallen) als risikobehaftetes Basisobjekt, nahm aber etwas willkürlich an, die Volatilität des Basisprojekts ohne Flexibilität sei mit der beobachteten Volatilität der Handelsware identisch. Beispielsweise ging man davon aus, die Volatilität des Goldpreises sei die gleiche wie die Volatilität des Wertes einer Goldmine mit dem Recht, die Eröffnung aufzuschieben. Leider ist diese Annahme falsch. Die Volatilität des Goldes ist eben *nicht* mit der Volatilität einer Goldmine identisch.

Angenommen, es geht um die Bewertung von Realoptionen im Zusammenhang mit einem Forschungs- und Entwicklungsprogramm oder um die Bewertung des Rechts, eine Automobilfabrik stillzulegen und später wieder zu eröffnen. Was für ein »Zwillingswert« bietet sich hier als Referenzwert an? Nun, statt die Finanzmärkte abzugrasen, schlagen wir ein ganz einfaches Vorgehen vor, nämlich die Verwendung des Barwerts des Projekts selbst – ohne Flexibilität wohlgemerkt – als zugrunde liegender Risiko- respektive Referenzwert! Denn was könnte besser mit dem Projekt korreliert sein als das Projekt selbst? Wir möchten daher behaupten, dass der Barwert der Cashflows des Projekts *ohne* Flexibilität (also der traditionelle Kapitalwert) dem potenziellen Marktwert des Projekts – wenn es denn am Markt gehandelt würde – am allernächsten kommt. Wir nennen dies die *Marktwertverzicht*-Annahme (»Marketed Asset Disclaimer«, kurz »MAD«). Testen wir also ihre Problemadäquanz am vorliegenden Beispiel, indem wir von der unproduktiven Suche nach einem Vergleichspapier Abstand nehmen und stattdessen den Barwert des Projekts ohne Flexibilität sowie die von ihm in jedem einzelnen Umweltzustand der Erwartung zufolge erzeugten Cashflows verwenden.

Im Falle der MAD-Annahme sind die Payoffs des Referenzwerts mithin völlig identisch mit denen des Projekts selbst: 170 Dollar im günstigen Zustand und 65 Dollar im ungünstigen Zustand, und der Barwert des Projekts liegt bei 100 Dollar. Hieraus ergibt sich folgendes Replikationsportfolio:

Replikationsportfolio im günstigen Zustand: $m(170\ \$) + B(1 + r_f) = 55\ \$$

Replikationsportfolio im ungünstigen Zustand: $m(\ 65\ \$) + B(1 + r_f) = \ \ 0\ \$$

Löst man die beiden Gleichungen nach den beiden Unbekannten auf, so ergibt sich für $m = 0{,}524$ und für $B = -31{,}54\ \$$. Der Barwert des Replikationsportfolios entspricht folglich dem Barwert des Projekts mit Flexibilität:

Barwert (PV) des Projekts mit Flexibilität:
$$m(100\ \$) - B = 0{,}524(100\ \$) - 31{,}54\ \$$$
$$= 52{,}40\ \$ - 31{,}54\ \$ = 20{,}86\ \$$$

Dieses Ergebnis ist völlig identisch mit jenem, das wir weiter oben anhand des Referenzpapier-Ansatzes ermittelt haben, hat aber den großen Vorteil, dass diese letztere Methode viel praktikabler ist, da sich die MAD-Annahme zur Bewertung von Realoptionen auf jedweden Sachwert anwenden lässt, für den sich der traditionelle Kapitalwert ohne Flexibilität berechnen lässt!

Festzuhalten ist, dass die MAD-Annahmen keineswegs stärker sind als jene, die zur Kalkulation des Projekt-Kapitalwerts ohnehin verwendet werden. Wenn also ein Planer im Rahmen der Bewertung von Projekten ohne Flexibilität bereits mit der Kapitalwertmethode arbeitet, ist der Umstieg auf die Realoptionsanalyse (ROA) völlig problemlos, weil überhaupt keine neuen Annahmen erforderlich sind. Und um welche (alten) Annahmen geht es hierbei konkret? Nun, die wichtigste Forderung lautet, dass die Vergleichswerte auch wirklich vergleichbar sind – dass, anders ausgedrückt, die Verteilung der Renditen des Wertpapiers mit bekanntem Preis hinreichend gut mit dem Projekt korreliert, um aussagefähig und verwendbar zu sein. Zwar ist bekannt, wie problematisch (weil ungenau) solche Referenzwerte sind, nur gibt es leider nichts Besseres! Und wenn diese Methode für die Kapitalwertanalyse taugt, darf man vernünftigerweise unterstellen, dass der Barwert eines Projekts ohne Flexibilität eben der Wert ist, den es erzielen würde, wenn es im Markt gehandelt würde. (Mit der Berechnung der Projektvolatilität setzen wir uns in den Kapiteln 9 und 10 noch eingehend auseinander.)

Kapitalwertmethode, Entscheidungsbäume und Realoptionsanalyse im Vergleich

Der risikoneutrale Wahrscheinlichkeitsansatz

Es gibt freilich einen zweiten, intuitiven und anwendungsfreundlichen Ansatz zur Bewertung von Realoptionen – den so genannten risikoneutralen Wahrscheinlichkeitsansatz. Basis ist ein Hedge-Portfolio, das sich aus einem Anteil des Risiko-Basisobjekts und einer Short-Position mit »m« Anteilen der zu bewertenden Option zusammensetzt. In unserem Fall handelt es sich bei Letzterer um eine Call-Option, nämlich ein Aufschubrecht. Der Hedge-Faktor, m, wird so gewählt, dass das Portfolio kurzfristig risikolos ist. Risikolos ist es aus folgendem Grund: Sinkt der Wert des »Underlying« (das heißt des risikobehafteten Basisobjekts), so sinkt auch der Wert der auf diesem Basisobjekt basierenden Call-Option. Da es sich jedoch um eine Short-Position (also einen Leerverkauf) handelt, steigt deren Wert faktisch. Ist der Hedge-Faktor richtig gewählt, wird ein etwaiger Verlust beim Basisobjekt durch den Gewinn bei der Short-Position exakt ausgeglichen. Demzufolge ist das Ergebnis risikofrei.

Wenn wir in Fortführung dieses Beispiels nun mit der MAD-Annahme arbeiten, so ergeben sich bei einem risikolosen Hedge-Portfolio am Periodenende die in Tabelle 4.4 ausgewiesenen Payoffs. Wir setzen nun diese beiden Payoff-Werte des Hedge-Portfolios aus folgender Überlegung heraus einander gleich: Wenn sich für den Hedge-Faktor m ein Wert finden lässt, der die beiden Payoffs in eine Gleichungsform bringt, so bedeutet dies, dass das Portfolio in *beiden* Umweltzuständen die gleichen Cashflows aufweist und somit risikolos ist. Mathematisch ausgedrückt:

$$uV_0 - mCu = dV_0 - mC_d$$
$$170 - m(55) = 65 - m\,(0)$$
$$m = \frac{(u-d)V_0}{C_u - C_d} = \frac{(1{,}7 - 0{,}65)100}{55 - 0} = 1{,}909091 \qquad [4.1]$$

wobei:
u = Aufwärtsbewegung = 1,7
d = Abwärtsbewegung = 0,65
V_0 = Ausgangswert = 100
C_u = Call-Wert im günstigen Zustand = 55
C_d = Call-Wert im ungünstigen Zustand = 0

Tab. 4.4 Auszahlungen eines risikolosen Hedge-Portfolios

Zustände am Periodenende	Payoffs des Hedge-Portfolios	Payoff des Basisobjekts
Günstiger Zustand	$170 - mMAX[170 - 115, 0]$	170
Ungünstiger Zustand	$65 - mMAX[\ 65 - 115, 0]$	65

Kapitalwertmethode, Entscheidungsbäume und Realoptionsanalyse im Vergleich

Kontrollieren wir unser Ergebnis nun anhand der Annahme, dass wir (a) über eine Kaufposition in Gestalt einer Einheit des Basisobjekts und (b) über eine Short- respektive Leerposition in Gestalt von 1,909091 Einheiten der Call-Option verfügen. Für das Hedge-Portfolio ergeben sich unter dieser Voraussetzung folgende Auszahlungen:

Payoff des Hedge-Portfolios im günstigen Zustand: 170 − 1,909091(55) = 65,00

Payoff des Hedge-Portfolios im ungünstigen Zustand: 65 − 1,91(0) = 65,00

Da wir wissen, dass unser Hedge-Portfolio risikolos ist, können wir nun den algebraischen Wert des Hedge-Faktors m in die Barwertformel des Hedge-Portfolios einsetzen und die resultierende Gleichung dann nach dem Barwert der Call-Option auflösen. Zunächst beträgt der Barwert des Hedge-Portfolios:

$$V_0 - mC_0 = 100 - 1,909091 \, C_0$$

Zweitens erbringt das Hedge-Portfolio eine Rendite in Höhe des risikofreien Zinssatzes, wobei der resultierende Payoff im günstigen wie ungünstigen Zustand gleich ist. In der nachfolgenden Gleichung haben wir den Barwert des Hedge-Portfolios mit 1 plus dem risikofreien Zinssatz multipliziert und das Ergebnis dem Payoff im günstigen Zustand gleichgesetzt:

$$(V_0 - mC_0)(1 + r_f) = uV_0 - mC_u$$
$$(100 - 1,909091C_0)(1,08) = 1,7(100) - 1,909091(55)$$
$$C_0 = \frac{\left[170 - 105 - 108\right]}{-2,061818} = 20,86$$

Nicht nur ist das numerische Ergebnis identisch mit dem des Replikationsportfolioansatzes. Wir können nun sogar noch einen Schritt weiter gehen und die Gleichung für den Hedge-Faktor m in die Gleichung 4.1 einsetzen, um anschließend nach dem Call-Wert C_0 aufzulösen. Ergebnis:

$$C_0 = \left[C_u \left(\frac{(1 + r_f) - d}{u - d} \right) + C_d \left(\frac{u - (1 + r_f)}{u - d} \right) \right] \div (1 + r_f) \qquad [4.2]$$

Die Ausdrücke in den (großen) runden Klammern definieren wir als »risikoneutrale« Wahrscheinlichkeiten, p und $(1 − p)$, sodass sich aus der Gleichung Folgendes ergibt:

Kapitalwertmethode,
Entscheidungsbäume
und Realoptions-
analyse im Vergleich

$$C_0 = \frac{[pC_u + (1-p)C_d]}{(1+r_f)} \qquad [4.3]$$

Anders ausgedrückt: Der Barwert der Call-Option entspricht den erwarteten Payoffs, multipliziert mit den sie vom Risiko bereinigenden Wahrscheinlichkeiten. Auf diese Weise wird der Zähler zu einem sicherheitsäquivalenten Cashflow, der zum risikofreien Zinssatz diskontiert werden kann. Dabei ergeben die risikoneutralen Wahrscheinlichkeiten in der Summe den Wert 1:

$$\left[\frac{(1+r_f)-d}{u-d}\right] + \left[\frac{u-(1+r_f)}{u-d}\right] = \left(\frac{u-d}{u-d}\right) = 1 \qquad [4.4]$$

Die risikoneutralen Wahrscheinlichkeiten sind indes nicht zu verwechseln mit den objektiven Wahrscheinlichkeiten, um die es bei der Berechnung der Wahrscheinlichkeit des Eintritts eines bestimmten Ereignisses in der Regel geht. Es handelt sich vielmehr einfach um einen mathematischen »Trick« (oder Operator), um zu Cashflows zu gelangen, die sich zum risikofreien Satz abzinsen lassen. Mitunter werden die risikoneutralen Wahrscheinlichkeiten auch risikobereinigte Wahrscheinlichkeiten oder Hedging-Wahrscheinlichkeiten genannt.

Im Fortgang dieses Buches werden wir zu unterschiedlichen Gelegenheiten sowohl vom Replikationsportfolioansatz als auch vom risikoneutralen Wahrscheinlichkeitsansatz Gebrauch machen.

Einige weitere Betrachtungen zum risikobereinigten und risikoneutralen Ansatz

Abbildung 4.2 zeigt ein zweiperiodiges Beispiel eines Projekts, das einen aktuellen Wert von 100 Dollar aufweist. Die objektiven Wahrscheinlichkeiten, dass der Wert je Zeitperiode um 20 Prozent steigt oder um 16,67 Prozent sinkt, liegen bei $q = 0,6$ und $(1-q) = 0,4$. Unterstellt man gewichtete Gesamtkapitalkosten (WACC) von 5,33 Prozent, so haben wir ein in sich stimmiges, widerspruchsfreies Annahmenbündel. Der Barwert, die mit den Payoffs multiplizierten objektiven Wahrscheinlichkeiten und der risikobereinigte Abzinsungssatz bilden eine Triade von Annahmen, die (zwangsläufig) in einem logischen und widerspruchsfreien Verhältnis zueinander stehen müssen. Sind zwei dieser Größen gegeben, lässt sich folglich die dritte ableiten. Halten wir fest, dass der *erwartete* Barwert in Abbildung 4.2 der gestrichelten Linie folgt,

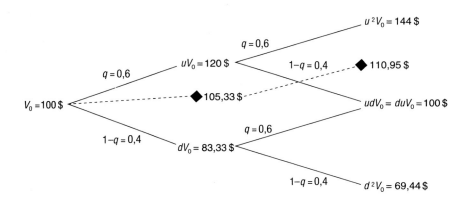

$$\text{Barwert } (PV) = \frac{0{,}6^2(144) + 2(0{,}6)(0{,}4)100 + (0{,}4)^2 69{,}44}{1{,}0533^2} = \frac{51{,}84 + 48 + 11{,}11}{1{,}1095}$$

$$PV = \frac{110{,}95\ \$}{1{,}1095} = 100\ \$$$

Abb. 4.2 Barwert-Ereignisbaum für einen risikobehafteten Basiswert bei Verwendung eines risiko-*bereinigten* Diskontierungssatzes

das heißt: $V_0 = 100\ \$$; $V_1 = 0{,}6(120) + 0{,}4(83{,}33) = 105{,}33\ \$$; $V_2 = 0{,}36(144) + 2(0{,}6)(0{,}4)(100) + 0{,}16(69{,}44) = 110{,}95\ \$$. Der erwartete Barwert steigt folglich zu einem Satz, der exakt den Kapitalkosten entspricht (nämlich 5,33 % pro Jahr).

Normalerweise geht man bei der Kapitalwertberechnung im Rahmen der Investitionsrechnung so vor, dass man die zu erwartenden freien Cashflows (FCF) ermittelt, auf Vergleichsbasis den risikobereinigten Abzinsungssatz bestimmt und dann das dritte Element der Barwert-Triade – den Barwert selbst – ableitet. Eine gleichwertige Alternative bestünde darin, sich den Marktpreis (das heißt den Barwert) eines marktgängigen »Zwillings«- oder Referenzpapiers zu beschaffen (dessen erwartete Cashflows freilich in jedem Umweltzustand vollkommen denen des Projekts entsprechen müssen) und dann anhand dieser beiden Elemente der Triade – Barwert und Cashflows – das dritte Element, den risikobereinigten Diskontierungssatz, abzuleiten.

Nehmen wir an, dieser risikofreie Satz liegt bei 3 Prozent. Wir könnten nun einen sicherheitsäquivalenten Ansatz wählen, wie in Kapitel 3 im Zusammenhang mit dem Capital Asset Pricing Model (CAPM) erörtert. Hierbei diskontieren wir die sicherheitsäquivalenten Cashflows des Projekts zum risikofreien Zinssatz, um schließlich den gleichen Barwert (das heißt 100 Dollar) zu erhalten. Die risikoneutralen Wahrscheinlichkeiten wurden bereits in den Gleichungen 4.2 und 4.3 abgeleitet; sie lauten:

Kapitalwertmethode,
Entscheidungsbäume
und Realoptions-
analyse im Vergleich

$$p = \frac{(1+r_f)-d}{u-d} = \frac{(1,03)-0,833}{1,2-0,833} = 0,53722$$

$$1-p = (1-0,53722) = 0,46278$$

Abbildung 4.3 zeigt die Barwertberechnung unter risikoneutralen Bedingungen. Bemerkenswert ist, dass die risikoneutralen Wahrscheinlichkeiten der positiven Payoffs unter den objektiven Wahrscheinlichkeiten, die risikoneutralen Wahrscheinlichkeiten der negativen Payoffs hingegen über ihnen liegen. Folglich sind die zu erwartenden sicherheitsäquivalenten Payoffs niedriger als die objektiven Payoffs. Da sie aber zu einem niedrigeren Zinssatz – dem risikolosen Satz – abgezinst werden, kommt bei beiden Ansätze letztlich der gleiche Barwert heraus.

Wenden wir uns nun Optionen auf den risikobehafteten Basiswert zu. Angenommen, es handelt sich um eine amerikanische Call-Option mit zwei Perioden und einem Ausübungspreis von 95 Dollar. Bewerten wir diese Option nun anhand beider Ansätze. Abbildung 4.4 zeigt die objektiven Wahrscheinlichkeiten und Payoffs. Zur Bewertung der Call-Option an Knoten D verwenden wir die Replikationsportfoliomethode. Liegt der Wert des laufenden

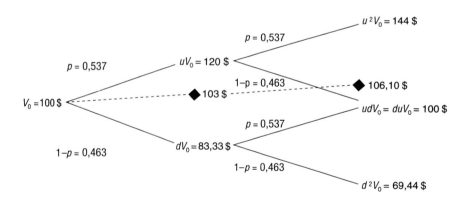

Barwert $PV = \frac{(0,537)^2(144)+2(0,537)(0,463)(100)+(0,463)^2\,69,44}{1,03^2} = \frac{41,56+49,73+14,87}{1,0609}$

$PV = \frac{106,16\$}{1,0609} = 100\$$

Abb. 4.3 Barwert-Ereignisbaum für einen risikobehafteten Basiswert bei Verwendung des *risikoneutralen* Ansatzes

Kapitalwertmethode, Entscheidungsbäume und Realoptionsanalyse im Vergleich

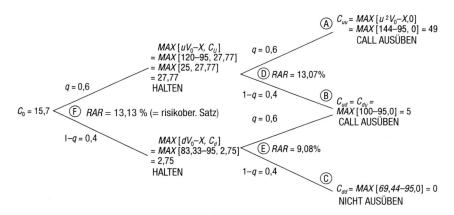

$C_{uu} = MAX [u^2 V_0 - X, 0]$
$= MAX [144-95, 0] = 49$
CALL AUSÜBEN

$MAX [uV_0 - X, C_U]$
$= MAX [120-95, 27,77]$
$= MAX [25, 27,77]$
$= 27,77$
HALTEN

(A)

(D) $RAR = 13,07\%$

$q = 0,6$

$q = 0,6$

$C_0 = 15,7$ (F) $RAR = 13,13 \%$ (= risikober. Satz)

$1-q = 0,4$

(B) $C_{ud} = C_{du} =$
$MAX [100-95,0] = 5$
CALL AUSÜBEN

$q = 0,6$

$1-q = 0,4$

$MAX [dV_0 - X, C_d]$
$= MAX [83,33-95, 2,75]$
$= 2,75$
HALTEN

(E) $RAR = 9,08\%$

$1-q = 0,4$

(C)
$C_{dd} = MAX [69,44-95,0] = 0$
NICHT AUSÜBEN

Abb. 4.4 Optionsbewertung: Objektive Wahrscheinlichkeiten

Calls, C_u, über dem Wert des ausgeübten Calls, so empfiehlt es sich, die Option zu halten. Die Payoffs des Replikationsportfolios lauten am Periodenende im günstigen respektive ungünstigen Zustand wie folgt:

$$m u^2 V_0 + (1 + r_f) B = 49$$

$$m ud V_0 + (1 + r_f) B = 5$$

Indem wir die beiden Gleichungen nach den beiden Unbekannten auflösen, erhalten wir

$$m = 1 \text{ und } B = -92,23$$

Folglich beträgt der Barwert des Replikationsportfolios an Knoten D:

$$C_u = mu V_0 + B = 120 - 92,23 = 27,77$$

Dieser Wert liegt über dem Payoff von 25 Dollar, der sich bei Realisierung der Option an Knoten D erzielen lässt. Folglich halten wir die Option (bewahren uns also das Recht auf spätere Ausübung). Stellt man für die Knoten E und F die gleichen Berechnungen an, ergeben sich folgende Werte:

An Knoten E: $m = 0,1636$; $B = -10,88$; $C_d = 2,75$

An Knoten F: $m = 0,6823$; $B = -52,53$; $C_0 = 15,70$

Kapitalwertmethode,
Entscheidungsbäume
und Realoptions-
analyse im Vergleich

Wir haben auch die risikobereinigte Rendite je Knoten berechnet, und zwar durch Ermittlung jenes Satzes, bei dem der Barwert der Option den erwarteten, zum risikobereinigten Satz (RAR) diskontierten Cashflows entspricht. Beispielsweise ergibt sich an Knoten D:

$$C_u = \frac{qC_{uu} + (1-q)C_{ud}}{1+RAR}$$

$$27,77 = \frac{0,6(49) + 0,4(5)}{1+RAR}$$

$$RAR = 13,07\%$$

Die risikobereinigte Rendite ändert sich also von Knoten zu Knoten, was Ausdruck des sich ändernden Risikos bei den Payoffs ist.

Abbildung 4.5 zeigt dieselbe Bewertung, doch unter Verwendung des risikoneutralen Wahrscheinlichkeitsansatzes. Hier erhalten wir an Knoten D folgenden Wert:

$$C_u = \frac{pC_{uu} + (1-p)C_{ud}}{1+r_f}, \quad p = \frac{1+r_f - d}{u-d} = \frac{1,03-0,833}{1,2-0,833} = 0,53722$$

$$C_u = \frac{0,53722(49) + (0,46278)5}{1,03} = 27,80$$

Das Ergebnis ist – bis auf eine kleine Rundungsdifferenz – völlig identisch mit dem des Replikationsportfolioansatzes. Der Vorteil des risikoneutralen Wahrscheinlichkeitsansatzes besteht allerdings darin, dass die risikoneutralen Wahrscheinlichkeiten von Knoten zu Knoten konstant bleiben. Folglich ist der

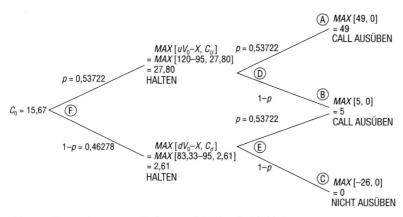

Abb. 4.5 Optionsbewertung: Risikoneutrale Wahrscheinlichkeiten

Kapitalwertmethode, Entscheidungsbäume und Realoptions- analyse im Vergleich

risikoneutrale Ansatz rein rechnerisch gesehen einfacher zu handhaben als der Replikationsportfolioansatz.

Doch warum bleiben die risikoneutralen Wahrscheinlichkeiten eigentlich von Knoten zu Knoten konstant, wohingegen sich die risikobereinigten Sätze und Hedge-Portfolios ändern? Werfen wir zur Beantwortung dieser Frage noch einmal einen Blick auf die Bewertung eines risikobehafteten Basiswerts und einer auf ihn geschriebenen Call-Option mit einem Basispreis X, wie in Abbildung 4.6 dargestellt.

Zu den weiteren Parametern zählen neben dem Ausübungspreis X die Aufwärts-/Abwärtsbewegungen (u und d), der risikofreie Zinssatz r_f und die gewichteten Gesamtkapitalkosten (WACC). Die objektiven Wahrscheinlichkeiten der Aufwärts- beziehungsweise Abwärtsbewegung liegen bei 0,6 respektive 0,4. Der Barwert (an Knoten F) lässt sich ableiten, indem man die erwarteten Cashflows zu den Gesamtkapitalkosten (WACC) abdiskontiert. Mathematisch ausgedrückt:

$$V_0 = \frac{0,6(150\,\$) + 0,4(67\,\$)}{1,168} = 100\,\$$$

Die risikoneutralen Wahrscheinlichkeiten, p und $(1 - p)$, lassen sich ableiten, indem man den Barwert den sicherheitsäquivalenten, zum risikofreien Zinssatz abgezinsten Payoffs gleichsetzt:

$$V_0 = \frac{pu V_0 + (1-p) d V_0}{(1 + r_f)}$$

$$V_0(1 + r_f) = pu V_0 + d V_0 - pd V_0$$

$$p = \frac{(1 + r_f) - d}{u - d}$$

Zu beachten ist, dass die risikoneutrale Wahrscheinlichkeit nicht vom Umweltzustand (sprich: Knoten) abhängt. Sie ist vielmehr eine reine Funktion des risikofreien Zinssatzes und der Aufwärts-/Abwärtsbewegungen (u und d).

Dass dieses Ergebnis bei der Optionsbewertung korrekt ist, lässt sich auch auf eine andere Weise belegen, nämlich indem wir einen Knoten (beispielsweise D) herausgreifen und nach den Replikationsportfolioparametern – m (Hedge-Faktor) und B (Anzahl der verzugsfreien Bonds) – sowie dem Wert der Call-Option an Knoten D (C_D) auflösen. Danach werden wir zeigen, dass das mit dem Replikationsportfolio erzielte Ergebnis mit dem risikoneutralen Wert identisch ist.

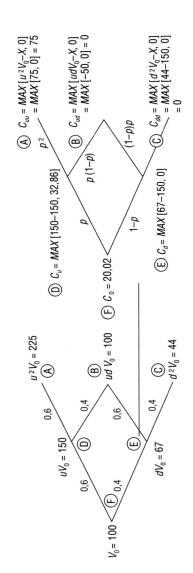

(A) $C_{uu} = MAX[u^2 V_0 - X, 0]$
$= MAX[75, 0] = 75$

(B) $C_{ud} = MAX[ud V_0 - X, 0]$
$= MAX[-50, 0] = 0$

(C) $C_{dd} = MAX[d^2 V_0 - X, 0]$
$= MAX[44-150, 0]$
$= 0$

(D) $C_u = MAX[150-150, 32,86]$

(E) $C_d = MAX[67-150, 0]$

(F) $C_0 = 20,02$

$u^2 V_0 = 225$ (A)

(B) $ud V_0 = 100$

$u V_0 = 150$ (D)

(E)

$d V_0 = 67$ (F)

$d^2 V_0 = 44$ (C)

$V_0 = 100$

Parameter:

$u = 1,50$	$r_f = 5\,\%$	$X = 150$
$d = 0,67$	$WACC = 16,8\,\%$	

Abb. 4.6 Risikowert als Basisobjekt plus Call-Option

Kapitalwertmethode,
Entscheidungsbäume
und Realoptions-
analyse im Vergleich

Zunächst also lösen wir an Knoten D anhand des Replikationsportfolioansatzes nach m auf:

$$mu^2 V_0 + B(1 + r_f) = 75 = C_{uu} \text{ an Knoten } A$$
$$\underline{-[mud\, V_0 + B(1 + r_f) = 0 = C_{ud}] \text{ an Knoten } B}$$
$$muV_0\,(u - d) = C_{uu} - C_{ud}$$
$$m = \frac{C_{uu} - C_{ud}}{uV_0(u - d)}$$

Als Nächstes lösen wir die Gleichung für Knoten B nach B, der Anzahl der risikolosen Anleihen, auf:

$$mud\,V_0 + B(1 + r_f) = C_{ud}$$
$$B = \frac{C_{ud} - mud\,V_0}{(1 + r_f)}$$

Drittens schließlich ergibt sich als Wert für das Replikationsportfolio an Knoten D:

$$C_D = muV_0 + B$$

Um nun zu beweisen, dass dieser Wert dasselbe Ergebnis liefert wie der risikoneutrale Ansatz, müssen wir die Werte von m und B in die obige Gleichung für den Wert des Replikationsportfolios einsetzen. Mathematisch stellt sich dies folgendermaßen dar:

$$C_D = muV_0 + B = \frac{C_{uu} - C_{ud}}{uV_0(u - d)}uV_0 + \frac{C_{ud} - mud\,V_0}{1 + r_f}$$
$$= \frac{C_{uu} - C_{ud}}{uV_0(u - d)}uV_0 + \frac{C_{ud}}{1 + r_f} - \frac{C_{uu} - C_{ud}}{uV_0(u - d)}\frac{ud\,V_0}{1 + r_f}$$
$$= \frac{C_{uu} - C_{ud}}{u - d}\left[1 - \frac{d}{1 + r_f}\right] + \frac{C_{ud}}{1 + r_f}$$
$$= \frac{C_{uu} - C_{ud}}{u - d}\left[\frac{1 + r_f - d}{1 + r_f}\right] + \frac{C_{ud}}{1 + r_f}$$
$$= \left(\frac{1 + r_f - d}{u - d}\right)\frac{C_{uu}}{1 + r_f} - \frac{C_{ud}}{u - d}\left(\frac{1 + r_f - d}{1 + r_f}\right) + \frac{C_{ud}}{1 + r_f}$$

Kapitalwertmethode,
Entscheidungsbäume
und Realoptions-
analyse im Vergleich

$$= \left[\left(\frac{1 + r_f - d}{u - d} \right) C_{uu} + \left(\frac{u - 1 - r_f}{u - d} \right) C_{ud} \right] \div (1 + r_f)$$

$$= \frac{[p C_{uu} + (1 - p) C_{ud}]}{(1 + r_f)}$$

Wir sehen also, dass sich für die Call-Option in der Tat derselbe Wert ergibt, gleichviel ob man den risikoneutralen Ansatz oder den Replikationsportfolioansatz benutzt.

Realoptionsanalyse und Black-Scholes-Ansatz im Vergleich

Der berühmte Aufsatz von Fischer Black und Myron Scholes aus dem Jahre 1973 lieferte erstmals eine (formal geschlossene) Lösung für den Gleichgewichtspreis einer Call-Option. Black verstarb leider früh, doch Scholes erhielt später, zusammen mit Robert Merton, den wirtschaftswissenschaftlichen Nobelpreis für die gemeinsame Leistung.

Das Black-Scholes-Modell war die Initialzündung für Hunderte von Aufsätzen, die sich mit der Preisbestimmung unterschiedlicher Arten von Optionen beschäftigten und die eigenen Voraussagen empirisch überprüften. Es ist allerdings wichtig, sich klar zu machen, dass das Black-Scholes-Modell auf sieben Annahmen beruht, die seine Anwendbarkeit auf die Realoptionsanalyse erheblich einschränken. Diese Annahmen lauten:

1. Die Option darf nur zum Fälligkeitsdatum ausgeübt werden – es handelt sich also um eine europäische Option.
2. Es gibt nur eine einzige Unsicherheitsquelle – Regenbogenoptionen sind ausgeschlossen (es wird beispielsweise ein konstanter Zinssatz angenommen).
3. Die Option basiert auf einem einzigen (risikobehafteten) Basiswert; zusammengesetzte Optionen sind folglich ausgeschlossen.
4. Nur dividendenlose Basisobjekte kommen infrage.
5. Der aktuelle Marktpreis und das stochastische Verhalten des Basisobjekts sind bekannt (beziehungsweise beobachtbar).
6. Die Varianz der Rendite des Basisobjekts bleibt im Zeitverlauf konstant.
7. Der Basis- beziehungsweise Ausübungspreis ist bekannt und bleibt konstant.

Die realitätsnahe Analyse von Realoptionsproblemen verlangt in der Regel die Lockerung einer oder mehrerer Annahmen des Black-Scholes-Standardmodells. Beispielsweise handelt es sich bei den meisten Investitionsentscheidungen um zusammengesetzte Optionen, da eine Phasenstruktur vorliegt, und in der Regel sind mehrere, miteinander korrelierte Unsicherheitsfaktoren im Spiel. Aus Gründen der Realitätsnähe werden wir uns daher ziemlich stark vom Black-Scholes-Modell entfernen müssen. Dessen Formel lautet:

$$C_0 = S_0 N(d_1) - X e^{-r_f T} N(d_2)$$

wobei:
S_0 = Preis des Basisobjekts (beispielsweise einer Stammaktie)

$N(d_1)$ = kumulierte Wahrscheinlichkeit der anhand von Mittelwert und Standardabweichung normierten Variablen d_1

$N(d_2)$ = kumulierte Wahrscheinlichkeit der anhand von Mittelwert und Standardabweichung normierten Variablen d_2

X = Basis-/Ausübungspreis

T = Laufzeit (bis Verfall)

r_f = risikofreier Zinssatz

e = Basis der natürlichen Logarithmen, konstant (= 2,1728 ...)

$$d_1 = \frac{\ln(S/X) + r_f T}{\sigma\sqrt{T}} + \frac{1}{2}\sigma\sqrt{T}$$

$$d_2 = d_1 - \sigma\sqrt{T}$$

Heute verfügen bereits Taschenrechner über eingebaute Black-Scholes-Routinen, und die entsprechenden PC-Anwendungen sind kaum mehr zu zählen. In Kapitel 7 werden wir zeigen, wie ein Binomialmodell, das auf diskreter Mathematik und einfacher Algebra beruht, dem Grenzwert des Black-Scholes-Modells nahe kommt. Für den Augenblick aber soll uns ein einfaches numerisches Beispiel, an dem die Verwendungsweise des Black-Scholes-Modells sehr deutlich wird, genügen. Anschließend werden wir uns noch mit der intuitiven Seite des Modells befassen.

Tabelle 4.5 zeigt dem *Wall Street Journal* entnommene Börsendaten für die Digital Equipment Company. Sie stammen vom 4. Oktober eines Jahres Ende der Siebziger, als die Aktie noch keine Dividenden abwarf. Für Nahe-am-Geld-Calls auf Digital-Equipment-Aktien sind die Annahmen des Black-Scholes-Modells weitgehend erfüllt. Folglich sollte das Modell in diesem Fall eine vernünftige Optionspreisschätzung erlauben. Die meisten der zur Bewertung der Calls erforderlichen Informationen sind in Tabelle 4.5 bereits enthalten: Ak-

Kapitalwertmethode, Entscheidungsbäume und Realoptions- analyse im Vergleich

Tab. 4.5 Zur Preisbestimmung von Digital-Equipment-Call-Optionen benötigte Daten

Basis-/ Ausübungspreis	Kaufoptions-/Call-Preise, 4. Oktober			Schlusskurs der Aktie
	Oktober	Januar	April	
35 $	$11\frac{7}{8}$ $	$12\frac{7}{8}$ $	–	$46\frac{3}{4}$ $
40	$6\frac{7}{8}$	8	–	$46\frac{3}{4}$
45	$2\frac{15}{16}$	$4\frac{1}{4}$	6	$46\frac{3}{4}$
50	$\frac{1}{4}$	$1\frac{3}{4}$	3	$46\frac{3}{4}$
Verfallstag	21. Oktober	20. Januar	21. April	
Laufzeit	17	108	199	

Fälligkeitsdatum	Zinssätze Schatzwechsel (Treasury Bills), 4. Oktober			Risikofreier Zinssatz
	Geldkurs (Bid)	Briefkurs (Ask)	Mittelwert	
20. Oktober	6,04 $	5,70 $	5,87 $	5,9 $
19. Januar	6,15	6,07	6,11	6,1
4. April	6,29	6,21	6,25	6,2
2. Mai	6,20	6,12	6,16	6,2

tienkurs, Basis-/Ausübungspreis sowie Anzahl der Tage bis zur Fälligkeit. Der risikofreie Jahreszinssatz wird im Übrigen anhand des Durchschnitts aus dem Angebots- und Nachfragekurs (Brief-/Geldkurs) von US-Schatzwechseln (Treasury Bills) mit ungefähr optionsgleicher Laufzeit bestimmt. Die einzige Information, die hier noch fehlt, ist die aktuelle Varianz der Rendite der Aktie (des Basiswerts). Wir werden die für einen der Call-Preise geschätzte implizite Varianz auch bei der Bewertung der übrigen Optionen verwenden. Diese implizite Varianz ermitteln wir, indem wir einfach den tatsächlichen Call-Preis und die vier bekannten exogenen Parameter in die Black-Scholes-Formel einsetzen und nach der aktuellen Varianz auflösen. Wir taten dies anhand der Januar-Option mit Ausübungspreis 45 Dollar, die am 4. Oktober $4\frac{1}{4}$ Dollar kostete. Die so geschätzte aktuelle Varianz betrug etwa 7,84 Prozent (was einer Standardabweichung von 28 Prozent entspricht).

Wenn wir unsere Schätzwerte der fünf Parameter nun in die Black-Scholes-Bewertungsgleichung einsetzen, ergibt sich für die April-Option mit Ausübungspreis 45 Dollar folgender Wert:

$$C_0 = S_0 N(d_1) - Xe^{-r_f T} N(d_2)$$

wobei: $r_f = 0{,}062$, $T = 199/365$, $S_0 = 46{,}75$ $, $X = 45{,}00$ $, $\sigma = 0{,}28$

Kapitalwertmethode, Entscheidungsbäume und Realoptions-analyse im Vergleich

$$d_1 = \frac{\ln\left(\dfrac{S}{X}\right) + r_f T}{\sigma\sqrt{T}} + \frac{1}{2}\sigma\sqrt{T}$$

$$d_2 = d_1 - \sigma\sqrt{T}$$

Wenn wir die Parameterwerte nun in d_1 einsetzen, ergibt sich ein Wert von 0,4514. Da es sich hierbei um eine normierte Variable mit dem Mittelwert 0 und der Varianz 1 handelt, bedeutet dies, dass wir uns 0,4514 Standardabweichungen über dem Mittelwert befinden. Die kumulierte Wahrscheinlichkeit $N(d_1)$ ist die Wahrscheinlichkeit von minus Unendlich bis zu einem Punkt 0,4514 Standardabweichungen über dem Mittelwert, wie in Abbildung 4.7 illustriert. Anhand von Wahrscheinlichkeitstafeln für Normalverteilungen (siehe Anhang A) ergibt sich für die kumulierte Normalverteilung: $N(d_1)$ = 0,5 + 0,1741 = 0,6741. Eine analoge Berechnung ergibt für d_2 = 0,2446 und $N(d_2)$ = 0,5 + 0,0969 = 0,5969.

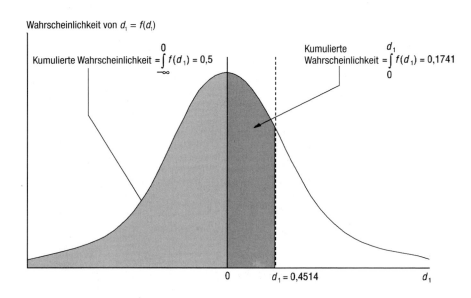

Abb. 4.7 Schätzung der kumulativen Normalverteilung

Kapitalwertmethode,
Entscheidungsbäume
und Realoptions-
analyse im Vergleich

Für den Call-Preis ergibt sich damit ein Schätzwert von 5,58 Dollar, während der tatsächliche Preis bei 6,00 Dollar lag. Wiederholt man das Verfahren für die Oktober-Option mit Basispreis 45 Dollar (nun mit $r_f = 0,59$ und $T = 17/365$), so liegt die Call-Preisschätzung bei 2,28 Dollar, der tatsächliche Preis hingegen bei 2,94 Dollar. Da beide Schätzpreise unter den tatsächlichen Kursen liegen, ist die aktuelle Varianz vermutlich zu niedrig veranschlagt.

Es ist interessant, die intuitiv erfassbare Logik hinter dem Black-Scholes-Modell mit jener der bereits erörterten Replikationsportfoliomethode zu vergleichen. Rufen wir uns zunächst noch einmal diese letztere Formel ins Gedächtnis:

$$m \, V_0 - B_0 = C_0$$

Die Grundidee besteht darin, die richtige Anzahl von Einheiten für die zugrunde liegenden Risikowerte zu finden (V_0 plus einige Anleihen, B_0), um sicherzustellen, dass die Payoffs (Auszahlungen) des Portfolios in jedem Zustand exakt jenen der Call-Option entsprechen. Da die Marktpreise der Einzelkomponenten, V und B, bekannt sind, entspricht der Wert der Call-Option exakt dem Wert des Replikationsportfolios. Schauen wir uns nun die Black-Scholes-Formel an:

$$S_0 \, N(d_1) - X e^{-r_f T} \, N(d_2) = C_0$$

Es stellt sich heraus, dass $N(d_1)$ genau der Anzahl von Einheiten des Basisobjekts entspricht, die für die Bildung eines äquivalenten (replikativ-nachbildenden) Portfolios benötigt werden, und dass der zweite Term die Anzahl der »Bonds« darstellt, von denen jeder bei Fälligkeit 1 Dollar erbringt. Erläutern wir diesen zweiten Term etwas näher. $N(d_2)$ steht für die Wahrscheinlichkeit, dass die Option »im Geld« endet (der Aktienpreis also über dem Basispreis notiert), und $X e^{-r_f T}$ wiederum stellt den Basispreis bei Fälligkeit dar, für T Zeiteinheiten zum risikofreien Zinssatz auf die Gegenwart abgezinst.

Demzufolge liegt der Black-Scholes-Formel und dem Replikationsportfolio die gleiche Idee zugrunde. Der Hauptunterschied zwischen den beiden Ansätzen besteht lediglich darin, dass die Black-Scholes-Formel auf dem Itô-Kalkül (also dem Kalkül der stochastischen Differenzialgleichungen) beruht, während das Replikationsportfoliokonzept eine relativ kurzfristige (auf die unmittelbare Zukunft gerichtete) algebraische Annäherung darstellt, die sich der Black-Scholes-Gleichung im Grenzfall, also unter der Bedingung einer hohen Anzahl diskreter Subintervalle pro Zeiteinheit, nähert.

Kapitalwertmethode,
Entscheidungsbäume
und Realoptions-
analyse im Vergleich

Finanzoptionen und Realoptionen im Vergleich

Das »Underlying« oder Basisobjekt einer Finanzoption ist ein Wertpapier, etwa eine Stammaktie oder eine Anleihe (oder auch Zinssätze). Einer Realoption hingegen liegt ein Sachwert zugrunde, beispielsweise ein Geschäftsbereich oder ein Projekt. Beide Arten von Optionen beinhalten indes das Recht, aber nicht die Pflicht, in bestimmter Weise aktiv zu werden.

Die Tatsache, dass Finanzoptionen börsengehandelte Wertpapiere zugrunde liegen, erleichtert natürlich die Schätzung der beteiligten Parameter. Der Preis des Papiers ist in der Regel beobachtbar, und die Varianz der Rendite lässt sich entweder anhand der Vergangenheitsdaten oder durch Berechnung der (zukunftsgerichteten) impliziten Varianz ermitteln, Letzteres anhand anderer Optionen auf das gleiche Papier (wie oben bei unserem Digital-Equipment-Beispiel exemplarisch vorgeführt). Bei Realoptionen hingegen wird der risikobehaftete Basiswert in der Regel nicht am Markt gehandelt. Eben deshalb arbeiten wir mit der bereits erwähnten »Marktwertverzicht«-Annahme (Market Asset Disclaimer), der zufolge sich der Barwert des Basisobjekts *ohne* Flexibilität mittels traditioneller Kapitalwertmethoden schätzen und als praxistauglicher Referenzwert verwenden lässt. Zwar haben wir uns mit der Berechnung der Volatilität des Basisobjekts noch nicht im Einzelnen befasst (dies ist Thema der Kapitel 9 und 10), doch sei vorab schon angemerkt, dass wir uns primär auf Simulationsverfahren stützen werden.

Ein anderer wichtiger Unterschied zwischen Finanz- und Realoptionen besteht darin, dass es sich bei Ersteren meist um »side bets«, also Sekundärgeschäfte handelt. Anders formuliert: Sie werden nicht von dem Unternehmen ausgegeben, von dessen Aktie sie abhängen, sondern von unabhängigen Maklern, die Optionen verkaufen oder kaufen. Demzufolge hat der Makler, der eine Call-Option in Umlauf bringt (»schreibt«), weder Einfluss auf die Aktivitäten des betreffenden Unternehmens noch auf dessen Aktienkurs. Bei Realoptionen ist dies anders, da die Unternehmensführung den Preis des Basisobjekts zu beeinflussen vermag. Verfügt ein Unternehmen beispielsweise über das Recht, ein Vorhaben aufzuschieben, so wird es von dieser Möglichkeit Gebrauch machen, wenn der Projektbarwert (zu) niedrig ist. Steigt der Barwert des Basisprojekts (ohne Flexibilität) jedoch, bedingt etwa durch eine Innovation, wird dies den Wert der Aufschuboption vermutlich verringern, sodass man sie nicht ausübt (also nicht verschiebt). In der Regel aber gilt, dass eine Erhöhung des Basissachwerts auch den Wert der Option erhöht.

Schließlich wird sowohl bei Finanz- als auch bei Realoptionen das Risiko – die Unsicherheit des Basisobjekts – als exogen betrachtet. Bei Finanzoptionen ist dies eine zweifellos zweckmäßige Annahme, ist doch die Unsicherheit bezüglich der Rendite einer Aktie durch den Käufer oder Verkäufer einer Option auf diese Aktie in keiner Weise beeinflussbar. Doch wie schon erwähnt (und wie wir später noch ausführlich sehen werden), hat das Verhalten eines Unternehmens, das eine Realoption besitzt (etwa die Möglichkeit der Produktionsausweitung), potenziell Einfluss auf das Verhalten der Wettbewerber – und damit auch auf die Unsicherheit, mit der das Unternehmen selbst konfrontiert ist.

Zusammenfassendes Fazit

In diesem Kapitel haben wir die Methodik des Realoptionsansatzes in ihren Grundzügen kennen gelernt. Wir haben die Kapitalwertmethode mit dem Entscheidungsbaumansatz einerseits und der Realoptionsanalyse andererseits verglichen und dabei festgestellt, dass die Kapitalwertmethode keine Entscheidungsflexibilität kennt, während der Entscheidungsbaumansatz die Flexibilität zwar berücksichtigt, dies aber nur ungenügend, weil er auch dann einen konstanten Diskontierungssatz annimmt, wenn der Unsicherheitsgrad sich ändert, wie an den unterschiedlichen Payoffs an verschiedenen Punkten des Entscheidungsbaums ersichtlich. Die Realoptionsanalyse bereinigt beide Defizite. Sie modelliert die Entscheidungsflexibilität, und da Replikationsportfolios auf Basis des Gesetzes des einheitlichen Preises gebildet werden, ist auch Arbitragefreiheit gewährleistet, sodass das Projekt *mit* Flexibilität wirklich korrekt bewertet werden kann. Im nachfolgenden Kapitel 5 werden wir uns nun mit der Beschreibung der gängigsten einfachen Optionen befassen: Erweiterungsoptionen, Einschränkungsoptionen, Abbruchoptionen, ferner zusammengesetzten Optionen. Mit zunehmendem Verständnis werden wir diesen Kreis dann noch erweitern, indem wir auch Wechseloptionen einbeziehen (etwa die Möglichkeit, einen Betrieb zeitweilig stillzulegen, oder die Option, in eine Branche ein- und wieder aus ihr auszusteigen). Außerdem werden wir uns mit gestaffelten Investitionen beschäftigen, bei denen mehrere Unsicherheitsquellen im Spiel sind.

Wie wir in diesem Kapitel ebenfalls gesehen haben, gibt es zur Bewertung einfacher Optionen zwei scheinbar unterschiedliche, tatsächlich aber äquivalente Ansätze: das Replikationsportfolio (bei dem die erwarteten Cashflows zum risikobereinigten Zinssatz diskontiert werden) und der risikoneutrale Wahrscheinlichkeitsansatz (bei dem die sicherheitsäquivalenten Cashflows praktisch zum risikofreien Zinssatz abgezinst werden).

Außerdem haben wir – hauptsächlich aus Rekapitulations- und Vollständigkeitsgründen – die Black-Scholes-Formel zur Optionspreisbestimmung erörtert. Wie wir gesehen haben, sind deren Annahmen für die meisten Realoptionsanwendungen viel zu restriktiv. Trotzdem ist der Ansatz auf dieser Stufe unserer Erörterungen nützlich, da sich die Gitter- oder Baummethode, die wir benutzen werden, im Vergleich mit ihm gut verdeutlichen lässt.

Schließlich haben wir die Hauptunterschiede zwischen Finanzoptionen und Realoptionen herausgearbeitet. Dies dürfte nützlich sein für alle, die mit Finanzoptionen schon einige Erfahrung haben und neugierig geworden sind, was es mit dem ROA-Instrument denn auf sich haben mag.

Übungsaufgaben

1. Ein Projekt läuft über zwei Perioden und wird dann zum marktgerechten Preis veräußert. Sein Barwert ohne Flexibilität beläuft sich auf 30 Millionen Dollar, die Anfangsinvestition auf 20 Millionen. Die jährliche Aufwärtsbewegung des Projektbarwerts ist mit $u = 1{,}162$ zu veranschlagen, die gewichteten Gesamtkapitalkosten (WACC) liegen bei 12 Prozent. Am Ende der zweiten Periode besteht eine Erweiterungsoption, die bei einer Zusatzinvestition von 5 Millionen Dollar den Projektwert um 20 Prozent erhöht. Der risikofreie Zinssatz beträgt 5 Prozent.
   (a) Wie hoch ist der Kapitalwert des Projekts ohne die Erweiterungsoption?
   (b) Wie hoch ist der Realoptionswert mit Erweiterungsoption?
   (c) Unterscheidet sich der ROA-Wert vom Kapitalwert ohne Erweiterungsoption? (Begründen Sie Ihre Antwort!)
   (d) Wie hoch ist der ROA-Wert mit Erweiterungsoption? Wann und unter welchen Bedingungen sollte die Erweiterungsoption ausgeübt werden?

2. Ein Projekt läuft über zwei Jahre und wird dann zum marktgerechten Preis veräußert. Die erforderliche Anfangsinvestition beläuft sich auf 155 Millionen Dollar. Der Barwert ohne Flexibilität liegt bei 150 Millionen Dollar. Die jährliche Aufwärtsbewegung ist mit $u = 1{,}221$ zu veranschlagen, die gewichteten Gesamtkapitalkosten (WACC) liegen bei 12 Prozent. Die vorhandenen Vermögenswerte des Projekts können im Verlaufe der folgenden zwei Jahre jederzeit für 140 Millionen Dollar verkauft werden. Der risikofreie Zinssatz liegt bei 5 Prozent.
   (a) Sollte das Projekt in Angriff genommen werden?
   (b) Wie wertvoll ist die Abbruchoption?
   (c) Wann und unter welchen Bedingungen sollte die Abbruchoption ausgeübt werden?
   (d) Empfiehlt sich die Durchführung des Projekts ohne Abbruchoption?

Kapitalwertmethode,
Entscheidungsbäume
und Realoptions-
analyse im Vergleich

3. Ein Projekt läuft über zwei Jahre und wird dann zum marktgerechten Preis verkauft. Sein Barwert ohne Flexibilität beläuft sich auf 15 Millionen Dollar. Die jährliche Aufwärtsbewegung ist mit $u = 1,162$ zu veranschlagen, die gewichteten Gesamtkapitalkosten (WACC) liegen bei 12 Prozent, der risikofreie Zinssatz beträgt 5 Prozent. Die erforderliche Anfangsinvestition beträgt 16 Millionen Dollar. 35 Prozent des Betriebes lassen sich mit einem zu erwartenden Erlös von 5 Millionen Dollar jederzeit veräußern.

   (a) Empfiehlt sich das Projekt?

   (b) Wann und unter welchen Bedingungen sollte die Einschränkungsoption ausgeübt werden?

   (c) Wie hoch ist der Wert dieser Option?

4. Ein Unternehmen arbeitet mit knappem Budget. Die gewichteten Gesamtkapitalkosten (WACC) liegen bei 12 Prozent. Im laufenden Jahr stehen maximal 80 Millionen Dollar für Neuinvestitionen zur Verfügung. Die Unternehmensführung hat zwei Projekte zur Auswahl. Die Laufzeit beträgt in beiden Fällen zwei Jahre; anschließend wird das Projekt zum marktgerechten Preis veräußert. Die Anfangsinvestition beträgt in beiden Fällen 80 Millionen Dollar, der Barwert ohne Flexibilität jeweils 100 Millionen Dollar. Projekt 1 aber hat eine jährliche Volatilität von 40 Prozent; bei Projekt 2 sind es nur 20 Prozent. In beiden Fällen ist es möglich, den Betrieb jederzeit um 40 Prozent zurückzufahren. Bei Projekt 1 ginge dies mit Verkaufserlösen in Höhe von 33 Millionen Dollar, bei Projekt 2 in Höhe von 42 Millionen Dollar einher. Der risikofreie Zinssatz beträgt 5 Prozent.

   (a) Beantworten Sie anhand einer Entscheidungsbaumanalyse die folgenden Fragen: Welches Projekt ist günstiger? Wann und unter welchen Bedingungen sollte die Einschränkungsoption jeweils ausgeübt werden? Wie hoch ist der Wert der Einschränkungsoption bei Projekt 1? Wie hoch ist er bei Projekt 2?

   (b) Beantworten Sie dieselben Fragen nun anhand der Realoptionsanalyse (ROA): Welches Projekt ist günstiger? Wann und unter welchen Bedingungen sollte die Einschränkungsoption je Projekt ausgeübt werden? Wie hoch ist der Wert der Einschränkungsoption bei Projekt 1? Wie hoch ist er bei Projekt 2?

   (c) Ist bei den beiden Ansätzen die optimale Optionsausübung identisch? Führen die beiden Bewertungsansätze bei beiden Projekten zu identischen Werten? Geht bei beiden Ansätzen das gleiche Projekt als Sieger hervor?

Kapitalwertmethode, Entscheidungsbäume und Realoptionsanalyse im Vergleich

5. Verwenden Sie das unter Punkt 1 beschriebene Projekt und berechnen Sie dessen ROA-Wert sowohl anhand des Replikationsportfolioansatzes als auch anhand der risikoneutralen Bewertungsmethode.

   (a) Führen die beiden Ansätze zum selben Ergebnis?

   (b) Finden bei den beiden Methoden die gewichteten Gesamtkapitalkosten (WACC) des Projekts ohne Flexibilität Verwendung?

6. Zwei Unternehmen entwickeln gemeinsam ein Joint Venture mit einem Kapitalwert von 25 Millionen Dollar. Sie halten jeweils 50 Prozent der Anteile daran. Die Volatilität des Projekts liegt bei jährlich 20 Prozent, die gewichteten Gesamtkapitalkosten (WACC) betragen 12 Prozent. Der risikofreie Zinssatz sei 5 Prozent. Unternehmen 1 möchte von Unternehmen 2 das Recht erwerben, dessen 50-prozentige Beteiligung in einem Jahr zu einem Preis von 15 Millionen Dollar zu erwerben.

   (a) Legen Sie ein Zweiperiodenmodell (sechs Monate je Periode) zugrunde. Welchen Preis sollte Unternehmen 1 für die Option maximal akzeptieren?

   (b) Legen Sie ein Dreiperiodenmodell (vier Monate je Periode) zugrunde. Wie wirkt sich dies auf den Optionspreis aus?

   (c) Wie lässt sich die Black-Scholes-Formel zur Problemlösung einsetzen? Wie hoch ist der Optionspreis bei diesem Ansatz?

   (d) Welchen der drei Preise würden Sie Ihrer Entscheidung zugrunde legen? Warum?

   (e) Welchen Preis würden Sie ansetzen, wenn der potenzielle Käufer das Recht verlangt, die Beteiligung jederzeit im Verlaufe des Jahres erwerben zu können?

7. Ein Unternehmen beabsichtigt den Erwerb eines Dreijahrespatents auf ein neues Arzneimittel. Der Marktanalyse zufolge liegt der Barwert der Markteinführung des Medikaments bei 120 Millionen Dollar, die jährliche Volatilität wird auf 15 Prozent geschätzt. Die erforderliche Anfangsinvestition für die Produktion liegt bei 140 Millionen Dollar, dies bei gewichteten Gesamtkapitalkosten (WACC) in Höhe von 12 Prozent. Der risikofreie Zinssatz beträgt 5 Prozent. Die Verantwortlichen sind der Ansicht, dass bei positivem Kapitalwert eine erfolgreiche Markteinführung in den nächsten zwei Jahren möglich ist.

   (a) Angenommen, das Unternehmen erwirbt das Patent. Wann (in welchem Jahr) würde die Markteinführung gegebenenfalls erfolgen?

   (b) Ermitteln Sie den maximal akzeptablen Preis für das Patent auf der Basis eines Zweiperiodenmodells.

(c) Wie würde sich dieser Höchstpreis in Abhängigkeit von den folgenden Parametern ändern?
- Barwert = 130 Millionen Dollar
- Risikofreier Zinssatz = 7 Prozent
- Erforderliche Anfangsinvestition = 125 Millionen Dollar
- Erwartete Volatilität = 20 Prozent.

8. Ein Hersteller von Produktionsanlagen gewährt seinen Kunden ein unkündbares Finanzierungs-Leasing. Der Barwert der Anlagen beläuft sich für den Kunden auf 15 Millionen Dollar. Die jährliche Volatilität liegt in den ersten fünf Jahren bei 20 Prozent. Der Vertrag läuft über zwölf Jahre. Zu diesem Zeitpunkt sind die Anlagen abgenutzt, ihr Barwert liegt bei null. Auf Kundenseite stellen sich erst im vierten Jahr positive Cashflows ein. Die jährlichen Mietzahlungen belaufen sich auf 2 Millionen Dollar; sie beginnen am Ende des dritten Jahres und laufen bis zum zwölften Jahr. Einer der Kunden hat bei der Firma um eine Kündigungsoption zum Ende des zweiten Jahres nachgesucht. Die gewichteten Gesamtkapitalkosten (WACC) des Kunden liegen bei 12 Prozent; der risikofreie Zinssatz beträgt 5 Prozent. Wie wertvoll ist die Option für ihn?

9. Ein Unternehmen muss die Alternativen im Zusammenhang mit dem Eintritt in einen Auslandsmarkt bewerten. Es kann in den nächsten zwei Jahren entweder auf der grünen Wiese einen eigenen Produktionsbetrieb aufbauen oder aber einen lokalen Produzenten aufkaufen. Der Barwert des Grüne-Wiese-Projekts beläuft sich auf 45 Millionen Dollar bei einer jährlichen Volatilität von 17 Prozent. Der Investitionsaufwand liegt bei 43 Millionen Dollar. Man geht davon aus, dass sich die neue Anlage in den nächsten zwei Jahren für 20 Millionen Dollar veräußern lässt. Der Barwert der käuflichen lokalen Fabrik beträgt demgegenüber 35 Millionen Dollar bei einer jährlichen Volatilität von 15 Prozent. Für die nächsten zwei Jahre ist mit einem Angebotspreis von 40 Millionen Dollar zu rechnen. Wie sollte sich das Unternehmen entscheiden? Würde es die Entscheidung beeinflussen, wenn die Option des Anlagenverkaufs nicht bestünde? Wie sähe die optimale Entscheidung aus, wenn der Markt sich stabilisierte und die Volatilität beider Alternativen auf 5 Prozent fiele?

10. Ein Unternehmen verhandelt einen Leasingvertrag für eine neue Produktionsanlage. Der geschätzte Barwert der Anlage beträgt 20 Millionen Dollar. Infolge der Marktunsicherheit liegt die jährliche Volatilität bei 25 Prozent. Die jährlichen Mietzahlungen in Höhe von 2,5 Millionen Dollar setzen im dritten Jahr ein und dauern zehn Jahre. Wie hoch ist der Barwert

Kapitalwertmethode, Entscheidungsbäume und Realoptions- analyse im Vergleich

der Mietzahlungen für die ersten beiden Jahre? Dem Unternehmen bieten sich zwei Kündigungsoptionen. Bei Option 1 kann der Leasingvertrag nur am Ende des zweiten Jahres mit einer Zahlung von 1 Million Dollar gekündigt werden. Option 2 erlaubt hingegen eine jederzeitige Kündigung bis zum Ende des dritten Jahres, verbunden mit einer Zahlung von 2 Millionen Dollar. Welche Option ist die bessere?

Teil II

Kapitel 5
Numerische Methoden für einfache Optionen

In diesem Kapitel werden wir uns eingehend mit numerischen Methoden zur Behandlung einfacher Optionen befassen, etwa einer einfachen Call-Option (Aufschuboption) oder einer einfachen Put-Option (Abbruchoption). Ergänzend hinzu kommen Erweiterungs- und Einschränkungsoptionen (Volumenkorrektur nach oben oder unten). Außerdem untersuchen wir Kombinationen solcher einfacher Optionen, da bei den meisten Projekten alle diese Varianten gleichzeitig in Betracht gezogen werden können. Danach arbeiten wir einen wichtigen Unterschied zwischen der Kapitalwertmethode (NPV) und der Realoptionsanalyse heraus. Die Kapitalwertmethode kann künftige Handlungsmöglichkeiten nämlich nur als sich gegenseitig ausschließende Alternativen behandeln. Die Realoptionsanalyse hingegen vermag sie in vielen Situationen in einem einzigen Wert zu bündeln, verbunden mit einer Entscheidungsregel für die Wahl zwischen den Alternativen. Ferner untersuchen wir die Auswirkungen von Dividendenzahlungen des risikobehafteten Basiswerts auf amerikanische Call-Optionen (etwa Aufschub- oder Erweiterungsoptionen). Solche Optionen würde man im Regelfall nur dann früh ausüben, wenn der Wert des risikobehafteten Basisobjekts fällt, etwa bei Zahlung einer Dividende.

Methodik zur Modellierung des stochastischen Prozesses des Basisobjekts

Die zu verwendende Methode hängt zum einen von den Eigenschaften des zu modellierenden Basisobjekts ab, zum anderen von den Merkmalen der von diesem Basisobjekt abhängigen Option. Zum Beispiel: Folgt der Wert des Basisobjekts auf der Zeitachse einer multiplikativen oder einer arithmetischen Reihe? Ist das Basisobjekt mit Cashflows (Dividenden) verbunden oder nicht?

Ein *multiplikativer oder geometrischer Prozess* beginnt mit einem Wert V_0 am Beginn (Ursprungsknoten) des Gitters. Danach beginnt die Verzweigung nach oben oder unten, indem V_0 mit einem Aufwärtsfaktor $u > 1$ oder einem Abwärtsfaktor $d < 1$ multipliziert wird. Wiewohl nicht unbedingt erforderlich, nehmen wir in der Regel an, dass $u = 1/d$. Später werden wir sehen, dass die-

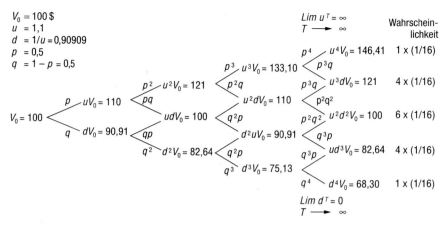

$V_0 = 100\,\$$
$u = 1,1$
$d = 1/u = 0,90909$
$p = 0,5$
$q = 1 - p = 0,5$

$Lim\ u^T = \infty$
$T \longrightarrow \infty$

Wahrscheinlichkeit

p^4 $u^4V_0 = 146,41$ $1 \times (1/16)$
p^3 $u^3V_0 = 133,10$ p^3q
p^2 $u^2V_0 = 121$ p^2q p^3q $u^3dV_0 = 121$ $4 \times (1/16)$
p $uV_0 = 110$ pq $u^2dV_0 = 110$ p^2q^2
$V_0 = 100$ $udV_0 = 100$ q^2p p^2q^2 $u^2d^2V_0 = 100$ $6 \times (1/16)$
q $dV_0 = 90,91$ qp $d^2uV_0 = 90,91$ q^3p
q^2 $d^2V_0 = 82,64$ q^2p q^3p $ud^3V_0 = 82,64$ $4 \times (1/16)$
q^3 $d^3V_0 = 75,13$ q^4 $d^4V_0 = 68,30$ $1 \times (1/16)$

$Lim\ d^T = 0$
$T \longrightarrow \infty$

Abb. 5.1 Multiplikativer stochastischer Prozess

se Aufwärts-/Abwärtsbewegungen mit der Volatilität des Basisobjekts zusammenhängen. Abbildung 5.1 zeigt die Auf- und Abwärtsbewegungen in einem Gitter (in diesem Fall handelt es sich um einen Binomialbaum) sowie die damit verbundenen Wahrscheinlichkeiten. Um das Beispiel numerisch zu illustrieren, haben wir die Laufzeit in vier Zeitabschnitte unterteilt, wobei $V_0 = 100\,\$$, $u = 1,1$ und $d = 1/1,1 = 0,90909$. Beachten Sie, dass der Baum *rekombiniert*, das heißt, die Äste führen zu denselben Punkten zurück. In jeder geradzahligen Periode (0, 2, 4 und so fort) entspricht der mittlere Punkt genau dem Wert 100. In den Perioden mit ungerader Zahl hat der durchschnittliche geometrische Payoff ebenfalls den Wert 100.[1] Im Grenzwert, wenn die Anzahl der Zeitintervalle sehr groß wird, nähert sich die Ergebnisverteilung an den Endzweigen einer Log-Normalverteilung, wie in Abbildung 5.2 illustriert. Im obersten Zweig von Abbildung 5.1 nähert sich der Wert positiv Unendlich (wiewohl mit der Wahrscheinlichkeit null), und der Wert des untersten Zweigs nähert sich null, weil d^T sich im Grenzwert null nähert, da T, die Anzahl der Zeitintervalle also, gegen Unendlich strebt. Sofern es sich beim zugrunde liegenden Risikoobjekt um eine Stammaktie handelt, stellt die Log-Normalverteilung eine durchaus brauchbare Annäherung an dessen Wahrscheinlichkeitsverteilung dar, da Aktienwerte (bedingt durch die beschränkte Haftung des Aktieninhabers) ja bekanntlich nicht ins Negative gehen können. In der Regel finden in der Praxis daher multiplikative stochastische Prozesse Verwendung.

Wenn indes davon auszugehen ist, dass der Wert eines Projekts auch negativ werden kann, empfiehlt sich die Modellierung des Wertes des Basisobjekts als einen *arithmetischen* beziehungsweise *additiven* Prozess. Die Auf- und Abwärtsbewegungen im Gitter sind hier also nicht multiplikativer, sondern

Wahrscheinlichkeit von V

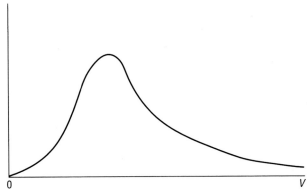

Abb. 5.2 Log-Normalverteilung

additiver Natur. Abbildung 5.3 illustriert dies. Der Wert verändert sich nun dergestalt, dass die Aufwärtsbewegung zum Wert der Vorperiode hinzuaddiert beziehungsweise im Falle der Abwärtsbewegung subtrahiert wird.

Demzufolge verhalten sich die Wertänderungen an jedem Knoten nun nicht mehr proportional zum Wert des vorhergehenden Knotens, wie dies beim multiplikativen Prozess der Fall war. Addiert man beispielsweise zum Anfangswert 100 den Wert 10, so entspricht dies einer Steigerung von 10 Prozent. Addiert man jedoch den Wert 10 zum Wert 130, wie im vierten Zeitabschnitt der Fall, so entspricht dies einer Steigerung um lediglich 7,69 Prozent. Die

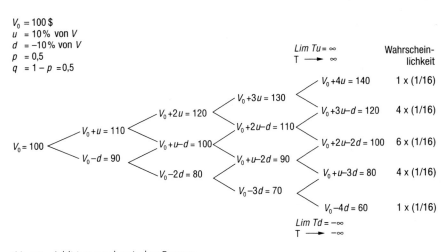

Abb. 5.3 Additiver stochastischer Prozess

Numerische
Methoden für
einfache Optionen

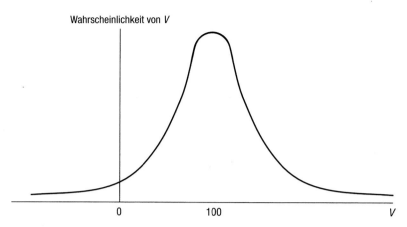

Wahrscheinlichkeit von *V*

0   100   *V*

Abb. 5.4 Normalverteilung

Steigerungsrate ist beim arithmetischen (additiven) Prozess also kleiner als beim multiplikativen Prozess, die Rückgangsrate hingegen größer. Unter der Bedingung, dass die Auf- und Abwärtsbewegungen gleich wahrscheinlich sind ($p = q = 0{,}5$), wie in der Praxis oft der Fall, nähert sich der additive Prozess im Grenzfall einer Normalverteilung, wie Abbildung 5.4 illustriert.[2] Eine Normalverteilung ist symmetrisch und weist im linken Auslaufabschnitt der Kurve Werte auf, die gegen minus Unendlich gehen. Wie der multiplikative Prozess, so ist auch der additive Prozess durch Rekombination geprägt.

Komplizierter wird die Sache, wenn das Basisobjekt mit *Dividendenzahlungen* (das heißt den Eigentümern zufließenden Cashflows aus dem Projekt) verbunden ist. Um die Rekombinationseigenschaft der Ereignisbäume, die die Preisentwicklung des Basisobjekts im Zeitverlauf beschreiben, zu erhalten, nehmen wir daher in der Regel an, dass die gezahlten Dividenden im multiplikativen Baum wertproportional und im additiven Baum konstant und additiv sind. Beide Fälle sind in Abbildung 5.5 illustriert. Dabei wurde beim multiplikativen Prozess eine Dividende in Höhe von 5 Prozent des Wertes angenommen, beim additiven Prozess ein konstanter Wert von 5 Dollar je Periode. Wie Sie sehen, »rekombinieren« die Bäume nach wie vor – ein sehr praktisches und vorteilhaftes Ergebnis, das aus den Dividendenannahmen folgt: Proportionalität beim multiplikativen Prozess, Konstanz beim additiven Prozess. Auch die Grenzverteilungen (für die Dividendenwerte) sind nach wie vor lognormal beim multiplikativen Prozess und normal beim additiven Prozess. Schließlich haben die Dividendenzahlungen die offensichtliche Folge, dass die Werte an den Endzweigen niedriger sind als im dividendenlosen Fall. Da das Projekt freie Cashflows erzeugt, die ausgeschüttet werden können, reduziert

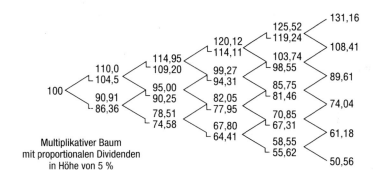

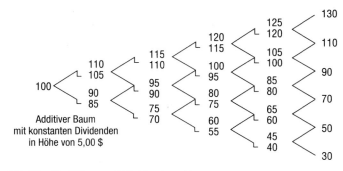

Abb. 5.5 Wertbäume mit Dividendenzahlung

sich der verbleibende Wert natürlich um diesen freien Cashflow (das heißt den Dividendenbetrag).

Für den Augenblick beschränken wir uns auf Beispiele, bei denen es um die Modellierung des stochastischen Prozesses des Wertes des *Basisobjekts* (Underlying) geht. Es ist freilich auch möglich, mit der Modellierung der *Cashflows* des zugrunde liegenden Risikowerts zu beginnen und dann erst den entsprechenden wertbasierten Ereignisbaum zu konstruieren. Mit dieser zweiten Alternative werden wir uns in einem späteren Kapitel befassen.

Modellierung einfacher Optionen

Für den Rest des Kapitels werden wir uns mit der Bewertung einfacher Optionen auf den Wert des zugrunde liegenden Risikowerts beschäftigen. Die Taxonomie einfacher Optionen haben wir zu Beginn des Buches bereits kennen gelernt. Wir werden Beispiele für verschiedene Optionen behandeln: die Abbruch-Put-Option, die Einschränkungsoption (ebenfalls eine amerikanische Put-Option), die Erweiterungsoption (eine amerikanische Call-Option), die Laufzeitverlängerungsoption (eine amerikanische Call-Option). Wie wir sehen werden, pflegen amerikanische Call-Optionen immer zum Endfälligkeitstermin ausgeübt zu werden und entsprechen damit europäischen Calls – es sei denn, das Basisobjekt ist mit einer nennenswerten Dividende verbunden. Da der Basis- oder Ausübungspreis der Option nicht um den Wertrückgang des Basisobjekts, wie er am Dividendenzahltag eintritt, bereinigt und entsprechend nach unten korrigiert wird, kann infolge der Dividendenzahlung eine vorzeitige Ausübung der amerikanischen Kaufoption angezeigt sein (vor allem, wenn der erwartete freie Cashflow aus dem Projekt beträchtlich positiv ist, sodass der Projektwert mit der Zeit deutlich sinkt). Zunächst werden wir uns also Schritt für Schritt mit den einzelnen Optionsarten befassen. Abschließend werden wir sie dann noch einmal gemeinsam betrachten.

Indirekte Bewertung von Abbruchoptionen

Wenn das Recht, aber nicht die Pflicht besteht, ein Risikoobjekt zu einem (vorab) festgelegten Preis abzustoßen, sprechen wir von einer Ausstiegs- oder *Abbruchoption*. Abbruchoptionen spielen etwa im Bereich Forschung und Entwicklung, bei der Erforschung und Gewinnung von Bodenschätzen, bei der Entwicklung neuer Produkte und bei Fusions- und Übernahmeprogrammen eine wichtige Rolle. Bei den drei erstgenannten Anwendungen bedeutet Abbruch, den Ereignisbaum entsprechend »zurückzustutzen«, wenn das Ergebnis eines Experiments unbefriedigend ist. Wir erleben es in unserer Beratungspraxis leider nur allzu oft, dass zu lange an einem Programm festgehalten wird. Die Analyse von Abbruchoptionen ermöglicht nicht nur die Bestimmung des Wertes eines optimalen Abbruchs; sie zeigt auch genau an, wann der Ausstieg erfolgen sollte. Bei Fusionen und Übernahmen bedeutet Abbruch die Möglichkeit, zu geringstmöglichen Kosten – dem geschätzten Basispreis der Abbruchoption – aus einem Projekt auszusteigen.

Um die Bestimmung des Preises einer Abbruchoption zu illustrieren, legen wir zunächst einige Parameter zur Beschreibung des stochastischen Prozesses für den Wert eines risikobehafteten Basisobjekts fest. Der Barwert ohne Flexibilität betrage 1 000 Dollar; die Aufwärtsbewegung je Periode sei $u = 1,06184$, die Abwärtsbewegung $d = 1/u = 0,94176$. Unser Gitter weist vier Perioden pro Jahr auf, und wir unterstellen ferner, dass keine Dividenden ausgezahlt werden. Der risikofreie Jahreszinssatz r_f betrage fortlaufend 5 Prozent, die (lau-

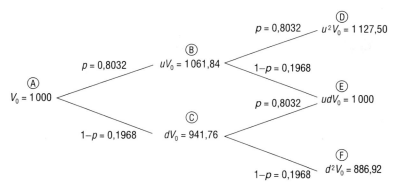

Abb. 5.6 Abbruch-Put-Option, Wert des Basisobjekts

fenden) Kapitalkosten k für das Projekt seien 15 Prozent.[3] Abbildung 5.6 zeigt den wertspezifischen Ereignisbaum für zwei Perioden (sechs Monate), das heißt bis zum Fälligkeits- beziehungsweise Verfallsdatum der Option. Wir nehmen ferner an, dass das Projekt zu einem Preis von 900 Dollar jederzeit verkauft werden kann.

Es besteht ein impliziter logischer Zusammenhang zwischen dem aktuellen Preis des Basisobjekts, den erwarteten Payoffs am Periodenende (die von der Volatilität des Projekts abhängen), den Kapitalkosten und den objektiven Wahrscheinlichkeiten des günstigen beziehungsweise ungünstigen Zustands. Sofern alle übrigen Parameter beobachtbar sind, lassen sich die objektiven Wahrscheinlichkeiten direkt ableiten. Nehmen wir die erste Periode als Beispiel. Der Barwert, 1 000 Dollar, entspricht den erwarteten und zu den Kapitalkosten des Projekts abgezinsten Cashflows am Periodenende. Bei fortlaufender Abzinsung lässt sich dies mathematisch so ausdrücken:

$$V_0 = puV_0e^{-kt} + (1-p)dV_0e^{-kt}$$
$$1\,000 = p(1{,}06184)1000e^{-(0{,}15/4)} + (1-p)(0{,}9418)\,1\,000e^{-(0{,}15/4)}$$
$$1 = p(1{,}061840)(0{,}9631944) + (1-p)(0{,}9418)(0{,}9631944)$$
$$1 = 1{,}022755p + 0{,}9071023 - 0{,}9071023p$$
$$p = 0{,}803246$$

Auf diese Weise lassen sich also die marktbestimmten *objektiven Wahrscheinlichkeiten* für die Periodenende-Cashflows des Projekts ermitteln.

Die Lösung für den Wert des Projekts inklusive der zusätzlichen Flexibilität, die mit der Möglichkeit einhergeht, das Projekt für 900 Dollar zu verkaufen, ist in Abbildung 5.7 dargestellt. Wie immer, gehen wir bei der Problemlösung so vor, dass wir am Ende des Entscheidungsbaumes – also mit den optimalen

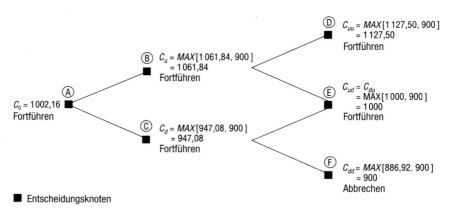

Abb. 5.7 Projektwert mit Abbruch-Put

Payoffs an den Endknoten – beginnen und uns dann durch den Baum »nach hinten«, das heißt zurück zum Ursprung, arbeiten. In unserem Beispiel liegen die Payoffs an den Endpunkten in allen Fällen, ausgenommen Zustand F, über dem Basispreis von 900 Dollar.

Die Payoffs an den einzelnen Knoten lassen sich so schreiben:

$$Payoff = MAX[V_t, X]$$

Unter Verwendung der Parameter unseres Beispiels in Abbildung 5.7 ergeben sich an den Endknoten folgende Payoff-Werte:

Knoten	Payoff		Entscheidung
D	$MAX[u^2V, X]$	$= MAX[1\,127{,}50, 900]$	Fortführen
E	$MAX[udV, X]$	$= MAX[1\,000, 900]$	Fortführen
F	$MAX[d^2V, X]$	$= MAX[886{,}92, 900]$	Abbruch

An Knoten F würden wir unsere Abbruchoption also ausüben, da der Marktwert des Basisobjekts unter dem Basispreis liegt. Die Option ist in Zustand F folglich wertvoll.

Schauen wir uns als Nächstes Knoten C an. Unser Payoff ist entweder das Maximum des Wertes des zugrunde liegenden Risikoobjekts (unter der Annahme einer optimalen Ausübung der Option in der letzten Periode) oder der Ausübungspreis der Option (900 Dollar) – je nachdem, welcher der beiden Werte höher ist. Um uns entscheiden zu können, müssen wir den Wert des Basisobjekts bei Nichtausübung der Option kennen. Wir können auf zweierlei Weise nach diesem Wert auflösen – entweder anhand des Replikationsport-

Numerische
Methoden für
einfache Optionen

folioansatzes oder anhand des risikoneutralen Wahrscheinlichkeitsansatzes. Das Portfolio, das sich zur exakten Replizierung (Nachbildung) der Payoffs am Periodenende eignet, besteht bekanntlich aus m Einheiten des Basisobjekts und B Anleihen. Sein aktueller Wert lautet:

Replikationsportfolio: $mdV_0 + B = Wert\ des\ Projekts\ mit\ Flexibilität\ an\ Knoten\ C$

Die Payoffs des Replikationsportfolios im günstigen Zustand (E) und im ungünstigen Zustand (F) müssen mit den Payoffs der Verkaufsoption in diesen Zuständen identisch sein. Hieraus ergeben sich zwei Gleichungen mit zwei Unbekannten (m und B):

$$\text{Zustand E:} \quad m(duV_0) + (1 + r_f)B = 1\ 000$$
$$\text{Zustand F:} \quad -[m(d^2V_0) + (1 + r_f)B = 900]$$
$$mdV_0(u - d) = C_{du} - C_{dd} \qquad\qquad [5.1]$$
$$m = \frac{(C_{du} - C_{dd})}{dV_0(u - d)}$$

Dies ist ein allgemein gültiges Ergebnis, von dem wir noch häufig Gebrauch machen werden. Die Formel besagt, dass die Zahl der Anteile des Basispapiers unseres Replikationsportfolios gleichzusetzen ist der Differenz zwischen dem Payoff der Option im günstigen Zustand und dem Payoff im ungünstigen Zustand ($C_{du} - C_{dd}$), dividiert durch den Wert des Basisobjekts am Beginn der Periode (dV_0), nachdem dieser mit der Differenz zwischen der Auf- und Abwärtsbewegung ($u - d$) multipliziert wurde. Wenn wir nun die C-Knoten-Zahlen aus unserem Beispiel einsetzen, so ergibt sich:

$$m = \frac{(1\ 000 - 900)}{941,76(1,0618 - 0,9417)}$$
$$m = \frac{100}{113,08} = 0,88433$$

Um nach B aufzulösen, können wir diesen Wert von m nun in die erste Gleichung einsetzen:

$$m(duV_0) + (1 + r_f)B = C_{du}$$
$$B = \frac{C_{du} - mduV_0}{(1 + r_f)}$$

Durch Einsetzung des Wertes von m aus Gleichung 1 erhalten wir:

$$B = \left\{ C_{du} - \left[\frac{C_{du} - C_{dd}}{dV_0(u-d)} \right] du V_0 - \right\} \div (1+r_f)$$

$$= \left[\frac{C_{du}(u-d) - (C_{du} - C_{dd})u}{u-d} \right] \div (1+r_f) \qquad [5.2]$$

$$= \left[\frac{u\,C_{dd} - d\,C_{du}}{u-d} \right] \div (1+r_f)$$

Auch hier haben wir es mit einer generalisierbaren Formel zu tun, die noch häufig eine Rolle spielen wird. Gleichung 5.2 besagt, dass die Anzahl der benötigten Bonds gleich ist dem Produkt aus dem Aufwärtsbewegungsparameter u und dem Payoff im ungünstigen Zustand minus dem Produkt aus dem Abwärtsbewegungsparameter d und dem Payoff der Option im günstigen Zustand, wobei das Ergebnis zunächst durch die Differenz zwischen der Auf- und Abwärtsbewegung und anschließend durch die Summe aus Eins plus dem risikofreien Zinssatz zu dividieren ist. Die Einsetzung der realen Werte unseres Beispiels ergibt:

$$B = \left\{ \frac{[1,06184(900) - 0,94176(1\,000)]}{(1,06184 - 0,94170)} \right\} \div (1,01258)$$

$$= \left(\frac{13,896}{0,12008} \right) \div 1,01258$$

$$= 115,72 \div 1,01258 = 114,28$$

Demzufolge besteht das Replikationsportfolio aus 0,88433 Einheiten des Basiswerts plus einer Kaufposition von 114,28 Nullkupon-Anleihen. Hieraus ergibt sich an Knoten C folgender Barwert:

$$M\,(dV_0) + B = 0,88433(941,76) + 114,28 = 832,83 + 114,28 = 947,11$$

Da der Wert des Projekts mit Flexibilität an Knoten C 947,11 Dollar beträgt, der Wert der Put-Option bei Ausübung jedoch nur 900 Dollar, würde man an Knoten C von der Abbruchoption natürlich keinen Gebrauch machen.

Die folgende Tabelle enthält die numerischen Lösungen für die Zahl der Einheiten des risikobehafteten Basisobjekts, die Anzahl der Nullkupon-Anleihen, den Wert der Verkaufsoption und die optimale Entscheidung an jedem Knoten des Entscheidungsbaumes:

Knoten	m = Einheiten des Basisobjekts	B = Anzahl Anleihen (Bonds)	Wert	Entscheidung
D	–	–	1 127,50	Fortführen
E	–	–	1 000	Fortführen
F	–	–	900	Abbrechen
B	1,0000	0,00	1 061,84	Fortführen
C	0,8843	114,26	947,11	Fortführen
A	0,9557	46,46	1 002,16	Fortführen

Der Wert am Ursprungsknoten (1 002,16 Dollar) ist der Wert des Projekts inklusive der Flexibilität der Abbruchoption. Folglich lässt sich der Wert der Option indirekt so bestimmen, dass man einfach den Projektwert ohne Flexibilität vom Projektwert mit Flexibilität abzieht:

Wert der Abbruchoption = Wert des Projekts mit Flexibilität
minus Wert des Projekts ohne Flexibilität

Wert der Abbruchoption = 1 002,16 \$ – 1 000 \$ = 2,16 \$

Als Nebenprodukt unserer Analyse können wir zudem für jeden Ast des Entscheidungsbaumes den risikobereinigten Abzinsungssatz (RAR) ableiten. Die Ergebnisse sind in Abbildung 5.8 enthalten. Nehmen wir beispielsweise Knoten C. Wie soeben gesehen, ist das Projekt an diesem Knoten 947,11 Dollar wert. Die Payoffs beziffern sich auf 1 000 Dollar im günstigen und 900 Dollar im ungünstigen Zustand. Die objektiven Wahrscheinlichkeiten (wie zuvor bereits ermittelt) lauten 0,8032 für den günstigen und 0,1968 für den ungünstigen Zustand. Anhand dieser Informationen können wir nun folgendermaßen nach dem risikobereinigten Abzinsungssatz auflösen:

$$\text{Wert an Knoten } C = \frac{\text{Erwartete Payoffs}}{(1 + RAR)}$$

$$947,08 = \frac{[8032(1\,000) + (1 - 0,8032)(900)]}{(1 + RAR)}$$

$$947,08 = \frac{[803,2 + 177,12]}{(1 + RAR)}$$

$$RAR = \frac{980,32}{947,11} - 1 = \frac{3,5097\,\%}{\text{Quartal}}$$

Die risikobereinigte Rendite (RAR) variiert, abhängig von der Position im Entscheidungsbaum, da sich ja auch der Risikograd der Ergebnisse ändert. Es

Numerische
Methoden für
einfache Optionen

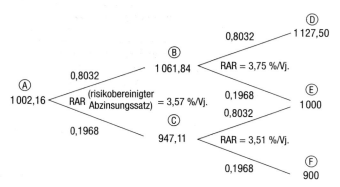

Abb. 5.8 Risikobereinigte Wahrscheinlichkeiten

sei noch einmal betont, dass ebendies der Hauptgrund dafür ist, dass die Entscheidungsbaumanalyse nicht richtig funktioniert – denn sie geht fälschlicherweise von einem konstanten Diskontierungssatz aus.

Direkte Bewertung von Abbruchoptionen

Anstatt den Wert der amerikanischen Verkaufsoption indirekt – das heißt nach der Formel »Wert des Projekts mit Put-Option« minus »Wert des Projekts ohne Put-Option« – abzuleiten, lässt sich der Wert des Puts auch auf direktem Wege ermitteln. Die Payoffs lauten:

$MAX[0, X - V]$

Der zugehörige Entscheidungsbaum ist in Abbildung 5.9 dargestellt. Nehmen wir Knoten C als Beispiel. Wir haben nun zwei Möglichkeiten zur Bewertung der Abbruchoption. Die eine besteht darin, ein Replikationsportfolio aufzubauen. Die Alternative wäre ein Hedge-Portfolio – eines also, das aus m Einheiten des risikobehafteten Basisprojekts (ohne Flexibilität) und einer Einheit der amerikanischen Put-Option besteht. Die Lösung findet sich in Abbildung 5.10. Wenn das Hedge-Portfolio tatsächlich risikolos ist, so entspricht sein Barwert, multipliziert mit dem risikofreien Zinssatz, dem Periodenende-Payoff des Hedge-Portfolios sowohl im günstigen als auch im ungünstigen Zustand. In der folgenden Gleichung wird der Barwert des Hedge-Portfolios mit 1 plus dem risikofreien Zinssatz multipliziert und dann mit seinem Payoff im günstigen Zustand gleichgesetzt:

$$[m(dV_0) + P_d](1 + r_f) = m(udV_0) + P_{ud}$$

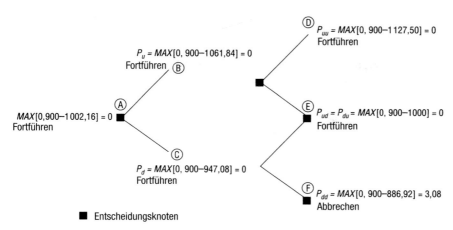

$P_u = MAX[0, 900-1\,061,84] = 0$
Fortführen Ⓑ

Ⓓ $P_{uu} = MAX[0, 900-1\,127,50] = 0$
Fortführen

Ⓐ
$MAX[0,900-1\,002,16] = 0$
Fortführen

Ⓔ $P_{ud} = P_{du} = MAX[0, 900-1000] = 0$
Fortführen

Ⓒ
$P_d = MAX[0, 900-947,08] = 0$
Fortführen

Ⓕ $P_{dd} = MAX[0, 900-886,92] = 3,08$
Abbrechen

■ Entscheidungsknoten

Abb. 5.9 Entscheidungsbaum mit Payoffs für die amerikanische Verkaufsoption

Oder man nimmt eine Gleichsetzung mit dem ungünstigen Zustand vor:

$$[m(dV_0) + P_d]\,(1 + r_f) = m(d^2V_0) + P_{dd}$$

Um nun den Hedge-Faktor m, der dieses Ergebnis garantiert, zu ermitteln, setzen wir die Periodenende-Payoffs des Hedge-Portfolios einander gleich und lösen anschließend nach m auf:

$$m(udV_0) + P_{ud} = m(d^2V_0) + P_{dd}$$

Die Auflösung nach m ergibt:

$$m = \frac{P_{dd} - P_{du}}{dV_0(u-d)} = \frac{(13,08-0)}{[941,76(1,0618-0,9418)]} = \frac{13,08}{113,08} = 0,11567$$

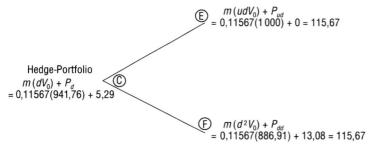

Ⓔ $\dfrac{m(udV_0) + P_{ud}}{= 0,11567(1\,000) + 0 = 115,67}$

Hedge-Portfolio
$m(dV_0) + P_d$
$= 0,11567(941,76) + 5,29$ Ⓒ

Ⓕ $m(d^2V_0) + P_{dd}$
$= 0,11567(886,91) + 13,08 = 115,67$

Abb. 5.10 Payoffs eines Hedge-Portfolios

Nehmen wir nun den Wert des Hedge-Portfolios (das, wohlgemerkt, kein Ausfallrisiko aufweist), multiplizieren ihn zunächst mit dem risikofreien Zinssatz und setzen das Ergebnis dann mit dem Periodenende-Payoff des Portfolios (in beiden Zuständen) gleich:

$$(mV_d + P_d)(1 + r_f) = muV_d + P_{ud}$$
$$(mdV_0 + P_d)(1 + r_f) = mduP_0 + P_{ud} \text{ (da } V_d = dV_0)$$

Durch Einsetzen des Wertes von m und Auflösung nach dem Putpreis, P_0, ergibt sich:

$$P_0 = \frac{\left\{\left[\dfrac{u - (1 + r_f)}{u - d}\right]P_d + \left[\dfrac{(1 + r_f) - d}{u - d}\right]P_u\right\}}{(1 + r_f)}$$

Man kann q und $(1 - q)$ als die Wahrscheinlichkeiten auffassen, welche die Payoffs um das Risiko bereinigen, sodass sie zum risikofreien Satz abgezinst werden können:

$$q = \frac{u - (1 + r_f)}{u - d} = \frac{1,0618 - (1 + 0,01258)}{1,0618 - 0,9418} = \frac{0,04926}{0,12} = 0,4096,$$

$$1 - q = \frac{(1 + r_f) - d}{u - d} = 1 - 0,4906 = 0,5904$$

Diese risikoneutralen Wahrscheinlichkeiten sind identisch mit den in Kapitel 3 beschriebenen. Ihre Werte bleiben konstant, ändern sich also von Knoten zu Knoten nicht. Genau hierin liegt der Vorteil dieses Ansatzes gegenüber dem Replikationsportfolio, denn m, der Hedge-Faktor, kann von Knoten zu Knoten variieren. Anhand der Put-Gleichung mit risikoneutralen Wahrscheinlichkeiten lösen wir nun der Reihe nach auf, um die amerikanische Verkaufsoption direkt zu bewerten. An Knoten C ergibt sich als Optionswert:

$$P_d = \frac{[qP_{dd} + (1 - q)P_{ud}]}{(1 + r_f)} = \frac{[0,4096(13,08) + 0,5904(0)]}{(1,01258)} = \frac{5,357}{1,01258} = 5,29$$

$$P_u = \frac{[qP_{ud} + (1 - q)P_{uu}]}{(1 + r_f)} = \frac{[0,4096(0) + (1 - 0,4096)(0)]}{(1 + 0,01258)} = 0$$

$$P_0 = \frac{[qP_d + (1 - q)P_u]}{(1 + r_f)} = \frac{[0,4096(5,29) + 0,5904(0)]}{(1,01258)} = \frac{2,167}{1,01258} = 2,16$$

Dies ist genau derselbe Wert, den wir weiter oben mit dem Replikationsportfolioansatz ermittelt haben. Die Berechnung ist auf diesem zweiten Wege jedoch etwas einfacher, bedingt durch die konstanten risikoneutralen Wahrscheinlichkeiten.

Bewertung von Einschränkungsoptionen

Beim Recht auf den Abbau von Kapazitäten (also eine Reduzierung des Betriebs- oder Projektumfangs) handelt es sich um eine amerikanische Put- respektive Verkaufsoption, die wir als »Einschränkungsoption« (*option to contract*) klassifizieren. Zur Illustration der Bewertung einer solchen Option behalten wir den oben (siehe Abbildung 5.6) verwendeten Risiko-Basiswert bei, modifizieren den Sachverhalt aber durch Einführung einer Einschränkungsoption. Diese beinhaltet das Recht, den Umfang des Projekts (und damit seinen Wert) durch Verkauf von Vermögenswerten (Anlagen/Ausrüstung) – Erlös von 450 Dollar nach Steuern – um 50 Prozent zu verringern. Eine vergleichbare Alternative bestünde darin, die frei gewordenen Anlagen nicht zu verkaufen, sondern an ein anderes Unternehmen zu vermieten.

Der Entscheidungsbaum für die Payoffs der Reduzierungsoption ist in Abbildung 5.11 illustriert. Die Entscheidungen und Auszahlungen an den Endknoten sind leicht zu ermitteln:

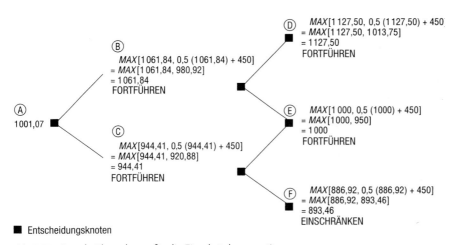

■ Entscheidungsknoten

Abb. 5.11　Entscheidungsbaum für die Einschränkungsoption

Knoten	Payoff	Entscheidung
D	$MAX[1\,127,5,\ 1\,127,50/2 + 450] = 1\,127,5$	Fortführen
E	$MAX[1\,000,\ 1\,000/2 + 450] = 1\,000$	Fortführen
F	$MAX[886,92,\ 886,92 + 450] = 893,46$	Einschränken

Wir können an den Knoten B und C jeweils mit Replikationsportfolios arbeiten, um nach dem Wert der Optionen an diesen Knoten aufzulösen. An Knoten C lassen sich die Replikationsportfolios für die Payoffs am Periodenende folgendermaßen schreiben:

$$\text{Zustand E:}\quad mudV_0 - B(1 + r_f) = 1\,000,00$$
$$\text{Zustand F:} -[md^2V_0 - B(1 + r_f)] = 893,46$$
$$m = \frac{106,54}{113,08} = 0,942165$$

Durch Auflösung nach der Anzahl der Anleihen, B, erhalten wir:

$$mudV_0 + B(1 + r_f) = 1\,000$$

$$0,942165(1\,000) - B(1 + 0,01258) = 1\,000$$

$$B = \frac{(1\,000 - 942,165)}{1,01258} = \frac{57,835}{1,01258} = 55,117$$

Demzufolge ergibt sich als Wert des Replikationsportfolios am Periodenanfang:

$$mdV_0 - B = 0,942165(941,76) + 55,117 = 944,41$$

Wenn wir die Replikationsportfoliomethode auch an Knoten A einsetzen, erhalten wir $m = 0,99489$ und $B = 5,17$. Als Wert für das Replikationsportfolio (und folglich auch für das Projekt inklusive der Einschränkungsoption) ergeben sich 1 001,07 Dollar. Dies bedeutet, dass die Option in diesem Fall nur einen sehr geringen Wert verkörpert.

Bewertung von Erweiterungsoptionen (wenn keine Dividenden gezahlt werden)

Wenn Projekte unerwartet gut laufen, sind Erweiterungsinvestitionen oft wünschenswert. Eine solche Zusatzinvestition entspricht dem Basispreis einer Erweiterungsoption – einer amerikanischen Call-, das heißt Kaufoption. Der Nutzen der Erweiterung kommt dabei darin zum Ausdruck, dass sich der Wertbaum für das Basisobjekt nach oben verschiebt.

Zur Illustration der Bewertung einer einfachen Erweiterungsoption verwenden wir denselben Ereignisbaum wie oben (siehe Abbildung 5.6). Die Option der Projektausweitung soll 100 Dollar kosten und den Projektwert um 10 Prozent erhöhen. Bei gleichem Ereignisbaum erhalten wir nun den in Abbildung 5.12 dargestellten neuen Entscheidungsbaum. Die Payoffs an den Endknoten lauten wie folgt:

Knoten	Payoff	Entscheidung
D	$MAX[1\,127{,}50,\ 1{,}1(1\,127{,}5) - 100] = 1\,140{,}25$	Erweitern
E	$MAX[1\,000,\ 1{,}1(1\,000) - 100] = 1\,000$	Erweitern = Fortführen
F	$MAX[886{,}92,\ 1{,}1(886{,}92 - 100] = 886{,}92$	Fortführen

Als Nächstes verwenden wir die Replikationsportfoliomethode, um an den verbleibenden Knoten – B, C und A – den Wert des Projekts inklusive der Erweiterungsflexibilität zu ermitteln. Die folgende Tabelle fasst die Werte für folgende Parameter zusammen: Anzahl von Einheiten des Basiswerts (m); An-

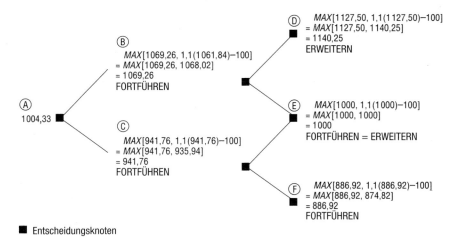

■ Entscheidungsknoten

Abb. 5.12 Entscheidungsbaum für die Erweiterungsoption

zahl der Anleihen (*B*); Wert des Projekts, wenn die Option »in petto« gehalten (also nicht ausgeübt) wird; Wert des Projekts, wenn die Option ausgeübt wird. Die letzte Spalte zeigt ferner die Entscheidung, die sich jeweils ergibt.

Knoten	*m* Einheiten	*B* Anleihen	Wert bei Offenhaltung	Wert bei Ausübung	Entscheidung
B	1,100	98,76	1 069,26	1 068,02	Fortführen
C	1,100	0,00	941,76	935,94	Fortführen
A	1,062	57,69	1 004,31	1 000,00	Fortführen

Wie ersichtlich, ist an den anfänglichen Knoten der Wert der aufrechterhaltenen Option immer höher als der Wert der vorzeitig ausgeübten Option. Dies gilt generell für amerikanische Call-Optionen auf dividendenlose Risikowerte und lässt sich folgendermaßen erklären: Übt man die Option aus, erhält man den Wert des (erweiterten) Projekts abzüglich des Basispreises. Übt man hingegen nicht aus, erhält man den Barwert des Projekts inklusive der Option einer künftigen Erweiterung, abzüglich des Barwerts des Basispreises (das heißt den Wert, zu dem das Projekt mit Flexibilität auf dem freien Markt verkauft werden könnte). Folglich ist der Wert bei Offenhaltung der Option immer größer als bei Optionsausübung – freilich nur, solange der Basiswert keine Dividende abwirft! Werden indes Dividenden gezahlt, ohne dass der Basispreis der Option entsprechend angepasst (diskontiert) wird, liegt der Fall anders. Unter dieser Prämisse ist eine frühe Optionsausübung oft lohnend, weil ja der Optionswert ebenfalls sinkt, wenn der Wert des Basisobjekts infolge der Dividendenzahlungen abnimmt. Später werden wir noch Gelegenheit haben, uns mit der Bewertung von Erweiterungsoptionen zu befassen, wenn das Projekt mit Dividendenzahlungen verbunden ist.

Bewertung von Kombinationen einfacher Optionen

Betrachten wir als Nächstes nun die Möglichkeit eines Projekts, bei dem an allen Entscheidungsknoten die folgenden drei einfachen Optionen ausgeübt werden können:
1. Eine amerikanische Verkaufsoption (Put) – die Option, zu einem Verkaufswert von 900 Dollar aus dem Projekt auszusteigen.
2. Eine Einschränkungsoption (gleichfalls eine amerikanische Put-Option), die durch Verkauf von Vermögenswerten für 450 Dollar eine Verkleinerung des Projekts auf die Hälfte ermöglicht.

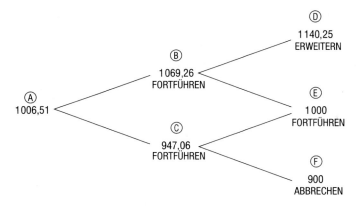

Abb. 5.13 Entscheidungsbaum für eine Kombination von Optionen

3. Die Option einer Projekterweiterung um 10 Prozent zu Kosten von 100 Dollar (eine amerikanische Call-Option).

Der Wertbaum für das Basisobjekt ist der gleiche wie gehabt (siehe Abbildung 5.6). Der Entscheidungsbaum aber berücksichtigt nun, wie aus Abbildung 5.13 ersichtlich, an jedem Knoten alle drei möglichen Optionen – Erweiterung, Einschränkung und Abbruch. Glücklicherweise schließen sich die drei Alternativen gegenseitig aus, sodass eine Ausübung den Baum nicht pfadabhängig macht. Wie üblich, beginnen wir die Lösung des Bewertungsproblems mit den optimalen Entscheidungen und zugehörigen Payoffs an den Endknoten:

Knoten	Payoff	Entscheidung
D	MAX[1 127,50, 1,1(1 127,50) − 100, 1 127,50/2 + 450, 900] = 1 140,25 MAX[1 127,50,　　　1 140,25,　　　1 013,75,　　　900] Nicht ausüben,　erweitern,　einschränken,　abbrechen	Erweitern
E	MAX[1 000, 1,1(1 000) − 100, 1 000/2 + 450, 900] = 1 000 MAX[1 000,　　　1 000,　　　950,　　　900] Nicht ausüben,　erweitern,　einschränken,　abbrechen	Fortführen oder erweitern
F	MAX[886,92, 1,1(886,92) − 100, 886,92/2 + 450, 900] = 900 MAX[886,92,　　　875,61,　　　893,46,　　　900] Nicht ausüben,　erweitern,　einschränken,　abbrechen	Abbrechen

Es werden also an jedem Endknoten die Payoffs von vier sich gegenseitig ausschließenden Entscheidungen ermittelt, wobei jeweils die Entscheidung mit dem höchsten Ergebnis als optimal angesehen wird. Anschließend arbeiten wir im Rückwärtsgang (das heißt hin zu den Knoten B und C). Stehen die optimalen Entscheidungen am Ende der ersten Periode auf diese Weise fest, gehen wir noch einen letzten Schritt zurück, hin zu Knoten A.

Wie üblich, bestimmen wir dann anhand des Replikationsportfolioansatzes die Anzahl der Einheiten des Basisobjekts (m) und die Anzahl der risikolosen Anleihen (B). Auf diese Weise erhalten wir ein Replikationsportfolio, dessen Wert bekannt ist, da es sich aus zwei Objekten zusammensetzt, deren Wert wir ja bereits ermittelt haben (er entspricht dem Projekt mit Flexibilität). Der einzige Unterschied besteht darin, dass wir nun an jedem Knoten vier sich gegenseitig ausschließende Entscheidungen zu berücksichtigen haben. Beispielshalber schauen wir uns die Berechnungen für Knoten B en détail an.

Abbildung 5.13 können wir entnehmen, dass die optimalen Payoffs am Periodenende aus Knoten B im günstigen Zustand (an Knoten D) 1 140,25 Dollar betragen (was mit einer positiven Erweiterungsentscheidung verbunden wäre) und an Knoten E 1 000 Dollar (was Gleichstand zwischen Erweiterung und Nichtausübung/Offenhaltung der Option bedeutet). Wir bauen also ein Replikationsportfolio auf, das exakt die gleichen Periodenende-Ergebnisse liefert:

$$
\begin{aligned}
\textit{Zustand D:} \quad & mu^2V_0 + B(1 + r_f) = 1\,140,25 \\
\textit{Zustand E:} \quad & -[mud\,V_0 + B(1 + r_f) = 1\,000,00] \\
\hline
& muV_0(u - d) = C_u - C_d
\end{aligned}
$$

$$
m = \frac{140,25}{(1\,127,50 - 1\,000)} = 1,1
$$

Durch Einsetzung des Werts $m = 1,1$ in die Gleichung für Zustand D und anschließende Auflösung nach B erhalten wir: $B = -98,76$ \$. Das Projekt mit Flexibilität nimmt folglich an Knoten B folgenden Wert an:

$$
muV_0 + B = 1,1(1061,84) - 98,76 = 1\,069,26 \ \$
$$

Vergleichen wir nun den Wert des Projekts mit Flexibilität mit den Payoffs aus den sich wechselseitig ausschließenden Optionen, um an Knoten B eine wertmaximierende Entscheidung treffen zu können:

$$
\begin{aligned}
&MAX[1\,069,26, \ 1,1(1\,061,84) - 100, \ 1\,061,84/2 + 450, \ 900] \\
&= MAX[1\,069,26, \qquad 1\,068,02, \qquad 980,92, \qquad 900] \\
&\qquad\ \ [\text{Nicht ausüben}, \quad \text{erweitern}, \quad \text{einschränken}, \quad \text{abbrechen}]
\end{aligned}
$$

Da der Wert dann am höchsten ist, wenn wir die Option nicht ausüben (also aufrechterhalten), entscheiden wir uns natürlich für diese Alternative. Die gleiche Analyse führen wir dann für Knoten C durch. Das Replikationsportfolio nimmt hier einen Wert von 947,06 Dollar an; für m erhalten wir 0,8843, für B 114,26 Dollar. Bezüglich der optimalen Entscheidung an Knoten C ergibt sich folgendes Bild:

$$MAX[947,06, \; 1,1(941,76) - 100, \; 941,76/2 + 450, \; 900]$$
$$= MAX[947,06, \qquad\quad 935,94, \qquad 920,00, \qquad\quad 900]$$
$$\text{[Nicht ausüben, \quad erweitern, \quad reduzieren, \quad abbrechen]}$$

Die wertmaximierende Entscheidung besteht folglich darin, die Optionen nicht auszuüben (also weiterlaufen zu lassen), da der Wert des Projekts mit Flexibilität höher liegt.

Der letzte Schritt besteht darin, uns zum Knoten A zurückzuarbeiten. Die optimalen Periodenende-Payoffs beziffern sich, wie gesehen, an Knoten B auf 1 069,26 und an Knoten C auf 947,06 Dollar. Anhand der Replikationsportfoliomethode erhalten wir an Knoten A: $m = 1,0177$; $B = -11,19$; Barwert des Projekts mit Flexibilität = 1 006,51 \$. Folglich würde man sich an Knoten A für eine Offenhaltung aller Optionen entscheiden.

Mit dem Gitteransatz ist die Bewertung eines Projekts mit mehreren parallelen Optionen auf den Basiswert praktisch ein Kinderspiel. Angesichts der folgenden Werte für die Optionen einzeln und in Gesamtkombination liegen die Schlussfolgerungen klar auf der Hand:

Wert der Abbruchoption	2,16 \$
Wert der Einschränkungsoption	0,10 \$
Wert der Erweiterungsoption	4,33 \$
Wert der Kombination aller Optionen	6,51 \$

Es fällt natürlich auf, dass die Summe der drei Einzeloptionswerte nicht ganz mit dem Gesamtwert übereinstimmt. Bei genauerer Prüfung stellt man indes fest, dass die Einschränkungsoption in der Kombination überhaupt nie benutzt wurde. Anders ausgedrückt: Sie war in der Kombination wertlos, weil die beiden anderen Optionen dominierten. Folglich entspricht der Wert der Kombination (6,51 Dollar) der einfachen Summe der Werte der (nicht dominierten) Optionen, sprich: der Abbruchoption und der Erweiterungsoption. Konkret ergibt dies 6,49 Dollar, was bei Berücksichtigung von Rundungsfehlern mit dem Wert der Kombination übereinstimmt.

Kapitalwertmethode und Realoptionsanalyse behandeln sich gegenseitig ausschließende Alternativen unterschiedlich

Betrachten wir den in Abbildung 5.14 dargestellten Entscheidungsbaum etwas näher. Der Cashflow des Projekts beträgt aktuell 100 Dollar. Am Ende des ersten Jahres erhöht er sich um 20 Prozent auf 120 Dollar oder sinkt um 16,67 Prozent auf 83,30 Dollar. Die gleichen prozentualen Änderungen kennzeichnen auch das zweite Jahr. Am Ende des zweiten Jahres verfügt das Unternehmen über zwei sich wechselseitig ausschließende Alternativen. Der eine Ast des Entscheidungsbaumes bietet die Option, durch Investition von 700 Dollar den jährlichen Cashflow dauerhaft auf dem gegebenen Niveau einzufrieren. Der andere Ast eröffnet die Möglichkeit, zusätzlich 120 Dollar zu investieren, um die neue Version eines Produkts erst einmal im Markt zu testen (wobei freilich die Cashflows eines Jahres verloren gehen). Dabei ergibt sich, dass die ewigen Cashflows ab dem vierten Jahr mit gleich hoher Wahrscheinlichkeit 50 Prozent über oder um $33\,^1/_3$ Prozent unter dem erwarteten Durchschnitt liegen können. Im vierten Jahr dann kann das Unternehmen mit einem Kostenaufwand von 700 Dollar die dauerhaften Cashflows »einfrieren« oder aber das Projekt aufgeben. Hinzu kommen folgende Parameter: Kapitalkosten in Höhe von 10 Prozent, ein risikofreier Zinssatz von 5 Prozent und eine Anfangsinvestition von 400 Dollar.

Das Beispiel illustriert den prinzipiellen Unterschied zwischen der Kapitalwertmethode und der Realoptionsanalyse. Die Kapitalwertmethode behandelt

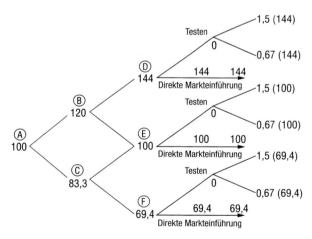

Abb. 5.14 Baum der erwarteten Ereignisse

die beiden Möglichkeiten – entweder das Produkt direkt einzuführen oder zunächst einen Markttest durchzuführen – zu Beginn des Projekts als sich gegenseitig ausschließende Alternativen und entscheidet sich für die Option mit dem höheren Kapitalwert. Die Realoptionsanalyse hingegen schreitet zeitlich von den Endpunkten des Entscheidungsbaumes nach hinten zurück, wobei die wertmaximierende Entscheidung an jedem Knoten erneut getroffen wird – zu genau dem Zeitpunkt also, da sich die Wahlmöglichkeit in Abhängigkeit von der zugrunde liegenden Zustandsvariablen tatsächlich bietet. Ergebnis ist ein einziger (integraler) Barwert, anhand dessen in der Gegenwart entschieden werden kann, ob man in das Projekt einsteigt oder nicht.

Die Aufschubentscheidung eignet sich ebenfalls sehr gut, um die Unterschiede zwischen Kapitalwertmethode und Realoptionsanalyse deutlich zu machen (obwohl wir uns hier nicht im Detail mit dieser Option auseinander setzen wollen). Der Kapitalwertansatz muss den Entscheidungsaufschub als Ansammlung sich wechselseitig ausschließender Aufschubtermine behandeln – Verschiebung um ein Jahr, um zwei Jahre und so fort. Der Realoptionsansatz hingegen gibt exakt Auskunft darüber, ob das Projekt zum gegenwärtigen Zeitpunkt begonnen werden soll oder nicht, und nimmt gleichzeitig eine Bewertung des Aufschubrechts vor, ohne zunächst etwas über dessen Ausübung zu sagen. Danach und ergänzend stellt er wertmaximierende Faustregeln für die Handhabung der Aufschubentscheidung bereit.

Wir beginnen, indem wir nach den Kapitalwerten der beiden sich wechselseitig ausschließenden Alternativen auflösen – der direkten Markteinführung einerseits, des Markttests andererseits. Abbildung 5.15 zeigt die Cashflows und ihre objektiven Wahrscheinlichkeiten für die ersten beiden Projektjahre, wobei die Kapitalwertberechnungen auf der Annahme beruhen, dass sich das Unternehmen vorab bereits auf eine direkte Markteinführung festlegt. Die Kapitalwert-Entscheidungsregel ist wertmaximierend auf der Basis aller zum Zeitpunkt 0 verfügbaren Informationen. Beispielsweise weiß das Unternehmen im Voraus, dass das Projekt aufgegeben wird, falls es Knoten F erreicht. Der Barwert dieser »Straight-to-market«-Alternative berechnet sich wie folgt:

$$\text{Barwert} \atop (PV) = 100 + \frac{0{,}727(120) + 0{,}272(83,3)}{1{,}1} + \frac{0{,}529(884) + 0{,}396(400) + 0{,}74(69,4)}{(1{,}1)^2} = 722$$

Kapitalwert = Barwert − Investition = 722 − 400 = 322

Als Nächstes sehen wir in Abbildung 5.16 die Kapitalwertkalkulation unter der Annahme, dass das Unternehmen sich vorab auf die Durchführung einer Marktuntersuchung festlegt. Es investiert unter dieser Voraussetzung

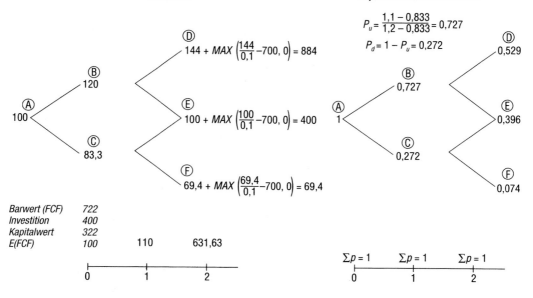

Cashflows

Objektive Wahrscheinlichkeiten

$$P_u = \frac{1,1 - 0,833}{1,2 - 0,833} = 0,727$$

$$P_d = 1 - P_u = 0,272$$

$$144 + MAX\left(\frac{144}{0,1} - 700, 0\right) = 884$$

$$100 + MAX\left(\frac{100}{0,1} - 700, 0\right) = 400$$

$$69,4 + MAX\left(\frac{69,4}{0,1} - 700, 0\right) = 69,4$$

Ⓓ 144

Ⓑ 120

Ⓐ 100

Ⓒ 83,3

Ⓔ 100

Ⓕ 69,4

Ⓐ 1

Ⓑ 0,727

Ⓒ 0,272

Ⓓ 0,529

Ⓔ 0,396

Ⓕ 0,074

Barwert (FCF)	722		
Investition	400		
Kapitalwert	322		
E(FCF)	100	110	631,63

0   1   2

$\sum p = 1$ $\sum p = 1$ $\sum p = 1$

0   1   2

Abb. 5.15   Cashflow-Baum (FCF) für die Option »Direkter Markteintritt«

die 120 Dollar also in sämtlichen Zuständen. Dies ist die exkludente Alternative zur direkten Markteinführung. Wir wissen allerdings bereits heute, dass wir im vierten Jahr aus dem Projekt aussteigen werden, falls sich der schlechteste Umweltzustand einstellt. Der erwartete Cashflow für das dritte Jahr ist gleich null, da das Projekt ja während der Markttestphase keine Einnahmen erzeugt. Der erwartete Cashflow in den übrigen Jahren ermittelt sich wie folgt:

$$E(CF, Jahr\ 4) = 0,529(0,5)1\ 676 + 0,529(0,5)356 + (0,396)(0,5)950 +$$
$$0,396(0,5)33,3 + 0,074(0,5)444,0$$
$$E(CF, Jahr\ 4) = 749,2$$
$$E(CF, Jahr\ 2) = 0,529(24) + 0,396(-20) + 0,074(-50,6) = 1,02$$
$$E(CF, Jahr\ 1) = 0,727(120) + 0,272(83,3) = 110$$

Zinst man diese erwarteten Überschüsse zu 10 Prozent ab, addiert dann den anfänglichen Barzufluss von 100 Dollar hinzu und zieht die Anfangsinvestition von 400 Dollar ab, so ergibt sich ein Kapitalwert von 312,55 Dollar.

Da der Kapitalwert der Option »Direkter Markteintritt« 322 Dollar beträgt, der Kapitalwert der Option »Markttest« jedoch nur 312,55 Dollar, würde man sich im Falle einer Vorabfestlegung in der Gegenwart natürlich für die erstere Alternative entscheiden.

Schauen wir uns demgegenüber die in den Abbildungen 5.17 und 5.18 dargestellte Realoptionsanalyse an. Hier ist in keiner Weise eine Vorabfestlegung verlangt. Vielmehr gilt es erst am Ende des zweiten Jahres zu entscheiden, ob man den direkten Markteintritt (Knoten D und E) oder den Markttest (Knoten F) vorzieht. Eine nähere Betrachtung des Knotens D zeigt, dass die Alternative »Direkter Markteintritt« am Ende des zweiten Jahres auf Dauer mit folgendem Payoff einhergeht: 144 Dollar plus Barwert von 144 Dollar, diskontiert zu 10 Prozent, abzüglich der Investition von 700 Dollar (144 \$+ 144 \$/0,1 – 700 \$ = 844 \$). Anders formuliert: Wir verfügen über eine Call-Option auf eine ewige Cashflow-Reihe in Höhe von 144 Dollar pro Jahr, Ausübungspreis 700 Dollar.

Bei der Betrachtung der Markttestalternative ergeben sich im vierten Jahr die in Abbildung 5.17 dargestellten Payoffs. Nach Vorliegen der Testergebnisse

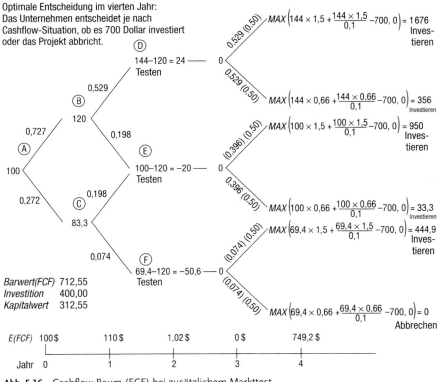

Abb. 5.16 Cashflow-Baum (FCF) bei zusätzlichem Markttest

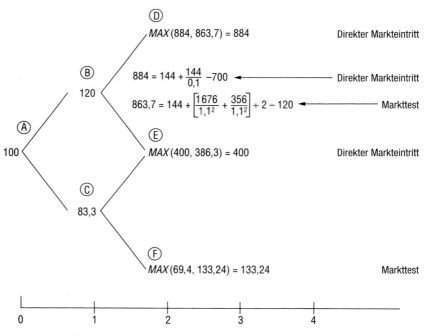

Abb. 5.17 Cashflow-Baum (FCF) bei der ROA

besteht die Möglichkeit, aber nicht die Pflicht, 700 Dollar zu investieren und den Cashflow auf Dauer auf diesem Niveau einzufrieren. Auch hier also handelt es sich um eine Call-Option mit einem Basis-/Ausübungspreis von 700 Dollar, diesmal freilich in Jahr 4. Am Ende des zweiten Jahres besteht demgegenüber eine Call-Option zwischen den beiden Alternativen, entweder direkt in den Markt zu gehen oder den Markt zunächst zu testen. Der Barwert dieser zweiten Alternative an Knoten D lautet:

$$\frac{\left[\dfrac{1\,676}{(1,1)^2}+\dfrac{356}{(1,1)^2}\right]}{2}+144-120=863,7$$

Demzufolge würde man sich an Knoten D für den direkten Markteintritt entscheiden, also nicht erst testen.

Aufgrund der Optionalität ändert sich auch das Risiko der Projekterträge, sodass man nicht einfach mit den 10-prozentigen Kapitalkosten arbeiten kann. Analysieren wir beispielsweise den Projektwert an Knoten C von Abbildung

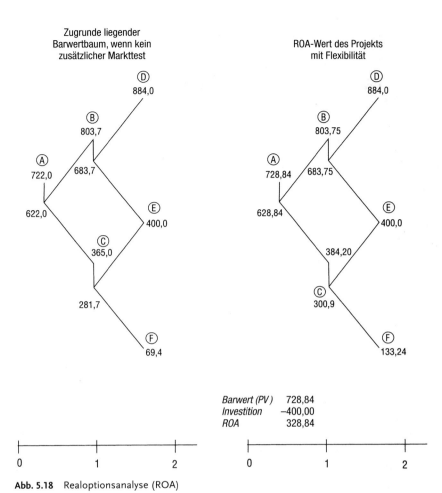

Abb. 5.18 Realoptionsanalyse (ROA)

5.18 anhand des Replikationsportfolioansatzes. Die Optionen lauten »direkter Markteintritt« oder »Markttest«. Ohne die Option beläuft sich der Projektwert an den Knoten E und F entweder auf 400 Dollar oder 69,40 Dollar, und an Knoten C wäre das Projekt 281,70 Dollar wert. Mit einer Option würden wir uns, wie Abbildung 5.17 illustriert, an Knoten E für den direkten Markteintritt und an Knoten F für den Markttest entscheiden. Diesen Payoffs wohnen allerdings andere Risiken inne als dem Underlying (Basisobjekt). Daher bauen wir zur Bewertung der Flexibilität ein Replikationsportfolio auf:

Wert des Replikationsportfolios = mV + B

Die Periodenende-Payoffs (siehe Abbildung 5.18) lauten:

An Knoten E: m400 + (1 + r_f)B = 400

An Knoten F: m69,4 + (1 + r_f)B = 133,2

Durch Auflösung der beiden Gleichungen nach den beiden Unbekannten erhalten wir: $m = 0,807$ und $B = 73,57$ \$. Folglich beträgt der Wert des Replikationsportfolios

an Knoten C: V = 0,807(281,7 \$) + 73,57 \$ = 300,9 \$

Da das Replikationsportfolio am Periodenende exakt die gleichen Payoffs wie das Projekt mit Flexibilität besitzt, entspricht sein Wert demjenigen des Projekts mit Option an Knoten C. Wenn wir nun denselben Ansatz auch auf Knoten B anwenden und dann zu Knoten A zurückgehen, erhalten wir den Barwert des Projekts inklusive Flexibilität – 728,84 Dollar. Hieraus errechnet sich für das Projekt mit Flexibilität folgender Kapitalwert:

Kapitalwert (NPV) mit Flexibilität = 728,84 \$ – 400 \$ = 328,84 \$

Diesem Beispiel lassen sich mehrere Lektionen entnehmen. Zunächst macht es klar, dass die Kapitalwertmethode die beiden Optionen (direkter Markeintritt; Markttest) zwangsläufig als sich wechselseitig ausschließende Alternativen behandeln muss. Der Realoptionsansatz ist hingegen in der Lage, die Wahl zwischen den beiden Alternativen auf eine Option mit einem einzigen, vom Umweltzustand zu einem künftigen Zeitpunkt abhängigen Wert zu reduzieren, der die Flexibilität der Wahl zwischen den Alternativen voll erfasst. Das Ergebnis zeigt, dass der Realoptionswert des Projekts mindestens so hoch oder höher ist als die beiden sich wechselseitig ausschließenden Kapitalwerte ohne Flexibilität.

Bewertung von Erweiterungsoptionen bei dividendenlosem Basisobjekt

Wie bereits gesehen, ist es bei amerikanischen Call-Optionen – etwa Aufschub-, Erweiterungs- oder Verlängerungsoptionen – stets empfehlenswert, sie nicht frühzeitig auszuüben, sofern das Basisobjekt nicht Dividenden abwirft oder aus einem anderen Grund im Wert sinkt. In diesem Abschnitt werden wir uns mit der Bewertung solcher dividendenloser Optionen eingehend auseinander setzen.

Angenommen, wir ändern den Wertbaum in Abbildung 5.6 dergestalt ab, dass in Periode 2 die Hälfte des Projektwerts als Dividende ausgeschüttet wird. Der resultierende Wertbaum ist in Abbildung 5.19 dargestellt. Es handelt sich zugegebenermaßen um ein relativ künstliches Beispiel, weil durch die Ausschüttung der Projektumfang halbiert wird, weshalb sich künftige Expansionen im Vergleich zu jener, die in Periode 2 stattfinden kann, natürlich dürftig ausnehmen. Dessen ungeachtet erfüllt das Beispiel seinen Zweck. Nachdem wir den Wertbaum also erstellt haben, beginnen wir in der üblichen Weise mit der Preisbestimmung der Erweiterungsoptionen, indem wir die Payoffs und Entscheidungen an den Endknoten ermitteln. Die Ergebnisse sind in der folgenden Tabelle zusammengefasst:

Knoten	Payoff	Entscheidung
D	$MAX[563,75, 1,1(563,75) - 100] = MAX[563,75, 520,12]$	Fortführen
E	$MAX[500, 1,1(500) - 100] = MAX[500, 450]$	Fortführen
F	$MAX[443,46, 1,1(443,46) - 100] = MAX[443,46, 387,81]$	Fortführen

Aufgrund der Dividendenzahlung ist es folglich nicht sinnvoll, die Erweiterungsoption in der dritten Periode auszuüben.

Zur weiteren Problemlösung verwenden wir nun ein Replikationsportfolio, um nach dem Projektwert (ohne Dividende) aufzulösen, zunächst an den Knoten B und C, dann an Knoten A. An Knoten B hängt der Payoff davon ab, ob wir die Erweiterungsoption ausüben oder nicht.[4] Diese Entscheidung wird freilich vor Auszahlung der Dividende getroffen. Tatsächlich ist die Dividende höher, wenn die richtige Entscheidung getroffen wurde. Bleibt die Option unausgeübt, ergibt sich für das Basisobjekt ein Wert von 1 061,84 Dollar. Im Falle der Ausübung (Projekterweiterung) ergibt sich: 1,1(1 061,84 $) – 100 = 1 068,02 $. Da dieser Wert höher ist, üben wir die Erweiterungsoption aus. Unmittelbar darauf erfolgt eine 50-prozentige Dividendenzahlung in Höhe von 530,92 Dollar.

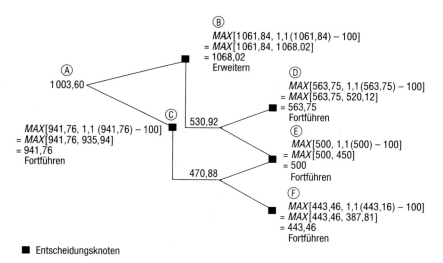

Abb. 5.19 Entscheidungsbaum einer Erweiterungsoption (Basisobjekt mit Dividende)

An Knoten C erhalten wir 941,76 Dollar, den Wert des Basisobjekts. Dieser liegt über dem Payoff der ausgeübten Option, nämlich 1,1(941,76 $) −100 = 935,94 $. Auch hier erfolgt unmittelbar darauf eine 50-prozentige Dividendenzahlung in Höhe von 470,88 Dollar.

Halten wir fest: Wird die Option an Knoten B ausgeübt, kann sie entlang all jener Pfade, die an Knoten B entspringen, natürlich nicht noch einmal ausgeübt werden. Folglich kann an Knoten D keine Entscheidung mehr gefällt werden. An Knoten E wiederum ist eine Entscheidung nur dann möglich, wenn der Pfad von Knoten C aus zu ihm hinführt. Anders formuliert: Das Problem ist pfadabhängig. Festzuhalten ist auch, dass wir an den Knoten B und C kein Replikationsportfolio (zur Beschaffung eines – marktunabhängigen – MAD-Werts) benutzt haben, da die Entscheidung ja vor der Dividendenzahlung getroffen wird und die Barwerte der Payoffs nach Dividende in diesem Fall nicht von Belang sind.

Im letzten Schritt ermitteln wir nun mit dem Replikationsportfolioansatz den Wert des Projekts an Knoten A:

$$Knoten\ B: \quad mu\,V_0 + (1 + r_f)B = 1\,068,02$$
$$\underline{Knoten\ C: -[md\,V_0 + (1 + r_f)B = 941,76]}$$
$$mV_0(u - d) = \quad C_u - C_d$$
$$m1\,000(1,06184 - 0,94176) = \quad 126,26$$
$$m = \frac{126,26}{120,08} = 1,0515$$

Durch Einsetzung von m in die Gleichung für Knoten B ergibt sich für B ein Wert von –47,89 und für das Projekt mit Flexibilität ein Wert von 1 003,6 Dollar, was nur minimal unter dem Betrag von 1 004,33 Dollar liegt, der sich weiter oben ergab, als die Erweiterungsoption in der dritten Periode ausgeübt wurde (vgl. Abbildung 5.12).

Auf das jeweilige Basisobjekt kommt es an

Bei einigen Problemen, die uns als Beispiele dienten, haben wir den Ereignisbaum für die Cashflows erstellt, bei anderen für den Projektwert. Stellt sich die Frage: Was verwenden – die Cashflows oder den Wert?

Die Antwort ist ganz eindeutig: Für den Ereignisbaum (das »Gitter«) zur Beschreibung der Unsicherheit des Basisobjekts sollte stets dessen eigener Wert herangezogen werden. Abhängig von den am jeweiligen Entscheidungsknoten vorliegenden Informationen sollte die Entscheidung (Abbruch, Erweiterung, Einschränkung oder Verlängerung) mithin immer auf den Wert des Basisobjekts – nicht auf die Cashflows der betreffenden Periode – gegründet werden.

Die Wertentwicklung eines Projekts stellt sich im Zeitverlauf übrigens völlig anders dar als die Wertentwicklung eines Unternehmens. Projekte sind nicht replizierbar, und sie sind von begrenzter Dauer. Ein Unternehmen hingegen stellt eine endlose Folge von Projekten dar. Abbildung 5.20 zeigt den Ereignisbaum für ein Projekt, bei dem eine Anfangsinvestition von 1 000 Dollar erforderlich ist. Die erwarteten Cashflows liegen für fünf Jahre bei jährlich 500 Dollar, der Schwankungsbereich umfasst 20 Prozent.

Bei Kapitalkosten in Höhe von 10 Prozent ergibt sich folgender Kapitalwert für dieses Projekt:

$$\begin{aligned} Kapitalwert\ (NPV) &= -1\,000 + \frac{500}{1,1} + \frac{500}{1,1^2} + \ldots + \frac{500}{1,1^5} \\ &= -1\,000 + 454,55 + 413,22 + 375,66 + 341,51 + 310,46 \\ &= -1\,000 + 1\,895,40 = 895,40 \end{aligned}$$

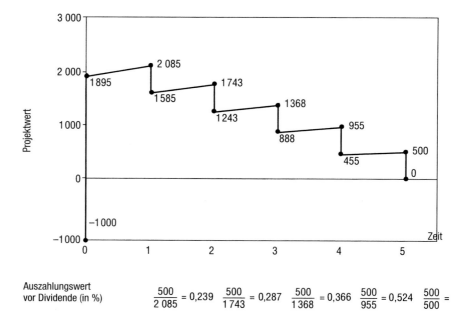

Abb. 5.20 Erwarteter Projektwert

Die Stufenlinie in Abbildung 5.20 illustriert den von Jahr zu Jahr erwarteten Projektwert nach fortlaufender Diskontierung der erwarteten jährlichen Cashflows zu den gewichteten Gesamtkapitalkosten (WACC). Wenn wir beispielsweise annehmen, dass die Zahlungen zu einem bestimmten Zeitpunkt stattfinden (etwa am letzten Tag des Jahres), so setzt sich der am letzten Tag des ersten Jahres zu erwartende Projektwert aus den Barwerten von fünf FCF-Zahlungen (freie Cashflows) von je 500 Dollar zusammen:

$$\textit{Barwert (PV)} = 500 + \frac{500}{1{,}1} + \frac{500}{1{,}1^2} + \dots + \frac{500}{1{,}1^4}$$
$$= 500 + 454{,}55 + 413{,}22 + 375{,}66 + 341{,}51$$
$$= 2\,084{,}94$$

Am folgenden Tag sinkt der Wert um 500 Dollar auf 1 584,94, da dieser erwartete Cashflow nun ja nicht mehr zu den künftig zu erwartenden Zahlungsströmen zählt. Der Projektwert entwickelt sich nach diesem Sägezahnmuster weiter und verringert sich auf diese Weise von Periode zu Periode, bis der Erwartungswert am Ende der Projektlaufzeit schließlich bei null liegt.

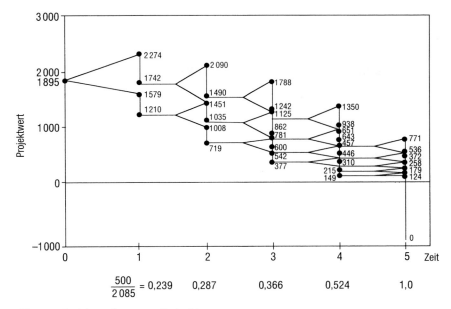

Abb. 5.21 Projektwertbezogener Ereignisbaum

Aufgrund der Unsicherheit der künftigen Cashflows ergibt sich der in Abbildung 5.21 dargestellte binomische Ereignisbaum. Eine entscheidende Annahme besteht darin, dass sich die Wertverringerung je Periode proportional zu dem in der betreffenden Periode realisierten Wert verhält. Dies garantiert, dass der Ereignisbaum »rekombiniert« und der Wert am Ende der Projektlaufzeit stets null ist, unabhängig vom Entwicklungspfad.

Festzuhalten ist ferner, dass mit der Modellierung des Barwerts und seiner Auf- und Abwärtsbewegungen automatisch auch die Festlegung der objektiven Wahrscheinlichkeiten dieser Auf- und Abwärtsbewegungen verbunden ist. Beispiel: Im Zeitpunkt 0 beträgt der Barwert 1 895 Dollar; er kann nach oben und unten um 20 Prozent schwanken; der am Ende des ersten Jahres zu erwartende Barwert beträgt 2 085 Dollar; der unterstellte Diskontierungssatz beträgt 10 Prozent. Anhand dieser Fakten können wir folgendermaßen nach der objektiven Wahrscheinlichkeit der Aufwärtsbewegung auflösen:

$$\textit{Barwert } PV_0 = \frac{E(PV_1)}{1 + WACC} = \frac{p_u V_u + (1-p)V_d}{1 + WACC}$$

$$1\,895 = \frac{p(2\,274) + (1-p)(1\,579)}{1,1}$$

$$p = \frac{1,1(1\,895) - 1\,579}{2\,274 - 1\,579} = \frac{505,5}{695} = 0,727$$

Numerische
Methoden für
einfache Optionen

Als Nächstes untersuchen wir nun das Zeitmuster des Wertes eines laufenden Betriebs. Nehmen wir also an, dass das Projekt nicht nach fünf Jahren abgeschlossen wird, sondern dass die jährlichen Cashflows in Höhe von 500 Dollar auf Dauer fließen. Zum Zeitpunkt null bedeutet dies:

$$Barwert\ PV_0 = \frac{500\,\$}{0,10} = 5\,000\,\$$$

Dieser Wert erhöht sich im Verlaufe des ersten Jahres sukzessive auf 5 500 Dollar (dieser Wert wird genau am letzten Tag des Jahres erreicht). Danach fällt er wieder auf 5 000 Dollar, da eine Ausschüttung von 500 Dollar erfolgt. Der daraus resultierende Barwert des Unternehmens im Zeitverlauf ist in Abbildung 5.22 illustriert.

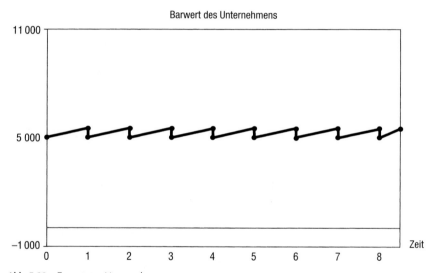

Abb. 5.22 Erwarteter Unternehmenswert

Wenn wir nun der Unsicherheit Rechnung tragen, indem wir annehmen, dass der Unternehmenswert jährlich in beiden Richtungen um 20 Prozent schwanken kann, ergibt sich der in Abbildung 5.23 dargestellte Ereignisbaum. Wie bereits beim zeitlich begrenzten Projekt nehmen wir auch hier an, dass sich die Cashflows proportional zum Unternehmenswert verhalten. Schließlich können wir – analog zur obigen projektspezifischen Analyse – die objektiven Wahrscheinlichkeiten der Auf- und Abwärtsbewegungen ermitteln. Dabei ergibt sich für das erste Jahr:

$$\text{Barwert } PV_0 = \frac{p\,6\,000 + (1-p)\,4\,167}{1,1} = 5\,000$$

$$p = \frac{5\,000\,(1,1) - 4\,167}{6\,000 - 4\,167} = 0{,}727$$

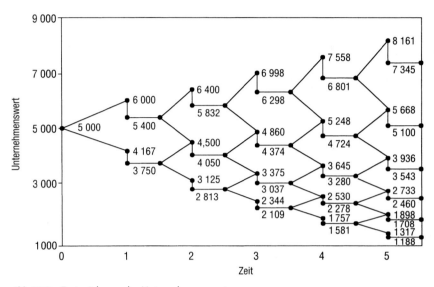

Abb. 5.23 Ereignisbaum der Unternehmenswerte

Dies illustriert die logischen Zusammenhänge zwischen dem Barwert, dem Abzinsungssatz, den Cashflows und den Wahrscheinlichkeiten der Cashflows. Sind drei dieser Parameter bekannt, lässt sich stets nach dem vierten auflösen.

Zusammenfassendes Fazit

Was haben wir in diesem Kapitel gelernt? Nun, zunächst die Preisbestimmung einfacher Optionen (wie Abbruch-, Erweiterungs- oder Einschränkungsoptionen) sowie von Kombinationen solcher Optionen. Wir haben gezeigt, dass als Lösungsmethode entweder das Replikationsportfolio oder der Ansatz der risikoneutralen Wahrscheinlichkeiten infrage kommt. Erstere Methode diskontiert die erwarteten Cashflows zum risikofreien Zinssatz; letztere diskontiert die sicherheitsäquivalenten Cashflows zum risikobereinigten Zinssatz. Wir haben den wichtigen Unterschied zwischen der Modellierung der Unsicherheit des risikobehafteten Basisobjekts entweder als multiplikati-

Numerische
Methoden für
einfache Optionen

ven oder als additiven Prozess erörtert. Wie gesehen, nähert sich der multiplikative Prozess im Grenzfall, wenn die Anzahl der Subintervalle pro Jahr sehr groß wird, einer Log-Normalverteilung (da die Werte des Basisobjekts nicht negativ werden können), der additive Prozess hingegen – unter der Bedingung von 50:50-Wahrscheinlichkeiten – einer Normalverteilung (die überdies symmetrisch ist und negative Werte zulässt). Wir haben ferner gezeigt, dass der Kapitalwertansatz verlangt, Entscheidungen als sich gegenseitig ausschließend zu betrachten, die in Wirklichkeit gar nicht unvereinbar sind. Die Realoptionsanalyse hingegen liefert zu Beginn des Projekts einen einzigen (integralen) Wert und ermöglicht somit eine klare Ja-oder-Nein-Entscheidung, verbunden mit Entscheidungsregeln für ein optimales Verhalten im Fortgang des Projekts, wenn die Unsicherheit sich sukzessive auflöst. Schließlich haben wir gesehen, dass amerikanische Kaufoptionen (etwa Aufschub-, Erweiterungs- oder Verlängerungsoptionen) in der Regel nur dann vor Verfall ausgeübt werden, wenn sich der Wert des Basisobjekts verringert (etwa durch Dividendenausschüttung).

Im nächsten Kapitel wollen wir den Anwendungsbereich nun erweitern, indem wir Optionen auf Optionen (so genannte zusammengesetzte Optionen) und Wechseloptionen hinzunehmen.

Übungsaufgaben

1. Berechnen Sie anhand einfacher Binomialbäume den Wert einer Abbruchoption mit den folgenden Merkmalen:
   Aktueller Wert des Basisobjekts = 200
   Abbruchwert = 175
   Aufwärtsbewegung pro Periode = 1,75
   Risikoloser Zinssatz = 10 Prozent
   Laufzeit = 2 Jahre
   Anzahl der Perioden pro Jahr = 1
   Gehen Sie dabei folgendermaßen vor:
   Erstellen Sie den Ereignisbaum für den risikobehafteten Basiswert.
   Berechnen Sie, ob die Option an den Endknoten des Optionsbewertungsbaums ausgeübt werden soll.
   Bewerten Sie die Option anhand des Replikationsportfolioansatzes.

2. Berechnen Sie anhand einfacher Binomialbäume den Wert einer Call-Option mit den folgenden Merkmalen:
   Aktueller Wert des Basisobjekts = 1 000

Optionsausübungspreis = 1 250
Dividende pro Periode = 10 Prozent des Objektwerts
Aufwärtsbewegung pro Periode = 1,5
Risikofreier Zinssatz = 10 Prozent
Laufzeit = 2 Jahre
Anzahl der Perioden pro Jahr = 1

Gehen Sie dabei folgendermaßen vor:

Erstellen Sie den Ereignisbaum für den risikobehafteten Basiswert.
Berechnen Sie, ob die Option an den Endknoten des Optionsbewertungsbaums ausgeübt werden soll.
Bewerten Sie die Option anhand des Replikationsportfolioansatzes.

3. Berechnen Sie anhand einfacher Binomialbäume den Wert einer Call-Option mit den folgenden Merkmalen:

Aktueller Wert des Basisobjekts = 75
Optionsausübungspreis (Basispreis) in Periode 1 = 100
Optionsausübungspreis (Basispreis) in Periode 2 = 175
Aufwärtsbewegung pro Periode = 1,9
Risikofreier Zinssatz = 10 Prozent
Laufzeit = 2 Jahre
Anzahl der Perioden pro Jahr = 1

Gehen Sie dabei folgendermaßen vor:

Erstellen Sie den Ereignisbaum für den risikobehafteten Basiswert.
Berechnen Sie, ob die Option an den Endknoten des Optionsbewertungsbaums ausgeübt werden soll.
Bewerten Sie die Option anhand des Replikationsportfolioansatzes.

4. Berechnen Sie anhand einfacher Binomialbäume den Wert einer Call-Option mit den folgenden Merkmalen:

Aktueller Wert des Basisobjekts = 75
Optionsausübungspreis (Basispreis) = 130
Aufwärtsbewegung in Periode 1 = 1,5
Aufwärtsbewegung in Periode 2 = 1,8
Risikofreier Zinssatz = 10 Prozent
Laufzeit = 2 Jahre
Anzahl der Perioden pro Jahr = 1

Gehen Sie dabei folgendermaßen vor:

Erstellen Sie den Ereignisbaum für den risikobehafteten Basiswert.
Berechnen Sie, ob die Option an den Endknoten des Optionsbewertungsbaums ausgeübt werden soll.
Bewerten Sie die Option anhand des Replikationsportfolioansatzes.

Numerische
Methoden für
einfache Optionen

5. Berechnen Sie anhand einfacher Binomialbäume den Wert einer Call-Option mit den folgenden Merkmalen:

  Aktueller Wert des Basisobjekts = 100
  Optionsausübungspreis (Basispreis) in Periode 1 = 110
  Optionsausübungspreis (Basispreis) in Periode 2 = 150
  Aufwärtsbewegung in Periode 1 = 1,2
  Aufwärtsbewegung in Periode 2 = 1,4
  Risikofreier Zinssatz in Periode 1 = 10 Prozent
  Risikofreier Zinssatz in Periode 2 = 8 Prozent
  Laufzeit = 2 Jahre
  Anzahl der Perioden pro Jahr = 1

Gehen Sie dabei folgendermaßen vor:

  Erstellen Sie den Ereignisbaum für den risikobehafteten Basiswert.
  Berechnen Sie, ob die Option an den Endknoten des Optionsbewertungsbaums ausgeübt werden soll.
  Bewerten Sie die Option anhand des Replikationsportfolioansatzes.

6. Berechnen Sie anhand einfacher Binomialbäume den Wert einer kombinierten Call- und Put-Option mit den folgenden Merkmalen:

  Aktueller Wert des Basisobjekts = 1 000
  Einschränkungsoption = Wertverringerung um 50 Prozent
  Ersparnisse aus der Einschränkung = 450
  Erweiterungsoption = Wertsteigerung um 15 Prozent
  Basispreis der Erweiterungsoption = 100
  Aufwärtsbewegung pro Periode = 1,15
  Risikofreier Zinssatz = 10 Prozent
  Laufzeit = 2 Jahre
  Anzahl der Perioden pro Jahr = 1

Gehen Sie dabei folgendermaßen vor:

  Erstellen Sie den Ereignisbaum für den risikobehafteten Basiswert.
  Berechnen Sie, ob eine der beiden Optionen an den Endknoten des Optionsbewertungsbaums ausgeübt werden soll.
  Bewerten Sie die Option anhand des Replikationsportfolioansatzes.

7. Berechnen Sie anhand einfacher Binomialbäume den Wert einer Call-Option mit den folgenden Merkmalen:

  Aktueller Wert des Basisobjekts = 700
  Optionsausübungspreis (Basispreis) = 750
  Dividende in Periode 1 = 10 Prozent
  Dividende in Periode 2 = 15 Prozent
  Aufwärtsbewegung pro Periode = 1,5

Risikofreier Zinssatz = 10 Prozent

Laufzeit = 3 Jahre

Anzahl der Perioden pro Jahr = 1

8. Der Barwert eines Unternehmens beträgt 1 000 und folgt einem einfachen Binomialmodell mit einer Aufwärtsbewegung von 1,5 je Periode. Im ersten Jahr schüttet das Unternehmen 10 Prozent seines Wertes als Dividende aus, im zweiten Jahr 15 Prozent. Wie hoch ist der Barwert der in den nächsten beiden Jahren zu erwartenden Dividenden?

Gehen Sie folgendermaßen vor:

Erstellen Sie den Ereignisbaum für den Barwert des Unternehmens.

Tragen Sie in einem zweiten Baum an jedem Knoten den Dividendenbetrag ein.

Ermitteln Sie den Barwert der Dividenden anhand des Replikationsportfolioansatzes; unterstellt sei ein risikofreier Zinssatz von 10 Prozent.

9. Ein Unternehmen erwägt ein Projekt mit einer Erweiterungsoption. Der Barwert des Projekts beziffert sich auf 25 Millionen Dollar; die jährliche Volatilität liegt bei 20 Prozent; die erforderliche Anfangsinvestition beträgt 27 Millionen Dollar. Das Projekt lässt einen jährlichen freien Cashflow in Höhe von 15 Prozent seines Wertes erwarten. Es besteht eine Zweijahresoption zur Erweiterung des künftigen Betriebs um 25 Prozent; diese Option ist jederzeit ausübbar, verbunden mit einer zusätzlichen Investition von 16 Millionen Dollar. Lohnt sich das Projekt? Wie hoch ist der Wert der Erweiterungsoption? Wann und unter welchen Bedingungen sollte die Erweiterungsoption ausgeübt werden? Wann würde man die Option ausüben, falls das Projekt in den ersten Jahren keinen freien Cashflow erbringt? Welchen Einfluss hätte dieser letztere Fall auf den ROA-Wert des Projekts? Begründen Sie!

10. Ein Unternehmen möchte in neue Ausrüstung investieren. Der risikofreie Zinssatz beträgt 10 Prozent. Den Verantwortlichen bieten sich vier Alternativen: (1) Investition von 10 Millionen Dollar in eine nichtflexible Technologie mit einem Barwert von 12 Millionen Dollar und einer jährlichen Volatilität von 15 Prozent. (2) Durch eine zusätzliche Investition von 0,2 Millionen Dollar kann das Unternehmen eine Technologie erwerben, welche die Option bietet, den Betrieb bei Einsparungen in Höhe von 4 Millionen Dollar um 30 Prozent zu verkleinern. (3) Alternativ kann sich das Unternehmen durch eine zusätzliche Investition von 0,3 Millionen Dollar eine flexible, breit anwendbare Technologie beschaffen, sodass zu

jedem Zeitpunkt die Möglichkeit bestünde, das Projekt zu stoppen und die Anlagen mit einem Barwert von 11 Millionen Dollar anderweitig zu verwenden. (4) Als vierte Möglichkeit schließlich kann das Unternehmen 0,4 Millionen Dollar zusätzlich investieren, um sich eine Technologie zu beschaffen, die beide Optionen eröffnet. Welche Technologielösung sollte das Unternehmen wählen?

Kapitel 6
Zusammengesetzte Optionen
und Wechseloptionen

In Kapitel 5 haben wir einfache Optionen kennen gelernt – Aufschub-, Erweiterungs-, Einschränkungs- und Abbruchoptionen, ferner Kombinationen solcher Optionen. Wir erweitern nun den Rahmen und beziehen kompliziertere, allerdings auch realitätsnähere Arten von Realoptionen mit ein. Eine zusammengesetzte Option ist eine Option, deren Wert von demjenigen anderer Optionen abhängt. Eine Wechseloption wiederum ermöglicht es dem Inhaber beispielsweise, seine Betriebstätigkeit wahlweise einzustellen und später wieder aufzunehmen, den Betriebsmodus zu wechseln oder in eine Branche ein- und bei Bedarf wieder aus ihr auszusteigen.

Zusammengesetzte Optionen und ihre Bewertung

Zusammengesetzte Optionen sind Optionen, deren Wert vom Wert anderer Optionen abhängt. Es handelt sich hierbei um ein sehr wichtiges, weil praxisnahes Problemszenario. Black und Scholes (1973) zum Beispiel erkannten in ihrem bahnbrechenden Aufsatz bereits, dass der Eigenkapitalwert eines mit Fremdkapital finanzierten Unternehmens (das heißt der Überschuss über die Verbindlichkeiten) eine Option auf den Unternehmenswert – eine Call-Option – darstellt, deren Basis- beziehungsweise Ausübungspreis genau dem Nennwert der Verbindlichkeiten entspricht und deren Verfallsdatum mit dem Fälligkeitsdatum dieser Verbindlichkeiten identisch ist. Eine Kaufoption auf das Eigenkapital des Unternehmens (als das risikobehaftete Basisobjekt) stellt mithin eine Option auf eine Option dar. Die allererste Lösung für zusammengesetzte Optionen findet sich bei Geske (1977). Allerdings benutzte Geske eine Lösung geschlossener Form, während wir dasselbe Problem mit einem Gitter- beziehungsweise Baumansatz angehen. Es handelt sich bei diesem Optionstyp um eine zusammengesetzte Option *paralleler* Art, da die »Eigenkapitaloption« (eine Option auf den Wert des fremdfinanzierten Unternehmens) und die Call-Option auf den Eigenkapitalwert gleichzeitig bestehen.

Demgegenüber können zusammengesetzte Optionen auch *sequenzieller* Natur sein. In diese Kategorie gehören alle Arten von gestaffelten Investitionen. Eine Fabrik etwa lässt sich in der Regel nach einem Stufenplan bauen: Konzeptionsphase, technische Planungsphase, Bauphase. Ein anderes Beispiel wären Produktentwicklungsprogramme. Hier gibt es in der Regel eine Entwicklungsphase, eine Markttestphase und dann erst die eigentliche Produkteinführung. Pharmazeutische Forschungs- und Entwicklungsprogramme zeichnen sich meist durch drei obligatorische Laborphasen aus, bevor etwa die Zulassung durch die zuständige staatliche Behörde erreicht ist, und danach können weitere freiwillige Studien und Untersuchungen folgen, um in Abgrenzung von anderen Medikamenten Indikationen auszutesten. Die Erforschung und Gewinnung von Bodenschätzen (wie beispielsweise Öl, Erdgas, Gold, Kupfer oder Kohle) erfolgt gleichfalls in Stufen. Im Ölsektor etwa finden zunächst 2D- und 3D-Schalluntersuchungen statt, dann Probebohrungen, gefolgt von der Erschließung, Förderung und Weiterverarbeitung des Rohöls durch den Bau von Raffinerien, Pipelines und Lagerkapazitäten.

In den nächsten beiden Abschnitten dieses Kapitels werden wir uns nun mit der Gittermethode zur Bewertung zusammengesetzter Optionen sowohl paralleler als auch sequenzieller Art befassen. Im letzten Abschnitt des Kapitels geht es dann um die Methodik zur Bewertung von Wechseloptionen.

Methodik für zusammengesetzte Optionen paralleler Art

Das Hauptmerkmal zusammengesetzter Optionen parallelen Typs besteht darin, dass die zugrunde liegende Option (das Basisobjekt) und die darauf bezogene Option gleichzeitig bestehen, also nicht aufeinander folgen.

Angenommen, wir haben ein Unternehmen mit einem aktuellen Wert von 1 000 Dollar. Unterstellt sei ferner, dass dessen Wert auf Basis eines multiplikativen stochastischen Prozesses um 12,75 Prozent nach oben und 11,31 Prozent nach unten schwanken kann, was einer jährlichen Standardabweichung von 12 Prozent entspricht. Der risikofreie Zinssatz betrage 8 Prozent. Der Eigenkapitalwert des Unternehmens ist von kouponlosen Verbindlichkeiten im Nennwert von 800 Dollar abhängig, die in drei Jahren fällig sind. Wie hoch ist der Wert einer amerikanischen Kaufoption auf dieses Eigenkapital, wenn der Basispreis bei einer Optionslaufzeit von drei Jahren 400 Dollar beträgt?

Die Lösung erfolgt in zwei Schritten. Erstens bewerten wir das Eigenkapital als eine amerikanische Call-Option auf den Wert des Unternehmens, wobei der Basispreis dem Nennwert der Verschuldung entspricht. Ergebnis ist ein Ereignisbaum, der zum »Underlying« (Basisobjekt) der Kaufoption wird. Wir beginnen also mit dem Ereignisbaum für den Unternehmenswert, wie in

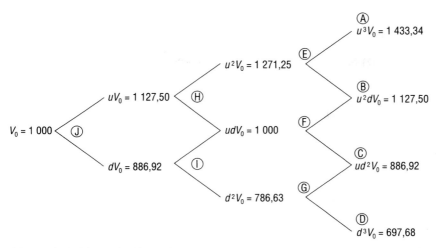

Abb. 6.1 Ereignisbaum des Unternehmenswerts

Abbildung 6.1 illustriert, und berechnen anschließend den Eigenkapitalwert an allen vier Endknoten (A, B, C und D). Diese Endknoten-Payoffs lauten:

A: $MAX[u^3V_0 - X, 0]) = MAX[1\,433,34 - 800, 0] = MAX[633,34, 0] = 633,34$
B: $MAX[u^2dV_0 - X, 0]) = MAX[1\,127,50 - 800, 0] = MAX[327,50, 0] = 327,50$
C: $MAX[ud^2V_0 - X, 0]) = MAX[886,92 - 800, 0] = MAX[86,92, 0] = 86,92$
D: $MAX[d^3V_0 - X, 0]) = MAX[697,68 - 800, 0] = MAX[-102,32, 0] = 0$

Abbildung 6.2 zeigt den Eigenkapitalwertbaum mit sämtlichen Ergebnissen, basierend auf dem Replikationsportfolioansatz. An den Knoten E, F und G ergeben sich mithin folgende Eigenkapital- respektive Eigenkapitaloptionswerte:

Knoten	Payoff am Periodenende		Parameter Replikationsportfolio		
	Günstiger Zustand (up)	Ungünstiger Zustand (down)	m	B	Optionswert
E	633,34	327,50	1,0000	−740,74	530,51
F	327,50	86,92	1,0000	−740,74	259,26
G	86,92	0	0,4593	−296,71	64,58

Zusammengesetzte
Optionen und
Wechseloptionen

Basispreis = Nennwert der Verschuldung = 800 $

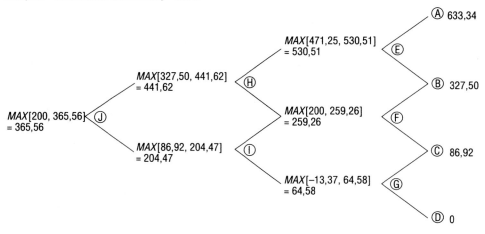

Abb. 6.2 Ereignisbaum des Eigenkapitalwerts

Führen wir die Berechnung übungshalber für Knoten G en détail durch. Das Replikationsportfolio besteht aus *m* Einheiten des Basiswerts und *B* Anleihen/Bonds. Die Payoffs des Portfolios an den Endknoten lauten:

$$\begin{aligned} mud^2V_0 + (1 + r_f)B &= 86{,}92 \quad \textit{im günstigen Zustand} \\ -[md^3V_0 + (1 + r_f)B &= 0] \quad \textit{im ungünstigen Zustand} \\ \hline md^2V_0\,(u - d) &= 86{,}92 \end{aligned}$$

Durch Auflösung nach *m* und *B* erhalten wir:

$$m = \frac{86{,}92}{786{,}63\,(0{,}2406)} = 0{,}4593$$

$$md^3V_0 + (1 + r_f)B = 0$$

$$0{,}4593\,(697{,}68) + 1{,}08B = 0$$

$$B = \frac{-320{,}44}{1{,}08} = -296{,}71$$

Folglich beträgt der Wert der Call-Option (das heißt der Wert des Eigenkapitals des Unternehmens) an Knoten G:

Zusammengesetzte
Optionen und
Wechseloptionen

$$md^2V_0 + B = 0{,}4593\,(786{,}63) - 296{,}71 = 64{,}58$$

Für die übrigen Knoten ergibt sich mithilfe des Replikationsportfolioansatzes:

Knoten	Payoff am Periodenende		Parameter Replikationsportfolio		Optionswert
	Günstiger Zustand (up)	Ungünstiger Zustand (down)	m	B	
H	530,51	259,26	1,0000	−685,87	441,62
I	259,26	64,58	0,9123	−604,67	204,47

An Knoten J schließlich können wir nach dem Barwert des Eigenkapitals auflösen. Auch hier wieder verwenden wir den Replikationsportfolioansatz:

$$
\begin{aligned}
mu V_0 + (1 + r_f) B &= 441{,}62 \quad \text{im günstigen Zustand, Knoten \textcircled{H}} \\
-[md V_0 + (1 + r_f) B &= 204{,}47] \quad \text{im ungünstigen Zustand, Knoten \textcircled{I}} \\
\hline
m V_0 (u - d) &= 237{,}15
\end{aligned}
$$

$$
m = \frac{237{,}15}{240{,}60} = 0{,}9857
$$

Durch Auflösung nach B erhalten wir:

$$
mu V_0 + (1 + r_f) B = 441{,}62
$$
$$
0{,}9857 (1\,127{,}50) + 1{,}08 B = 441{,}62
$$

$$
B = \frac{(441{,}62 - 1\,111{,}38)}{1{,}08} = -620{,}15
$$

Hieraus ergibt sich folgender Eigenkapitalwert:

$$
m V_0 + B = 0{,}9857 (1\,000) - 620{,}15 = 365{,}56
$$

Halten wir fest: Da wir von einem Unternehmensgesamtwert von 1 000 Dollar ausgingen, muss der Marktwert der risikobehafteten Verschuldung 1 000 − 365,56 = 634,44 $ betragen. Da die Schuld in drei Jahren zum Nennwert von 800 Dollar rückzahlbar ist, beträgt die Rückzahlungsrendite 8,03 Prozent.

Bewerten wir als Nächstes nun die zusammengesetzte Option, eine amerikanische Call-Option auf das Eigenkapital des Unternehmens (das selbst eine Call-Option ist), Basispreis 400 Dollar, Laufzeit drei Jahre. Der Ereignisbaum dieser Option ist der in Abbildung 6.2 dargestellte Kapitalwert-Ereignisbaum, der auch Abbildung 6.3 zugrunde liegt. Der Aktienkurs folgt indes nicht derselben Log-Normalverteilung wie der Unternehmenswert. Da jedoch die Pay-

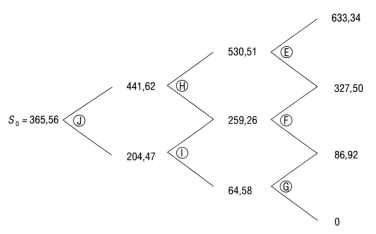

$S_0 = 365{,}56$ ⓙ

441,62 Ⓗ

204,47 Ⓘ

530,51 Ⓔ

259,26 Ⓕ

64,58 Ⓖ

633,34

327,50

86,92

0

Abb. 6.3 Der zusammengesetzten Option zugrunde liegender Ereignisbaum (Eigenkapitalwerte)

offs je Knoten bekannt sind und am Beginn des Knotens deren Preise bestimmt werden, lassen sich zur Bewertung der auf das Eigenkapital geschriebenen Call-Option Replikationsportfolios einsetzen. Abbildung 6.4 zeigt die Payoffs des Entscheidungsbaumes für die zusammengesetzte Option.

Beachten Sie, dass die Endknoten-Payoffs alle den Wert null annehmen, Knoten E ausgenommen. Anhand des Replikationsportfolios können wir an Knoten E wie folgt nach m auflösen:

$$mS_{2A} + (1 + r_f)B = 233{,}34 \qquad \text{\textit{im günstigen Zustand, Knoten Ⓐ}}$$
$$\underline{-[mS_{2B} + (1 + r_f)B = 0]} \qquad \text{\textit{im ungünstigen Zustand, Knoten Ⓑ}}$$
$$m(S_{2A} - S_{2B}) = 233{,}34$$

$$m = \frac{233{,}34}{633{,}34 - 327{,}50} = \frac{233{,}34}{305{,}84} = 0{,}7629$$

Durch Auflösung nach B erhalten wir:

$$mS_{2B} + (1 + r_f)B = 0$$
$$0{,}7629(327{,}50) + (1{,}08)B = 0$$

$$B = -\frac{165{,}77}{1{,}08} = -153{,}49$$

Wenn wir nun nach dem Optionswert an Knoten E auflösen, erhalten wir:

$$mS_{2E} + B = 0{,}7629(530{,}51) - 231{,}38 = 173{,}43$$

Die Lösungen für die Knoten F und G lauten null, weil die Payoffs in beiden Zuständen null betragen. An Knoten H schließlich erhalten wir durch Auflösung nach m:

$$
\begin{aligned}
mS_{2E} + (1 + r_f)B &= 173{,}43 \quad \textit{im günstigen Zustand, Knoten } \text{Ⓔ} \\
-[mS_{2F} + (1 + r_f)B &= 0] \quad\ \textit{im ungünstigen Zustand, Knoten } \text{Ⓕ} \\
\hline
m\,(S_{2E} - S_{2F}) &= 173{,}43
\end{aligned}
$$

$$m(530{,}51 - 259{,}26) = 173{,}43$$

$$m = \frac{173{,}43}{271{,}25} = 0{,}6394$$

Durch Auflösung nach B ergibt sich:

$$mS_{2F} + (1 + r_f)B = 0$$

$$0{,}6394(259{,}26) + 1{,}08B = 0$$

$$B = -\frac{165{,}77}{1{,}08} = -153{,}49$$

Der Wert der amerikanischen Call-Option an Knoten H lautet:

$$mS_{1H} + B = 0{,}6394(441{,}62) - 153{,}49 = 282{,}37 - 153{,}49 = 128{,}88$$

An Knoten J schließlich erhalten wir durch Auflösung nach m:

$$
\begin{aligned}
mS_{1H} + (1 + r_f)B &= 128{,}88 \quad \textit{im günstigen Zustand, Knoten } \text{Ⓗ} \\
-[mS_{1I} + (1 + r_f)B &= 0] \quad\ \textit{im ungünstigen Zustand, Knoten } \text{Ⓘ} \\
\hline
m\,(S_{1H} - S_{1I}) &= 128{,}88
\end{aligned}
$$

$$m = \frac{128{,}88}{441{,}62 - 204{,}47} = \frac{128{,}88}{237{,}15} = 0{,}5434$$

Zusammengesetzte
Optionen und
Wechseloptionen

Basispreis des Eigenkapitals = Nennwert der Verschuldung = 800 $
Basispreis der Call-Option auf das Eigenkapital = 400 $

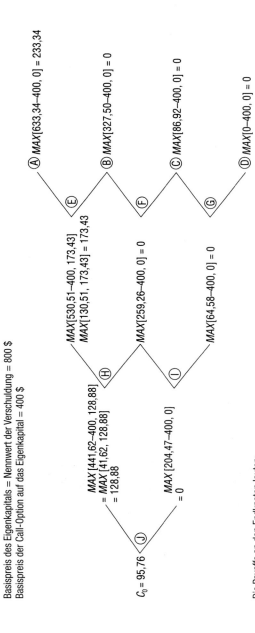

Die Payoffs an den Endknoten lauten:

Knoten A: $MAX [S3A - X, 0] = MAX [233,34, 0] = 233,34$
Knoten B: $MAX [S3B - X, 0] = MAX [-72,5, 0] = 0$
Knoten C: $MAX [S3C - X, 0] = MAX [-313,08, 0] = 0$
Knoten D: $MAX [S3D - X, 0] = MAX [-400, 0] = 0$

Abb. 6.4 Payoffs/Auszahlungen der zusammengesetzten Option (amerikanische Kaufoption auf Eigenkapital)

Die Auflösung nach B ergibt:

$$mS_{1H} + (1 + r_f)B = 0$$

$$0{,}5434(204{,}47) + 1{,}08B = 0$$

$$B = \frac{-111{,}11}{1{,}08} = -102{,}88$$

Der Wert der amerikanischen Call-Option an Knoten J lautet folglich:

$$mS_0 + B = 0{,}5434(365{,}56) - 102{,}88 = 198{,}65 - 102{,}88 = 95{,}76$$

In diesem ersten Abschnitt haben wir gezeigt, wie man mit dem Gitteransatz eine amerikanische Kaufoption bewertet, die vom Eigenkapital des Unternehmens abhängt, welches seinerseits eine Call-Option auf den Wert des Unternehmens darstellt. Da beide Optionen im gleichen Zeitraum in Kraft sind, stellt die vom Eigenkapital abhängige Kaufoption eine zusammengesetzte Option parallelen Typs dar.

Methodik für zusammengesetzte Optionen sequenziellen Typs

Nehmen wir für den Unternehmenswert denselben stochastischen Prozess an wie oben (es könnte sich beispielsweise um den Barwert eines durch mehrere Investitionsphasen geprägten Projekts handeln). Nun aber folgen die beiden Call-Optionen aufeinander. Die erste hat einen Basispreis von 400 Dollar; dieser entspricht der Investition, die am Ende des ersten Jahres, wenn die Option ausläuft, fällig wird, bevor das Projekt in die nächste Phase gelangt. Sie ermöglicht eine Entscheidung darüber, ob es lohnender ist, das Projekt an diesem Punkt abzubrechen oder mittels Zusatzinvestition fortzuführen. Die zweite Option besitzt einen Basispreis von 800 Dollar und verfällt am Ende des dritten Jahres. Der Unternehmenswertbaum ist derselbe wie zuvor (siehe Abbildung 6.1). Wir werden diesen Baum hier als Basisobjekt verwenden.

Wenn wir nun den Unternehmenswert-Ereignisbaum in einen Entscheidungsbaum verwandeln, ergibt sich eine Struktur wie die in Abbildung 6.5 dargestellte. An allen Endknoten außer an Knoten D entscheiden wir uns für die Ausübung der zweiten Option (brechen das Projekt also nicht ab). Der Wert des Projekts an den Knoten E, F und G lautet wie folgt:

Knoten	Payoff am Periodenende		Parameter Replikationsportfolio		Optionswert
	Günstiger Zustand (up)	Ungünstiger Zustand (down)	m	B	
E	633,34	327,50	1,0000	−740,74	530,51
F	327,50	86,92	1,0000	−740,74	259,26
G	86,92	0	0,4593	−296,71	64,59

An allen drei Endknoten ist am Ende der zweiten Periode der Wert der unausgeübten Option also größer als der Wert der ausgeübten Option.

Am Ende der ersten Periode läuft die erste Option aus. Daher muss sie entweder mit einem Kostenaufwand von 400 Dollar ausgeübt werden, oder aber sie verfällt (kostenfrei). Im Falle der Ausübung hängen die Payoffs freilich nicht direkt vom Wert des zugrunde liegenden Projekts ab, sondern von jenem Wert, den die Investitionsoption in der nächsten Phase darstellt. Beispielsweise betragen unter der Bedingung, dass das Unternehmen zu Beginn der Periode 400 Dollar investiert, um die Option der zweiten Phase zu erwerben, die Auszahlungen zum Periodenende an Knoten H 530,51 Dollar im günstigen Zustand und 259,26 Dollar im ungünstigen Zustand. Indem wir als zugrunde liegendes Risikoobjekt den Marktwert der zweiten Option am Ende der ersten Periode verwenden, können wir in folgender Weise nach den Knoten-H-Werten auflösen:

Zunächst ermitteln wir die Anzahl von Einheiten (m) des Basisobjekts:

$$mu^2 V_0 + (1 + r_f)B = 530,51 \quad \text{im günstigen Zustand, Knoten } \text{Ⓔ}$$
$$\underline{-[mud V_0 + (1 + r_f)B = 259,26] \quad \text{im ungünstigen Zustand, Knoten } \text{Ⓕ}}$$
$$mu V_0 (u - d) = 271,25$$

$$m \; 1\,127,50(0,2406) = 271,25$$

$$m = \frac{271,25}{271,25} = 1$$

Zweitens ermitteln wir die Anzahl risikoloser Anleihen (B):

$$mu^2 V_0 + (1 + r_f)B = 530,51$$
$$1(1\,271,25) + 1,08 B = 530,51$$

$$B = \frac{530,51 - 1\,271,25}{1,08} = \frac{-740,74}{1,08} = -685,87$$

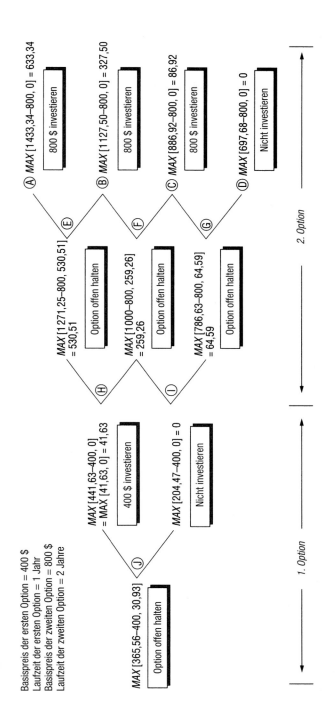

Basispreis der ersten Option = 400 $
Laufzeit der ersten Option = 1 Jahr
Basispreis der zweiten Option = 800 $
Laufzeit der zweiten Option = 2 Jahre

(A) MAX [1 433,34−800, 0] = 633,34 — 800 $ investieren

(B) MAX [1 127,50−800, 0] = 327,50 — 800 $ investieren

(C) MAX [886,92−800, 0] = 86,92 — 800 $ investieren

(D) MAX [697,68−800, 0] = 0 — Nicht investieren

(E) MAX [1 271,25−800, 530,51] = 530,51 — Option offen halten

(F) MAX [1 000−800, 259,26] = 259,26 — Option offen halten

(G) MAX [786,63−800, 64,59] = 64,59 — Option offen halten

(H) MAX [441,63−400, 0] = MAX [41,63, 0] = 41,63 — 400 $ investieren

(I) MAX [204,47−400, 0] = 0 — Nicht investieren

(J) MAX [365,56−400, 30,93] — Option offen halten

1. Option ↔ 2. Option

Die Auszahlungen an den Endknoten lauten:

Knoten A: $MAX\,[u^{3}V_{0} - X, 0]$ = $MAX\,[1\,433{,}34-800, 0]$ = 633,34
Knoten B: $MAX\,[u^{2}dV_{0} - X, 0]$ = $MAX\,[1\,127{,}50 - X, 0]$ = 327,50
Knoten C: $MAX\,[ud^{2}V_{0} - X, 0]$ = $MAX\,[886{,}92-800, 0]$ = 86,92
Knoten D: $MAX\,[d^{3}V_{0} - X, 0]$ = $MAX\,[697-800, 0]$ = 0

Abb. 6.5 Zusammengesetzte Optionen sequenzieller Art

Schließlich bleibt noch der Periodenanfangswert des Replikationsportfolios zu ermitteln:

$$mu V_0 + B = 1(1\,127{,}50) - 685{,}87 = 441{,}63$$

Im günstigen Zustand am Ende der ersten Periode ist der Wert der zweiten Option, 441,63 Dollar, größer als der Ausübungspreis von 400 Dollar. Folglich wird das Unternehmen investieren.

An Knoten I (unterer Zustand) bestimmt sich der Wert der zweiten Option in nachfolgender Weise.[1] Beginnen wir mit der Anzahl der Einheiten des Basisobjekts in einem Replikationsportfolio:

$$mud V_0 + (1 + r_f)B = 259{,}26 \quad \textit{im günstigen Zustand, Knoten } Ⓕ$$
$$-[md^2 V_0 + (1 + r_f)B = 64{,}59] \quad \textit{im ungünstigen Zustand, Knoten } Ⓖ$$
$$\overline{md V_0\,(u - d) = 194{,}67}$$

$$m\,886{,}92(0{,}2406) = 194{,}67$$

$$m = \frac{194{,}67}{213{,}39} = 0{,}9123$$

Die Anzahl der risikolosen Anleihen (B) des Replikationsportfolios errechnet sich wie folgt:

$$m\,d^2 V_0 + (1 + r_f)B = 0$$

$$0{,}9123(786{,}63) + 1{,}08B = 64{,}59$$

$$B = \frac{-653{,}05}{1{,}08} = -604{,}68$$

Damit ergibt sich als Periodenanfangswert für das Replikationsportfolio:

$$md V_0 + B = 0{,}9123(886{,}92) - 604{,}7 = 809{,}17 - 604{,}7 = 204{,}47$$

Da der Ergebniswert (204,47 Dollar) unter den Investitionskosten von 400 Dollar liegt, ist eine Investition an Knoten I nicht lohnend.

Gehen wir zur Ermittlung des Barwerts der zusammengesetzten Option nun zum Zeitpunkt null von Knoten J aus. Es bieten sich offenkundig zwei Möglichkeiten: entweder Offenhaltung der ersten Option oder Ausübung der Option zu Kosten von 400 Dollar. Im Falle der Ausübung zum Zeitpunkt 0 zieht die erste Option automatisch die zweite Option nach sich (deckt sie auf).

Demzufolge bewerten wir nun die zweite Option zum Zeitpunkt null. Zwecks besserer Übersicht zeigt Abbildung 6.6 den Wertbaum der zweiten Option für alle vier Zeitpunkte, wiewohl die Option natürlich erst ab dem Ende der ersten Periode »läuft« (das heißt in Kraft ist). Zur Ermittlung des Wertes der zweiten Option zum Zeitpunkt 0 (Knoten J) verwenden wir die Replikationsportfoliomethode. Zunächst gilt es dabei bekanntlich, die Anzahl der Einheiten (m) des zugrunde liegenden Risikowerts zu berechnen:

$$mu V_0 + (1 + r_f)B = 441,63 \quad \textit{im günstigen Zustand, Knoten } \text{Ⓗ}$$
$$\underline{-[md V_0 + (1 + r_f)B = 204,47] \quad \textit{im ungünstigen Zustand, Knoten } \text{Ⓘ}}$$
$$mV_0 (u - d) = 237,16$$

$$m = \frac{237,16}{240,60} = 0,9858$$

Die Anzahl der risikolosen Anleihen (B) des Replikationsportfolios errechnet sich wie folgt:

$$mu V_0 + (1 + r_f)B = 441,63$$
$$0,9858(1\,127,50) + (1,08)B = 441,63$$

$$B = \frac{441,63 - 1\,111,47}{1,08} = \frac{-669,85}{1,08} = -620,23$$

Für den Barwert des Replikationsportfolios an Knoten J schließlich erhalten wir folgendes Resultat:

$$m\,V_0 + B = 0,9858(1\,000) - 620,23 = 365,56$$

Abbildung 6.7 zeigt der Klarheit halber noch den Wertbaum für die erste Option, die einen Basispreis von 400 Dollar besitzt und am Ende der ersten Periode abläuft. Wird sie ausgeübt, entspricht ihr Payoff dem Wert der zweiten Option. Der tatsächliche Wert der ersten Option zum Zeitpunkt 0 bestimmt sich folgendermaßen (wobei C_u und C_d die Payoffs der zweiten Option am Ende des ersten Jahres, das heißt an Knoten H und I, seien):

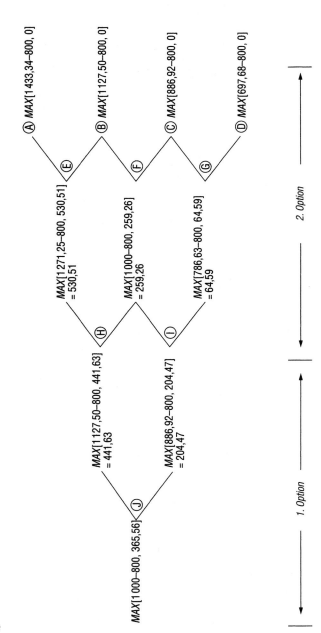

Abb. 6.6 Wertbaum für Option 2

1. Option

2. Option

Ⓐ *MAX*[1 433,34−800, 0]

Ⓑ *MAX*[1 127,50−800, 0]

Ⓒ *MAX*[886,92−800, 0]

Ⓓ *MAX*[697,68−800, 0]

Ⓔ

Ⓕ

Ⓖ

MAX[1 271,25−800, 530,51]
= 530,51

MAX[1000−800, 259,26]
= 259,26

MAX[786,63−800, 64,59]
= 64,59

Ⓗ

Ⓘ

MAX[1 127,50−800, 441,63]
= 441,63

MAX[886,92−800, 204,47]
= 204,47

Ⓙ

MAX[1000−800, 365,56]

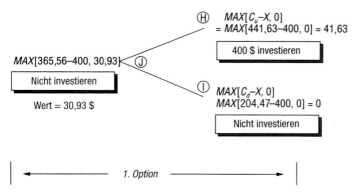

Abb. 6.7 Wertbaum für Option 1

$$m\,C_u + (1 + r_f)\,B = 41{,}63 \qquad \textit{im günstigen Zustand, Knoten \textcircled{H}}$$
$$\underline{-[m\,C_d + (1 + r_f)\,B = 0]} \qquad \textit{im ungünstigen Zustand, Knoten \textcircled{I}}$$
$$m\,(C_u - C_d) = 41{,}63$$

$$m(441{,}63 - 204{,}47) = 41{,}63$$

$$m = \frac{41{,}63}{296{,}48} = 0{,}1755$$

Die Auflösung nach der Anzahl der risikolosen Anleihen (B) ergibt:

$$m\,C_u + (1 + r_f)\,B = 41{,}63$$
$$0{,}1755(441{,}63) + 1{,}08\,B = 41{,}63$$

$$B = \frac{41{,}63 - 77{,}51}{1{,}08} = -33{,}23$$

Der Wert des Replikationsportfolios schließlich entspricht dem Barwert der ersten Option:

$$m\,C_0 + B = 0{,}1755(365{,}56) - 33{,}23 = 49{,}80 - 33{,}23 = 30{,}93$$

Wir können unser Ergebnis – 30,93 Dollar – als den Kapitalwert eines Projekts interpretieren, das aktuell einen Barwert von 1 000 Dollar besitzt, dessen Wert einer Standardabweichung von jährlich 12 Prozent unterliegt und das zwei Investitionen verlangt – 400 Dollar für die erste Phase (sagen wir die Planungsphase) sowie 800 Dollar für eine Bauphase, die am Ende des dritten Jahres einsetzen muss. Falls die Anfangskosten (sofern gegeben) den Wert von

30,93 Dollar übersteigen, wäre das Projekt nicht zu empfehlen. Andernfalls würde es sich lohnen.

Zusammengesetzte Optionen – ein Fazit

Wir haben uns mit zwei Arten von zusammengesetzten Optionen – locker formuliert: Optionen auf Optionen – beschäftigt. Beim ersten Typus handelt es sich um zusammengesetzte Optionen *paralleler* Art. Ein Beispiel ist eine Call-Option (Kaufoption) etwa der Chicagoer Optionsbörse (CBOE) auf das Eigenkapital eines teilweise fremdfinanzierten Unternehmens. Die erste Option ist identisch mit dem Eigenkapital ebendieses Unternehmens. Ihre Laufzeit ist länger als (oder mindestens so lang wie) die der zweiten Option, also der CBOE-Option auf Option 1. Während der Laufzeit der zweiten Option sind beide Optionen gleichzeitig (also parallel) in Kraft. In unserem numerischen Beispiel hatten beide Optionen eine Laufzeit von drei Jahren. Der Wert des risikobehafteten Basisobjekts der ersten Option – das Eigenkapital – war mithin der Wert des Unternehmens selbst, und der Basispreis war mit dem Nominalwert des Fremdkapitals – 800 Dollar – identisch. Das risikobehaftete Basisobjekt der zweiten Option (der CBOE-Kaufoption) bestand im Wert des Eigenkapitals; der Basispreis betrug 400 Dollar. Der Wert dieser zweiten Option (eben der zusammengesetzten Option) belief sich auf 95,76 Dollar.

Nun zum zweiten, *sequenziellen* Typus einer zusammengesetzten Option. Sequenziell deshalb, weil die zweite Option nur im Falle der Ausübung der ersten Option zum Tragen kommt. In einem gewissen Sinn ist die erste Option chronologisch gesehen das Recht, die zweite Option zu erwerben. Unser Beispiel war ein mehrphasiges Bauprojekt. Die erste Option – chronologisch die Planungsphase – hatte eine Laufzeit von einem Jahr und einen Basispreis von 400 Dollar. Das risikobehaftete Basisobjekt von Option 1 waren die Payoffs aus einer nachfolgenden Bauphase. Der risikobehaftete Basiswert der Bauphase (Option 2) wiederum waren die Payoffs des Projekts/Unternehmens selbst. Aus ökonomischer Sicht ist daher die chronologisch gesehen zweite Option de facto die erste Option. Sie besitzt in unserem Beispiel einen Basispreis von 800 Dollar, und ihr risikobehaftetes Basisobjekt ist, wie gesagt, der Projektwert. Hieraus folgt, dass die chronologisch erste Option aus ökonomischer Perspektive de facto die zweite Option ist, da sie in Abhängigkeit vom Wert der Bauphase ausgeübt wird. Bei zusammengesetzten Optionen sequenzieller Art steht die ökonomische Rangfolge folglich in einem umgekehrten Verhältnis zur zeitlichen Reihenfolge. In unserem Beispiel besaß die zusammengesetzte Option einen Wert von 30,93 Dollar.

Bewertung von Wechseloptionen

Wechseloptionen geben dem Inhaber das Recht, zu festgelegten Kosten zwischen zwei Betriebsmodi zu wechseln. Beispiele wären etwa die Option, aus einer Branche aus- und wieder in sie einzusteigen; die Option, zwischen zwei Betriebsweisen zu wechseln (wie schon erwähnt); ferner die Option, eine Anlage je nach Bedarf zu betreiben oder stillzulegen (zum Beispiel im Autobau). Auch Enron hat angeblich mit Wechseloptionen gearbeitet, um den Preis von Spitzenlast-Stromerzeugungsanlagen zu bestimmen. In vielen Gebieten der Welt werden Spitzenlasten bei der Stromerzeugung durch den vorübergehenden Betrieb von Gasturbinen abgesichert. Diese werden also zugeschaltet, wenn die Spot-Preise für Energie innerhalb eines Börsentages infolge außergewöhnlicher Nachfrage stark anziehen (in der Regel bedingt durch extreme Witterungsbedingungen). Kehren die Kurse auf Normalniveau zurück, werden die Turbinen wieder abgeschaltet.

Illustrieren wir die Ökonomie der Wechseloptionen am Beispiel einer Goldmine. Angenommen, die durchschnittlichen Gewinnungskosten pro Unze Gold betragen 250 Dollar, das Bergwerk ist in Betrieb und der Weltmarktpreis des Goldes liegt derzeit bei 300 Dollar pro Unze. Die traditionelle mikroökonomische Theorie verlangt nun: Schließe die Mine, sobald der durchschnittliche Erlös – der Preis also – unter das Niveau von 250 Dollar fällt. Dabei wird freilich übersehen, dass die Stilllegung mit fixen Kosten verbunden ist. Da sind zum Beispiel die Sicherheitsanforderungen, Entlassungsabfindungen, Extra-Instandhaltungs- und -Förderkosten. Da der Goldpreis schwankt, könnte es sein, dass man heute schließt und morgen feststellen muss, dass der Preis wieder über 250 Dollar gestiegen ist; folglich müsste man die Mine zu zusätzlichen fixen Kosten wieder eröffnen. In einer Welt der Sicherheit (oder wenn die Stilllegungs- und Wiedereröffnungskosten gleich null sind) wäre die obige Regel ja durchaus optimal: Schließung, sobald die Durchschnittserlöse die Durchschnittskosten unterschreiten. Unter Bedingungen der Unsicherheit und angesichts fixer Stilllegungs- und Wiederinbetriebnahmekosten fällt die Antwort jedoch anders aus: Stilllegung erst, wenn der Barwert der erwarteten Verluste aus fortgesetztem Betrieb die Kosten einer Schließung übersteigt. Diese Regel hängt logischerweise von der Höhe der Fixkosten, der Volatilität der Preise (und Gewinnungskosten) sowie dem Abbauvolumen des betreffenden Bodenschatzes ab. Sie beinhaltet Folgendes: Ist der Betrieb geöffnet, bleibt er es auch bei Verlust so lange, bis der Goldpreis so weit unter die durchschnittlichen Gewinnungskosten fällt, dass mit einer Amortisation der Fixkosten der Schließung gerechnet werden kann. Bei geschlossenem Betrieb hingegen muss der Preis zunächst um einiges über die durchschnittlichen

Gewinnungskosten steigen, bevor eine optimale Wiedereröffnung möglich ist. Es steht außer Frage, dass dies exakt das Verhalten beschreibt, das sich bei Minenbetrieben in der Praxis tatsächlich beobachten lässt. Moel und Tufano (2002) zum Beispiel setzten sich mit Fragen der Eröffnung und Schließung von Minen auseinander und kamen dabei zu dem Schluss, dass das Realoptionsmodell ein nützlicher Deskriptor für derlei Vorgänge ist.

Wechseloptionen zählen zu den komplizierteren Optionsproblemen, da sie pfadabhängig sind. Bei zwei Betriebsmodi beispielsweise hängt die optimale Handlungsweise in einem künftigen Umweltzustand nicht nur vom Preis des jeweiligen Handelsguts, sondern auch davon ab, welcher Betriebsmodus bei Eintritt in den betreffenden Umweltzustand tatsächlich gegeben war. Anders formuliert: War die Mine in Betrieb oder war sie geschlossen? Pfadabhängigkeit bedeutet, dass wir einen retrograd-dynamischen Programmierungsprozess verwenden – einen, der sowohl nach hinten als auch nach vorn gerichtet ist.

Verdeutlichen wir die Wechseloption an einem praktischen Beispiel. Angenommen, ein Unternehmen hat bereits eine Fertigungsanlage in Betrieb, die mit der Technologie X arbeitet. Infolge steigender Nachfrage steht eine neue Fabrik mit folgenden Optionen zur Diskussion: (a) erneute Verwendung der Technologie X; (b) Verwendung der alternativen Technologie Y; (c) Investition in eine flexible Technologie Z, die es ermöglicht, für 15 Dollar von X auf Y und für 10 Dollar von Y auf X zu wechseln. Diese Wechselkosten wollen wir mit C_{xy} beziehungsweise C_{yx} bezeichnen.

Die Technologie X besitzt eine höhere Volatilität, bedingt durch höhere Fixkosten. Die beiden Ereignisbäume in Abbildung 6.8 stellen die freien Cashflows der beiden Betriebsarten dar, jeweils definiert an denselben Umweltzuständen. Im Unterschied zu den Wert-Ereignisbäumen, die wir in anderen Beispielen entwickelt haben, repräsentieren hier die Knoten des Baumes allerdings nicht den Wert des Projekts, sondern den freien Cashflow, den es bei gegebenem Betriebsmodus im betreffenden Umweltzustand erzeugt. Zum Zeitpunkt 0 (an Knoten A) ist der freie Cashflow bei beiden Betriebsarten gleich hoch; der erste Modus (X) hat indes in den günstigen Umweltzuständen die besseren Werte, während der zweite Modus (Y) in den ungünstigen Zuständen vorteilhafter ist. Die zum Bau einer Fabrik mit Technologie X oder Y erforderliche Anfangsinvestition beträgt 100 Dollar. Die flexible Technologie Z erfordert eine höhere Investition von 110 Dollar.

Die erste Frage, die es zu beantworten gilt, lautet: Welche Technologie ist vorzuziehen, wenn es nur zwei inflexible Technologien, nämlich X und Y, gibt? Wie immer, müssen wir die Entscheidung anhand des Kapitalwerts der beiden Technologien treffen. Es empfiehlt sich an diesem Punkt ein kurzer Blick auf

Zusammengesetzte
Optionen und
Wechseloptionen

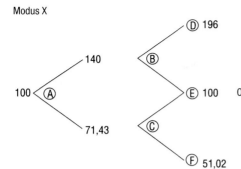

Modus X

Parameter:

Volatilität = σ = 0,3365/Jahr
Aufwärtsbewegung = u = 1,4
Abwärtsbewegung = d = $1/u$ = 0,71429
Kapitalkosten = k = 9 %/Jahr
Risikofreier Zinssatz = r_f = 5 %/Jahr
Objektive Wahrscheinlichkeit = p = 0,5

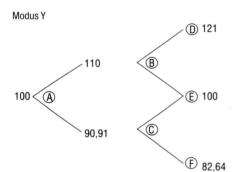

Modus Y

Parameter:

Volatilität = σ = 0,9531/Jahr
Aufwärtsbewegung = u = 1,1
Abwärtsbewegung = d = $1/u$ = 0,9091
Risikofreier Zinssatz = r_f = 5 %/Jahr

Abb. 6.8 Cashflows aus unterschiedlichen Betriebsweisen

die Parameter in Abbildung 6.8. Wir gehen von einem geometrischen stochastischen Prozess aus, bei dem die Aufwärtsbewegung folgender Formel entspricht: $u = e^x(\sigma\sqrt{T}).^2$ [Anmerkung: σ = *Sigma* = *Volatilität*]

Wenn also u = 1,4, dann ist die Volatilität *Sigma* = ln(1,4) = 0,3365. Als Nächstes definieren wir k als die risikobereinigte Rendite, die bei gegebenem Betriebsmodus erforderlich ist. Für Technologie X nehmen wir auf der Basis der Analyse des derzeitigen Betriebs Kapitalkosten $k(X)$ in Höhe von 9 Prozent an. Die risikofreie Rendite beträgt 5 Prozent. Schließlich unterstellen wir noch, dass die objektive Wahrscheinlichkeit für die Aufwärtsbewegung je Schritt bei 50 Prozent liegt.

Hiervon ausgehend, können wir nun den erwarteten Cashflow entlang des Ereignisbaumes für X abzinsen. Ergebnis ist der in Abbildung 6.9 dargestellte entsprechende Baum mit den Barwerten (PV_{Xt}). Illustrieren wir die Berechnung der Barwerte am Beispiel des Barwerts an Punkt B:

Zusammengesetzte
Optionen und
Wechseloptionen

$$PV_{XB} = \frac{p \times PV_{XD} + (1-p)PV_{XE}}{(1+WACC_X)} + FCF_{XB}$$

$$= \frac{0,5 \times 196 + (1-0,5)100}{(1+0,09)} + 140 = 135,78 + 140 = 275,78$$

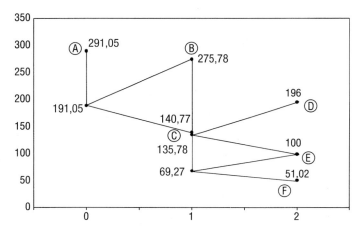

Abb. 6.9 Barwert-Ereignisbaum bei Technologie X

Wie zu sehen, entspricht der Barwert der Fabrik in jedem möglichen Umweltzustand dem jeweiligen Erwartungswert, abgezinst zu einem risikobereinigten Diskontierungssatz, zuzüglich des freien Cashflows (FCF_{XB}) aus dem Betrieb in der jeweiligen Periode. Der Barwert (PV_X) der neuen Fabrik mit Technologie X beläuft sich auf 291,05 Dollar. Zieht man hiervon die erforderliche Investition (I_X) ab, erhalten wir einen Kapitalwert (NPV_X) in Höhe von 191,05 Dollar:

$$NPV_X = PV_X - I_x = 291,05 - 100 = 191,05$$

Da wir nun den Barwertbaum für Technologie X kennen, können wir auch den entsprechenden Baum für Technologie Y entwickeln. Der Cashflow, den Y in allen Umweltzuständen erzeugt, genügt, um den Barwert von Y zu ermitteln, indem wir anhand des Wertbaums von X für jeden Zustand ein arbitragefreies Replikationsportfolio bilden. Um nach dem Wert von Y (ohne Flexibilität) aufzulösen, verwenden wir den bereits bekannten Replikationsportfolioansatz, bauen also ein Portfolio aus *m* Einheiten des Basiswerts X und B

Einheiten risikoloser Anleihen auf. Die Ergebnisse finden sich in Abbildung 6.10. Für Technologie Y lauten die Replikationsportfolios:

$$mPV_{XD} + (1 + r_f)B = PV_{YD}$$
$$mPV_{XB} + (1 + r_f)B = PV_{YB}$$

Bei Auflösung nach m, B und dem Barwert an Punkt B (PV_{YB}) ergibt sich:

$$m = \frac{PV_{YD} - PV_{YE}}{PV_{XD} - PV_{XE}} = \frac{121 - 100}{196 - 100} = 0,2187$$

$$B = \frac{PV_{YD} - nPV_{XD}}{1 + r_f} = \frac{121 - 0,2187 \times 196}{1,05} = 74,41$$

$$PV_{YB} = mPV_{XB} + B + FCF_{YB} = 0,2187 \times 135,78 \times 74,41 \times 110 = 104,11 + 110 = 214,11$$

Der Kapitalwert (NPV_Y) für die neue Fabrik mit Technologie Y entspricht ihrem Barwert (PV_Y) abzüglich der erforderlichen Investition (I_Y):

$$NPV_Y = PV_Y - I_Y = 284,21 - 100 = 184,21$$

Der Kapitalwert der neuen Fabrik mit Technologie X lässt sich analog berechnen:

$$NPV_X = PV_X - I_X = 291,05 - 100 = 191,05$$

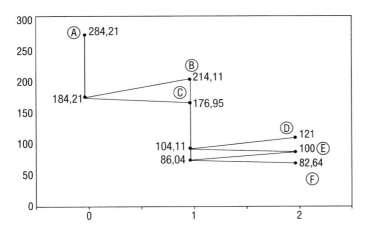

Abb. 6.10 Barwert-Ereignisbaum bei Technologie Y

Zusammengesetzte
Optionen und
Wechseloptionen

Hieraus folgt: Bestehen nur die Alternativen X und Y (ohne Flexibilität), so fällt die Entscheidung aufgrund des höheren Kapitalwerts zugunsten von X aus:

$$NPV_X = 191,05 > NPV_Y = 184,21$$

Als Nächstes untersuchen wir die Alternative zwischen einer Vorabentscheidung für Technologie X und einer Investition in die flexible Technologie Z. Um den Barwert von Z zu erhalten, müssen wir zunächst das optimale Wechselverhalten für alle möglichen Zustandsfolgen ermitteln. Wie bereits erörtert, hängt die optimale Betriebsweise – bedingt durch die Kosten eines Wechsels zwischen den Technologien – bei einem gegebenen Zustand zum einen vom Modus des vorhergehenden Zustands und zum anderen von den optimalen Modi in den möglichen Folgezuständen ab. Zu Beginn des Projekts kommen zwei Modi infrage: X und Y. Folglich müssen wir für jede der beiden Möglichkeiten die optimale Wechselstrategie entwickeln, inklusive der zugehörigen Entscheidungsbäume. Wechselflexibilität bedeutet: Befinden wir uns momentan beispielsweise in Modus X, so besitzen wir eine europäische Call-Option auf den Erwerb des Barwerts von Modus Y, und zwar zu einem Ausübungspreis, der den Kosten des Wechsels von X auf Y entspricht. Umgekehrt gilt natürlich das Gleiche. Wie schon bei der Analyse der anderen Optionen, beginnen wir auch hier am Ende des Entscheidungsbaumes; allerdings gilt es nun, an jedem Knoten die gleiche Frage zweimal zu stellen:

- Angenommen, wir befanden uns im vorausgehenden Zustand in Modus X: Sollen wir in X bleiben oder auf Y wechseln (und die Wechselkosten in Kauf nehmen)?
- Angenommen, wir befanden uns im vorausgehenden Zustand in Modus Y: Sollen wir in Y bleiben oder auf X wechseln (und die Wechselkosten in Kauf nehmen)?

Spielen wir dies nun beispielshalber an Zustand (D) durch. Die optimalen Entscheidungen lauten:

$$S_{XD} = MAX(PV_{XD}, PV_{YD} - C_{XY}) = MAX(196, 121 - 15) = 196 \implies \textit{In X bleiben}$$

$$S_{YD} = MAX(PV_{YD}, PV_{XD} - C_{YX}) = MAX(121, 196 - 10) = 186 \implies \textit{Auf X wechseln}$$

Nachdem wir für die Zustände am Periodenende in beiden Entscheidungsbäumen einen optimalen Wechsel ermittelt haben, analysieren wir nun rückwärts schreitend die Zustände der voraufgehenden Periode. Der erste Schritt besteht in der Berechnung des Barwerts für die beiden Entscheidungsbäume.

Zusammengesetzte
Optionen und
Wechseloptionen

Künftige Werte und aktueller Cashflow für Modus X   Künftige Werte und aktueller Cashflow für Modus Y

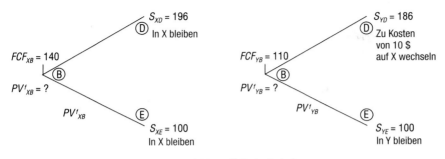

Entsprechende Werte für Technologie X

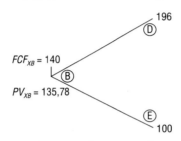

Abb. 6.11 Barwerte für die Technologien X und Y in Zustand B

Dies ist in Abbildung 6.11 illustriert. Für Knoten B, aktueller Modus X, stellen wir fest: Wenn wir mit X beginnen, findet in keinem der möglichen Folgezuständen D und E ein Wechsel statt. Der Barwert ist derselbe wie beim entsprechenden Knoten im Wertbaum der inflexiblen Technologie X (275,78). Bei gegebenem Modus Y an Knoten B stellt sich die Sache hingegen anders dar; nun ist in der Folgeperiode in Zustand D ein Wechsel auf X fällig. Den »flexiblen« Barwert PV^f_{YB} erhalten wir anhand des Barwertbaums von Technologie X (wir könnten aber genauso gut auch Y nehmen) wie folgt:

$$m = \frac{S_{YD} - S_{YE}}{PV_{XD} - PV_{XE}} = \frac{186 - 100}{196 - 100} = 0,8958$$

$$B = \frac{S_{YD} - mPV_{XD}}{1 + r_f} = \frac{186 - 0,8958 \times 196}{1,05} = 9,92$$

$$PV^f_{YB} = mPV_{XB} + B + FCF_{YB} = 0,8958 \times 135,78 + 9,92 + 110 = 241,55$$

Nun müssen wir für beide Entscheidungsbäume untersuchen, ob man optimalerweise im jeweiligen Modus verbleiben oder wechseln sollte. Bei Mo-

Zusammengesetzte
Optionen und
Wechseloptionen

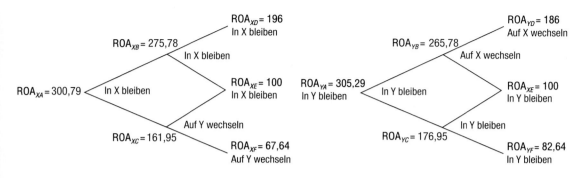

ROA-Bewertung mit Anfangsmodus X

$ROA_{XB} = 275{,}78$
In X bleiben

$ROA_{XA} = 300{,}79$
In X bleiben

$ROA_{XC} = 161{,}95$

$ROA_{XD} = 196$
In X bleiben

$ROA_{XE} = 100$
In X bleiben

Auf Y wechseln

$ROA_{XF} = 67{,}64$
Auf Y wechseln

ROA-Bewertung mit Anfangsmodus Y

$ROA_{YB} = 265{,}78$
Auf X wechseln

$ROA_{YA} = 305{,}29$
In Y bleiben

$ROA_{YC} = 176{,}95$

$ROA_{YD} = 186$
Auf X wechseln

$ROA_{XE} = 100$
In Y bleiben

In Y bleiben

$ROA_{YF} = 82{,}64$
In Y bleiben

Abb. 6.12 ROA-Bewertung der flexiblen Technologie Z

dus X lautet an Punkt B die Alternative: Bei Modus X bleiben und den Barwert von 275,27 realisieren, oder aber zu Kosten von 15 Dollar auf Y wechseln, um den entsprechenden Barwert für Modus Y zu erhalten, nämlich $PV^f_{YB} = 241{,}10$:

$$S_{XB} = MAX(PV^f_{XB}, PV^f_{YB} - C_{XY}) = MAX(275{,}78, 241{,}55 - 15) = 275{,}78$$
$$\Rightarrow \text{In X bleiben}$$

Prüfen wir nun umgekehrt für Entscheidungsbaum Y:

$$S_{YB} = MAX(PV^f_{YB}, PV^f_{XB} - C_{YX}) = MAX(241{,}55, 275{,}78 - 10) = 265{,}78$$
$$\Rightarrow \text{Auf X wechseln}$$

Wenn wir in diesem Sinne fortfahren (bis ganz zurück zum Anfang, wie in Abbildung 6.12 dargestellt), so erhalten wir im Ergebnis zwei Realoptionsbewertungen ($ROA_{XA} = 301{,}43$; $ROA_{YA} = 305{,}29$) der flexiblen Technologie Z, abhängig jeweils vom Anfangsmodus:

$$ROA_{YA} > ROA_{XA} > PV_{XA}$$

Wie gezeigt, ist der ROA-Wert der Technologie Z höher als der Barwert jeder der beiden Technologien ohne Flexibilität. Dies bedeutet, dass die durch die Technologie Z gebotene Flexibilität vorhandenenfalls – und sofern optimal genutzt – wertvoll wäre. Freilich bleibt noch zu prüfen, ob dieser zusätzliche Wert groß genug ist, um die zusätzliche Investition, welche eine mit Technologie Z ausgestattete neue Fabrik erfordert, zu rechtfertigen:

$$ROA_{ZX} = ROA_{XA} - I_Z = 301{,}43 - 110 = 191{,}43$$

$$ROA_{ZY} = ROA_{YA} - I_Z = 305{,}29 - 110 = 195{,}29$$

$$ROA_{ZY} > ROA_{ZX} > NPV_X$$

Die flexible Technologie Z ist bei der neuen Fabrik folglich immer vorzuziehen, ganz unabhängig also von der anfänglich gegebenen Betriebsweise. Ist diesbezüglich eine Wahl möglich, so empfiehlt es sich, mit Technologie Y zu beginnen, wie Abbildung 6.13 verdeutlicht.

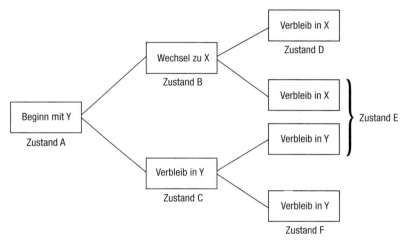

Abb. 6.13   Optimale Ausübung der Wechseloptionen

Wie bei der anderen Realoptionsanalyse, so stellt das Endergebnis auch hier nicht nur eine korrekte Bewertung des Projekts mit Flexibilität, sondern auch einen optimalen Alternativplan für die Ausübung der verfügbaren Optionen dar. In unserem einfachen Beispiel ist es gleichgültig, in welchem Betriebsmodus wir uns in Zustand E befinden, da der freie Cashflow von 100 Dollar in beiden Modi gesichert ist. In komplizierteren Beispielen jedoch liegt der Fall häufig anders. Oft erhält man einen Betrieb aufrecht, der weniger freie Überschüsse erwirtschaftet, als dies bei der Alternative der Fall wäre. Beispielsweise bleiben Unternehmen oft allzu lange in Auslandsmärkten, obwohl sie Geld verlieren, oder man hält an den herkömmlichen Zulieferern fest, obgleich anderweitig die Qualität besser und der Preis günstiger ist. Der Realoptionsansatz liefert interessante Erkenntnisse dazu, warum ein Wechsel auch bei hohen Wechselkosten nicht selten sinnvoll ist.

Eine der vielen Erweiterungen des Wechselproblems bezieht sich etwa auf die Frage, was geschieht, wenn es sich beim Basisobjekt um eine nicht erneuerbare Ressource wie zum Beispiel Erdöl handelt und zwei Betriebsweisen möglich sind – hohe Förderquote und niedrige Förderquote. Ein anderes Beispiel wäre die Holzgewinnung. In diesem Fall ist die Ressource auf konstanter Basis erneuerbar, da ein abgeholzter Wald immer wieder neu angepflanzt werden kann. Angenommen, der Öl- beziehungsweise Holzpreis steigt: Sollte die Förderquote erhöht oder gesenkt werden? Welchen Einfluss hat die Preissteigerung auf die optimale Abholzquote – Intensivierung ja oder nein?

Zusammenfassendes Fazit

Wir haben in diesem Kapitel unser Grundinstrumentarium ausgebaut. In Ergänzung zu einfachen Optionen wie Abbruch-, Einschränkungs-, Erweiterungs-, Verlängerungs- und Aufschuboptionen (siehe Kapitel 5) haben wir nun auch zusammengesetzte Optionen und Wechseloptionen kennen gelernt. Letztere sind zugegebenermaßen etwas komplizierter und schwieriger, dafür aber auch sehr praxisnah, sodass sie aus dem Realoptionsrepertoire im Grunde gar nicht wegzudenken sind. Zusammengesetzte Optionen und Wechseloptionen sind indes nicht nur viel breiter anwendbar als das simple Black-Scholes-Modell, sondern auch viel genauer. Zudem besitzen sie den entscheidenden Vorteil, dass sie exakt Aufschluss darüber geben, wann Handeln angesagt ist – etwa anhand der präzisen Preispunkte, an denen ein optimaler Wechsel zwischen zwei Betriebsweisen möglich ist. Meist nämlich wird in der Praxis dieser Wechselpunkt verpasst, indem zum Beispiel die Stilllegungsentscheidung zu lange hinausgeschoben wird, wenn Betriebsverluste gegen die Kosten einer Schließung abgewogen werden müssen. Bei der Planung eines Projekts wiederum besteht die Tendenz, den Wert der Flexibilität zu unterschätzen.

Übungsaufgaben

1. Angenommen, die Kosten eines Wechsels ändern sich im Laufe der Zeit. Beispielsweise mögen sie in der Frühphase eines Projekts recht gering sein, später jedoch enorm hoch. Rechnen Sie das in den Abbildungen 6.8 bis 6.13 illustrierte Beispiel erneut durch unter der Annahme folgender Wechselkosten in den Perioden 1 bis 2: 10 und 20 Dollar, wenn Wechsel von X auf Y; 20 und 10 Dollar, wenn Wechsel von Y auf X.

2. Der Wert eines Erzabbauprojekts hängt von folgenden Faktoren ab: Fördervolumen insgesamt (sagen wir, 12 000 Tonnen); Marktpreis/Kassakurs (aktuell 20 Dollar je Tonne); Kapitalkosten (12 Prozent); risikofreier Zinssatz (5 Prozent pro Jahr); Abbauquote (4 000 Tonnen jährlich); Abbaukosten (22 Dollar je Tonne). Es besteht eine 50-prozentige Wahrscheinlichkeit, dass der Preis binnen eines Jahres um 50 Prozent steigt oder um 33,33 Prozent fällt. Die Betriebseröffnungskosten liegen bei 20 000 Dollar, die Schließungskosten bei 30 000 Dollar. Angenommen, die Mine ist derzeit in Betrieb: Wie lautet die optimale Regel für die Stilllegung? Wie hoch ist der Wert der Mine? Welche Ergebnisauswirkungen hat ein Preisanstieg auf 26 Dollar je Tonne?

3. Bearbeiten Sie Aufgabe 2 unter der Voraussetzung, dass drei Betriebsmodi zur Wahl stehen: Produktion von 4 000 Tonnen jährlich; 2 000 Tonnen jährlich; Schließung. Der Wechsel von 4 000 auf 2 000 Tonnen – wie auch umgekehrt – ist kostenfrei. Der Wechsel von 2 000 Tonnen zur Einstellung des Betriebs kostet 20 000 Dollar; die Wiederinbetriebnahmekosten liegen bei 30 000 Dollar.

4. Angenommen, wir besitzen eine zusammengesetzte Option paralleler Art, wobei die Volatilität des zugrunde liegenden Risikowerts mit der Zeit abnimmt. Bearbeiten Sie das in den Abbildungen 6.1 bis 6.4 illustrierte Beispiel unter der Annahme, dass sich die Volatilität des Unternehmens wie folgt verändert: Rückgang von 12,75 Prozent im ersten auf 8 Prozent im zweiten und 4 Prozent im dritten Jahr. (Hinweis: Es handelt sich hier um einen nicht rekombinierenden Baum.)

5. Kombinieren Sie eine Aufschuboption mit einer zusammengesetzten Option sequenziellen Typs. Verwenden Sie dabei das in den Abbildungen 6.5 bis 6.7 illustrierte Beispiel, jedoch unter der Annahme, dass die zweite Projektphase zu Kosten von 65 Dollar um ein Jahr verschoben werden kann. (Anmerkung: Bearbeiten Sie diese Aufgabe erst im Anschluss an die Lektüre von Kapitel 7.)

6. Ein Unternehmen besitzt bei einem Auslandsprojekt eine Betriebslizenz für zwei weitere Jahre, die Rahmenbedingungen lauten wie folgt:

   – Die gewichteten Gesamtkapitalkosten (WACC) betragen 12 Prozent.
   – Der Cashflow und der Barwert unterliegen gewissen Unsicherheiten.

   Das Unternehmen erwägt, im folgenden Jahr aus dem Markt herauszugehen, falls Cashflow und Barwert ins Minus rutschen. Falls man am Ende des ersten Jahres tatsächlich aussteigt, wäre ein Neueintritt im letzten Jahr mit zusätzlichen Kosten in Höhe von 20 Millionen Dollar verbunden. Sollte das Unternehmen im Falle eines negativen Cashflows und Barwerts die Ausstiegsoption wahrnehmen? Ändert sich die Entscheidung, wenn die Kosten eines Neueintritts in den Markt im zweiten Jahr nur 10 Millionen Dollar betragen?

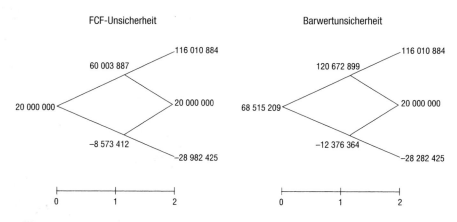

7. (Anmerkung: Bearbeiten Sie diese Aufgabe erst im Anschluss an die Lektüre von Kapitel 7.)

Erstellen Sie für ein Projekt mit Wechselflexibilität zwischen zwei Betriebsweisen eine Kalkulationstabelle für zwei Perioden.

Modus A:
– Anfänglicher freier Cashflow: 10 Dollar
– Periodenvolatilität des freien Cashflows: 35 Prozent
– Aufwärtswahrscheinlichkeit: 0,5

Modus B:
– Anfänglicher freier Cashflow: 10 Dollar
– Periodenvolatilität des freien Cashflows: 15 Prozent
– Aufwärtswahrscheinlichkeit: 0,5

Wechselkosten:
– Von A nach B: 2 Dollar
– Von B nach A: 1 Dollar

Der risikofreie Zinssatz beträgt 5 Prozent, die gewichteten Gesamtkapitalkosten (WACC) belaufen sich auf 12 Prozent.

Zusammengesetzte
Optionen und
Wechseloptionen

Wie hoch ist der Projektwert, wenn mit Modus A begonnen wird? Wie hoch ist der Projektwert, wenn mit Modus B begonnen wird? Ist es von Bedeutung, in welchem Modus begonnen wird, wenn die Wechselkosten bei null liegen?

Kapitel 7
Von ganzjährigen zu untergliederten Perioden

In diesem Kapitel befassen wir uns mit der Frage, wie sich der Gitteransatz zur Lösung von Realoptionsproblemen noch verfeinern und präziser gestalten lässt, indem man die Jahresperiode, mit der wir bei unseren einfachen Gittermodellen bisher gearbeitet haben, in eine Vielzahl kleinerer Intervalle untergliedert, sodass sich die Ergebnisse im Grenzfall kontinuierlich über die Zeit darstellen lassen. Wir werden Ihnen ferner zeigen, wie man bei der Bewertung elementarer Optionsarten auf Binomialgitterbasis mit Excel-Kalkulationsmodellen arbeitet. Dieses Kapitel ist zwar zweifellos wichtig für das Verständnis der Funktionsweise von Gitterlösungen (und damit all denjenigen zu empfehlen, die mit der Programmierung und Prüfung von Modellen zu tun haben). Wer dieses Buch allerdings nur aus grundsätzlichem Interesse am Thema liest, wie dies bei höheren Führungskräften vielleicht der Fall sein mag, kann dieses Kapitel auch auslassen.

Gitter sind für die Lösung von Optionspreisproblemen im Allgemeinen brauchbarer als stochastische Kalküle, wiewohl nicht ganz so elegant. Wir wollen uns in diesem Kapitel speziell mit den Arbeiten von Cox, Ross und Rubinstein (1979) auseinander setzen. Die drei Autoren haben auf wahrscheinlichkeitstheoretischer Basis einen Binomialgitteransatz zur Optionspreisbestimmung entwickelt, der anhand diskreter Mathematik zu Ergebnissen gelangt, die zu dem von Black und Scholes (1973) und anderen benutzten Itô-Kalkül völlig isomorph sind. Aus der Sicht des Praktikers freilich hat die diskrete Mathematik einen entscheidenden Vorteil: Sie ist algebraischer Natur und damit viel leichter verständlich und anwendungsfreundlicher als stochastische Differenzialgleichungen.

Dieses Kapitel ist folgendermaßen aufgebaut: Zunächst behandeln wir kurz das Pascalsche Dreieck, da es die Grundlage der in der binomialen Wahrscheinlichkeitstheorie verwendeten kombinatorischen Mathematik ist. Danach leiten wir das binomiale Optionspreismodell ab und zeigen auch, wie sich das Binomialmodell im Grenzfall dem Black-Scholes-Modell nähert. Abschließend führen wir vor, wie sich Grundtypen europäischer und amerikanischer Optionen anhand einfacher Tabellenkalkulationsmodelle bewerten lassen. Im nachfolgenden Kapitel 8 werden wir dann sehen, dass sich praktisch alle Realoptionsprobleme mithilfe binomischer Gitter lösen lassen, da der Barwert von Realvermögen (Sachwerten) einem geometrischen Brownschen Prozess folgt, wie von Binomialgittern modelliert.

Das Pascalsche Dreieck — ein wichtiger Baustein

Zum besseren Verständnis eines binomialen Entscheidungsbaumes (des gängigsten Gittertyps, mit dem wir uns hier befassen) beginnen wir mit dem Pascalschen Dreieck, einem einfachen Hilfsmittel zur Zählung der Verteilung der Ergebnisse binomialer Versuche. Ein Beispiel ist der Münzwurf, bei dem es nur zwei mögliche Resultate gibt: Zahl oder Wappen. Abbildung 7.1 zeigt das entsprechende Pascalsche Dreieck. Am Anfang (kein Münzwurf; siehe Reihe 0) zeigt die Münze mit Sicherheit entweder Zahl oder Wappen, folglich gibt es nur ein mögliches Ergebnis. Bei einem Versuch (einem Wurf) gibt es zwei gleich wahrscheinliche Ergebnisse, nämlich Zahl oder Wappen, wie die Reihe 1 ($T = 1$) zeigt. Bei zwei Versuchen gibt es bereits drei mögliche Ergebnisse: zweimal Zahl; einmal Zahl und einmal Wappen; zweimal Wappen. Das Pascalsche Dreieck ist ein Zahlenschema, bei dem jede Zahl der folgenden Reihe die Summe der beiden benachbarten Zahlen der vorhergehenden Reihe darstellt. In Reihe 2 etwa stellen wir fest, dass es nur eine einzige Möglichkeit gibt, zweimal Zahl (ZZ) oder zweimal Wappen (WW) zu bekommen, hinge-

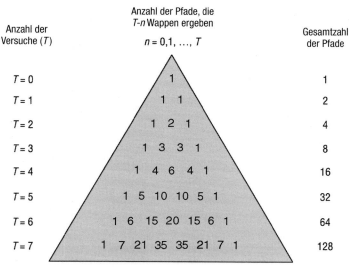

Abb. 7.1   Pascalsches Dreieck

gen zwei Möglichkeiten für die Kombination aus einmal Zahl und einmal Wappen (WZ und ZW). Ein Blick auf Reihe 3 ($T = 3$) lässt erkennen, wie sich das Pascalsche Dreieck kaskadenartig nach unten fortsetzt. Es gibt jeweils nur eine Möglichkeit, dreimal Zahl oder dreimal Wappen zu erhalten, jedoch drei Möglichkeiten, zweimal Zahl und einmal Wappen (ZZW, ZWZ, WZZ) oder einmal Zahl und zweimal Wappen (ZWW, WZW, WWZ) zu bekommen. Die Wahrscheinlichkeit einer jeden Kombination liegt bei $\left(\frac{1}{2}\right)^3 = \frac{1}{8}$.

Mathematisch lässt sich die Wahrscheinlichkeit (W) von n-mal Wappen bei T Versuchen wie folgt ausdrücken:

$$W(n \mid T) = \textit{Koeff.}\ p^n\ (1 - p)^{T-n}$$

wobei »*Koeff.*« für den Koeffizienten aus dem Pascalschen Dreieck steht. Beispielsweise ergibt sich für die Wahrscheinlichkeit, dass bei drei Versuchen zweimal Wappen und einmal Zahl zu beobachten ist:

$$W(2 \mid 3) = 3 \left(\frac{1}{2}\right)^2 \left(1 - \frac{1}{2}\right)^{3-2} = 3 \left(\frac{1}{2}\right)^2 \left(\frac{1}{2}\right) = \frac{3}{8}$$

Eine andere Möglichkeit, den Wert des Koeffizienten zu berechnen, bietet die kombinatorische Schreibweise:

$$\textit{Koeff.} = \binom{T}{n} = \frac{T!}{(T - n)!\,n!}$$

»T!« ist als »*T-Fakultät*« zu lesen, wobei »Fakultät« bedeutet: T mal $T - 1$ mal $T - 2$ (und so fort, bis hinunter auf eins). Der Term »*T über n*« wiederum ist zu verstehen als »T Ereignisse, n Beobachtungen«. In unserem Beispiel handelt es sich um »drei Ereignisse« (das heißt drei Versuche) und zwei Beobachtungen (das heißt zweimal Wappen bei drei Versuchen). Im Übrigen wissen wir noch von der Schule her, dass Fakultät 0 (0!) per Definition den Wert 1 besitzt. Wenn wir die Anzahl der möglichen Kombinationen mit zweimal Wappen bei drei Münzwurfversuchen also anhand der kombinatorischen Schreibweise (anstelle des Pascalschen Dreiecks) zu ermitteln versuchen, stellt sich dies so dar:

$$\textit{Koeff.} = \binom{3}{2} = \frac{3!}{(3 - 2)!\,2!} = \frac{3 \times 2 \times 1}{(1 \times 2 \times 1)} = 3$$

Auf der Basis der kombinatorischen Schreibweise ergibt sich für die binomiale Wahrscheinlichkeit, dass bei T Versuchen n-mal Wappen beobachtbar

Von ganzjährigen zu untergliederten Perioden

ist (dies unter der Annahme, dass das Ereignis Wappen mit der Wahrscheinlichkeit p eintritt):

$$B(n, | T, p) = \binom{T}{n} p^n (1-p)^{T-n}$$

Beispielsweise berechnet sich die binomiale Wahrscheinlichkeit von dreimal Wappen bei den sieben Versuchen für das in Abbildung 7.2 dargestellte Binomialgitter:

$$B(3 \text{ Wappen}, | 7 \text{ Versuche}, p = 0,5) = \binom{7}{3} 0,5^3 0,5^{7-3} = \frac{7!}{(7-3)!3!} 0,5^7$$

$$= \frac{7 \times 6 \times 5 \times 4 \times 3 \times 2 \times 1}{(4 \times 3 \times 2 \times 1)(3 \times 2 \times 1)} 0,0078125$$

$$= 7 \times 5 \times 0,0078125 = 35 \times 0,0078125 = 0,2734375$$

Die Ableitung der zu erwartenden Anzahl »Wappen« sowie die Varianz können wir hier nicht erörtern, da dies den Rahmen dieses Buches sprengen wür-

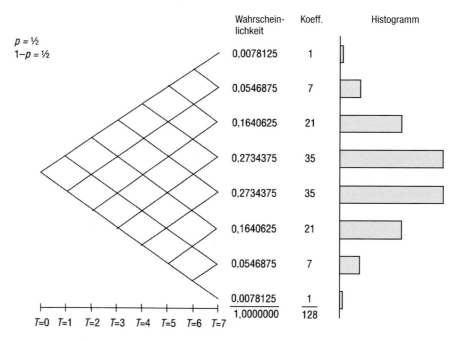

Abb. 7.2   Binomiale Wahrscheinlichkeiten bei sieben Versuchen

de (siehe Feller, 1968). Kommen wir daher gleich zu den Ergebnissen. Die zu erwartende Anzahl »Wappen« lautet:

$$E(T \mid n) = Tp$$

Die Varianz lautet:

$$VAR(n \mid T, p) = Tp(1 - p)$$

Wenn die Auf- und Abwärtsbewegungen des Wertes in einem Binomialbaum multiplikativen Charakter besitzen (also einem geometrischen Muster folgen) und der Anfangswert positiv ist, so sind die diskreten Ergebnisse an den Ästen des Baumes am unteren Ende durch den Wert 0 begrenzt, während sie sich oben mit steigender Periodenzahl Unendlich nähern. Die Wahrscheinlichkeitsverteilung nähert sich in dem Maße, wie die Anzahl der Äste ins Unendliche steigt, einer Log-Normalverteilung, wie Abbildung 7.3 illustriert.

Besitzen die Auf- und Abwärtsbewegungen in einem Binomialbaum hingegen additiven Charakter (wobei $p = 1/2$), so sind die Payoffs an den Astenden nicht begrenzt und nähern sich mit steigender Periodenzahl plus oder minus Unendlich (siehe Abbildung 7.4). Das multiplikative Modell nähert sich ebenso wie das additive dem jeweiligen Grenzwert sowohl bei steigender Periodenzahl als auch bei ständig feinerer Unterteilung einzelner Perioden.

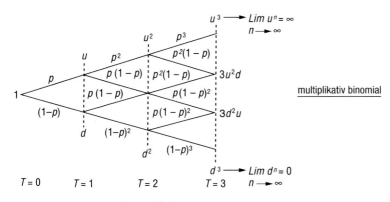

Abb. 7.3 Multiplikatives Binomialgitter

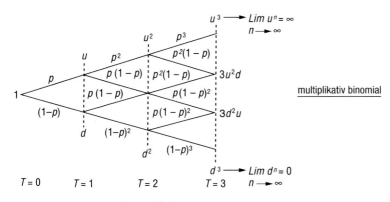multiplikativ binomial

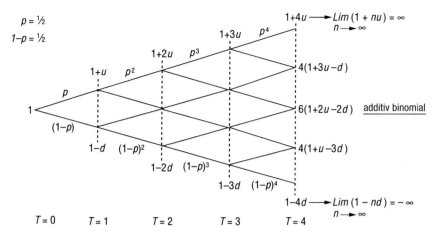

Abb. 7.4 Additives Binomialgitter

Ableitung der binomialen Optionspreisgleichung – zwei Perioden

Beginnen wir mit einem Rückblick. In Kapitel 4 haben wir ein einfaches einperiodiges Modell für eine Call-Option abgeleitet (siehe Gleichung 4.2), geschrieben wie folgt:

$$C = [\,p\,C_u + (1-p)\,C_d\,] \div (1 + r_f)$$
$$p = \frac{(1 + r_f) - d}{u - d}$$
$$1 - p = \frac{u - (1 + r_f)}{u - d}$$

Der Wert der Kaufoption, C, entspricht den Payoffs am Periodenende, C_u und C_d, multipliziert mit ihren risikoneutralen (beziehungsweise risikobereinigten) Wahrscheinlichkeiten, p und $(1-p)$, plus anschließender Abzinsung zum risikofreien Satz (r_f). Die Periodenende-Payoffs sind zum einen abhängig vom Wert des risikobehafteten Basisobjekts (welcher seinerseits vom jeweiligen Umweltzustand abhängt, in dem wir uns befinden, sprich: günstig oder ungünstig), zum anderen vom Ausübungspreis der Option (X). Folglich gilt: $C_u = MAX[uV_0 - X, 0]$ und $C_d = MAX[dV_0 - X, 0]$. Beachten Sie, dass der Wert der Kaufoption *nicht* von der subjektiven (anlegerseitigen) Einschätzung der Wahrscheinlichkeit des günstigen und ungünstigen Zustands abhängt, da die marktaggregierte Wahrscheinlichkeit dieser Zustände im Wert des zugrunde liegenden Risikoobjekts, V_0, enthalten ist.

Erweitern wir nun unser Modell von einer Periode auf eine Vielzahl von Perioden. Nehmen wir erstens an, dass die Auf- und Abwärtsbewegungen multiplikativer (geometrischer) Natur sind, das heißt $u = 1/d$. Ferner unterstellen wir, dass der risikobehaftete Basiswert dividendenlos und der risikofreie Zinssatz konstant sind (uniforme Zinsstruktur) und der Basispreis der Option (X) festliegt. Abbildung 7.5 zeigt eine zweiperiodige Erweiterung des Modells, wobei angenommen wird: $V_0 = 20$ \$; $u = 1,2$; $X = 21$ \$; risikofreier Zinssatz = 10 %. Der linke Teil der Grafik bezieht sich auf das risikobehaftete Basisobjekt, der rechte Teil auf die zugehörige Option.

Wir können nach C_u und C_d auflösen, indem wir die einperiodige Optionspreisformel folgendermaßen anwenden beziehungsweise umbauen:

$$C_u = [pC_{uu} + (1-p)C_{ud}] / (1 + r_f)$$
$$C_d = [pC_{ud} + (1-p)C_{dd}] / (1 + r_f)$$

Wie zuvor können wir während der ersten Periode ein risikoloses Hedge-Portfolio aufbauen. Daraus ergibt sich die folgende Gleichung für den Wert der Kaufoption:

$$C_0 = [pC_u + (1-p)C_d] / (1 + r_f)$$

Durch Einsetzung der obigen Werte von C_u und C_d erhalten wir:

$$C_0 = [p^2 C_{uu} + p(1-p)C_{ud} + (1-p)p \, C_{du} + (1-p)^2 \, C_{dd} / (1 + r_f)^2$$

wobei: $\quad C_{uu} = MAX[0, u^2 V_0 - X]$
$$C_{du} = C_{ud} = MAX[0, ud V_0 - X]$$
$$C_{dd} = MAX[0, d^2 V_0 - X]$$

Wenn wir nun die Zahlen aus Abbildung 7.5 in die Formel einsetzen, so ergibt sich:

$$p = \frac{(1+r_f) - d}{u - d} = \frac{(1+0,1) - \dfrac{1}{1,2}}{1,2 - \dfrac{1}{1,2}} = 0,7273$$

$$1 - p = 0,2727$$

$$C_0 = \frac{0,7273^2 (7,80)}{1,1^2} = 3,41 \, \$$$

Von ganzjährigen zu untergliederten Perioden

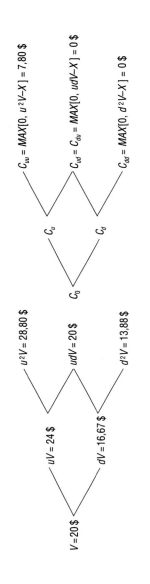

Risikobehaftetes Basisobjekt

Call-Option

Abb. 7.5 Zweiperiodiges Binomialbeispiel

Erweiterung des Binomialansatzes auf eine Vielzahl von Perioden

Unter der Annahme, dass wir es weiterhin mit einem multiplikativen Prozess zu tun haben, lässt sich die allgemeine Form der Payoff-Funktion folgendermaßen schreiben (wobei T für die Gesamtzahl der Perioden und n für die Anzahl der Aufwärtsbewegungen im Wert des Risiko-Basisobjekts steht):

$$MAX[0,\ u^n d^{T-n} V_0 - X]$$

Unter Verwendung des Ausdrucks für binomiale Wahrscheinlichkeiten, den wir weiter oben entwickelt haben, lautet die Wahrscheinlichkeit für die einzelnen Payoffs:

$$B\left(n\,|\,T,p\right) = \frac{T!}{(T-n)!\,n!}\,p^n(1-p)^{T-n}$$

Durch Multiplikation der Payoffs mit den Wahrscheinlichkeiten und Summation über alle möglichen Payoffs hinweg erhalten wir:

$$C_0 = \left\{ \sum_{n=0}^{T} \frac{T!}{(T-n)!\,n!}\,p^n(1-p)^{T-n}\,MAX[0,\ u^n d^{T-n} V_0 - X] \right\} \div (1+r_f)^T$$

Diese Formel genügt uns im Prinzip zwar, doch wollen wir sie einmal mit der Black-Scholes-Formel vergleichen. Dazu müssen wir die Analyse aber noch etwas erweitern.

Erstens stellen wir fest, dass viele der letztendlichen Payoffs den Wert 0 annehmen, weil die Option in vielen Umweltzuständen »aus dem Geld« endet. Definieren wir a als die positive ganze Zahl, die jene Zustände begrenzt, in denen die Option einen nicht-negativen Wert besitzt. Die allgemeine Form der Binomialgleichung lässt sich nun so reformulieren:

$$C_0 = \left\{ \sum_{n=a}^{T} \frac{T!}{(T-n)!\,n!}\,p^n(1-p)^{T-n}[u^n d^{T-n} V_0 - X] \right\} \div (1+r_f)^T$$

Sämtliche Zustände mit $n < a$ gehen mit null Payoff einher, da die Kaufoption nicht ausgeübt wird. Als Nächstes zerlegen wir die Gleichung in zwei Teile:

$$C_0 = V_0 \left[\sum_{n=a}^{T} \frac{T!}{(T-n)!\,n!}\,p^n(1-p)^{T-n}\frac{u^n d^{T-n}}{(1+r_f)^T} \right] - X(1+r_f)^{-T} \left[\sum_{n=a}^{T} \frac{T!}{(T-n)!\,n!}\,p^n(1-p)^{T-n} \right]$$

Der zweite Klammerausdruck stellt den diskontierten Basispreis, $X(1 + r_f)^{-T}$, dar, multipliziert mit der so genannten komplementären binomialen Verteilung, $B(n \geq a \mid T, p)$. Dies ist die kumulative Wahrscheinlichkeit einer »Im-Geld-Option« (das heißt, wenn $n \geq a$), wobei es sich bei den Wahrscheinlichkeiten um die mit dem risikolosen Hedge-Portfolio ermittelten sicherheitsäquivalenten Werte handelt. Wenn wir beispielsweise Abbildung 7.2 zum Ausgangspunkt nehmen und mit folgenden Werten arbeiten – V_0 = 100 \$; u = 1,5 (das heißt 150 % pro Jahr); Basispreis = 250 \$; Optionslaufzeit = 7 Perioden; risikofreier Jahreszinssatz = 10 % –, so erhalten wir die Parameter von Abbildung 7.6. Hierbei gibt es acht verschiedene Endzustände. Die Anzahl der Aufwärtsbewegungen reicht von 0 bis 7. Bei einem Ausübungspreis von 250 Dollar ist die Option nur in den drei günstigsten Zuständen – also bei 5, 6 oder 7 Aufwärtsbewegungen – im Geld. Folglich liegt der Wert des Grenzzustands, Zustand a, bei 5. Als risikoneutrale Wahrscheinlichkeit ergibt sich p = (1,1 – 0,667)/(1,5 – 0,667) = 0,52. Die komplementäre binomiale Wahrscheinlichkeit ist die kumulative Wahrscheinlichkeit (basierend auf risikoneutralen Wahrscheinlichkeiten), »im Geld« zu enden, nämlich 26 Prozent. Dies ist mithin die Wahrscheinlichkeit, dass es zur Zahlung des Basispreises kommt. Folglich nimmt der zweite Term unserer Binomialformel folgenden Wert an:

$$X(1 + r_f)^{-T} B(n \geq a \mid T, p) = 250(1{,}10)^{-7} (0{,}260668) = 33{,}44 \text{ \$}$$

Der erste Term des binomialen Optionspreismodells (wie in der obigen zweigeteilten Gleichung wiedergegeben) ist der aktuelle Wert des zugrunde liegenden Risikoobjekts, V_0 = 100 \$, multipliziert mit einer weiteren komplementären binomialen Wahrscheinlichkeit, die identisch ist mit eins abzüglich des Hedge-Faktors von Optionen zum Basisobjekt, der benötigt wird, um ein risikofreies Portfolio aus einer Einheit des Basisobjekts (Underlying) und m Call-Optionen zu bilden. Zur Ermittlung der im ersten Term zu verwendenden komplementären Wahrscheinlichkeit setzen wir

$$p' \equiv \left[\frac{u}{(1 + r_f)} \right] p$$

und

$$1 - p' \equiv \left[\frac{d}{(1 + r_f)} \right] (1 - p)$$

Nun lässt sich die Wahrscheinlichkeitsfunktion im ersten Term wie folgt reduzieren:

$$p^n(1-p)^{T-n}\frac{u^n d^{T-n}}{(1+r_f)^T} = \left[\frac{u}{(1+r_f)}p\right]^n\left[\frac{d}{(1+r_f)}(1-p)\right]^{T-n} = (p')^n(1-p')^{T-n}$$

Nach dieser Umformung lässt sich das Binomialmodell für die Preisbestimmung europäischer Call-Optionen (bei multiplikativem stochastischem Prozess) folgendermaßen zusammenfassen:

$$C_0 = V_0\, B(n \geq a \mid T, p') - X(1 + r_f)\, B(n \geq a \mid T, p)$$

wobei

$$p \equiv \frac{(1+r_f)-d}{u-d}$$

$$p' = \left[\frac{u}{1+r_f}\right]p$$

$a \equiv$ kleinste nicht-negative ganze Zahl größer als $\ln(X/V_0 d^n)/\ln(u/d)$
$B(n \geq a \mid T, p) =$ komplementäre binomiale Wahrscheinlichkeit, dass $n \geq a$

Wir können nun unser Beispiel in Abbildung 7.6 abschließen, indem wir die komplementäre binomiale Wahrscheinlichkeit im ersten Term der Gleichung berechnen:

$$p' = \left[\frac{u}{1+r_f}\right]p = \left(\frac{1,5}{1,1}\right)0,52 = 0,7091$$

und

$$1 - p' = \left[\frac{d}{(1+r_f)}\right](1-p) = \left(\frac{0,667}{1,1}\right)(1-0,52) = 0,2909$$

Die letzte Spalte in Abbildung 7.6 zeigt die Verteilung der Wahrscheinlichkeiten in der siebten Periode. Der Wert der komplementären binomialen Wahrscheinlichkeit $B(n \geq 6 \mid 7, 0,7091)$ lautet $0,6676$. Hieraus resultiert für die Option bei siebenperiodigem Binomialansatz folgender Wert:

$$C_0 = V_0\, B(n \geq a \mid T, p') - X(1 + r_f)^{-T}\, B(n \geq a \mid T, p) = 100\ \$(0,6676) - 250\ \$\,(1,1)^{-7}$$
$$(0,2606) = 66,75\ \$ - 33,44\ \$ = 33,32\ \$$$

Von ganzjährigen
zu untergliederten
Perioden

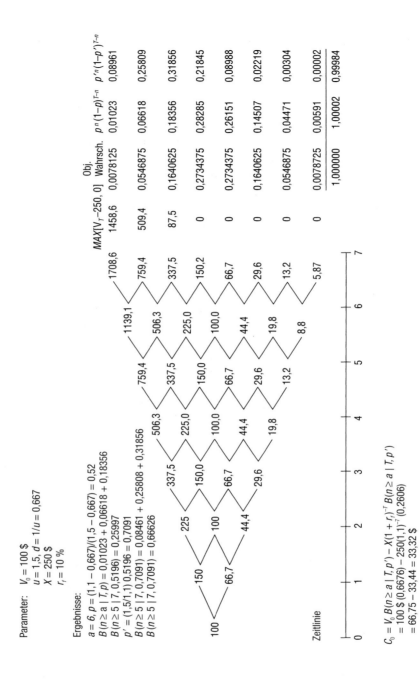

Parameter: $V_0 = 100\ \$$
$u = 1{,}5,\ d = 1/u = 0{,}667$
$X = 250\ \$$
$r_f = 10\ \%$

Ergebnisse:

$a = 6,\ p = (1{,}1 - 0{,}667)/(1{,}5 - 0{,}667) = 0{,}52$
$B(n \geq a \mid T, p) = 0{,}01023 + 0{,}06618 + 0{,}18356$
$B(n \geq 5 \mid 7,\ 0{,}5196) = 0{,}25997$
$p' = (1{,}5/1{,}1)\ 0{,}5196 = 0{,}7091$
$B(n \geq 5 \mid 7,\ 0{,}7091) = 0{,}08461 + 0{,}25808 + 0{,}31856$
$B(n \geq 5 \mid 7,\ 0{,}7091) = 0{,}66626$

Zeitlinie

$C_0 = V_0\,B(n \geq a \mid T, p') - X(1 + r_f)^{-T}\,B(n \geq a \mid T, p')$
$= 100\ \$\ (0{,}6676) - 250(1{,}1)^{-7}\,(0{,}2606)$
$= 66{,}75 - 33{,}44 = 33{,}32\ \$$

Abb. 7.6 Siebenperiodiges Binomialbeispiel

Im nächsten Abschnitt unterteilen wir nun die einzelnen Jahresperioden in eine unendliche Zahl von Subintervallen. Wie wir sehen werden, kommen wir damit zum gleichen Ergebnis wie mit der Black-Scholes-Formel.

Die Black-Scholes-Formel als Grenzfall des binomialen Optionspreismodells

Die Binomialformel lässt sich in eine erweiterte, gleichsam zeitlich kontinuierliche Form bringen, indem man die Laufzeit, T Jahre, in immer mehr Subintervalle (n) unterteilt, bis sich n schließlich Unendlich nähert. Stellen wir die beiden Modelle vergleichshalber einmal nebeneinander. Hier zunächst das Black-Scholes-Modell:

$$C_0 = V_0 N(d_1) - X e^{-r_f T} N(d_2)$$

wobei

$$d_1 = \frac{\ln\left(\dfrac{V_0}{X}\right) + r_f T}{\sigma\sqrt{T}} + \frac{1}{2}\sigma\sqrt{T}$$

$$d_2 = d_1 - \sigma\sqrt{T}$$

Das Binomialmodell hat demgegenüber die folgende Form:

$$C_0 = V_0\, B(n \geq a \mid T, p) - X(1 + r_f)\, B(n \geq a \mid T, p')$$

wobei

$$p = \frac{(1 + r_f - d)}{u - d}$$

$$p' = \frac{u}{1 + r_f}\, p$$

Der Zusammenhang zwischen diskreter und kontinuierlicher (kumulativer) Bildung des risikofreien Zinssatzes ist unschwer zu erkennen. Wenn wir r_f als Jahresrendite definieren und j als jenen Satz, der sich im Zeitraum T (definiert als Anzahl der Jahre bis zum Verfall der Option) n-mal aufzinst, so erhalten wir:

$$\underset{N \to \infty}{Lim}(1 + \frac{j}{n/T})^{n/T} = e^j = (1 + r_f)$$

Cox, Ross und Rubinstein (1979) leiteten eine Beziehung ab, die es uns erlaubt, zwischen den Auf- und Abwärtsbewegungen in einem Binomialgitter und der aktuellen jährlichen Standardabweichung der Basiswertrendite umzurechnen. Ihre Gleichungen lauten:

$$u = e^{\sigma\sqrt{T/n}}$$

$$d = e^{-\sigma\sqrt{T/n}}$$

Beim Vergleich des Binomialmodells mit dem Black-Scholes-Modell geht es nun darum, die Terme für die kumulierte Wahrscheinlichkeit bei Normalverteilung zu den Termen für die komplementäre binomiale Wahrscheinlichkeit in Relation zu setzen. Diese Terme konvergieren im Grenzwert, wenn also die Anzahl der Gitterknoten je Periode sehr groß wird (gegen Unendlich geht). Mathematisch ausgedrückt:

$$B(n \ge a \mid T, \ p') \to N(d_1)$$

$$B(n \ge a \mid T, \ p) \to N(d_2)$$

Folglich nähert sich das Binomialmodell im Grenzfall, das heißt, wenn n gegen Unendlich strebt, dem Black-Scholes-Modell. Wie sich dies konkret darstellt, werden wir im nächsten Abschnitt sehen, wenn wir anhand des Binomialmodells eine Excel-Kalkulationstabelle erstellen und dabei die Anzahl der Schritte respektive Intervalle pro Jahr immer größer werden lassen. Zunächst jedoch wollen wir den Wert für dieselbe Call-Option anhand der Black-Scholes-Formel ermitteln, angewandt auf das siebenperiodige Beispiel in Abbildung 7.6. Erstens gilt es, die Standardabweichung, σ, zu bestimmen, die den Auf- und Abwärtsbewegungen unseres Binomialbaums entspricht. Unser Beispiel umfasst sieben Jahre ($T = 7$) mit je sieben Subintervallen ($n = 7$). Daraus ergibt sich:

$$u = e^{\sigma\sqrt{T/n}}$$

$$\ln(u) = \sigma\sqrt{\frac{T}{n}} = \sigma\sqrt{7 \div 7}$$

$$\sigma = \ln(u) = \ln(1{,}5) = 0{,}4055$$

Die Black-Scholes-Formel verlangt einen fortlaufend kumulierenden (aufgezinsten) risikofreien Zinssatz. Die Umrechnungsgleichung lautet:

$$1 + r_f = e^j$$

$$\ln(1,1) = j$$

$$j = 0,0953$$

Als Nächstes schätzen wir die Werte der Normalverteilung, d_1 und d_2, sowie die kumulierten Normaldichten $N(d_1)$ und $N(d_2)$:

$$d_1 = \frac{\ln\left(\dfrac{V}{X}\right) + r_f T}{\sigma\sqrt{T}} + \frac{1}{2}\sigma\sqrt{T}$$

$$= \frac{\ln\left(\dfrac{100}{250}\right) + 0,0953\,(7)}{0,4055\sqrt{7}} + \frac{1}{2}\,0,04055\sqrt{7}$$

$$= \frac{-0,9163 + 0,6672}{0,4055\,(2,646)} + (0,53638)$$

$$= \frac{-0,2491}{1,0728} + 0,53638 = 0,3042$$

$$N(d_1) = 0,5 + 0,1195 = 0,6195$$

$$d_2 = d_1 - \sigma\sqrt{T} = 0,3042 - 0,4055\sqrt{7} = -0,7686$$

$$N(d_2) = 0,5 - 0,27894 = 0,22106$$

Wenn wir diese Werte abschließend nun in das Black-Scholes-Modell einsetzen, ergibt sich folgender Optionswert:

$$C_0 = VN(d_1) - Xe^{-r_f T}\,N(d_2) = 100(0,61950) - 250e^{-0,0953(7)}\,(0,22106)$$
$$= 61,95 - 250(0,5132)(0,22106) = 61,95 - 28,36 = 33,59$$

Beim Binomialmodell erzielten wir demgegenüber ein Ergebnis von 33,32 Dollar, was einer Differenz von lediglich 0,27 Cent beziehungsweise einer Abweichung von nur 0,8 Prozent entspricht. Im folgenden Abschnitt werden wir sehen, dass man diese geringe Differenz oder »Fehlermarge« durch Erhöhung der Anzahl der Perioden pro Jahr bis auf null reduzieren kann.

Von ganzjährigen
zu untergliederten
Perioden

Entwicklung eines Tabellenkalkulationsmodells eines Binomialbaums (Ereignisbaums)

Verwenden wir nun zur Erstellung eines Binomialbaums eine Excel-Kalkulationstabelle. Die Tabelle besteht aus drei Teilen. Die erste Sektion enthält die Inputdaten und die daraus berechneten Modellparameter. An Basisdaten benötigen wir: den aktuellen Wert des Basisobjekts (das heißt den Barwert des Projekts ohne Flexibilität), den Basis- respektive Ausübungspreis, die Laufzeit der Option (in Jahren), den risikofreien Jahreszinssatz sowie die Anzahl der Intervalle pro Jahr. Hiervon ausgehend berechnen wir die Auf- und Abwärtsbewegungen je Intervall, den risikofreien Zinssatz je Intervall sowie die risikoneutralen Wahrscheinlichkeiten (die streng genommen aber für den Ereignisbaum nicht benötigt werden). Tabelle 7.1 enthält bereits Werte für diese Parameter, die wir dann in einem Zahlenbeispiel verwenden wollen.

Tab. 7.1 Basisdaten und berechnete Parameter

Basisparameter		Berechnete/abgeleitete Parameter
Barwert (PV) des Basisobjekts	100 $	Aufwärts: $u = e^x(\sigma\sqrt{7}) = e^x(0{,}4055) \sqrt{(1/1)} = 1{,}5$
Basispreis	250 $	Abwärts: $d = 1/u = 0{,}6667$
Laufzeit der Option (in Jahren)	7	
Risikofreier Jahreszinssatz	0,10	Risikoneutrale Wahrscheinlichkeit = $(1 + r_f - d)/(u - d) = 0{,}52$
Standardabweichung der Rendite	40,55 %	Risikoneutrale Wahrscheinlichkeit ungünstiger Zustand: $1 - p = 0{,}48$
Anzahl Intervalle/Perioden pro Jahr	1	

Beim zweiten Abschnitt der Excel-Tabelle handelt es sich um eine Diagonalmatrix. Sie stellt die Werte dar, welche der risikobehaftete Basiswert in einem Binomialbaum annimmt. In der Regel kennen wir diese Matrix als einen sich verzweigenden Baum (wie etwa in Abbildung 7.6 dargestellt). Die Excel-Kalkulationstabelle hat allerdings den Vorteil, dass man den »Baum« viel leichter um 45 Grad drehen kann, sodass sich eine Diagonalmatrix wie in Tabelle 7.2 ergibt. Auffällig ist das sehr regelmäßige Muster der Exponenten der Auf- und Abwärtsbewegungen. Wenn wir die Spalten und Reihen mit 0 beginnend durchnummerieren, lässt sich jede Zelle algebraisch folgendermaßen schreiben:

Für die n-te Reihe und m-te Spalte gilt: $V_{n,m} = V_0 u^{m-n} d^n$

Von ganzjährigen zu untergliederten Perioden

Illustrieren wir das an einem Beispiel. Für Zelle E15 (dritte Spalte, dritte Reihe) ergibt sich: $V_{3,3} = V_0 u^0 d^3 = 29{,}63$. Völlig ohne Makros lässt sich nun in null Komma nichts eine Kalkulationstabelle erstellen. Bei unserer Tabelle 7.2 besteht der erste Schritt darin, Grenzzellen für unsere Matrix festzulegen. Dazu nummerieren wir die Spalten von 0 bis 7 durch, beginnend mit Zelle B11 bis einschließlich I11. Dann geht es an die Reihen. Hier sind es die Zellen A12 bis A19, die wir von 0 bis 7 durchnummerieren. Als Nächstes legen wir Zelle B12 als Start- oder »Mutterzelle« fest: $V_0 u^0 d^0$ = \$D\$3*(\$I\$2^\$B\$11)*(\$I\$3^\$A12). Indem wir diese Zelle anschließend nach rechts bis einschließlich I12 in alle Spalten einkopieren, erhalten wir den mit u^m multiplizierten Anfangswert. Wir stellen fest, dass Zelle C13 das Produkt aus Zelle B12 und Faktor d darstellt; Zelle D13 ergibt sich analog dazu aus »C12 mal d« (und so weiter, bis zum Ende der Reihe 13). Gleiches gilt auch für Reihe 14. D14 entspricht »C13 × d« – und so weiter. In Schritt 4 (vgl. Abbildung 7.7) definieren wir daher C13 als \$I\$2*B12 und kopieren diese Zelle zunächst nach rechts (bis einschließlich I13) sowie nach unten bis I19.

Hieraus resultiert eine diagonale Matrix mit den zustandsabhängigen Werten des zugrunde liegenden Risikoprojekts. Abbildung 7.7 illustriert die Logik, die Tabelle 7.2 zugrunde liegt.

Tab. 7.2 Excel-Kalkulationstabelle für den Wert des Basisobjekts

	A	B	C	D	E	F	G	H	I
1	Basisparameter:					Berechnete Parameter:			
2	1. Risikofreier Jahreszinssatz				10 %	1. Aufwärtsbewegung je Intervall			1,5000
3	2. Aktueller Wert des Basisobjekts (V_0)				100	2. Abwärtsbewegung je Intervall			0,6666
4	3. Basis-/Ausübungspreis (X)				250	3. Risikofreier Zinssatz			0,1
5	4. Optionslaufzeit in Jahren				7	4. Risikoneutr. Wahrsch. (aufw.)			0,519981
6	5. Jährliche Standardabweichung				0,4055	5. Risikoneutr. Wahrsch. (abw.)			0,480019
7	6. Anzahl Intervalle pro Jahr				1				
8									
9									
10	Ereignisbaum für den Basiswert:								
11		0	1	2	3	4	5	6	7
12	0	100	150,0052	225,0157	337,5353	506,3207	759,5075	1139,301	1709,011
13	1		66,66434	100	150,0052	225,0157	337,5353	506,3207	759,5075
14	2	0	0	44,44134	66,66434	100	150,0052	225,0157	337,5353
15	3	0	0	0	29,62653	44,44134	66,66434	100	150,0052
16	4	0	0	0	0	19,75033	29,62653	44,44134	66,66434
17	5	0	0	0	0	0	13,15543	19,75033	29,62653
18	6	0	0	0	0	0	0	8,777312	13,16643
19	7	0	0	0	0	0	0	0	5,851337

Von ganzjährigen
zu untergliederten
Perioden

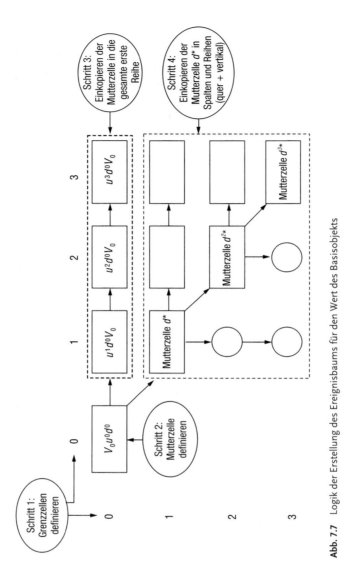

Abb. 7.7 Logik der Erstellung des Ereignisbaums für den Wert des Basisobjekts

Modellierung einfacher Optionen anhand der Kalkulationstabelle

Nachdem sowohl der Input-Teil unserer Kalkulationstabelle (Tabelle 7.1) als auch der Ereignisbaum für die Werte des zugrunde liegenden Risikoobjekts (vergleiche Diagonalmatrix in Tabelle 7.2) erstellt ist, geht es nun in einem dritten und letzten Schritt darum, die Option(en) auf das Basisobjekt zu bewerten. Beginnen wir mit einer amerikanischen Call-Option – dem Recht, den Basiswert zu einem festen Ausübungspreis (250 Dollar) im Verlaufe der folgenden sieben Jahre zu einem beliebigen Zeitpunkt zu erwerben. Tabelle 7.3 zeigt die zugehörige Kalkulationstabelle, Abbildung 7.8 die Logik, auf der die Tabelle basiert.

Tab. 7.3 Excel-Kalkulationstabelle für eine amerikanische Kaufoption

	A	B	C	D	E	F	G	H	I
21	Basisparameter:					Berechnete Parameter:			
22	1. Risikofreier Jahreszinssatz				10 %	1. Aufwärtsbewegung je Intervall			1,5000
23	2. Aktueller Wert des Basisobjekts (V_0)				100	2. Abwärtsbewegung je Intervall			0,6666
24	3. Basis-/Ausübungspreis (X)				250	3. 1 + Nominalzinssatz/Intervall			1,1
25	4. Optionslaufzeit in Jahren				7	4. Risikofr. Nominalzinssatz/Intervall			0,1
26	5. Jährliche Standardabweichung				0,4055	5. Risikoneutr. Wahrsch. (aufw.)			0,519981
27	6. Anzahl Intervalle pro Jahr				1	6. Risikoneutr. Wahrsch. (abw.)			0,480019
28	7. 1 + risikofreier Jahreszinssatz				1,1				
29									
30	Ereignisbaum für den Basiswert:								
31		0	1	2	3	4	5	6	7
32	0	33,32	60,25	107,55	189,14	326,8	552,9	912,03	1459,01
33	1		11,09	21,56	41,58	79,43	149,97	279,05	509,51
34	2			2,07	4,37	9,25	19,56	41,38	87,54
35	3					0,00	0,00	0,00	0,00
36	4					0,00	0,00	0,00	0,00
37	5						0,00	0,00	0,00
38	6							0,00	0,00
39	7								0,00

Beginnend mit den Endknoten, werden die Payoffs als Maximum des Wertes des Basisobjekts oder als 0 definiert: $MAX[V_0 u^{m-n} d^n, 0]$. Schritt 1 definiert den obersten Endzweig des Baumes, die erste von zwei Mutterzellen. Die letzte Spalte der ersten Reihe der Tabelle definiert die Zelle I32, kodiert als $MAX[(I12 - \$D\$24), 0]$, wobei I12 den Wert des Basisobjekts im obersten Zustand von Periode 7 (vergleiche Tabelle 7.3) verkörpert und $\$D\$24$ den Basispreis darstellt. In Schritt 2 wird diese Zelle dann in Spalte I abwärts einkopiert (von I32 bis I39). Schritt 3 gilt der Kodierung der ersten Zelle, B32, und zwar als Wert der Option im Falle ihrer Ausübung ($V_0 - X$, das heißt C13 – $\$D\$24$) oder im Falle ihrer Nichtausübung beziehungsweise Offenhaltung ($C_0 = [pC_u + (1 - p)C_d]/(1 + r_f)$; [das heißt ($\$I\$26*C32 + \$I\$27*C33)/\$I\$24$]), wobei der höhere der beiden Werte zum Tragen kommt. In Schritt 4 wird diese Zelle dann nach rechts in die Zellen der ersten Reihe einkopiert, ausgenommen die letzte Spalte (also Zelle I31).

Von ganzjährigen zu untergliederten Perioden

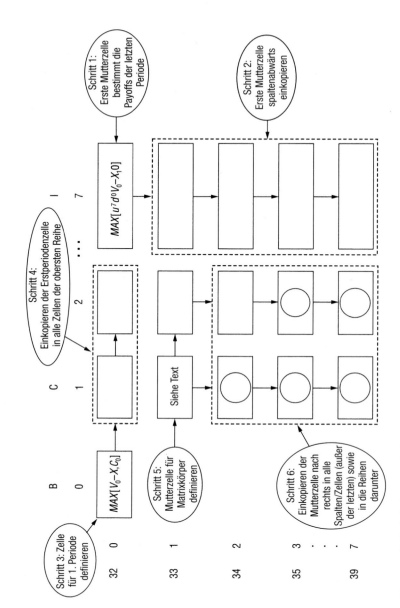

Abb. 7.8 Tabellenkalkulationslogik für die Optionsbewertung

In Schritt 5 wird eine weitere Mutterzelle festgelegt (C33). Sie ist als Wenn-Bedingung definiert: Ist die Nachbarzelle links oben im Ereignisbaum des Basisobjekts (also eine Reihe höher und eine Spalte nach links, das heißt B12 in Tabelle 7.2) leer, so ist auch diese Zelle leer. Ist die Wurzelzelle B12 hingegen nicht leer, so nimmt sie das Maximum zweier Alternativen an: entweder den Wert der ausgeübten Option oder, falls höher, den Wert der offen gehaltenen Option. In unserem Beispiel lautet die Kodierung der Mutterzelle C33 wie folgt:

$$\boxed{C33} \rightarrow WENN\ (B12 = \text{`` ''}, \text{`` ''}, MAX((C13 - \$D\$24,$$
$$(\$I\$26*D33 + \$I\$27*D34/\$I\$24)))$$

B13 ist in diesem Fall nicht leer. Daher besteht die Wahl zwischen dem Wert der ausgeübten Option (C13 − \$D\$24 = 66,66 − 110 = −33,34) und dem Wert der aufrechterhaltenen Option. Letzterer lässt sich anhand des risikoneutralen Wahrscheinlichkeitsansatzes folgendermaßen ermitteln:

$$\$I\$26*D33 + \$I27*D34 / \$I\$24 = \frac{[0,51998(21,56) + 0,48001(2,07)]}{1,1} = 11,09$$

In Schritt 6 schließlich kopieren wir die Zelle C33 zunächst in alle Spalten nach rechts (einschließlich H33) ein, dann in alle Reihen abwärts, bis Reihe H36.

Mit diesen sechs Schritten ist die Codierung eines einfachen Excel-Modells zur Bewertung einer dreijährigen amerikanischen Kaufoption auf einen dividendenlosen Risiko-Basiswert abgeschlossen. In unserem Beispiel ergibt sich ein Call-Wert von 33,32 Dollar, wobei unterstellt ist, dass jedes der sieben Jahre nur aus einem einzigen Intervall besteht.

Vergleich unserer Excel-Ergebnisse mit dem Black-Scholes-Modell

Der Black-Scholes-Wert für diese Option berechnet sich folgendermaßen:

$$C = VN(d_1) - Xe^{-r_f T} N(d_2)$$

$$d_1 = \frac{\ln\left(\dfrac{V}{X}\right) + r_f T}{\sigma\sqrt{T}} + \frac{1}{2}\sigma\sqrt{T}$$

$$d_2 = d_1 - \sigma\sqrt{T}$$

Von ganzjährigen
zu untergliederten
Perioden

Um die Parameterwerte in den Ausdruck für d_1 einsetzen zu können, ermitteln wir zunächst den fortlaufend kumulierten risikofreien Zinssatz:

$$\ln(1,10) = j$$
$$j = 9,53\ \%$$

Anschließend berechnen wir d_1 und d_2, die Werte der Variablen auf der Grundlage der Normalverteilung:

$$d_1 = \frac{\ln\left(\dfrac{100}{250}\right) + 0,0953(7)}{0,4055\sqrt{7}} + 0,5(0,4055)\sqrt{7}$$

$$= \frac{-0,9163 + 0,6671}{1,0729} + 0,5364 = -0,2323 + 0,5364 = 0,3041$$

$$d_2 = 0,3041 - 0,4055\sqrt{7} = 0,3041 - 1,0729 = -0,7687$$

Die kumulierten Wahrscheinlichkeiten lauten:

$$N(d_1) = 0,5 + 0,1195 = 0,6195$$
$$N(d_2) = 0,5 - 0,279\ \ = 0,2210$$

Durch Einsetzung dieser Werte in die Black-Scholes-Formel erhalten wir:

$$C = 100(0,6195) - 250e^{-0,0953(7)}\,(0,2210) = 61,95 - 250(0,5132)(0,2210)$$

$$= 61,95 - 28,35 = 33,60$$

Konvergenz zwischen Binomialbaum und Black-Scholes-Modell

Nachdem die Excel-Tabelle steht, ist es praktisch ein Kinderspiel, den Binomialbaum mit mehreren (Sub-)Perioden pro Jahr zu modellieren. Wie gesehen, erhielten wir für unsere Siebenjahres-Kaufoption bei einem einzigen Intervall pro Jahr mit dem Binomialbaum 33,32 Dollar und mit der Black-Scholes-Formel 33,60 Dollar als Ergebnis. Dies bedeutet eine Differenz von lediglich 0,28 Dollar oder 0,8 Prozent.

Abbildung 7.9 zeigt, wie der Binomialansatz mit dem Black-Scholes-Modell konvergiert. Dabei springt sofort ins Auge, dass die Konvergenz(kurve) nicht

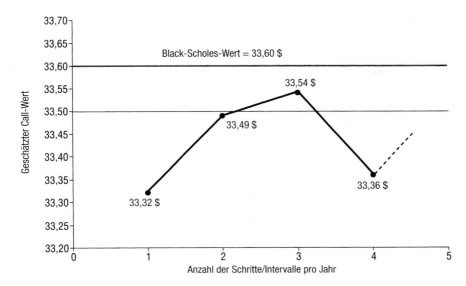

Abb. 7.9 Gittermodell im Vergleich zum Black-Scholes-Modell als Funktion der Anzahl der Perioden pro Jahr (für eine Siebenjahres-Option)

glatt verläuft. Bei einem einzigen Intervall, das heißt einer Periode pro Jahr, beträgt die Differenz 28 Cent. Bei zwei Perioden fällt sie auf 11 Cent und bei drei Perioden bereits auf 6 Cent. Dann aber setzt eine Gegenbewegung ein, denn bei vier Intervallen/Perioden pro Jahr erhöht sich die Differenz wieder auf 24 Cent.

Die intuitive Erklärung für diese unkonstante Konvergenz lautet, dass die Zweige am Ende des Binomialbaumes nicht glatt und bruchlos mit der Grenzbedingung (dem Basispreis) der Black-Scholes-Formel »aufgehen«. Wohl werden Binomialbäume bei der Modellierung der Grenzbedingung umso genauer, je mehr Verzweigungen sie aufweisen, doch der »Fehler« verschwindet leider nicht reibungslos. Anders formuliert: Das Binomialmodell produziert Abweichungen, die einmal über, einmal unter dem Black-Scholes-Ergebnis liegen. Im *Durchschnitt* allerdings konvergieren die beiden Ergebnisse umso stärker, je größer die Anzahl der Perioden pro Jahr.

Zusammenfassendes Fazit

In diesem Kapitel haben wir gesehen, wie sich ein Binomialgitter zur Optionsbewertung nutzen lässt, wenn das Basisobjekt auf einem multiplikativen

Von ganzjährigen zu untergliederten Perioden

oder additiven stochastischen Prozess beruht. Ist das Binomialgitter multiplikativer Art, nähert sich das Bewertungsergebnis dem Resultat des Black-Scholes-Modells umso stärker an, je höher die Zahl der Subintervalle pro Jahr. Darüber hinaus haben wir mithilfe eines Beispiels verdeutlicht, wie man anhand einer Excel-Tabelle ein Binomialgitter für den risikobehafteten Basiswert erstellt und Kaufoptionen auf dieses Basisobjekt bewertet. Dieser Ansatz eignet sich indes genauso gut auch für europäische und amerikanische Puts (das heißt Verkaufsoptionen) sowie für zusammengesetzte Optionen.

Die Erstellung einer Excel-Tabelle zur Modellierung zusammengesetzter Optionen ist für den Praktiker überhaupt kein Problem. Man beginnt mit dem Binomialgitter für den Wert des zugrunde liegenden Risikoobjekts. Danach erstellt man ein zweites Gitter für die erste Option (deren Payoffs vom Basisobjekt abhängen) und schließlich in gleicher Weise ein drittes Gitter für die zweite Option (deren Payoffs von der ersten Option abhängen).

Übungsaufgaben

1. Erstellen Sie anhand der in den Tabellen 7.1 bis 7.3 beziehungsweise Abbildungen 7.7 und 7.8 beschriebenen Methodik Ihre eigene Excel-Kalkulationstabelle und bewerten Sie anhand des binomialen Ansatzes die folgende amerikanische Call-Option: Laufzeit achtzehn Monate; Basispreis 40 Dollar; Basisobjekt ist eine Aktie mit einem Wert von 35 Dollar pro Stück. Die Aktie ist dividendenlos, die jährliche Standardabweichung der Rendite beträgt 50 Prozent. Der risikofreie Jahreszinssatz liegt bei 6 Prozent. Nehmen Sie zwei, vier, zwölf und 52 Subintervalle pro Jahr an und stellen Sie den Optionswert als Funktion der Anzahl der Subintervalle dar.

2. Modifizieren Sie die für Aufgabe 1 erstellte Tabelle zwecks Bewertung einer europäischen und einer amerikanischen Put-Option. Der Basispreis betrage nun 30 Dollar; alle übrigen Parameterwerte bleiben gleich. Stellen Sie den Wert beider Optionen als Funktion der Anzahl der Subintervalle dar.

3. Ändern Sie Ihre Tabelle nun erneut ab, um an jedem Knoten Call- und Put-Optionen parallelen Typs handhaben zu können. Bewerten Sie das Portfolio aus einer Kaufoption mit einem Basispreis von 40 Dollar und einer amerikanischen Verkaufsoption (Put) mit einem Basispreis von 30 Dollar.

4. Bearbeiten Sie mit Ihrer Tabelle aus Aufgabe 1 nun den Fall, dass der zugrunde liegende Risikowert eine (sichere) vierteljährliche Dividende in Höhe von 3 Prozent abwirft.

5. Erweitern Sie Ihre Tabelle zwecks Handhabung zusammengesetzter Optionen parallelen Typs. Übernehmen Sie die Basisdaten aus Aufgabe 1, doch unterstellen Sie nun eine zweite Call-Option, deren Payoff von der ersten Option abhängt. Der Basispreis betrage 5 Dollar, die Laufzeit achtzehn Monate. Wie hoch ist der Barwert dieser zweiten Option?

6. Modifizieren Sie Ihre Tabelle nun auch für zusammengesetzte Optionen sequenziellen Typs. Unterstellen Sie ein Basisobjekt wie die in Aufgabe 1 beschriebene Aktie, verbunden aber mit einem Fünfjahres-Laufzeitrahmen, und ermitteln Sie den Wert zweier sequenzieller Optionen. Option 1 verfällt in zwei Jahren und hat einen Basispreis von 30 Dollar. Option 2 kann nur ausgeübt werden, wenn auch Option 1 ausgeübt wird; ihre Laufzeit beträgt fünf Jahre, der Basispreis 50 Dollar.

7. Bewerten Sie mit Ihrer Tabelle eine Option mit einem sich verändernden Basispreis. Das Basisobjekt sei das gleiche wie in Aufgabe 1, doch der Basispreis betrage 40 Dollar im ersten, 50 Dollar im zweiten und 60 Dollar im dritten Jahr. Wie hoch ist der Wert einer amerikanischen Call-Option mit diesen Merkmalen?

8. Angenommen, die zu bewertende Call-Option könne während ihrer Laufzeit nur zu bestimmten Zeitpunkten ausgeübt werden. Verwenden Sie die Parameter der Aufgabe 2, jedoch unter der Annahme, dass die amerikanische Put-Option zunächst nur während der ersten drei Monate, dann wieder in den Monaten 12 bis 15 und schließlich zum Verfallstermin nach 18 Monaten ausgeübt werden kann.

9. Angenommen, die Geschäftsleitung stellt Ihnen für die Kalkulation einer Zweijahres-Investition die nachfolgenden Prognosedaten zur Verfügung (es fehlen also die für einen Binomialbaum benötigten Auf- und Abwärtsbewegungen):

	Jahr 1		Jahr 2 Erw. günstiger Zustand		Jahr 2 Erw. mittlerer Zustand		Jahr 2 Erw. ungünstiger Zustand	
Niveau	Wahrsch.	Wert	Wahrsch.	Wert	Wahrsch.	Wert	Wahrsch.	Wert
hoch	0,2	150	0,3	225	0,3	150	0,3	100
mittel	0,6	100	0,4	150	0,4	100	0,4	67
tief	0,2	67	0,3	100	0,3	67	0,3	44

Wie lässt sich anhand des Binomialansatzes eine Lösung angehen?

10. Modifizieren Sie Ihre im Rahmen von Aufgabe 1 erstellten Tabellen, indem Sie anstelle des Replikationsportfolioansatzes risikoneutrale Wahrscheinlichkeiten verwenden. (Erstellen Sie einen Binomialbaum!)

Kapitel 8
Ein vierstufiges Verfahren zur Bewertung von Realoptionen

In diesem Kapitel beschreiben wir den vierstufigen Prozess, mit dem wir in unserer Beratungspraxis routinemäßig arbeiten. Die Beispiele, die wir bisher kennen gelernt haben, waren für den Einstieg gedacht und daher zwangsläufig rudimentärer Art – eine vereinfachte Illustration der Anforderungen an eine adäquate Erfassung der Komplexität von Entscheidungen. Bislang nahmen wir an, dass die Bewertungsparameter einfach vorhanden sind. In der Praxis ist das aber leider nicht der Fall. Sie müssen vielmehr erst ermittelt werden, und mit den damit verbundenen Schwierigkeiten wollen wir uns in der Folge auseinander setzen. Wie etwa lässt sich die Volatilität eines Projekts anhand der realen Daten eigentlich berechnen? Wie erstellt man Entscheidungsbäume? Wie entwickelt man Tabellenkalkulationsmodelle, die der Komplexität der Entscheidung voll Rechnung tragen, ohne indes die Sache unnötig zu verkomplizieren?

Wir werden uns außerdem mit einem theoretischen Grundpfeiler befassen, der die praktische Anwendung der Realoptionsmethode bedeutend erleichtert, weil er es uns erlaubt, eine Vielzahl von Unsicherheitsquellen auf einen einzigen Faktor zu reduzieren. Es ist nämlich sehr schwierig (wenn nicht gar unmöglich), mit einem Gitter zu arbeiten, wenn mehr als zwei Unsicherheitsfaktoren im Spiel sind. Um die Komplexität zu reduzieren, treffen wir daher zwei zentrale Annahmen. Die erste heißt »MAD« (*Marketed Asset Disclaimer*) und stellt, wie gesehen, eine Art Marktwertverzicht-Theorem dar. Das heißt, wir verwenden einfach den Barwert des zugrunde liegenden Risikoobjekts ohne Flexibilität und tun so, als handle es sich dabei um den Wert eines marktgängigen Papiers. Die zweite Annahme lautet: Korrekt antizipierte Preise (oder Cashflows) schwanken nach dem Zufallsprinzip. Dies impliziert, dass auch der Barwert eines Projekts völlig unabhängig von dem erwarteten Cashflow-Muster nach dem Zufallsprinzip schwankt. Dieses von Paul Samuelson (1965) stammende Theorem erlaubt es uns, eine beliebige Zahl von Unsicherheiten mittels Monte-Carlo-Technik in einer Kalkulationstabelle zu bündeln und anschließend den Barwert eines Projekts in Abhängigkeit von den Zufallsvariablen, die aus ihren zugrunde liegenden Verteilungen gewonnen werden, zu berechnen. Tausende von Iterationen ergeben bezüglich der Standardabweichung der Aktionärsrendite schließlich einen Schätzwert, den wir für die Auf- und Abwärtsbewegungen in einem Binomialgitter verwenden können. Die Logik und die praktische Relevanz des Samuelsonschen Theorems illustrieren wir an mehreren numerischen Beispielen. Im letzten Abschnitt des Kapitels gehen wir dann auf einige Fehler ein, die wir bei der praktischen Anwendung des Realoptionsansatzes häufig beobachten konnten. Doch nun zunächst zur Theorie.

Ein vierstufiges Verfahren zur Optionsbewertung

Tabelle 8.1 zeigt das vierstufige Modell, mit dem wir in der Praxis arbeiten. Ausgangspunkt (Stufe 1) ist eine herkömmliche Standardanalyse des Kapital- werts des Projekts (NPV). Dabei prognostizieren wir die während der Projekt- laufzeit zu erwartenden (gesamtobjektbezogenen) freien Cashflows (FCF) oder bewerten, falls es sich um eine Akquisition handelt, das entsprechende Ziel- unternehmen, wobei eine ewige Reihe von Cashflows unterstellt wird. An- schließend werden wir eine Gegenprüfung vornehmen, um zu zeigen, dass sich unsere Optionspreislösung unter der Annahme fehlender Flexibilität (wenn wir die Flexibilität »herausrechnen«) tatsächlich auf das Kapitalwert- ergebnis reduzieren lässt, also mit dem NPV kompatibel ist.

Der zweite Schritt besteht in der Erstellung eines Ereignisbaums auf Basis der gebündelten Unsicherheiten, von denen die Volatilität des Projekts ab- hängt. Ein Ereignisbaum weist per definitionem keine Entscheidungsknoten auf. Sein Zweck besteht vielmehr allein in der Modellierung der Unsicherheit, die den Wert des risikobehafteten Basisobjekts im Zeitverlauf determiniert. Wir unterstellen, dass sich die vielfältigen Unsicherheiten, die den Projektwert unter Umständen determinieren, in den meisten Fällen anhand einer Monte- Carlo-Analyse in einem einzigen, integralen Unsicherheitsfaktor bündeln las- sen: der Verteilung der Projektrenditen. Mehr als dieser singuläre Volatilitäts- schätzwert ist nicht erforderlich, um einen Ereignisbaum – einen Binomial- baum der in Kapitel 7 beschriebenen Art – erstellen zu können.

Die Bündelung aller Unsicherheiten in einem einzigen Faktor (bezogen auf den Projektwert) nennen wir den *konsolidierten Ansatz*. Mit den Einzelheiten dieses Ansatzes zur Schätzung der Volatilität des Projektwerts werden wir uns in Kapitel 9 befassen. In manchen Fällen mag es allerdings gar nicht sinnvoll sein, die involvierten Unsicherheiten in toto zu behandeln. Wenn beispiels- weise Entscheidungen von einem ganz bestimmten Unsicherheitsfaktor ab- hängen, ist es offenkundig wenig hilfreich, die Unsicherheiten im Projektwert gebündelt zum Ausdruck zu bringen. In diesem Fall empfiehlt sich vielmehr

Ein vierstufiges
Verfahren zur
Bewertung von
Realoptionen

Tab. 8.1 Gesamtansatz: Ein vierstufiger Prozess

	Schritt 1	Schritt 2	Schritt 3	Schritt 4
	Ermittlung des Ausgangsbarwerts ohne Flexibilität anhand des DCF-Modells (Cashflow-Abzinsung)	Modellierung der Unsicherheit anhand von Ereignisbäumen	Erstellung eines Entscheidungs-baumes zur Identifizierung und Integration der Handlungs-flexibilitäten	Durchführung der Realoptionsanalyse (ROA)
Ziele	Berechnung des Barwerts des Aus-gangsfalles (ohne Flexibilität) zum Zeitpunkt $t = 0$	Verständnis der Barwertent-wicklung im Zeitverlauf	Analyse des Ereignisbaumes*, um der Handlungs-flexibilität Rech-nung zu tragen und auf neue Informationen reagieren zu können	Bewertung des Gesamtprojekts anhand einer einfachen alge-braischen Methodik und einer Excel-Tabelle
Kommentar	Herkömmlicher Barwert ohne Flexibilität (PV)	Flexibilität noch immer unberück-sichtigt; dieser Wert sollte daher dem Ergebnis auf Stufe 1 ent-sprechen. Kalkulation der Unsicherheit entweder anhand früherer oder geschätzter Daten	Flexibilität ist in Ereignisbäumen berücksichtigt, sodass sie zu Entscheidungs-bäumen werden. Die Flexibilität ändert jedoch den Risikocharakter des Projekts und damit auch die Kapitalkosten	Die ROA berück-sichtigt sowohl den Ausgangsbarwert ohne Flexibilität als auch den Options-bzw. Flexibilitäts-wert. Bei großer Unsicherheit und gegebener Hand-lungsflexibilität ist der Optionswert erheblich.

* Ereignisbäume erlauben eine explizite Darstellung der Cashflows; der Barwert des Projekts ohne Flexi-bilität wird anhand objektiver Wahrscheinlichkeiten und mittels WACC (gewichtete Gesamtkapital-kosten) ermittelt.

ein *Trennungsansatz*, das heißt die individuelle Betrachtung und Bewertung zweier oder mehrerer Unsicherheitsfaktoren. Mit den verschiedenen Separa-tionsansätzen befassen wir uns in Kapitel 10 eingehender.

Optionen mit mehreren expliziten Unsicherheitsquellen nennt man *Regen-bogenoptionen*. Ein interessantes und zugleich praxisnahes Beispiel sind so ge-nannte Lernoptionen (eine Art zusammengesetzter Regenbogenoptionen). Eine mehrphasige (gestaffelte) Investition – etwa ein Forschungs- und Entwicklungsprojekt im pharmazeutischen Bereich – ist in der Regel sowohl ökonomischen als auch technologischen Unsicherheiten ausgesetzt. Zu Be-

Ein vierstufiges Verfahren zur Bewertung von Realoptionen

ginn des Projekts besteht eine sehr hohe technologische Unsicherheit, die dann aber im Zuge der Forschungsbemühungen und -investitionen abnimmt. Bei der ökonomischen Unsicherheit (zum Beispiel beim Preis eines Medikaments) ist es hingegen umgekehrt – sie wird mit der Zeit immer größer. Es handelt sich hier also um zwei voneinander unabhängige und zudem gegenläufige Unsicherheitsquellen – eine der beiden Unsicherheiten vergrößert sich tendenziell, während die andere im Zuge der Investitionen abnimmt. Andere Lernoptionsbeispiele wären die Erforschung und Gewinnung von Bodenschätzen sowie die Entwicklung neuer Produkte. Auch mit diesen Themen werden wir uns in Kapitel 10 noch eingehend beschäftigen.

Der dritte Schritt der Optionsbewertung besteht darin, die Entscheidungsalternativen in den Ereignisbaum einzubauen und den Baum dadurch in einen Entscheidungsbaum zu verwandeln. Der Ereignisbaum bildet bekanntlich die verschiedenen Werte ab, die das risikobehaftete Basisobjekt im Zeitverlauf annehmen kann. Der Entscheidungsbaum zeigt demgegenüber die Payoffs optimaler Entscheidungen, dies in Abhängigkeit vom jeweiligen Umweltzustand. Es handelt sich dabei also um exakt jene Payoffs, die aus der Option (oder den Optionen), die wir zu bewerten versuchen, resultieren.

Im vierten und letzten Schritt werden die Payoffs beziehungsweise Auszahlungen des Entscheidungsbaumes bewertet, entweder anhand eines Replikationsportfolios oder mittels risikoneutraler Wahrscheinlichkeiten. Mit diesem Thema haben wir uns ja in den bisherigen Kapiteln bereits ausgiebig befasst, sodass wir uns hier weitere Erläuterungen sparen können.

Der Samuelsonsche Beweis: Korrekt antizipierte Preise schwanken nach dem Zufallsprinzip

Im Jahr 1965 bewies Paul Samuelson, der dritte Nobelpreisträger unter den Ökonomen, ein Theorem, das besagt: Die Rendite eines beliebigen Wertpapiers unterliegt unabhängig vom erwarteten Cashflow-Muster dem Zufallsprinzip, solange die Anleger bezüglich dieser Cashflows vollständige Informationen besitzen. Aus dieser Grunderkenntnis folgt, dass die Renditen von Unternehmen mit zyklischen Cashflows selbst keineswegs zyklisch sind. Intuitiv lässt sich dies so erklären, dass alle Informationen über die zu erwartenden künftigen Cashflows bereits so im aktuellen Aktienkurs »verarbeitet« sind, dass der Anleger für den Fall, dass sich seine Erwartungen erfüllen, exakt die kalkulierten Kapitalkosten zu decken vermag. So denn also die erwartete Entwicklung eintritt, erhalten die Anleger ihre geforderte Rendite – und zwar exakt. Der erwarteten Entwicklung des Aktienkurses können freilich Abwei-

Ein vierstufiges
Verfahren zur
Bewertung von
Realoptionen

chungen im Wege stehen – und diese hängen von Zufallsereignissen ab. Konsequenz: Auch die Abweichungen von der erwarteten Rendite unterliegen dem Zufall.

Der Beweis, dass korrekt antizipierte Preise zufällig schwanken, ist für die Bewertung von Realoptionen von ausgesprochen großer Bedeutung. Er impliziert nämlich, dass sich mehrere miteinander korrelierte Unsicherheitsquellen (zum Teil mit einer Tendenz der Rückkehr zum Mittelwert, also autoregressivem Verhalten behaftet) in einem einzigen multiplikativen binomialen Prozess bündeln lassen. Die Tendenz zum Mittelwert ist im Übrigen ein häufig zu beobachtendes Phänomen. Nehmen wir an, ein Fußballer habe in der Hinrunde eine Trefferquote von 0,5, wohingegen es der durchschnittliche Spieler gerade einmal auf einen Wert von 0,25 bringt. Mittelwerttendenz bedeutet, dass der hohe Durchschnittswert in der Rückrunde mit größerer Wahrscheinlichkeit absacken als ansteigen (sich also dem allgemeinen Durchschnitt annähern) wird. Bei Variablen mit Mittelwerttendenz ist folglich eher damit zu rechnen, dass sie sich zum Mittelwert hinbewegen, als dass sie auf dem aktuellen Niveau verbleiben. Hohe Trefferquoten besitzen damit eine immanente Tendenz nach unten, niedrige Trefferquoten eine Tendenz nach oben.

Wenn wir nun die Idee korrekt antizipierter Preise auf die Cashflows respektive Erträge eines Unternehmens anwenden, gilt es folgende Risiken zu berücksichtigen: Preisunsicherheit, Kostenunsicherheit, Absatzmengenunsicherheit sowie Unsicherheit über das erforderliche Investitionskapital. Jede dieser Risikovariablen kann im Zeitverlauf mit sich selbst korrelieren. Überdies sind sie zum jeweiligen Zeitpunkt meist auch untereinander korreliert. Wenn es also gelingt, sie zu bündeln und auf einen einzigen Unsicherheitsfaktor – die Rendite des Projekts – zu reduzieren, und wenn diese Rendite (wie von Samuelson postuliert) tatsächlich dem Zufallsprinzip unterliegt, so lässt sich zur Modellierung ein binomiales Gitter als Ereignisbaum verwenden.

Samuelson beginnt seine Beweisführung mit der Prämisse, dass der Kassakurs eines Wertpapiers, S_{t+1}, einem stabilen autoregressiven Muster folgt. Dabei wird unterstellt, dass der Anpassungskoeffizient, a, kleiner als 1 und die Fehlervariable normal verteilt ist, dies mit Mittelwert = 0 und Standardabweichung Sigma (σ). Aus Vereinfachungsgründen unterstellt er ferner, dass die Zinssätze gleich null sind. Danach präsentiert Samuelson zur Illustration ein einfaches Beispiel mit folgenden Parametern: Anpassungskoeffizient $a = 1/2$; anfänglicher Kassakurs = 80 \$; Standardabweichung = σ_ε (eine Konstante); Kovarianz zwischen der Fehlervariablen und dem Kassakurs = 0 ($COV(S_t, \varepsilon_t = 0$). Abbildung 8.1 zeigt, wie der Kassakurs unter diesen Bedingungen im Zeitverlauf erwartungsmäßig fällt.

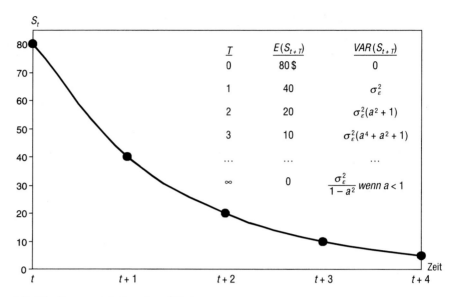

Abb. 8.1   Der erwartete Kassakurs fällt

Wir wollen nun zeigen, dass ungeachtet dessen, dass der erwartete Kassakurs kontinuierlich fällt, unsere Rendite dennoch dem Marktzins entspricht (der in diesem Fall ja den Wert 0 hat).

Beginnen wir die Argumentationskette mit einem Blick auf die erwarteten Kassakurse und ihre Varianz. Der aktuelle Kassakurs (Zeitpunkt 0) ist eine Konstante, besitzt also eine Varianz von null:

$$E(S_t) = S_t$$

$$VAR(S_t) = 0$$

Beim Kassakurs der nächsten Periode jedoch handelt es sich um eine Zufallsvariable:

$$S_{t+1} = aS_t + \varepsilon_t$$

Als Mittelwert und Varianz ergeben sich:

$$E(S_{t+1}) = aE(S_t), \text{ da } E(\varepsilon_t) = 0$$

$$VAR(S_{t+1}) = E[aS_t + \varepsilon_t - aE(S_t)]^2 = E(\varepsilon_t)^2 = \sigma_\varepsilon^2$$

Der Mittelwert und die Varianz der übernächsten Periode lassen sich nun ableiten, indem man den Kurs der Periode 1 wie folgt in die Preisformel für die Folgeperiode (Periode 2) einsetzt:

$$
\begin{aligned}
S_{t+2} &= aS_{t+1} + \varepsilon_t \\
&= a(aS_t + \varepsilon_t) + \varepsilon_{t+1} \\
&= a^2 S_t + a\varepsilon_t + \varepsilon_{t+1}
\end{aligned}
$$

Der Mittelwert und die Varianz des Kassakurses für Periode 2 lassen sich folglich so schreiben:

$$
\begin{aligned}
E(S_{t+2}) &= a^2 E(S_t), \text{ da } E(\varepsilon_{t+1}) = E(\varepsilon_t) = 0 \\
VAR(S_{t+2}) &= E[a^2 S_t + a\varepsilon_t + \varepsilon_{t+1} - a^2 E(S_t)]^2 \\
&= E[a^2 \varepsilon_t^2 + 2a\varepsilon_t \varepsilon_{t-1} + \varepsilon_{t+1}^2] \\
&= a^2 \sigma_\varepsilon^2 + \sigma_\varepsilon^2 \\
&= \sigma_\varepsilon^2 (a^2 + 1)
\end{aligned}
$$

Die obige Gleichung beruht auf der Tatsache, dass die erwartete Kovarianz zwischen den Fehlervariablen zweier benachbarter Perioden gleich null ist (das heißt $E(\varepsilon_t, \varepsilon_{t+1}) = COV(\varepsilon_t, \varepsilon_{t+1}) = 0$). Außerdem entspricht das Quadrat der Fehlervariablen einer Periode dem Quadrat der Fehlervariablen der Folgeperiode, sodass gilt: $E(\varepsilon_t)^2 = E(\varepsilon_{t+1})^2 = \sigma_\varepsilon^2$. Tabelle 8.2 fasst die Entwicklung der erwarteten Kassakurse und deren Varianzen übersichtlich zusammen.

In unserem Beispiel fällt der erwartete Kurs mit der Zeit, während die zu erwartende Varianz zunimmt, da wir bezüglich des Anpassungskoeffizienten davon ausgegangen sind, dass $a = 1/2$. Würden wir demgegenüber $a = 1$ annehmen, so bliebe der Aktienkurs unverändert, also in jeder Periode gleich:

$$
S_t = E(S_{t+1}) = E(S_{t+2}) = \ldots = E(S_{t+T})
$$

Die Varianz lautet in diesem Fall:

$$
VAR(S_{t+T}) = T\sigma_\varepsilon^2
$$

Anders formuliert: Die Standardabweichung des Kassakurses ist $\sigma_\varepsilon \sqrt{T}$. Dies entspricht im Übrigen den Standardannahmen des Gauss-Wiener-Prozesses, welcher den stochastischen Prozess beschreibt, den wir in der Black-Scholes-Formel beim risikobehafteten Basisobjekt unterstellen.

Danach tritt Samuelson den Beweis an, dass sich die erwarteten Preise von Futures-Kontrakten im Zeitverlauf *nicht* ändern. Der für uns wichtige Punkt

Tab. 8.2 Entwicklung der erwarteten Kassakurse und ihrer Varianzen

T	$E(S_{t+T})$	$\sigma_\varepsilon^2(S_{t+T})$
0	S_t	0
1	$aE(S_t)$	σ_ε^2
2	$a^2 E(S_t)$	$\sigma_\varepsilon^2(a^2 + 1)$
3	$a^3 E(S_t)$	$\sigma_\varepsilon^2(a^4 + a^2 + 1)$
$\vdots$	$\vdots$	$\vdots$
∞	$a^T E(S_t)$	$\left(\dfrac{\sigma_\varepsilon^2}{1-a^2}\right)$ wenn $a < 1$

ist hierbei, dass sich ein Futures- oder Terminkontrakt als ein Versprechen begreifen lässt, gemäß dem zum Zeitpunkt t ein bestimmter Betrag (sagen wir,
1 Dollar) zu zahlen ist. Wenn es denn stimmt, dass der Preis eines Terminkontrakts über die Zahlung von 1 Dollar im Zeitverlauf stabil bleibt (angenommen null Zinsen und null Finanzierungskosten), so bleibt der Wert eines
Projekts – das heißt die Summe der Werte von T Terminkontrakten – im
Zeitverlauf ebenfalls konstant, sofern wir nicht vergessen, den Wert des in der
jeweiligen Periode auslaufenden Kontrakts wieder hinzuzuaddieren. Die zentrale Implikation lautet: Unter der Voraussetzung, dass man die periodisch
ausgeschütteten Dividenden wieder hinzuaddiert, nimmt der Projektwert im
Zeitverlauf eine Zufallsentwicklung (*random walk*), und zwar *unabhängig von
der Cashflow-Situation.*

Die Beweisführung beginnt mit dem Preis eines Terminkontrakts zum
Zeitpunkt t, bezogen auf die Zahlung von 1 Dollar zum Zeitpunkt T. Bei einem
Zinssatz von null und null Finanzierungskosten (wie unterstellt) entspricht
der Preis des Terminkontrakts zum Zeitpunkt t genau dem erwarteten Kassakurs:

$$_tF_T = E_t(S_t)$$

Nehmen wir nun an, die Zahlung ist nach drei Perioden fällig:

$$\begin{aligned}
_tF_3 &= E_t(S_{t+3}) \\
&= E_t(a^3 S_t + a^2 \varepsilon_{t+1} + a\varepsilon_{t+2} + \varepsilon_{t+3}) \\
&= a^3 S_t, \text{ da } E_t(a^2 \varepsilon_{t+1}) = E_t(a\varepsilon_{t+2}) = E_t(\varepsilon_{t+3}) = 0
\end{aligned}$$

In der darauf folgenden Periode nimmt der Terminkontrakt folgenden Wert
an:

$$_{t+1}F_3 = E_{t+1}(a^3S_t + a^2\varepsilon_{t+1} + a\varepsilon_{t+2} + \varepsilon_{t+3})$$
$$= a^3S_t + a^2\varepsilon_{t+1}, \text{ da } E_{t+1}(a\varepsilon_{t+2}) = E_{t+1}(\varepsilon_{t+3}) = 0$$

Beachten Sie, dass die Erwartung zum Zeitpunkt $t + 1$, bezogen auf die Fehlervariable zum Zeitpunkt $t + 1$, nicht wegfällt, da der Fehler ja zum Zeitpunkt $t = 1$ bereits existiert.

Zur Vervollständigung des Beweises, dass der erwartete Terminkontraktpreis über alle Perioden hinweg stabil bleibt, erfassen wir die Preisänderung wie folgt:

$$_tF_3 - {_{t+1}}F_3 = a^3S_t - a^3S_t - a^2\varepsilon_{t+1}$$

Die zu erwartende Preisänderung, evaluiert zum Zeitpunkt t, besitzt also den Wert null, da $E_t(a^2\varepsilon_{t+1}) = 0$. Wiewohl sich also die Kassakurse in bekannter Weise verändern, ist beim Futures-Preis keine Änderung zu erwarten. Die intuitive Erklärung ist recht einfach. Bei Terminkontrakten geht es (jedenfalls hier) um einen Barbetrag, der zu einem bestimmten Zeitpunkt fällig ist. Der Kontraktpreis spiegelt mithin die Erwartung eines zu einem bestimmten Zeitpunkt fälligen Dollars wider, folglich ist das Cashflow-Muster irrelevant. Wenn sich aber einzelne Terminkontraktpreise nicht ändern, ändert sich logischerweise auch ihre Summe nicht. Von dieser geht lediglich die Barauszahlung je Periode ab (etwa beim Übergang von Periode t zu Periode $t + 1$). Wenn wir also die Auszahlungen (Payoffs) der jeweiligen Periode wieder hinzuaddieren, bleibt die Summe im Zeitverlauf konstant.

Ein Blick auf Abbildung 8.1 zeigt, dass der Kontraktpreis für die Geldzahlung in Periode $t + 2$ bei 20 Dollar liegt, während der Spot-Preis der aktuellen Summe (Zeitpunkt t) bei 80 Dollar notiert. Da die erwarteten Informationen bezüglich des fälligkeitsterminlichen Spot-Preises dem Zufall unterliegen und unverzerrt sind ($E(\varepsilon_{t+T}) = 0$), nimmt der Kontraktpreis einen Zufallsweg mit Tendenz null (unter der Annahme, dass Zinssätze und Finanzierungskosten = 0).

In unserem numerischen Beispiel – mit $a < 1$ – berechnet sich die Varianz des Terminkontraktpreises von Periode t zu Periode $t + 1$ wie folgt:

$$VAR[_{t+1}F_3 - {_t}F_3] = E_{t+1}[(a^2\varepsilon_{t+1})^2] = a^4\sigma^2_\varepsilon$$

Insgesamt gesehen nehmen die Änderungen bei den Futures-Preisvarianzen folgende mathematische Form an:

$$VAR[_{t+1}F_3 - {_t}F_3] = a^4\sigma^2_\varepsilon$$
$$VAR[_{t+2}F_3 - {_{t+1}}F_3] = a^2\sigma^2_\varepsilon$$
$$VAR[_{t+3}F_3 - {_{t+2}}F_3] = \sigma^2_\varepsilon$$

Ein vierstufiges
Verfahren zur
Bewertung von
Realoptionen

Halten wir also fest, dass bei $a < 1$ die Varianz zunimmt, je näher man dem Fälligkeitstermin kommt. Geht man jedoch von $a = 1$ aus, so unterliegt der Kontraktpreis (wie auch der erwartete Kassakurs) einer Zufallsentwicklung mit Tendenz null sowie einer zeitlich konstanten Standardabweichung von $\sigma_\varepsilon \sqrt{T}$.

Numerische Beispiele zur Illustration des Samuelsonschen Beweises

Die nachfolgenden Beispiele zeigen, dass auch die Rendite auf korrekt antizipierte Cashflow-Ströme bei positiven Diskontierungssätzen nach dem Zufallsprinzip schwankt, und zwar unabhängig vom Entwicklungsmuster der Cashflows selbst.

Beginnen wir mit einem sehr einfachen Beispiel. Angenommen, ein Projekt erzeugt fünf Jahre lang am Ende eines jeden Jahres einen Cashflow von 1 000 Dollar, und die Investoren erwarten eine 20-prozentige Verzinsung ihres Anlagekapitals. Abbildung 8.2 illustriert die Cashflows sowie die Entwicklung des Marktpreises im Zeitverlauf. Wie zu erwarten, fällt der Marktpreis von Periode zu Periode, bis er mit der letzten Auszahlung am Ende des fünften

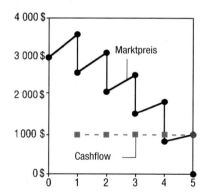
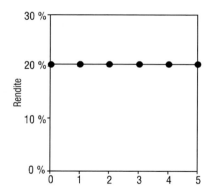

T	CF_t	Preis	Vermögen	Vermögensänderung in %
0	0	2 990,61	2 990,61	
1	1 000	2 588,73	3 588,73	20
2	1 000	2 106,48	4 306,48	20
3	1 000	1 527,78	5 167,78	20
4	1 000	833,33	6 201,33	20
5	1 000	0	7 441,60	20

Ein vierstufiges Verfahren zur Bewertung von Realoptionen

Abb. 8.2 Konstante Rendite, abnehmender Wert

Jahres den Wert 0 erreicht. Die Anlegerrendite jedoch bemisst sich an der *gesamten* Vermögensänderung, nicht nur an der Marktpreisänderung. Wie aus Tabelle 8.3 ersichtlich, berechnet sich das Vermögen durch Hinzuaddierung und Reinvestition der Auszahlungen des Projekts. Beispielsweise berechnet sich das Anlegervermögen zum Zeitpunkt $t = 2$ wie folgt: Erhaltene Auszahlung (Dividende) am Ende der ersten Periode (D_1), die ein Jahr lang zu 20 Prozent reinvestiert wird, plus erhaltener Cashflow am Ende des zweiten Jahres (D_2), plus Barwert einer Annuität von drei Zahlungen in Höhe von 1 000 Dollar am Ende einer jeden Periode, dies drei Jahre lang ($PV_a(1\,000\,\$, 3\,\text{J.}, 20\,\%)$). Wie in der dritten Zeile von Tabelle 8.3 zu sehen ist, ergibt dies in der Summe 4 306,48 Dollar (1 200 \$ + 1 000 \$ + 2 106,48 \$). Hieraus resultiert folgende prozentuale Vermögensänderung zwischen Periode 1 und Periode 2: (4 306,48 \$ − 3 588,73 \$)/3 588,73 \$ = 20 %. Die wichtige Schlussfolgerung lautet also: Die Rendite bleibt konstant, sofern sie als prozentuale *Vermögens*änderung gemessen wird.

Tab. 8.3 Berechnung des Anlegervermögens

Jahr	Cashflow	Anlegervermögen
0	0	$PV_a(1\,000\,\$, 5\,\text{J.}, 20\,\%) = 2\,990,61\,\$$
1	1 000 \$	$D_1 + PV_a(1\,000\,\$, 4\,\text{J.}, 20\,\%) = 1\,000\,\$ + 2\,558,73\,\$ = 3\,588,73\,\$$
2	1 000 \$	$D_1(1{,}2) + D_2 + PV_a(1\,000\,\$, 3\,\text{J.}, 20\,\%) = 1\,200\,\$ + 1\,000\,\$ + 2\,106,48\,\$$ $= 4\,306,48\,\$$
3	1 000 \$	$D_1(1{,}2)^2 + D_2(1{,}2) + D_3 + PV_a(1\,000\,\$, 2\,\text{J.}, 20\,\%)$ $= 1\,440\,\$ + 1\,200\,\$ + 1\,000\,\$ + 1\,527,78\,\$ = 5\,167,78\,\$$
4	1 000 \$	$D_1(1{,}2)^3 + D_2(1{,}2)^2 + D_3(1{,}2) + D_4 + PV_a(1\,000\,\$, 1\,\text{J.}, 20\,\%)$ $= 1\,728\,\$ + 1\,440\,\$ + 1\,200\,\$ + 1\,000\,\$ + 833,33\,\$ = 6\,201,33\,\$$
5	1 000 \$	$D_1(1{,}2)^4 + D_2(1{,}2)^3 + D_3(1{,}2)^2 + D_4(1{,}2) + D_5$ $= 2\,073,60\,\$ + 1\,728\,\$ + 1\,440\,\$ + 1\,200\,\$ + 1\,000\,\$ = 7\,441,60\,\$$

In unserem nächsten Beispiel haben wir es mit einem zyklischen Cashflow-Muster zu tun, wobei in jedem ungeraden Jahr 100 Dollar und in jedem geraden Jahr 200 Dollar ausgezahlt werden, dies fünf Jahre lang. Abbildung 8.3 zeigt den rückläufigen Marktpreis des Projekts, die zyklischen Cashflows sowie die (konstante) Rendite. Wie gehabt, werden die Renditen in der Weise gemessen, dass die reinvestierten Cashflows (Dividenden) zum jeweiligen Marktpreis der Periode (das heißt zum jeweiligen Barwert des Projekts) hinzuaddiert werden. Die konkreten Berechnungen finden sich in Tabelle 8.4. Die Rendite von Vermögensjahr zu Vermögensjahr beträgt stets 20 Prozent. Die Zyklizität der jährlichen Cashflows hat somit keinerlei Einfluss auf die Gesamtrendite der Investoren.

Ein vierstufiges
Verfahren zur
Bewertung von
Realoptionen

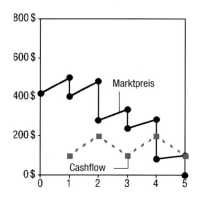
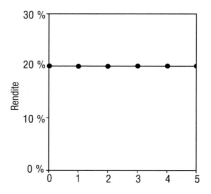

T	CF_t	Preis	Vermögen	Vermögensänderung in %
0	0	416,73	416,73	
1	100	400,08	500,08	20
2	200	280,09	600,09	20
3	100	236,11	720,11	20
4	200	83,33	864,13	20
5	100	0	1 036,96	20

Abb. 8.3 Konstante Rendite; zyklische, zeitlich begrenzte Cashflows

Tab. 8.4 Berechnung des Anlegervermögens: Zyklische Cashflows über fünf Jahre

Jahr	Cashflow	Anlegervermögen
0	0	$PV(5 \text{ J. CF, } 20\,\%) = 416{,}73$ \$
1	100 \$	$D_1 + PV(4 \text{ J. CF, } 20\,\%) = 100$ \$ $+ 400{,}08$ \$ $= 500{,}08$ \$
2	200 \$	$D_1(1{,}2) + D_2 + PV(3 \text{ J. CF, } 20\,\%) = 120$ \$ $+ 200$ \$ $+ 280{,}09$ \$ $= 600{,}09$ \$
3	100 \$	$D_1(1{,}2)^2 + D_2(1{,}2) + D_3 + PV(2 \text{ J. CF, } 20\,\%)$ $= 144$ \$ $+ 240$ \$ $+ 100$ \$ $+ 236{,}11$ \$ $= 720{,}11$ \$
4	200 \$	$D_1(1{,}2)^3 + D_2(1{,}2)^2 + D_3(1{,}2) + D_4 + PV(1 \text{ J. CF, } 20\,\%)$ $= 172{,}80$ \$ $+ 288$ \$ $+ 120$ \$ $+ 200$ \$ $+ 83{,}33$ \$ $= 864{,}13$ \$
5	100 \$	$D_1(1{,}2)^4 + D_2(1{,}2)^3 + D_3(1{,}2)^2\ D_4(1{,}2) + D_5$ $= 207{,}36$ \$ $+ 345{,}60$ \$ $+ 144$ \$ $+ 240$ \$ $+ 100$ \$ $= 1\ 036{,}96$ \$

Bevor wir empirisch nachweisen, dass Samuelsons Beweis für reale Aktien- beziehungsweise Eigenkapitalrenditen Gültigkeit besitzt, wollen wir uns noch ein letztes und besonders wirklichkeitsnahes Beispiel ansehen. Legen wir dabei das Cashflow-Muster des soeben behandelten Beispiels zugrunde (100 Dollar Auszahlung in ungeraden, 200 Dollar in geraden Jahren), allerdings unter der Annahme »ewiger« Cashflows. Abbildung 8.4 zeigt die zyklische Entwicklung sowohl des Cashflows als auch des Projektpreises. Bemerkens- wert ist, dass die Amplitude des Preiszyklus niedriger ist als die Amplitude der jährlichen Cashflows. Dies hat seinen Grund darin, dass die Barwerte diskon- tierte Durchschnittswerte einer unendlichen Zahl kompletter Zyklen darstel- len, weshalb sich der Cashflow-Zyklus in den Barwertergebnissen nur in durchschnittlicher Form bemerkbar macht. Festzuhalten ist ferner, dass die Rendite konstant bei 20 Prozent liegt. Auch hier wieder sehen wir also, dass die Zyklizität der Cashflows völlig irrelevant ist, sofern diese Auszahlungen korrekt geschätzt/antizipiert werden. Tabelle 8.5 zeigt die Ergebnisse der Ver- mögensberechnungen. Der anfängliche Schätzwert stellt die Summe zweier Annuitäten dar. Bei der ersten handelt es sich um den Barwert einer unend- lichen Reihe von 100-Dollar-Auszahlungen, die am Ende eines jeden ungera-

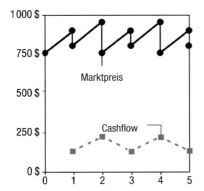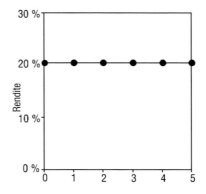

T	CF_t	Preis	Vermögen	Vermögensänderung in %
0	0	727,13	727,13	
1	100	772,57	872,57	20
2	200	727,13	1 047,13	20
3	100	772,57	1 256,57	20
4	200	727,13	1 507,93	20
5	100	772,57	1 809,53	20

Abb. 8.4 Konstante Rendite; zyklische, zeitlich unbegrenzte Cashflows

Ein vierstufiges
Verfahren zur
Bewertung von
Realoptionen

Jahr	Cashflow	Anlegervermögen
0	0	PV(ewiger CF, ungerades Jahr zuerst, 20 %) = 727,13 \$
1	100 \$	D_1 + PV(ewiger CF, gerades Jahr zuerst, 20 %) = 100 \$ + 772,57 \$ = 872,57 \$
2	200 \$	$D_1(1,2)$ + D_2 + PV(ewiger CF, ungerades Jahr zuerst, 20 %) = 100 \$(1,2) + 200 \$ + 727,13 \$ = 1 047,13 \$
3	100 \$	$D_1(1,2)^2$ + $D_2(1,2)$ + D_3 + PV(ewiger CF, gerades Jahr zuerst, 20 %) = 100 \$(1,2)^2 + 200 \$(1,2) + 100 \$ + 772,57 \$ = 1 256,57 \$
4	200 \$	$D_1(1,2)^3$ + $D_2(1,2)^2$ + $D_3(1,2)$ + D_4 + PV(ewiger CF, ungerades Jahr zuerst, 20 %) = 172,80 \$ + 288 \$ + 120 \$ + 200 \$ + 727,13 \$ = 1 507,93 \$
5	100 \$	$D_1(1,2)^4$ + $D_2(1,2)^3$ + $D_3(1,2)^2$ $D_4(1,2)$ + D_5 + PV(ewiger CF, gerades Jahr zuerst, 20 %) = 207,36 \$ + 345,60 \$ + 144 \$ + 240 \$ + 100 \$ + 772,57 \$ = 1 809,53 \$

den Jahres fällig werden (1, 3, 5 ..., N). Bei der zweiten handelt es sich um den Barwert einer unendlichen Reihe von 200-Dollar-Auszahlungen, die am Ende eines jeden geraden Jahres fällig werden (2, 4, 6 ..., N + 1). Die Ableitung der Annuitätenformeln finden Sie in den Anmerkungen.[1] Hier deshalb lediglich die Ergebnisse:

$$PV(ungerade) = \frac{bu}{(1 - u^2)}$$

Wir definieren b als die zweijährliche Rentenrate, die in allen ungeraden Jahren 100 Dollar beträgt, und u als $1/(1 + r)$, wobei r für den 20-prozentigen Diskontierungssatz steht. Die Formel für den Barwert der Rentenzahlung in den geraden Jahren lautet:

$$PV(gerade) = \frac{bu^2}{(1 - u^2)}$$

Der Wert des Anlegervermögens zum Zeitpunkt null ist die Summe der Barwerte der ungeraden und der geraden zweijährlichen Rentenzahlungen:

$$PV(\text{ungerade}) + PV(\text{gerade}) = \frac{bu}{1-u^2} + \frac{bu^2}{1-u^2} = \frac{100\,\$\left(\dfrac{1}{1,2}\right)}{1-\left(\dfrac{1}{1,2}\right)^2} + \frac{200\,\$\left(\dfrac{1}{1,2}\right)^2}{1-\left(\dfrac{1}{1,2}\right)^2}$$

$$= 272,68\,\$ + 454,45\,\$ = 727,13\,\$$$

In Tabelle 8.5 ist dies als »PV(ewiger CF, ungerades Jahr zuerst, 20 %)« ausgedrückt. Beim nächsten Schritt, der Berechnung des Vermögenswerts zum Zeitpunkt 1, nehmen wir an, dass sich dieser Wert aus der 100-Dollar-Zahlung am Ende des Jahres 0 (eben zum Zeitpunkt 1) plus dem Barwert der »ewigen« zyklischen Cashflows zusammensetzt, die nun am Ende des Jahres 1 mit 200 Dollar einsetzen. Mathematisch stellt sich dies so dar:

$$D_1 + 1,2\,PV(\text{gerade}) + \frac{PV(\text{ungerade})}{1,2}$$

$$= 100\,\$ + 1,2(454,45\,\$) + 272,68\,\$ = 872,57\,\$$$

Durch Fortsetzung dieser Kette von Periode zu Periode gelangen wir zu den in Tabelle 8.5 enthaltenen Zahlen und Ergebnissen. Auch dies belegt: Bei vermögensorientierter Berechnung – also bezogen auf den Projektwert in der jeweiligen Periode *zuzüglich* der reinvestierten Ausschüttungen – liegt die jährliche Rendite konstant bei 20 Prozent.

Empirische Belege für den Samuelsonschen Beweis

Um Samuelsons Beweis empirisch zu überprüfen, untersuchten wir drei zyklische Industrien: Stahl, Grundstoffchemikalien und Holzverarbeitung. Freilich gibt es viele Möglichkeiten, die Zyklen dieser Branchen zu messen. Wir wählten zwei davon aus, wie Abbildung 8.5 zeigt: die branchenspezifische Gesamtverzinsung des eingesetzten Kapitals (ROIC) und den eigenkapitalbezogenen Cashflow. Letzterer berechnet sich als Reingewinn plus Abschreibung – ein zugegebenermaßen grober Maßstab. Die Zyklen in den einzelnen Charts sind ziemlich leicht zu interpretieren. Interessant ist das gleichzeitige Auftreten von Cashflow-Spitzen in allen Industrien, nämlich 1988/89 und 1995. Parallelität besteht auch mit Blick auf die Talsohle in den Jahren 1996/97.

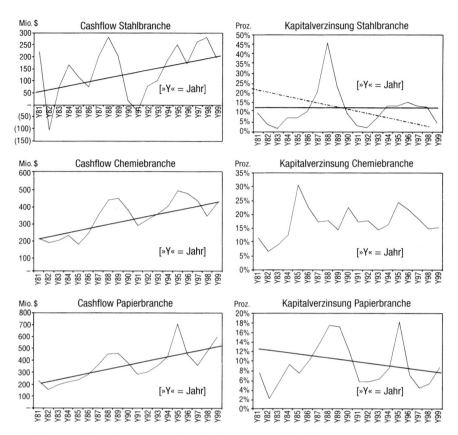

Abb. 8.5 Zyklizität der Cashflows und der Kapitalverzinsung (ROIC) in drei Industrien (1981 bis 1999)

Um zu statistischen Tests mit signifikanter Zyklizität zu gelangen, führten wir zwei verschiedene Zeitreihenregressionen durch. Im ersten Fall ging es um das autoregressive Verhalten mit ein- und zweijähriger Verzögerung. Die Gleichung hatte folgende Form:

$$X_t = a + bX_{t-1} + cX_{t-2} + \varepsilon_t$$

Beim zweiten Test wurde die Tendenz der Rückkehr zum Mittelwert (*mean reversion*) untersucht:

$$X_t = a + b(\overline{X} - X_t) + \varepsilon_t$$

Ein vierstufiges
Verfahren zur
Bewertung von
Realoptionen

Die Idee dabei ist, dass der Wert von X sich in der Folgeperiode wieder dem langfristigen Mittelwert, $\overline{X}$, annähert, und zwar mit einer Geschwindigkeit von b Prozent pro Jahr. Die Ergebnisse unserer Untersuchungen zur Cashflow- und Verzinsungszyklizität sind in Tabelle 8.6 zusammengefasst. Grundlage waren Daten der Jahre 1981 bis 1999. Dabei ließ sich in allen Industrien eine statistisch signifikante Zyklizität nachweisen. Einzige Ausnahme mit einem nicht signifikanten Ergebnis war die Zeitreihe der Kapitalverzinsung in der chemischen Grundstoffindustrie.

Tab. 8.6 Belege für eine Zyklizität der Cashflows und der Kapitalverzinsung (ROIC) in drei Industrien

Branche/Variable	Autoregressionstests		Tests Mittelwerttendenz	
	R^2	Signifikanz	R^2	Signifikanz
Stahl/Cashflow	0,380	0,40[*]	0,119	0,162
Stahl/Kapitalverzinsung	0,414	0,024[*]	0,286	0,022[*]
Chemie/Cashflow	0,688	0,000[*]	0,666	0,000[*]
Chemie/Kapitalverzinsung	0,172	0,266	0,148	0,115
Papier/Cashflow	0,412	0,024[*]	0,425	0,003[*]
Papier/Kapitalverzinsung	0,330	0,061[**]	0,228	0,045[*]

[*] Signifikanz auf dem 10-Prozent-Konfidenzniveau
[**] Signifikanz auf dem 5-Prozent-Konfidenzniveau

Wenn Samuelsons Theorem stimmt, darf bei der Gesamtrendite der Investoren keine Zyklizität beobachtbar sein, auch wenn die Cashflows einerseits und die Rentabilität des eingesetzten Kapitals (ROIC) andererseits zyklischen Charakter besitzen. Die Ergebnisse unserer Untersuchung der Zyklizität der Gesamtrendite der Aktionäre sind in Tabelle 8.7 zusammengefasst. Auf dem 10-prozentigen Konfidenzniveau erwies sich keiner der Tests als signifikant – ein Ergebnis, das sich voll mit Samuelsons Beweis, dass korrekt antizipierte Preise zufällig schwanken, deckt.

In der akademischen Forschung wurden bei komplizierteren und aussagekräftigeren Tests zwar Belege für eine statistisch signifikante Zeitabhängigkeit

Tab. 8.7 Keine Zyklizitätsbelege bei der Gesamtrendite der Aktionäre

Branche/Variable	Autoregressionstests		Tests Mittelwerttendenz	
	R^2	Signifikanz	R^2	Signifikanz
Stahl	0,157	0,301	0,146	0,117
Chemie	0,106	0,456	0,001	0,922
Papier	0,211	0,191	0,085	0,240

Ein vierstufiges Verfahren zur Bewertung von Realoptionen

der Gesamtrendite gefunden. So gut wie nie aber waren diese Abhängigkeiten nach Abzug der Transaktionskosten und einer Risikobereinigung der Renditen ökonomisch signifikant. Daher vertreten wir nach wie vor die These, dass Samuelsons Beweis auf praktischer Ebene eine hinreichend gültige und damit brauchbare Annahme darstellt.

Häufige Fehler

Wer den Realoptionsansatz beherrschen und produktiv nutzen will, muss freilich auch wissen, wie man Fallen aus dem Wege geht und klassische Fehler vermeidet. Einer der häufigsten Fehler besteht darin, von der falschen Annahme auszugehen, die Volatilität des zugrunde liegenden Risikoobjekts sei identisch mit der Volatilität einzelner seiner Komponenten. Dieses Problem verdeutlicht Abbildung 8.6. Angenommen, wir wollen die Volatilität des Projekts A (einer Goldmine zum Beispiel) berechnen. Wie vorgehen? Nun, erinnern wir uns, dass das risikobehaftete Basisobjekt unserer Analyse der Wert der Goldmine ohne Flexibilität ist. Der erste Fehler wäre, die Volatilität des Goldpreises als Äquivalent für die Volatilität des Wertes der Mine zu verwenden. Eigentlich ist ja nicht zu verkennen, dass die Volatilität des Minenwerts von einer ganzen Reihe weiterer Faktoren bestimmt wird. Genannt seien nur die Unsicherheit in Bezug auf den Umfang des vorhandenen Goldvorkommens, die Gewinnungskosten oder die Zinssätze – und nicht zu vergessen sind die ebenfalls volatilitätsrelevanten Fixkosten des Minenbetriebs. Ein anderer Fehler bestünde darin, die Volatilität des Eigenkapitals des Unternehmens stellvertretend für die Volatilität der Mine zu nehmen. Denn dies würde ja bedeuten, die Verschuldung bei der Unternehmenswertvolatilität zu ignorieren, desgleichen die Hedging- respektive Absicherungseffekte und die Diversifizierung zwischen den verschiedenen Unternehmensprojekten. In Kapitel 9 werden wir uns mit der Frage befassen, wie sich anhand der Monte-Carlo-Analyse die Volatilität eines Projekts berechnen lässt, bei dem mehrere Unsicherheiten (etwa Preis und Absatzmenge) im Spiel sind.

Ein weiteres Problem liegt in der Versuchung, die Analyse allzu sehr zu verkomplizieren, etwa indem man zu viele Unsicherheitsfaktoren oder zu viele Optionen einbezieht. In der Regel lässt sich die Volatilität auf maximal zwei oder drei Unsicherheitsquellen reduzieren. Ähnliches gilt für die Optionen. Zumindest kurzfristig lässt sich auch dieser Katalog auf ein paar wenige Elemente komprimieren.

In Kapitel 2 diskutierten wir den Veränderungsprozess und die Notwendigkeit, sich intensiv Gedanken darüber zu machen, wie innovativen Ideen (zum

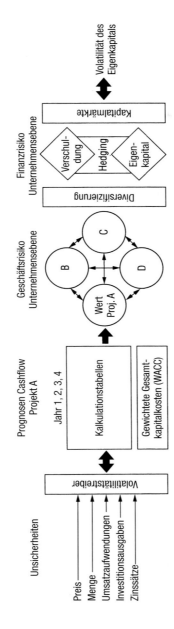

Abb. 8.6 Schwierigkeiten der Schätzung der Projektvolatilität

Ein vierstufiges
Verfahren zur
Bewertung von
Realoptionen

Beispiel eben der Realoptionsanalyse) zum Durchbruch verholfen werden kann. Dabei arbeiteten wir heraus, dass die Innovation verschiedene Bedingungen erfüllen muss, um erfolgreich zu sein. So muss sie den Ansätzen, die sie ersetzt, überlegen sein. Sie sollte aber auch mit diesen kompatibel und überdies nicht allzu komplex, ferner testbar und beobachtbar sein. Genau hier aber liegt ein häufiger Implementierungsfehler, indem man diesen Anforderungen zu wenig Rechnung trägt. Die Komplexität ist dabei zweifellos der größte Stolperstein. Der Praktiker sollte unbedingt in der Lage sein, korrekte Entscheidungsbäume zu erstellen und die Volatilität sauber zu ermitteln. Erfahrungsgemäß liegen leider genau hier die Praxisprobleme der Realoptionsanalyse. Auch sollte man auf höhere Mathematik möglichst verzichten, da sonst die Problemlösung für den Anwender zur »Blackbox« wird.

Viele Praktiker begehen außerdem den Fehler, die Black-Scholes-Formel als ein Näherungsverfahren für allgemeinere Modelle zu benutzen. Man sollte aber stets bedenken, dass das Black-Scholes-Modell ein sehr einfaches, auf sehr restriktiven Annahmen beruhendes Modell ist. Insbesondere taugt es lediglich für europäische Optionen, also solche, die nur zum Verfallstermin ausgeübt werden können. Außerdem lässt es nur eine einzige und zudem im Zeitverlauf stabile Unsicherheitsquelle zu (Prämisse einer konstanten Varianz). Demzufolge eignet sich das Modell weder für zusammengesetzte Optionen noch für Basisobjekte, die Dividenden ausschütten (beispielsweise also nicht für zeitlich begrenzte Projekte, die mit Auszahlungen verbunden sind). Schließlich verlangt das Modell auch noch einen konstanten Basispreis. In der Praxis gibt es leider nur selten Fälle, bei denen all diese restriktiven Bedingungen erfüllt sind.

Betrachten wir kurz den Fall, wenn man an jedem Knoten des Entscheidungsbaums mit dem Black-Scholes-Modell zu operieren versucht. In diesem Fall muss die Option an den Endpunkten der Zweige entweder ausgeübt oder aufgegeben werden. Dies lässt die (dritte) Möglichkeit der Aufrechterhaltung der Option völlig außer Betracht – nämlich für den Fall, dass der mit der Offenhaltung verbundene Wert den Wert der ausgeübten Option übersteigt. Anders formuliert: Die Option wird unterbewertet. Außerdem erfahren wir beim Black-Scholes-Modell überhaupt nichts über den optimalen Ausübungszeitpunkt. Doch derlei Informationen sind wichtig, insbesondere bei Forschungs- und Entwicklungsprogrammen mit Abbruch- respektive Ausstiegsoption (amerikanische Put-Optionen).

Häufig zu beobachten ist auch der Fehler, dass man beim Entscheidungsbaumansatz auf den wichtigen abschließenden Lösungsschritt einfach verzichtet – das heißt auf die Arbeit mit dem Replikationsportfolio, um sicherzustellen, dass keine Arbitrage involviert ist. Bei einem solchen Vorgehen wird

Ein vierstufiges
Verfahren zur
Bewertung von
Realoptionen

für die marktspezifischen Risiken meist ein marktrisikobereinigter Zinssatz, für die marktunabhängigen Risiken ein risikofreier Satz verwendet. Das Problem ist freilich, dass die marktbezogenen Risiken im Zeitverlauf (also innerhalb des Gitters) *nicht* konstant sind. Mit diesem wichtigen Punkt haben wir uns in Kapitel 5 beschäftigt.

Oft taucht die Frage auf, wie weit in die Zukunft das Realoptionsgitter angelegt sein sollte. Die Antwort ergibt sich aus der Tatsache, dass Optionen riskanter sind als der Basiswert, von dem sie abhängen. Daher wird der Barwert ihrer (optimal ausgeführten, relativ weit in der Zukunft liegenden) Erwartungs-Cashflows mit einem Faktor abgezinst, der rasch gegen null geht. Als Faustregel könnte gelten, dass man von Optionen mit über fünfzehnjähriger Laufzeit Abstand nehmen sollte (es sei denn, die künftigen Cashflows fallen überwiegend in sehr späten Projektphasen an).

Zusammenfassendes Fazit

Auch wenn im Hinblick auf die Cashflows eines Realoptionsprojekts noch so viele Unsicherheitsfaktoren im Spiel sind, lassen sie sich auf einen einzigen Faktor reduzieren – die Variabilität des Projektwerts im Zeitverlauf. Der Samuelsonsche Beweis, dass korrekt antizipierte Preise zufällig schwanken, impliziert, dass der (vermögensbezogene) Wert des Projekts im Zeitverlauf bei konstanter Volatilität einer normalen zufallsabhängigen Entwicklung unterliegt, und zwar völlig unabhängig davon, wie ungewöhnlich oder unregelmäßig das stochastische Muster der künftigen Cashflows auch sein mag.

Dies bedeutet, dass sich die meisten Realoptionsprobleme mit einem vierstufigen Verfahren lösen lassen. Dabei geht es in einem ersten Schritt um die traditionelle Schätzung des Wertes des zugrunde liegenden Risikoobjekts (ohne Flexibilität) anhand einer Cashflow-Abzinsung (DCF-Ansatz). Auf der zweiten Stufe kommt die Monte-Carlo-Analyse ins Spiel. Dabei geht es um die Schätzung der Volatilität der (wertänderungsabhängigen) Renditen anhand einer Kalkulationstabelle, ausgehend von unseren (subjektiven) Annahmen bezüglich der kausalen Unsicherheiten (wie beispielsweise Preis, Absatzmengen und variable Stückkosten). Die verschiedenen Unsicherheitsfaktoren können dabei im Zeitverlauf sowohl autokorrelieren als auch kreuzkorrelieren. Diese wichtigen, ergebnisrelevanten Beziehungen lassen sich im Rahmen einer Monte-Carlo-Simulation erfassen. Endergebnis dieses zweiten Schrittes ist ein wertbasierter Ereignisbaum – ein Binomialgitter, das den stochastischen Prozess des Werts des Basisobjekts als einen normalen Zufallsweg (*random walk*) modelliert.

Ein vierstufiges Verfahren zur Bewertung von Realoptionen

Der dritte Schritt besteht darin, in den Ereignisbaum Entscheidungsknoten einzubauen. Jeder dieser Knoten erfasst die Flexibilität, die dem Entscheider zu dem jeweiligen Zeitpunkt offen steht (also seine Option oder Optionen). Ein Knoten kann mit null Optionen, mit einer Option oder mit vielen Optionen verbunden sein.

Auf der vierten und letzten Stufe geht es um die Bewertung der Auszahlungen des Entscheidungsbaumes, indem man sich anhand der Replikationsportfoliomethode (oder mittels risikoneutraler Wahrscheinlichkeiten) Knoten für Knoten rückwärts bewegt, das heißt zum Ursprung des Baumes zurückschreitet.

Wir werden uns in den nachfolgenden Kapiteln 9 und 10 noch eingehend mit dem Problem der Schätzung der Unsicherheiten sowie der Optionsbewertung befassen. In Kapitel 9 unterstellen wir, dass es sinnvoll ist, sämtliche Unsicherheiten in ein einziges Binomialgitter zu integrieren. Damit runden wir unser Verständnis des vierstufigen Verfahrens ab. Kapitel 10 indes befasst sich mit dem Fall, dass eine der Unsicherheiten zu Entscheidungszwecken isoliert betrachtet und bewertet werden muss. Dabei führen wir einen quadranomialen Ansatz in die Optionsbewertung ein.

Übungsaufgaben

1. Erläutern Sie mit eigenen Worten, auf welcher intuitiven Erkenntnis der Samuelsonsche Beweis (dem zufolge korrekt antizipierte Preise zufälligen Schwankungen unterliegen) basiert.

2. Warum können Aktienkurse vorhersagbare Entwicklungsmuster aufweisen, während dies bei der Gesamtrendite der Aktionäre nicht der Fall ist?

3. Die folgende Tabelle enthält die erwarteten freien Cashflows eines Projekts. Die gewichteten Gesamtkapitalkosten (WACC) betragen 10 Prozent und sind zeitlich konstant. Stellen Sie die Cashflows, den Projektwert, das Aktionärsvermögen und die im Zeitverlauf zu erwartende Rendite dar.

Periode	Frei verfügbare Cashflows
0	−10 000
1	1 000
2	−2 000
3	5 000
4	3 000
5	9 000

4. Verwenden Sie den Cashflow-Baum der Aufgabe 6 in Kapitel 7. Unterstellen Sie eine objektive Aufwärtswahrscheinlichkeit von 0,6 sowie eine zu erwartende Rendite von 13 Prozent und verwandeln Sie den Baum in einen Wertbaum.

5. Das MAD-Theorem (Marktwertverzicht) und der Samuelsonsche Beweis, dass korrekt antizipierte Preise zufälligen Schwankungen unterliegen, stellen Eckpfeiler unseres vierstufigen Verfahrens zur Bewertung von Realoptionen dar.
    (a) Erläutern Sie in eigenen Worten, inwiefern diese beiden Theoreme unser vierstufiges Bewertungsmodell erst ermöglichen.
    (b) Inwieweit würde die praktische Anwendbarkeit des Verfahrens beschränkt, wenn die beiden Theoreme falsch wären?

6. Wo liegen die Schwächen und Schwierigkeiten der Black-Scholes-Gleichung im Zusammenhang mit der Lösung von Realoptionsproblemen?

7. In Kapitel 7 vertreten wir die These, dass mit der Entscheidungsbaumanalyse keine korrekte Bewertung von Realoptionen möglich ist, weil bei diesem Ansatz im gesamten Ereignisbaum ein konstanter Abzinsungssatz verwendet wird, obwohl sich das Risiko je nach Baumknoten verändert. Betrachten wir zur Illustration und Übung ein numerisches Beispiel. Den wertbasierten Ereignisbaum für das Basisobjekt sehen Sie hier links.

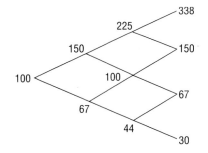
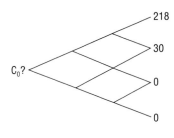

Wertbasierter Ereignisbaum   3-Jahres-Call-Option mit $X = 120$ \$

Es gelten folgende Annahmen: risikofreier Zinssatz = 5 Prozent; dividendenloser Basiswert; $u = 1{,}5$ (folglich $d = 0{,}67$). Es geht darum, eine Call-Option mit dreijähriger Laufzeit und einem Basis- beziehungsweise Ausübungspreis von 120 Dollar zu bewerten.

Bewerten Sie die Call-Option mit einem Entscheidungsbaumansatz, der den Payoff zu den gewichteten Gesamtkapitalkosten (WACC) des Unternehmens – 10 Prozent – abzinst. Führen Sie anschließend eine zweifache Realoptionsanalyse durch, zum einen mit der Replikationsportfoliomethode, zum anderen mit risikoneutralen Wahrscheinlichkeiten (beide Ansätze sollten zum selben Ergebnis führen).

(a) Wo liegen die Unterschiede zwischen Entscheidungsbaumanalyse und ROA?

(b) Wie lauten die impliziten risikobereinigten Diskontierungssätze je Knoten?

8. Gegen Ende des Kapitels warfen wir die Frage auf, wie weit in die Zukunft das Gitter angelegt sein sollte. Diskutieren Sie diese Frage anhand zweier Projekte, deren Cashflows in der nachstehenden Tabelle aufgelistet sind. Annahmen: Beide Projekte können unbefristet und in gleich bleibendem Umfang repliziert werden (und werden es auch, verbunden mit einer ewigen Cashflow-Reihe); die Kapitalkosten liegen bei 10 Prozent.

	Projekt-Cashflows	
	Projekt A	*Projekt B*
Jahr 0	−10,00	−10,00
Jahr 1	6,00	4,00
Jahr 2	6,00	4,00
Jahr 3		4,75

Kapitalwert (A) = 0,41 $
Kapitalwert (B) = 0,50 $

Dieser einfache Kapitalwertvergleich ist freilich irreführend, da die Projekte unterschiedliche Laufzeiten aufweisen. Für einen korrekten Vergleich empfehlen die Lehrbücher (etwa Copeland und Weston, 1992) eine »ewige« Replikation auf konstanter Basis. Mathematisch führt dies zu Kapitalwertschätzungen der Form »$NPV(N, \infty)$«, das heißt, ein N Jahre laufendes Projekt wird unbegrenzt repliziert. Die konkreten Berechnungen lauten:

$$NPV(2, \infty) = NPV(2)\left[\frac{(1+K)^N}{(1+K)^{N-1}}\right] = 41¢\left[\frac{(1,10)^2}{(1,10)^{2-1}}\right] = 41¢\left[\frac{1,21}{0,21}\right] = 2,36 \$$$

$$NPV(3, \infty) = NPV(3)\left[\frac{(1,1)^3}{(1,1)^{3-1}}\right] = 50¢\left[\frac{1,32}{0,32}\right] = 2,06 \$$$

Die kapitalwertbasierte Analyse zeigt, dass das dreijährige Projekt unter der Annahme »ewiger« Replikation dem zweijährigen vorzuziehen ist. Nehmen Sie nun an, die Projekte weisen Flexibilität auf – beispielsweise eine Abbruchoption mit einem Basispreis von 8 Dollar, die durch die Anfangsinvestition verfügbar wird. Nehmen Sie zudem die folgenden *wertbezogenen* Auf- und Abwärtsbewegungen an: $u = 1,5$, $d = 0,67$. Der risikofreie Zinssatz betrage 5 Prozent.

(a) Die Abbruchoption sollte bei $NPV(3)$ wertmäßig stärker zu Buche schlagen als bei $NPV(2)$. Ermitteln Sie die Werte der beiden Projekte mit Flexibilität.

(b) Angenommen, die Projekte werden repliziert (das heißt keine Flexibilität): Berechnen Sie ihren Wert – zum Beispiel $ROA(2, \infty)$ und $ROA(3, \infty)$.

9. Angenommen, der Goldpreis schwankt über einen Zeitraum von einem Jahr wie folgt:

Goldpreis			
Heute	Heute	Jahresende	Jahresende
Wahrscheinlichkeit	Preis	Wahrscheinlichkeit	Preis
1,0	200 $/Unze	0,2	330 $/Unze
		0,6	220 $/Unze
		0,2	147 $/Unze

(a) Wie hoch ist die jährliche Standardabweichung des Goldpreises?

(b) Angenommen, der Wert einer Goldmine beträgt das Zehnfache ihres Jahresabschlussgewinns vor Zinsen und Steuern (EBIT). Unterstellen wir ferner, der aktuelle Wert beziffere sich auf 6 Milliarden Dollar, das erwartete Produktionsvolumen liege bei 10 Millionen Unzen, die Gewinnungskosten pro Unze betrügen 140 Dollar und die Fixkosten lägen bei 50 Millionen Dollar. Wie hoch ist die jährliche Standardabweichung des Wertes der Mine sowie der Rendite auf diesen Wert?

Kapitel 9
Volatilitätsschätzung –
ein konsolidierter Ansatz

In diesem und im nächsten Kapitel befassen wir uns mit der Schätzung der Volatilität des zugrunde liegenden Risikoobjekts und zeigen, wie man damit einen Ereignisbaum erstellt. Zu den Problemen der Volatilitätsschätzung gibt es derzeit nur wenig Literatur. Wie im letzten Kapitel schon angesprochen, ist die Projektvolatilität *nicht* mit der Volatilität einer spezifischen Inputvariablen (beispielsweise Preis oder Menge) gleichzusetzen, und auch mit der Volatilität des Eigenkapitals des Unternehmens darf sie nicht verwechselt werden.

Im ersten Abschnitt dieses Kapitels illustrieren wir, wie bei der Projektbewertung mit einem Monte-Carlo-Ansatz gearbeitet werden kann. Dabei müssen allerdings die stochastischen Eigenschaften der Variablen, von denen die Volatilität abhängt, bereits bekannt sein. Monte-Carlo-Methoden haben den Vorteil, dass sie relativ leicht zu handhaben sind und erlauben, sowohl die Querbeziehungen (Kreuzkorrelationen) zwischen verschiedenen Variablen (wie Preis und Absatzmenge) als auch Zeitreiheneigenschaften (wie etwa die Tendenz der Rückkehr zum Mittelwert) zu modellieren. Nach der Erörterung der Monte-Carlo-Analyse kehren wir dann zum Problem der Volatilitätsschätzung zurück.

In der zweiten Hälfte des Kapitels werden wir mit Blick auf wertbasierte Ereignisbäume zwei spezifische Ansätze zur Schätzung einer konsolidierten Volatilitätsgröße kennen lernen – den *historischen* und den *subjektiven* Ansatz (so unsere Terminologie). Wir sprechen in diesem Zusammenhang von »konsolidiert«, weil es sich im Ergebnis um einen einzigen Volatilitätsschätzwert handelt, der die diversen Unsicherheitsfaktoren (etwa Preis, Menge und variable Kosten) bündelt. Die Schätzwerte für die einzelnen Unsicherheiten beruhen dabei entweder auf historischen Daten oder auf subjektiven Schätzungen der Projektplaner. Wir werden unseren Ansatz jedoch auch empirisch untermauern und validieren.

In Kapitel 10 widmen wir uns der Frage, wie vorzugehen ist, wenn man die Unsicherheitsquellen zu Entscheidungszwecken voneinander getrennt halten möchte. Von Bedeutung ist dies insbesondere für eine spezifische Kategorie von zusammengesetzten Optionen, die so genannten Lernoptionen. Ein Beispiel für solche Lernoptionen sind zusammengesetzte Optionen mit zwei voneinander unabhängigen Risikoquellen wie technologische Unsicherheit einerseits und Produkt-/Marktunsicherheit andererseits. Die Trennung der beiden Faktoren bedeutet, dass mit der technologischen Unsicherheit zusammenhängende Wertänderungen direkt zugeordnet, das heißt mit dem Ergebnis zum Beispiel eines Experiments, einer Marktuntersuchung oder einer Probebohrung in Beziehung gesetzt werden können.

Bündelung der Unsicherheiten mittels Monte-Carlo-Analyse

In diesem Abschnitt beschreiben wir die Durchführung einer Monte-Carlo-Simulation, erläutern die Volatilitätsberechnung und zeigen, wie man einen Ereignisbaum erstellt. Dabei gehen wir davon aus, dass alle erforderlichen Basisdaten bereits vorliegen.

Abbildung 9.1 zeigt, wie Monte-Carlo-Simulationsprogramme (zum Beispiel *Crystal Ball* oder *At Risk*) benutzt werden können, um viele Unsicherheiten in einem einzigen Wert zusammenzufassen, indem man das Programm durch eine Kalkulationstabelle laufen lässt. Jede Stichprobennahme (Simulation) anhand eines gegebenen Katalogs von Parametern generiert dabei einen Schätzwert für den Barwert eines Projekts (oder Unternehmens), PV_t. Als Volatilität für den Binomialbaum wird jedoch die Volatilität der Rendite benötigt, und auf Renditen basiert ja bekanntlich auch der Samuelsonsche Beweis (ver-

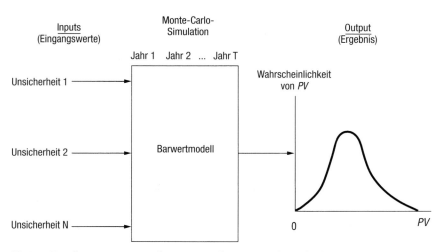

Volatilitätsschätzung – ein konsolidierter Ansatz

Abb. 9.1 Erstellung eines Ereignisbaumes mittels Monte-Carlo-Methoden

gleiche Kapitel 8). Deshalb rechnen wir unsere Tabellenkalkulationswerte anhand der folgenden Beziehung in Renditen um:

$$PV_t = PV_0 e^{rt}$$

$$\ln \frac{PV_t}{PV_0} = rt$$

Für $t = 1$ stellt dies eine einfache Transformation dar, mit der sich eine fortlaufende Reihe von Barwert-Schätzwerten, die per Monte-Carlo-Programm nach dem Zufallsprinzip generiert wurden, in die Standardabweichung der Rendite (Projektvolatilität, σ_r) überführen lässt.

Tabelle 9.1 beschreibt den Prozess, anhand dessen wir einen Ereignisbaum erstellen – einen, bei dem alle Unsicherheiten, die den Barwert beeinflussen, in einem einzigen Faktor gebündelt sind. Wir beginnen dabei mit einer Barwert-Kalkulationstabelle, modellieren die variablenbezogenen Unsicherheiten, ermitteln anhand der Monte-Carlo-Simulation die Standardabweichung der Renditen (ausgehend von der Verteilung der Barwerte) und konstruieren dann das Ereignisbaum-Binomialgitter.

Zur Illustration dieses Prozesses verwenden wir ein einfaches, doch realistisches Projekt mit einer Laufzeit von sieben Jahren. Diese Laufzeit wird

Tabelle 9.1   Monte-Carlo-Prozess zum Aufbau eines wertbasierten Ereignisbaums

Barwertschätzung anhand der erwarteten freien Cashflows	Modellierung der Variablenunsicherheiten	Generierung der Barwertverteilung mittels Monte-Carlo-Simulation	Erstellung eines Barwertgitters (Ereignisbaums)
• Erstellung einer Barwert-Kalkulationstabelle • Diskontierung zu den gewichteten Gesamtkapitalkosten (WACC)	• Erfassung der Autokorrelation der einzelnen Variablen mit sich selbst (einschl. der Tendenz der Rückkehr zum Mittelwert) • Erfassung der Querschnittkorrelationen zwischen den Variablen • Klärung der Frage der Änderung des Konfidenzbereiches im Zeitverlauf	• Darstellung der Barwertverteilung • Die gitterspezifische Volatilität beruht auf folgender Formel: $\ln (V_t/V_0)$	• Barwert (mit reinvestierten Cashflows) folgt einer geometrischen Brownschen Bewegung

Volatilitätsschätzung
– ein konsolidierter
Ansatz

als nicht-stochastisch angenommen, und es bestehen keine Optionen zur Laufzeitverlängerung. Unsicherheit besteht in Bezug auf drei Input-Parameter:

1. Stückpreis (autokorreliert mit sich selbst im Zeitverlauf);
2. Produktionsmenge (korreliert positiv mit dem Preis);
3. variable Stückkosten (korrelieren positiv mit der Menge).

Zunächst modellieren wir anhand des Monte-Carlo-Programms *Crystal Ball* lediglich die Preisunsicherheit. Anschließend verkomplizieren wir das Problem durch Einbeziehung weiterer Unsicherheitsquellen.

Tabelle 9.2 zeigt die Kalkulationstabelle mit den während der Laufzeit des Projekts erwarteten Cashflows. Sie erfasst nicht nur die Zahlenwerte, sondern auch die funktionalen Beziehungen, auf denen die Cashflow-Prognose beruht. Bei gewichteten Gesamtkapitalkosten (WACC) in Höhe von 12 Prozent ergibt sich ein Barwert von 1 507,63 Dollar; zieht man hiervon die Investitionsausgaben in Höhe von 1 600 Dollar ab, resultiert ein Kapitalwert von –92,37 Dollar. Ohne Berücksichtigung der Flexibilität wäre das Projekt also abzulehnen. Der

Tabelle 9.2 Kalkulationstabelle für die Barwertermittlung

	0	1	2	3	4	5	6	7
Stückkosten		10	10	9,5	9	8	7	6
Absatzmenge		100	120	139	154	173	189	200
Variable Stückkosten		6,0	6,0	5,7	5,4	4,8	4,2	3,6
Umsatzerlöse		1 000	1 200	1 321	1 386	1 384	1 323	1 200
– Variable Kosten (Barabflüsse)		–600	–720	–792	–832	–832	–790	–711
– Fixe Kosten (Barabflüsse)		–20	–20	–20	–20	–20	–20	–20
– Abschreibung		–229	–229	–229	–229	–229	–229	–229
Erträge vor Zinsen und Steuern (EBIT)		151	231	280	305	300	284	240
– Steuern in bar		–61	–93	–112	–122	–121	–114	–96
+ Abschreibung		229	229	229	229	229	229	229
– Investitionsaufwendungen	–1 600	0	0	0	0	0	0	0
– Betriebskapitalzuwachs		–200	–40	–24	–13	0	13	24
Freie Cashflows/ Überschüsse (FCF)		119	327	373	399	411	412	397
Gew. Gesamtkapitalkosten (WACC)		0,12	0,12	0,12	0,12	0,12	0,12	0,12
Abzinsungsfaktor		0,893	0,797	0,712	0,636	0,567	0,507	0,452
Barwert des freien Cashflows		107	261	265	253	233	209	180
Barwert (PV) des Projekts	1 507,63							
Investition	1 600,00							
Kapitalwert (NPV) des Projekts	–92,37							

Volatilitätsschätzung
– ein konsolidierter
Ansatz

erwartete Stückpreis liegt anfänglich bei 10 Dollar, sinkt dann aber infolge des zu erwartenden Konkurrenzdrucks ab. Die kalkulierte Absatzmenge steigt im zweiten Jahr um 20 Prozent, doch trotz Preisreduzierungen sinkt die Absatzsteigerungsrate in der Folge bis auf 5,8 Prozent im letzten Prognosejahr ab. Bei den variablen Stückkosten ist ein Rückgang von 6 Dollar im ersten auf 3,56 Dollar im letzten Betriebsjahr zu erwarten.

Als Nächstes unterstellen wir, dass auch bei den Preisschätzungen Unsicherheit besteht. Zur Bestimmung des Konfidenzbereichs der Schätzpreise gibt es viele Ansätze, zwei Extrempositionen eingeschlossen. Die eine davon setzt den Konfidenzbereich konstant, die andere unterstellt einen im Zeitverlauf zunehmenden Konfidenzbereich. Wir wollen hier beide Ansätze illustrieren, beginnend mit der Konstanzprämisse. Daneben gibt es, wie gesagt, eine Vielzahl weiterer Möglichkeiten. Beispielsweise lässt sich eine Proportionalität zwischen Konfidenzbereich und vorhergesagtem Preisniveau annehmen. Doch unabhängig davon, für welche Methode der periodenspezifischen Modellierung der Konfidenzbereiche wir uns letztlich entscheiden – das Monte-Carlo-Programm liefert die Daten. Nehmen wir an, die Prognostiker des Unternehmens sind der Meinung, der von ihnen geschätzte Preis pro Jahr gehe mit einer Standardabweichung von 10 Prozent einher. Angenommen ferner, die Schätzfehler sind im Zeitverlauf stark positiv korreliert (Autokorrelation von 90 Prozent), was impliziert, dass eine Unterschätzung des in einem bestimmten Jahr zu erzielenden Preises mit hoher Wahrscheinlichkeit eine Unterschätzung auch im Folgejahr nach sich zieht. Diese Zeitabhängigkeit wird als »Autokorrelation« bezeichnet. Ist sie negativ – folgt auf einen hohen Wert also mit größerer Wahrscheinlichkeit ein niedriger Wert (und umgekehrt) –, spricht man von einer »Tendenz der Rückkehr zum Mittelwert« (*mean reversion*).

Wenden wir uns nun einer konkreten Monte-Carlo-Analyse zu. Dabei lassen wir zur Erfassung der Preisunsicherheit in unserem Modell das Simulationsprogramm *Crystal Ball* durch eine Excel-Kalkulationstabelle laufen. Um die Inputpreise in eine zufällige Anordnung zu bringen, klicken wir zunächst auf jene Zelle unserer Tabelle, welche die Zufallsvariable darstellen soll (beispielsweise der Preis in Jahr 1).

1. *Definition der Prämissen.* Wir klicken nun auf das Symbol »Annahmen definieren« (»Define assumptions«), das so aussieht: $\bigwedge$. Das Programm will daraufhin wissen, welche Wahrscheinlichkeitsverteilung Verwendung finden soll. Die Auswahl ist groß – etwa binomiale Gleichverteilung, Normalverteilung, Log-Normalverteilung. Wir entscheiden uns für die Log-Normalverteilung, und zwar aus zwei Gründen: Erstens können wir davon ausgehen, dass

die Preise nie negativ werden; zweitens sind Kombinationen von Log-Normalverteilungen selbst wiederum lognormal. Als Nächstes legen wir den Mittelwert und die Standardabweichung für den Preis in Jahr 1 fest. Als Mittelwert nehmen wir 10 Dollar, die Standardabweichung betrage 10 Prozent (das heißt 1 Dollar). *Crystal Ball* nimmt den Wert in der genannten Zelle als Mittelwert der Verteilung an. Wir bewegen den Cursor nun zur Preisprognose des zweiten Jahres und wiederholen hier das Prozedere, wählen also ebenfalls Log-Normalverteilung, setzen den Mittelwert auf den erwarteten Preis (ebenfalls 10 Dollar) fest und geben eine Standardabweichung von 10 Prozent (ebenfalls wieder 1 Dollar) ein.

2. *Definition der Autokorrelationen.* An diesem Punkt gilt es nun, auch die Autokorrelation zwischen den Preisen der ersten beiden Perioden zu modellieren. Hierzu klicken wir auf die Ikone »Korrelieren« (»Correlate«). Auf die Aufforderung, eine Annahme auszuwählen (»Select an assumption«), wählen wir jene Variable aus, mit welcher der Preis der zweiten Periode korrelieren soll – also den Preis der ersten Periode. Als Nächstes fragt das Programm nach der Größe des R^2 zwischen ihnen. Nehmen wir hier der Einfachheit halber an, dass der Parameter R^2 mit dem Autokorrelationskoeffizienten identisch ist (Näheres, Beweis eingeschlossen, weiter unten in diesem Kapitel). Wir setzen den Parameter R^2 also auf 90 Prozent. Dies bedeutet, dass hohe positive Fehler beim Preis der ersten Periode mit sehr hoher Wahrscheinlichkeit auch positive Fehler in der zweiten Periode nach sich ziehen. Dieses Prozedere bezüglich der Definition der Annahmen wiederholen wir nun für alle sieben Jahre der Preisprognose. *Crystal Ball* hebt die betreffenden Preisprognosezellen jeweils grün hervor.

3. *Prognosevariable festlegen.* Wir wollen nun die Prognosevariable definieren, deren Verteilung vom Programm simuliert werden soll. Die Ikone »Prognose definieren« (»Define forecast«) sieht so aus: ▙▆▟. Halten wir fest, dass die Standardabweichung, die wir für unseren Ereignisbaum verwenden wollen, die Standardabweichung der prozentualen Veränderungen im Wert des Projekts von Periode zu Periode ist. Folglich lautet die Variable, die uns hier interessiert:

$$z = \ln\left(\frac{PV_1 + FCF_1}{PV_0} \right)$$

Dieser Wert errechnet sich anhand des Projekt-Barwerts zum Zeitpunkt 0 (PV_0), der den Nenner bildet, und des Barwerts zum Zeitpunkt 1

$$PV_1 = \sum_{t=2}^{7} \frac{FCF_t}{(1+WACC)^{t-1}}$$

zuzüglich des Cashflows zum Zeitpunkt 1 (FCF_1), die gemeinsam den Zähler bilden. Hierzu legen wir in unserer Tabelle eine neue Zelle mit der Formel für »z« an und klicken dann auf das Symbol »Prognose definieren«. Anhand dieser Zelle generiert das Monte-Carlo-Programm dann jeweils seine Zufallsergebnisse.

4. *Simulation starten.* Zur Durchführung der Simulation klicken Sie zunächst auf die Ikone »Ausführen« (»Run«), die so aussieht: ▶ . Initialisieren Sie dann das Programm mit »Reset«. Die Maximalzahl der Durchläufe (Iterationen) wird mit dem Befehl »Ausführpräferenzen« (»Run preferences«) festgelegt. Wir wählen in der Regel den Wert 1 000. Anschließend auf »Ausführen« (»Run«) klicken, und schon beginnt die Monte-Carlo-Simulation.

Nach 1 000 Iterationen auf der Basis der ausgewählten Parameter ergab sich in unserem Beispiel eine Durchschnittsrendite von 13 Prozent (bei Kapitalkosten von 12 Prozent, wie Sie sich erinnern) und eine jährliche Standardabweichung von 21 Prozent. Falls Sie die Simulation auf Ihrem eigenen Computer »nachspielen«, werden Sie zu ähnlichen Ergebnissen gelangen – freilich nur zu ähnlichen, denn voll identisch können sie gar nicht sein, da es sich ja um eine Simulation auf der Basis von 1 000 zufällig ausgewählten Zahlenreihen (bezogen auf die Preisunsicherheit in unserem Modell) handelt. Abbildung 9.2 zeigt die von *Crystal Ball* erzeugte Häufigkeitsverteilung der Jahresrenditen.

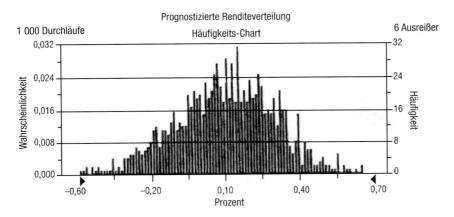

Abb. 9.2 Häufigkeitsverteilung der Renditen

Volatilitätsschätzung
– ein konsolidierter
Ansatz

Auffällig ist insbesondere, dass die Standardabweichung bei den Preisen bei 10 Prozent, die der Projektrendite jedoch bei 21 Prozent liegt. Dies macht erneut deutlich, dass die Volatilität der Unsicherheit erzeugenden Inputvariablen keinesfalls mit der Volatilität des Projekts selbst verwechselt werden darf.

Erstellung des Ereignisbaums

Da wir nun den Barwert des Projekts, die Renditevolatilität (ermittelt per Monte-Carlo-Analyse) und die erwarteten Cashflows kennen, können wir den wertbasierten Ereignisbaum in Angriff nehmen. Das Ergebnis zeigt Abbildung 9.3.

Auffällig ist, dass der Baum »rekombiniert«, da wir ja annehmen, dass die frei verfügbaren Cashflows, die am Ende der einzelnen Perioden generiert werden, in einem konstanten Verhältnis zum Wert des Projekts am Ende der betreffenden Periode stehen. Schauen wir uns beispielsweise die Situation am Ende der zweiten Periode an. Die Auf- und Abwärtsbewegungen im Baum sind hier jahresbezogene Bewegungen; folglich entspricht die Zeitdauer zwischen den Knoten $T = 1$; woraus wiederum folgt: $u = e^{\sigma\sqrt{T}} = e^{0,21} = 1,2337$ und $d = 1/u = 0,8106$. Der Barwert des Projekts beläuft sich nach Ausschüttung der freien Cashflows am Ende der ersten Periode auf 1 569,12 Dollar, wie Tabelle 9.3 zu entnehmen ist. Am Ende der zweiten Periode kann dieser Wert entweder 1 935,79 Dollar oder 1 271,90 Dollar betragen (vergleiche Tabelle 9.4). Der Bar-

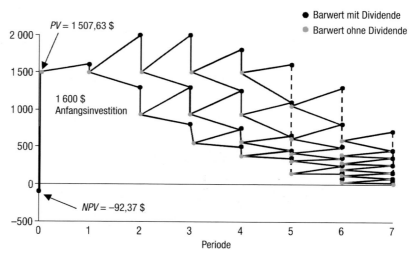

Abb. 9.3: Barwert-Ereignisbaum

Volatilitätsschätzung – ein konsolidierter Ansatz

Tabelle 9.3 Barwerte ohne Dividenden

0	1	2	3	4	5	6	7
1 507,63	1 569,12	1 575,13	1 491,21	1 306,66	1 007,52	574,52	0
		1 034,93	979,80	858,54	661,99	377,46	0
			643,77	564,10	434,96	248,03	0
				370,64	285,79	162,96	0
					187,77	107,08	0
						70,35	0
							0

wert der in dieser Periode erwarteten freien Cashflows beziffert sich auf 261 Dollar; der erwartete Projekt-Barwert berechnet sich für diesen Zeitpunkt wie folgt:

$$PV_2 = \sum_{t=3}^{7} \frac{FCF_t}{(1+WACC)^t} = 261\,\$ + 265\,\$ + 253\,\$ + 233\,\$ + 209\,\$ + 180\,\$ = 1\,401\,\$.$$

Der Quotient aus 261/1 401 $ beträgt 0,1863. Multipliziert man diesen Wert mit dem Wert im günstigen Zustand (1 935,79 Dollar), so erhält man die Dividende im günstigen Zustand, nämlich 360,66 Dollar. Für den ungünstigen Zustand erhalten wir auf analoge Weise (0,1863, multipliziert mit dem Wert des unteren Zustands) ein Ergebnis von 236,95 Dollar. Diese proportionalen Ausschüttungen werden nun vom Projektwert inklusive Dividende abgezogen, woraus die Eingangswerte (ohne Dividende) für die dritte Periode unseres Binomialbaumes resultieren.

Der Ereignisbaum liefert die Werte des zugrunde liegenden Projekts *ohne* Flexibilität. Der nächste Schritt bestünde nun darin, den Baum durch den Einbau von Optionen in die Knoten in einen Entscheidungsbaum zu verwandeln.

Tabelle 9.4 Barwerte vor Dividendenausschüttung

0	1	2	3	4	5	6	7
-92,37	1 688,55	1 935,79	1 943,20	1 839,67	1 612,00	1 242,95	708,77
		1 271,90	1 276,77	1 208,75	1 059,16	816,68	465,70
			838,90	794,21	695,92	536,59	305,98
				521,83	457,25	352,57	201,05
					300,43	231,65	132,10
						152,21	86,79
							57,03

Volatilitätsschätzung – ein konsolidierter Ansatz

Dies ist, wie Sie inzwischen wissen, der dritte Schritt des Optionsbewertungsprozesses, den wir in Kapitel 8 kennen gelernt haben. Im vierten und letzten Schritt geht es dann um die Bewertung der in den Baum eingebetteten Entscheidungen, um den Wert des Projekts *mit* Flexibilität zu ermitteln – entweder anhand von Replikationsportfolios oder mittels risikoneutraler Wahrscheinlichkeiten.

Die Bedeutung des Begriffs ›Autokorrelation‹

Bevor wir fortfahren, wollen wir einen Abstecher in die Zeitreihenanalyse unternehmen und uns kurz mit autokorrelierten Zeitreihen befassen. Autokorreliertes Verhalten lässt sich bei vielen Naturphänomenen beobachten. Am bekanntesten ist vielleicht die so genannte Tendenz der Rückkehr zum Mittelwert (*mean reversion*). Wo immer sich ein Ausreißer beobachten lässt (beispielsweise eine sehr hohe Trefferquote am Beginn einer Saison), besteht bei späteren Beobachtungswerten eine Tendenz zurück zum Durchschnittswert. Sehr große Eltern zum Beispiel haben tendenziell kleinere Kinder; ein Börsenanalyst mit momentan überragender Performance wird später zu eher mittelmäßigen Leistungen tendieren (vorausgesetzt freilich, es ist mehr Glück als Können im Spiel); die Gewinnspannen (in der chemische Grundstoffindustrie etwa) werden sich künftig eher vergrößern als verkleinern, wenn sie aktuell sehr knapp sind. Mathematisch lässt sich die Einperioden-Mittelwerttendenz so ausdrücken:

$$X_{t+1} = X_t - b[X_t - E(X)] + \varepsilon_t$$
$$= bE(X) + (1 - b) X_t + \varepsilon_t$$
$$= \alpha + \beta X_t + \varepsilon_t$$

$E(X)$ steht hier für den langfristig erwarteten Wert der Zufallsvariablen X, und b steht für die Anpassungsgeschwindigkeit, das heißt den Prozentsatz, um den sich die Abweichung vom langfristigen Durchschnitt je Periode verringert. Wie aus der Gleichung ersichtlich, gilt: Liegt der Wert einer Periode (etwa der aktuellen Periode X_t) über dem langfristigen Mittelwert, so ist bei der nächsten Beobachtung ein niedrigerer Wert zu erwarten. Abbildung 9.4 illustriert eine zum Mittelwert tendierende Zeitreihe für $E(X) = 100$ \$ und $b = 0,5$. Der Anfangswert für X ist 150 Dollar. Die Zufallsfehlervariablen für jedes der zehn Jahre sind ebenfalls angegeben.

Das Programm *Crystal Ball* erlaubt uns nur die Eingabe des R^2 zwischen benachbarten Perioden. Wie lässt sich dies mit der eben beschriebenen Mittel-

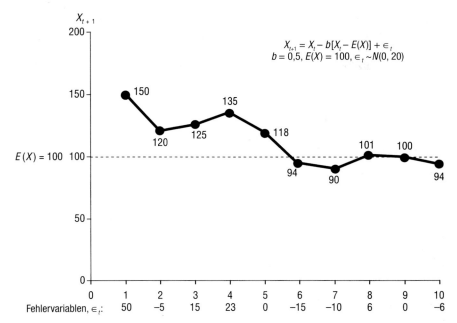

Abb. 9.4 Beispiel einer Zeitreihe mit Mittelwerttendenz

werttendenz in Einklang bringen? Nun, erfassen wir zunächst die Definition des R^2 zwischen den Werten der Zufallsvariablen benachbarter Perioden:

$$X_{t+1} = \alpha + \beta X_t + \varepsilon_{t+1}$$

$$R^2 = \frac{COV(X_t, X_{t+1})}{\sigma_t \sigma_{t+1}}$$

Als Nächstes definieren wir die Steigung der Gleichung, β, wie folgt:[1]

$$\beta = \frac{COV(X_t, X_{t+1})}{VAR(X_t)}$$

Da die Zeitreihe der Zufallsvariablen, X_t, stationär ist, lässt sich folgender Zusammenhang nutzen:

$$\sigma^2(X_t) = \sigma^2(X_{t+1})$$

Daher: $\sigma_t = \sigma_{t+1}$

Folglich: $\sigma_t \sigma_{t+1} = \sigma_t^2 = VAR(X_t)$

Volatilitätsschätzung – ein konsolidierter Ansatz

Dies bedeutet, dass R^2 und der Koeffizient Beta identisch sind (also $R^2 = \beta$). Folglich ist die Tatsache, dass *Crystal Ball* nur die Eingabe von R^2 erlaubt, unerheblich. Beachten Sie auch, dass Beta dem Wert $1 - b$ (das heißt eins minus Anpassungsgeschwindigkeit) entspricht und dass der Abschnitt einer linearen Regression von X_{i+1} auf X_i mit $bE(X)$ identisch ist. In Fällen also, in denen eine einfache Autokorrelation erster Ordnung eine sinnvolle Annahme darstellt, lassen sich die Parameter einer linearen Regression als Inputs (Basiswerte) für das Monte-Carlo-Programm verwenden.

In unserem exemplarischen Siebenjahres-Projekt haben wir eine positive Autokorrelation modelliert. Im Allgemeinen ist die Volatilität bei positiver Autokorrelation höher, als wenn man im Zeitverlauf Unabhängigkeit (das heißt null Autokorrelation) unterstellt. Eine negative Autokorrelation – bei gegebener einfacher Mittelwerttendenz, wie beschrieben – impliziert hingegen, dass auf positive Fehlervariablen negative Fehler folgen. Zur Illustration dieser Effekte haben wir unser Siebenjahres-Projekt in allen drei Varianten durchgespielt; die Ergebnisse finden sich in Tabelle 9.5. Wie ersichtlich, bestätigt sich die Erwartung: Eine positive Autokorrelation geht in der Tat mit einer höheren Standardabweichung der Projektrenditen einher, während bei negativer Autokorrelation das Gegenteil der Fall ist.

Tabelle 9.5 Standardabweichung der Renditen bei unterschiedlicher Autokorrelation

	Standardabweichung der Projektrenditen
Positive Korrelation zwischen den Intervallen = 0,9	0,21
Keine Korrelation	0,09
Negative Korrelation zwischen den Intervallen = –0,9	0,03

Mehrfach korrelierte Variablen

Runden wir unser Beispiel nun ab, indem wir – weiterhin davon ausgehend, dass der Konfidenzbereich der Preise bei 10-prozentiger Standardabweichung konstant ist und die Preise eine positive Autokorrelation von 90 Prozent besitzen – zusätzlich folgende Annahmen treffen: Die Menge korreliert negativ mit dem Preis, wobei $R^2 = -50$ Prozent; die mengenbezogene Standardabweichung beträgt 10 Prozent; die Menge korreliert nicht mit sich selbst. Schließlich nehmen wir noch an, dass die variablen Stückkosten positiv mit der Menge korreliert sind ($R^2 = 0{,}7$) und eine Standardabweichung von 10 Prozent aufweisen.

Die Modellierung dieser zusätzlichen Annahmen in *Crystal Ball* hat nun eine renditebezogene Standardabweichung in Höhe von 31 Prozent zum

Ergebnis – einen Wert also, der erheblich über den 21 Prozent liegt, die wir unter der Annahme ermittelt haben, dass der Preis die einzige Zufallsvariable ist.

Zunehmende Konfidenzbereiche

Bisher gingen wir einfach von konstanten Vertrauensbereichen aus. Doch Theorie wie Praxis widersprechen dieser Annahme. Beide lassen vielmehr vermuten, dass sich die Konfidenzbereiche außerhalb des Zeitintervalls ihrer Schätzung vergrößern.

Nehmen wir an, dass sich das Konfidenzintervall nach der Formel $\sigma\sqrt{T}$ erweitert. Unter Rückgriff auf die anfänglichen Annahmen für unser siebenperiodiges Projekt gehen wir ferner davon aus, dass nur der Preis zufallsabhängig ist und seine positive Autokorrelation 90 Prozent beträgt. Tabelle 9.6 zeigt die zunehmende Standardabweichung, die in das Monte-Carlo-Programm eingegeben wurde.

Tabelle 9.6 Geschätzte Standardabweichungen, im Zeitverlauf zunehmend

Jahr	1	2	3	4	5	6	7
$\sigma\sqrt{T}$	10 %	14,1 %	17,3 %	20 %	22,4 %	24,5 %	26,5 %
Preis	10 \$	10 \$	9,5 \$	9,0 \$	8,0 \$	7,0 \$	6,0 \$
Standardabweichung	1,00 \$	1,41 \$	1,64 \$	1,80 \$	1,79 \$	1,72 \$	1,59 \$

Analog zu diesen mit der Zeit zunehmenden Standardabweichungen erhöhte sich auch die gesamtprojektbezogene Renditevarianz, und zwar von anfänglich 21 auf 41 Prozent, was praktisch einer Verdoppelung gleichkommt. Die Annahme eines sich vergrößernden Vertrauensintervalls hatte mithin stärkere Auswirkungen als alle sonstigen Änderungen, die wir vornahmen (zum Beispiel die zusätzliche Variabilität der Menge und der variablen Kosten).

Berechnung der Gesamtunsicherheit

Im ersten Abschnitt dieses Kapitels lernten wir Monte-Carlo-Simulationen als eine Möglichkeit kennen, die auf der Inputseite beteiligten Unsicherheitsfaktoren (wie Preis und Menge) in einem einzigen outputseitigen Unsicherheitsfaktor – der Volatilität der Rendite des Gesamtprojekts – zu bündeln. Doch eine wichtige Frage bleibt: Woher nimmt man eigentlich die Daten be-

Volatilitätsschätzung – ein konsolidierter Ansatz

züglich der Variabilität der *Treiber* der Projektunsicherheit? Nun, hier gibt es im Prinzip zwei Möglichkeiten: Entweder greift man auf Vergangenheitsdaten zurück, begreift also die Zukunft schlicht als ein Abbild der Vergangenheit; oder aber man verwendet subjektive, doch zukunftsbezogene Schätzwerte.

Verwendung von Vergangenheitsdaten

Falls man sinnvollerweise annehmen kann, dass Zukunft und Vergangenheit einander ähneln, bietet es sich an, die Konfidenzbereiche der Unsicherheit erzeugenden Variablen in unserem projekt- oder unternehmensbezogenen, »flexibilitätslosen« DCF-Modell anhand von Vergangenheitsdaten zu ermitteln. Für diesen Ansatz infrage kommen beispielsweise Ersatzinvestitionsprojekte, Wechseloptionen zur vorübergehenden Stilllegung oder Fortführung eines bestehenden Projekts oder Neuvorhaben, die in ähnlicher Weise wie vorhergehende Projekte exogenen Einflüssen respektieren Störungen ausgesetzt sind.

Zur Ermittlung des besten Modells für die Vergangenheitsdaten bedienen wir uns ökonometrischer Methoden. Anschließend bestimmen wir anhand dieses Modells die künftig zu erwartenden Werte der Variablen (beispielsweise den Preis in drei Jahren) und schätzen dann die für das Monte-Carlo-Programm benötigte Volatilität (beziehungsweise den Konfidenzbereich) mithilfe der Standardabweichung der Fehlervariablen von der Regression.

Angenommen beispielsweise, wir benötigen solche Konfidenzbereichsschätzwerte für die Variablen »Preis«, »Absatzmenge« und »variable Kosten« eines neuen Produktionsprozesses, welcher zwar Kosten einspart, im Übrigen aber denselben Markt-, das heißt Preis- und Mengenrisiken ausgesetzt ist wie der alte Prozess. Die frühere Volatilität der Preis-Mengen-Beziehung stellt unter diesen Voraussetzungen eine durchaus brauchbare Basis für die Prognose der künftigen Volatilität dar. Anders liegt der Fall hingegen bei den variablen Kosten.

Zur Ermittlung des Preis-Mengen-Risikos in der Vergangenheit passen wir die Regressionsgleichungen auf die einzelnen Unsicherheitsquellen an und sichern uns Informationen bezüglich der Trends und Residuen. Wie bereits erörtert, lässt sich zur Erfassung des Autokorrelationseffekts das R^2 der Zeitreihenregression verwenden. Die Kreuzkorrelation zwischen den Variablen (etwa Preis und Menge) wird ebenfalls anhand des R^2 zwischen ihnen erfasst.

Die Standardabweichung für die einzelnen Variablen ist die Standardabweichung der Residuen. Diese ergibt sich zwar aus der Zeitreihenregression, muss aber noch entsprechend bereinigt werden, da sich die Konfidenzberei-

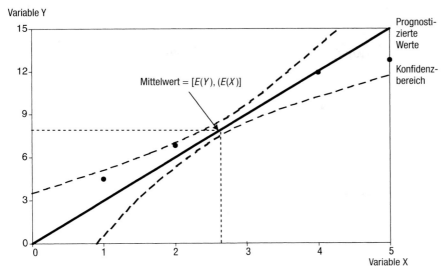

Variable Y

Prognostizierte Werte

Konfidenzbereich

Mittelwert = [E(Y), (E(X)]

Variable X

Abb. 9.5 Außerhalb der Stichprobe verbreitert sich der Konfidenzbereich

che im Falle außerhalb der Stichprobe (des Erhebungsbereichs) liegender Prognosen ja erweitern. Abbildung 9.5 illustriert dies.

Die Schätzung der aus Vergangenheitsdaten abgeleiteten Volatilität wird freilich umso ungenauer, je weiter man in die Zukunft greift. Logischerweise geht dies auch mit einer Verbreiterung des Konfidenzbereiches einher. Für eine einfache lineare, auf Zeitreihendaten basierende Regression erweitert sich der 95-Prozent-Konfidenzbereich gemäß folgender Formel:

$$\hat{y} \pm t(n-2,\ 0{,}95)\sqrt{\left(\frac{1}{n} + \frac{[x_0 - E(X)]^2}{S(X^2)}\right) s_{ey}^2}$$

Diese Formel definiert den Konfidenzbereich für die Vorhersage einer Zufallsvariablen, y, bei gegebenem Niveau ihrer bestimmenden Variablen x. Innerhalb der Quadratwurzel wird der Standardfehler der Variablen y, s_{ey}^2, mit einem Koeffizienten multipliziert, der dann am kleinsten ist, wenn x seinen Mittelwert – $E(x)$ – annimmt, und der in dem Maße zunimmt, wie x sich von diesem Mittelwert wegbewegt. Die Anzahl der in der ursprünglichen Regression verwendeten Beobachtungen beträgt n, und $S(x^2)$ ist die Summe der quadrierten Abweichungen der Werte für x von ihrem Mittelwert. Der Ausdruck $t(n - 2,\ 0{,}95)$ schließlich stellt den Wert der t-Verteilung mit $n - 2$

Volatilitätsschätzung – ein konsolidierter Ansatz

Freiheitsgraden dar, was für einen 95-Prozent-Konfidenzbereich mit zwei »Schwalbenschwänzen« (Verbreiterungen) sorgt.

Wenn die unabhängige Variable in unserer Regression die Zeit ist, so folgt der 95-Prozent-Konfidenzbereich grob betrachtet der Regel $\sigma\sqrt{T}$. Dies bedeutet, dass er außerhalb der für die Erstellung der Regressionsgleichung verwendeten Stichprobenperiode mit der Quadratwurzel der Zeit zunimmt. Angenommen, unsere Gleichung beruht auf zwanzig Beobachtungen ($n = 20$), so ergibt sich als Mittelwert $x = 10$, und die erste Periode außerhalb der Stichprobe ist $x = 21$. Der Wert unter dem Quadratwurzelzeichen nimmt damit folgende Form an:

$$\sqrt{\left[\frac{1}{n}+\frac{X-E(x)}{S(x^2)}\right]S_{ey}^2}=\sqrt{\left[\frac{1}{20}+\frac{21-10}{S(x^2)}\right]S_{ey}^2}=S_{ey}\sqrt{\frac{S(x^2)+20(11)}{20\,S(x^2)}}=S_{ey}\sqrt{\frac{1}{20}+\frac{11}{S(x^2)}}$$

Wenn wir unsere Prognose noch um ein weiteres Jahr in die Zukunft verlängern, erhalten wir unter dem Wurzelzeichen folgenden Wert:

$$=S_{ey}\sqrt{\frac{1}{20}+\frac{12}{S(x^2)}}$$

Demzufolge erweitert sich der Konfidenzbereich außerhalb der Stichprobe in etwa nach der Formel $\sigma\sqrt{T}$.[2]

Subjektive Schätzungen vonseiten des Managements

In vielen Situationen ist es freilich unmöglich, die Unsicherheiten eines Projekts anhand von Vergangenheitsdaten in den Griff zu bekommen. Oft nämlich ist ein Projekt so neuartig, dass sich eine Gleichsetzung von Vergangenheit und Zukunft schlicht verbietet. Zur Quantifizierung der Unsicherheiten beziehungsweise Risiken greifen wir in diesen Fällen daher auf subjektive Schätzwerte der Projektverantwortlichen zurück. Dies ist in der Regel allerdings ein ziemlich schwieriges Unterfangen, da die traditionelle Methode der Projektanalyse – der Kapitalwert (NPV) – ja keine Volatilitätsschätzungen verlangt, sodass hier wenig Erfahrung besteht. Verlangt sind dort ja lediglich die zu erwartenden freien Cashflows (FCF) sowie ein Diskontierungssatz basierend auf dem systematischen Risiko (das heißt der Kovarianz mit dem Markt). Trotzdem besitzt der Fachmann und Praktiker in der Regel eine brauchbare Vorstellung von der Volatilität (wenngleich es sich dabei zwangsläufig um etwas Subjektives, Informelles, »Unstatistisches« handelt). Die Herausforderung besteht folglich darin, einen strukturierten Ansatz zu entwickeln, bei dem einerseits die Informationen der Kapitalwertanalyse genutzt werden, der andererseits (und darüber hinaus) aber auch der Notwendigkeit der Beschaffung von Volatilitätsinformationen in relativ einfacher und intuitiv einsichtiger Weise Rechnung trägt.

Wir verwenden eine Schätzmethode, bei der die Projektverantwortlichen gehalten sind, außer dem erwarteten Ergebnis für die einzelnen Zufallsvariablen auch den Schwankungsbereich dieser Ergebnisse (zumindest entweder die diesbezügliche Ober- oder Untergrenze) anzugeben. Angenommen, bei dem betrachteten Projekt spielen drei Unsicherheitsquellen eine Rolle: Preis, Absatzmenge und variable Stückkosten. Für jeden dieser Parameter würden wir dem Praktiker also folgende Fragen stellen. Erstens: Wie hoch ist Ihrer Meinung nach der bei der betreffenden unsicheren Variablen zu erwartende Wert je Jahr während der Laufzeit des Projekts? Die Antwort ergibt sich aus den Kapitalwertberechnungen und liegt somit bereits vor. Zweitens: Wo liegt Ihrer Einschätzung nach bei einer 95-prozentigen Konfidenz der Höchst- und/oder Tiefstwert der betreffenden Variable in den einzelnen Jahren?

Geometrische Brownsche Bewegung

Zunächst konzentrieren wir uns auf die getrennte subjektive Schätzung der einzelnen Unsicherheitsquellen und lassen dabei die Autokorrelation vorerst außer Acht. Eine der einfachsten Annahmen besteht darin, dass die Ungewissheit (etwa die Preisunsicherheit) einer geometrischen Brownschen Bewegung folgt. Dabei ergibt sich der Wert der Folgeperiode, $V_{t+\Delta t}$, jeweils aus der Multiplikation des Werts der (aktuellen) Basisperiode, V_t, mit einem »Dauerwachstumsfaktor« (e), bezogen auf die Wachstumsrate r und ein Zeitintervall Δt. Die Wachstumsrate r ist eine normalverteilte Zufallsvariable mit einem konstanten erwarteten Wachstum ($\bar{r}$) und einer konstanten Standardabweichung σ:

$$V_{t+\Delta t} = V_t e^{r\Delta t}$$

Am Ende einer Periode liegt r jeweils mit 95-prozentiger Konfidenz innerhalb des folgenden Intervalls:

$$r \in \left[\bar{r} - 2\sigma, \bar{r} + 2\sigma\right]$$

Volatilitätsschätzung – ein konsolidierter Ansatz

Für eine Periode $T = n\Delta t$ ist das zu erwartende Gesamtwachstum bei einem Mittelwert von $\bar{r}\,T$ und einer Standardabweichung von $\sigma\sqrt{T}$ normalverteilt. Am Ende der Periode T liegt r mit 95-prozentiger Konfidenz innerhalb des folgenden Intervalls:

$$r \in \left[\bar{r}\,T - 2\sigma\sqrt{T}, \; \bar{r}\,T + 2\sigma\sqrt{T}\right]$$

Als oberer und unterer Grenzwert der 95-Prozent-Konfidenzintervalls von r ergeben sich:

$$[r]^{hoch} = \bar{r}\,T + 2\sigma\sqrt{T}$$

$$[r]_{tief} = \bar{r}\,T - 2\sigma\sqrt{T}$$

Da die Wachstumsrate ausschlaggebend ist für das Niveau der Zufallsvariablen zum Zeitpunkt T, V_t, ergeben sich analoge Limits für deren Werte:

$$[V_T]^{hoch} = V_0 e^{\bar{r}\,T + 2\sigma\sqrt{T}}$$

$$[V_T]_{tief} = V_0 e^{\bar{r}\,T - 2\sigma\sqrt{T}}$$

Falls das FCF-Modell (freie Cashflows) einen spezifischen Erwartungspfad für die jeweilige Unsicherheit enthält, so bedeutet dies, dass die zu erwartenden periodenbezogenen Wachstumsraten (also die einzelnen Perioden-$\bar{r}_i$) unterschiedlich sind. Für eine Periode $T = n\Delta t$ ergibt sich die zu erwartende Gesamtsteigerung aus der Summe der jährlichen Wachstumsraten r_i, wobei $i = [1, n]$.

$$\bar{R}_T = \sum_{i=1}^{T} \bar{r}_i$$

Entsprechend lauten der obere und untere 95-Prozent-Konfidenzintervallwert des Objekts selbst:

$$[V_T]^{hoch} = V_0 e^{\Sigma r_i + 2\sigma\sqrt{T}}$$

$$[V_T]_{tief} = V_0 e^{\Sigma r_i - 2\sigma\sqrt{T}}$$

Falls anzunehmen ist, dass die Unsicherheit konstant zunimmt, ersetzen wir die Summe der Periodenzuwächse, Σr_i, durch das Produkt »durchschnittliches Wachstum mal Gesamtzahl der Perioden«: $\bar{r}\,T$.

Nachdem die allgemeine Form der Unsicherheit in dieser Weise definiert ist und die zu erwartenden trajektorischen Daten (Stichprobenwerte) in das Modell inkorporiert wurden, sind nun die Verantwortlichen am Zug. Von ihnen ist abschließend eine einzige Frage (nach den Ober-/Untergrenzen) zu beantworten: »Wenn Ihrer Prognose zufolge die Unsicherheit (etwa bezogen auf die Absatzmengen) am Ende der Periode T den Erwartungswert $E(V_T)$ hat: Wie hoch, glauben Sie, ist dann bei einer 95-prozentigen Konfidenz der Wert des unteren 95. Perzentils (V_T^{tief}) und/oder der Wert des oberen 95. Perzentils (V_T^{hoch})?« Sofern die Experten in der Lage sind, einen dieser beiden Inputwerte für V zu liefern (wovon auszugehen ist), ist der Weg frei für die Ableitung der Volatilität der Wachstumsrate:

$$\sigma = \frac{\ln\left(\dfrac{V_T^{hoch}}{V_0}\right) - \sum_{i=1}^{n} r_i}{2\sqrt{T}}, \quad \sigma = \frac{\sum_{i=1}^{n} r_i - \ln\left(\dfrac{V_T^{tief}}{V_0}\right)}{2\sqrt{T}} \qquad \text{(Volatilitätsschätzwert)}$$

Als Nächstes kehren wir zu unserem Monte-Carlo-Simulationsmodell zurück und bestimmen für die einzelnen Jahre die »Absatzsteigerung«, r_t, als eine normalverteilte Zufallsvariable mit Standardabweichung σ. Der Wert der unsicheren Variablen für ein gegebenes Jahr wird bei jeder Simulation anhand der folgenden Formel generiert:

$$V_t = V_{t-\Delta t}\, e^{r_t}$$

In Kapitel 11 werden wir im Rahmen eines Fallbeispieles noch konkret demonstrieren, wie bei der Erstellung eines wertbasierten Ereignisbaumes mit subjektiven (managementseitigen) Unsicherheitsschätzungen gearbeitet werden kann.

Ein etwas komplizierterer Fall: Verfahren mit eingebauter Mittelwerttendenz

Die Mittelwerttendenz (oder Tendenz der Rückkehr zum Mittelwert) charakterisiert die Entwicklung vieler Unsicherheiten. In diesen Fällen ist der Schwankungsbereich selbst dann noch konstant, wenn wir relativ weit in die Zukunft greifen. Anders ausgedrückt: Die Unsicherheit schwankt auf konstantem Niveau. Typische Unsicherheitskategorien mit Mittelwerttendenz sind etwa Warenpreise sowie Stück- oder Fixkosten.

Das allgemeine Modell für die Tendenz der Rückkehr zum Mittelwert lässt sich mathematisch folgendermaßen darstellen:

$$V_t = V_{t-\Delta t} + \alpha(\overline{V} - V_{t-\Delta t}) + \sigma dz$$

Volatilitätsschätzung – ein konsolidierter Ansatz

$\overline{V}$ stellt das Durchschnittsniveau dar, um das herum die Unsicherheit schwankt; α ist die Geschwindigkeit, mit der die Unsicherheit nach jeder Abweichung zum Mittelwert zurückkehrt. Der Wert der Unsicherheit in der Vorperiode ist ja bereits bestimmt. Die Zufallsvariable in unserem Modell ist dz; sie ist normalverteilt und hat einen Erwartungswert von null und eine Standardabweichung von 1. Die Volatilität je Periode, σ, ist konstant.

Für eine einzelne Periode (Δt) gilt:

$$E\left(V_{t-\Delta t}\right) = \overline{V}$$
$$E\left\{\alpha\left(\overline{V} - V_{t-\Delta t}\right)\right\} = 0$$
$$E\left(\sigma dz\right) = 0$$
$$E\left(V_t\right) = E\left(V_{t-\Delta t}\right) = \overline{V}$$

Für mehrere Perioden, T, bleiben aufgrund der Mittelwerttendenz zwar alle vorherigen Parameter gleich, doch die Gesamtvolatilität entspricht nun nicht mehr der mit der Quadratwurzel der Zeit multiplizierten Einperioden-Volatilität. Vielmehr gilt:

$$\sigma_T = \sigma_t \sqrt{\sum_{t=2}^{T}\left[\left(1-\alpha\right)^{T-t}\right]^2}$$

Die Formel ist intuitiv verständlich. Angenommen, die Geschwindigkeit der Rückkehr zum Durchschnitt (α) hat den Wert »1«, so kehrt der Prozess bei jedem Schritt zum Trend- respektive Durchschnittswert $\overline{V}$ zurück, so dass die Volatilität lediglich in der letzten Periode bestehen bleibt ($\sigma_T = \sigma_t$). Ist andererseits $\alpha = 0$, so verschwindet die Tendenz der Rückkehr zum Mittelwert überhaupt, und die Volatilität fällt mit jener der geometrischen Brownschen Bewegung zusammen: $\sigma\sqrt{T}$. Folglich wird die Unsicherheit V_T am Ende der Periode T mit 95-prozentiger Konfidenz innerhalb des folgenden Intervalls liegen:

$$V_T \in \left[\overline{V} - 2\sigma_t\sqrt{\sum_{t=2}^{T}\left[\left(1-\alpha\right)^{T-t}\right]^2}, \overline{V} + 2\sigma_t\sqrt{\sum_{t=2}^{T}\left[\left(1-\alpha\right)^{T-t}\right]^2}\right]$$

Das Durchschnittsniveau $\overline{V}$ lässt sich aus dem FCF-Modell (freie Cashflows) und anderen analytischen Ansätzen gewinnen.

Welche Fragen gilt es in diesem Fall nun den projektverantwortlichen Fachleuten zu stellen? Nun, im Unterschied zur geometrischen Brownschen Bewegung müssen wir hier zwei (nicht nur einen) Parameter bestimmen, um die Unsicherheit simulieren zu können: (a) die Geschwindigkeit der Rückkehr zum Durchschnitt, α; (b) die Periodenvolatilität σ. Um subjektive Schätzwerte für α zu bekommen, bietet sich folgende Fragestellung an: »Angenommen, die Unsicherheit tendiert zur Rückkehr zum Mittelwert: Um welchen Prozentsatz dürfte sich die Einperiodenabweichung in der nächsten Periode Ihrer Einschätzung nach im Durchschnitt verringern?« Was die Volatilität anbetrifft, verwenden wir eine ähnliche Fragestellung wie eben: »Wenn Ihrer Prognose zufolge die Unsicherheit je Periode den Erwartungswert $\overline{V}$ hat: Mit welchem tatsächlichen oberen oder unteren Unsicherheitswert V_T (V_T^{hoch} bzw. V_T^{tief}) rechnen Sie in der letzten Periode bei 95-prozentiger Konfidenz?«

In Abhängigkeit von dem so ermittelten (unteren oder oberen) Wert für V_T lässt sich nun der Volatilitätsschätzwert anhand der folgenden Formeln ableiten:

$$
\sigma_t = \frac{\overline{V} - V_T^{tief}}{2\sqrt{\sum_{t=2}^{T}\left[\left(1-\alpha\right)^{T-t}\right]^2}}
$$

$$
= \frac{V_T^{hoch} - \overline{V}}{2\sqrt{\sum_{t=2}^{T}\left[\left(1-\alpha\right)^{T-t}\right]^2}}
$$

Wir kehren nun zum Monte-Carlo-Modell zurück und bestimmen für jedes einzelne Jahr die »Standardnormalvariable«, dz, als eine normalverteilte Zufallsvariable mit einem Mittelwert von 0 und einer Standardabweichung von 1. Anhand der Formel für den Prozess der Rückkehr zum Mittelwert berechnen wir anschließend den Wert der Unsicherheit für die einzelnen Perioden, ausgehend vom jeweiligen Wert der Vorperiode:

$$
V_t = V_{t-\Delta t} + \alpha(\overline{V} - V_{t-\Delta t}) + \sigma dz
$$

Nachdem die Volatilität auf diese Weise abgeleitet ist, erstellen wir zunächst wertbasierte Ereignisbäume und führen dann unser vierstufiges Bewertungsverfahren zu Ende, indem wir Entscheidungsknoten in den Baum einbauen und schließlich anhand der inzwischen bekannten ROA-Methoden nach dem Barwert des Projekts mit Flexibilität auflösen.

Volatilitätsschätzung
– ein konsolidierter
Ansatz

Empirische Validierung des konsolidierten Ansatzes

Renditen aus der Vergangenheit lassen sich auf Projektebene prinzipiell nicht beobachten – in den meisten Fällen gibt es ja ohnehin keinen historischen Vergleichshintergrund. Möglich ist indes – Prognosetabellen vorausgesetzt – die Schätzung der Volatilität des Projekts anhand des konsolidierten Ansatzes und einer Monte-Carlo-Analyse. Freilich wäre es beruhigend zu wissen, dass sich dabei auch praxistaugliche Ergebnisse gewinnen lassen. Das Problem ist nur, dass Renditen auf Projektebene eben nicht beobachtbar sind. Deshalb versuchten wir es mit einem anderen Ansatz.

Wir sammelten zunächst die DCF-, das heißt Cashflow-Abzinsungs-Modelle von 28 Unternehmen. Anschließend führten wir eine Monte-Carlo-Analyse durch, um die Varianz der Renditen auf das jeweilige Eigenkapital zu schätzen, und verglichen die Ergebnisse dann mit der tatsächlichen Volatilität (gemessen anhand von Vergangenheitsdaten sowie anhand der impliziten Varianz, abgeleitet aus den Preisen von Optionen auf die betreffende Aktie – im letzteren Fall also mittels zukunftsgerichteter Schätzwerte).

In Tabelle 9.7 sind die 28 Unternehmen unseres Experiments aufgelistet, dazu ihr Börsenwert, die DCF-Schätzung ihres Marktwerts sowie die prozentuale Differenz (Abweichung). Sämtliche Bewertungen wurden im August 1999 durchgeführt. Anschließend gingen wir wie folgt vor: Wir ermittelten die prozentualen jährlichen Änderungen beim Einnahmenzuwachs, wählten dann nach dem Zufallsprinzip aus diesen Beobachtungen aus (wobei wir eine homogene Verteilung unterstellten), gaben diese zufällig ausgewählten Werte anschließend in die Ertragsprognose unserer Kalkulationstabelle ein, berech-

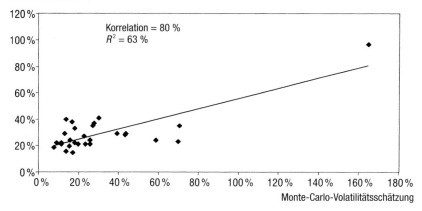

Volatilitätsschätzung – ein konsolidierter Ansatz

Abb. 9.6 Simulierte Volatilität in Relation zur Volatilität in der Vergangenheit

Tabelle 9.7 Unternehmen der Stichprobe

Unternehmen	Börsen-kapitalisierung	DCF-Wert (abgezinste Cashflows)	Prozentuale Differenz (Abweichung)
Abbott Laboratories	62 184	57 046	9,0
American Home Products	53 409	49 166	8,6
Automatic Data Processing	25 059	19 063	31,5
Bristol Myers Squibb	134 292	134 538	–0,2
Anheuser-Busch	35 705	28 670	25,0
Dow Jones	3 575	3 193	12,0
Deluxe Corporation	2 891	2 914	–0,8
EG&G Corp.	1 533	1 457	5,2
Emerson Electric	26 659	21 445	24,3
Gannett Cos.	19 528	16 830	16,0
General Electric	354 057	318 668	11,1
Heinz (H.J.) Cos.	16 890	15 397	9,7
Hewlett-Packard	106 808	81 752	30,6
IBM Corp.	223 989	181 089	23,7
Johnson & Johnson	129 056	116 612	10,7
Eli Lilly	68 642	70 397	–2,5
Masco Corp.	9 941	9 665	2,9
McGraw-Hill	9 963	8 583	16,1
3M Corp.	38 966	32 951	18,3
Merck	149 081	151 074	–1,4
Maytag	5 623	5 449	3,2
Nalco Chemicals	3 402	2 948	15,4
PepsiCo	56 392	43 615	29,3
Pfizer	133 467	130 173	2,5
AT&T	157 387	160 889	–2,2
Waste Management	14 617	14 954	–2,3
Washington Post	4 570	5 172	–11,6
Worthington	1 372	1 367	0,4

neten anhand des Ausgangswerts (NPV) die Veränderung des Gesamtwerts des Unternehmens, subtrahierten den Buchwert der Verschuldung (stellvertretend für deren Marktwert), um so zum Marktwert der Eigenmittel (das heißt des Überschusses über die Verbindlichkeiten) zu gelangen, und ermittelten schließlich die Varianz der Eigenkapitalrenditen.

Die Ergebnisse finden sich in Abbildung 9.6. Die vertikale Achse des Diagramms gibt die Standardabweichung des Eigenkapitals des Unternehmens auf der Basis von Vergangenheitsdaten an; die horizontale Achse misst demgegenüber die auf der Basis unserer Monte-Carlo-Analyse geschätzte Standardabweichung.

Die Resultate zeigen ein R^2 von 63 Prozent. Diese Übereinstimmung ist stark genug, um die einfache (wiewohl grobe) Annahme zu rechtfertigen, dass die Variabilität in der Vergangenheit bei den Einnahme- beziehungsweise Erlöszuwächsen – andere wichtige Faktoren wie die Zinssatzschwankungen und die Zufälligkeit der variablen Kosten außer Acht gelassen – ausreicht, um die Variabilität in der Gesamtrendite der Aktionäre zu 63 Prozent zu erklären. Ein engagierter Praktiker dürfte leicht in der Lage sein, diesen zugegebenermaßen rudimentären Ansatz weiter zu verfeinern.

Zusammenfassendes Fazit

Der konsolidierte Ansatz zur Schätzung von Unsicherheiten basiert auf der Annahme, dass man sich unabhängig von den stochastischen Eigenschaften der Zufallsvariablen, von denen künftige Cashflows abhängen, auf den Samuelsonschen Beweis verlassen kann (dem zufolge korrekt antizipierte Preise zufallsbedingt schwanken), sodass wir einen wertbasierten Ereignisbaum konstruieren können. Hierzu ist es lediglich erforderlich, die kausalen Unsicherheiten über eine Stichprobe zu erfassen, ihre gemeinsame Wertauswirkung via Monte-Carlo-Analyse zu ermitteln und die Volatilität der prozentualen Wertänderungen zu berechnen. Anhand des sich ergebenden integralen, konsolidierten Volatilitätsschätzwerts lässt sich dann in Verbindung mit dem Barwert des Projekts ein wertbasierter Ereignisbaum erstellen, der wiederum als das risikobehaftete Basisobjekt dienen kann, von dem Realoptionen abhängen. Dieses Verfahren funktioniert unabhängig von einem etwaigen autoregressiven Verhalten der kausalen Unsicherheiten (wie Preis und Absatzmenge) oder einer etwaigen Kreuzkorrelation der unsicheren Variablen untereinander. Moderne Monte-Carlo-Programme (wie *Crystal Ball* oder *At Risk*) sind in der Lage, diese wichtigen Eigenschaften zu modellieren. Man sollte sich allerdings aber darüber im Klaren sein, dass sich der Konfidenzbereich der Schätzung jenseits der Stichprobenperiode, in der er ermittelt wurde, verbreitert.

Wir haben ferner ein Verfahren vorgeschlagen, mit dem sich subjektive (managementseitige) Volatilitätsschätzwerte finden und verwenden lassen für den Fall, dass für die kausalen Unsicherheiten keine Vergangenheitsdaten vorliegen. Dabei müssen die Projektverantwortlichen für jede kausale Unsicherheit einen Konfidenzbereich angeben (das heißt schätzen), bezogen auf einen künftigen Zeitpunkt (beispielsweise in fünf Jahren). Anhand einer »Sigma-Quadratwurzel-T-Regel« ($\sigma\sqrt{T}$) lässt sich dann schätzen, wie sich der Konfidenzbereich mit der Zeit verändert. Außerdem haben wir im Zusammenhang mit der Tendenz der Rückkehr zum Mittelwert einen Ansatz erörtert, bei dem ebenfalls subjektive Schätzungen der Praktiker verlangt sind.

Schließlich haben wir versucht, uns von der objektiven Qualität der Ergebnisse des Monte-Carlo-Ansatzes ein Bild zu machen, indem wir auf der Basis von Vergangenheitsdaten (Zuwachsraten bei den Umsatzerlösen) – zufällig ausgewählt aus einer Zufallsstichprobe der letzten zehn Jahre – die künftige Zufälligkeit simulierten. Die Testergebnisse waren angesichts einer Korrelation von 63 Prozent zwischen unserer simulierten Volatilitätsschätzung und der tatsächlichen Volatilität recht befriedigend.

Übungsaufgaben

1. Verwenden Sie *Crystal Ball* oder ein anderes Monte-Carlo-Simulationsprogramm sowie das in Tabelle 9.2 dargestellte Kalkulationsmodell und ermitteln Sie die Volatilität des Projektwerts auf Basis von 5 000 Simulationen, dies unter jeder der folgenden Bedingungen:
   - Nehmen Sie außer dem Preis auch die Absatzmenge als unsicher an. Unterstellen Sie je Jahr eine Normalverteilung und berechnen und integrieren Sie eine 10-prozentige Standardabweichung.
   - Nehmen Sie außer dem Preis auch die Absatzmenge als unsicher an. Unterstellen Sie nun aber eine Log-Normalverteilung pro Jahr sowie eine konstante absolute Standardabweichung von 30 Prozent.
   - Nehmen Sie ergänzend zu den obigen Bedingungen nun für alle Perioden noch eine 25-prozentige mengenspezifische Autokorrelation hinzu. Beeinflusst dies die Projektvolatilität? Wenn ja, warum?
   - Wie gehabt, sei außer dem Preis auch die Absatzmenge unsicher. Unterstellen Sie eine Normalverteilung pro Jahr und berechnen und integrieren Sie eine 10-prozentige Standardabweichung. Geben Sie ferner eine 25-prozentige positive Korrelation zwischen Menge und Preis ein. Welchen Einfluss hat dies auf die Projektvolatilität? Begründen Sie!

2. Auf welchen Prämissen basiert der geometrische Brownsche Prozess mit Blick auf die Art und Weise, in der sich der Projektwert ändert?

3. Angenommen, der Preis stelle bei einem Projekt einen Unsicherheitsfaktor dar, wobei davon auszugehen ist, dass er einer geometrischen Brownschen Bewegung folgt. Die erwartete jährliche Steigerung beträgt 5 Prozent, die Volatilität ist konstant. Der Preis liegt aktuell bei 37 Dollar, und mit 95-prozentiger Konfidenz ist zu erwarten, dass er in fünf Jahren auf bis zu 70 Dollar steigen kann. Wie hoch ist die jährliche Volatilität (von Jahr zu Jahr) über diesen Zeitraum?

4. Angenommen, die Absatzmenge stelle bei einem Projekt einen Unsicherheitsfaktor dar, wobei davon auszugehen ist, dass sie einer geometrischen Brownschen Bewegung folgt, dies mit einer Steigerung von 15 Prozent im ersten Jahr und konstanter Volatilität. Nehmen Sie ferner an, dass die Zuwachsrate um jährlich 1 Prozentpunkt sinkt. Derzeit liegt die Absatzmenge bei 100 000 Stück, und mit 95-prozentiger Konfidenz ist zu erwarten, dass dieser Wert in fünf Jahren mindestens noch genauso hoch sein wird. Wie hoch ist die jährliche Mengenvolatilität (von Jahr zu Jahr gesehen) über diesen Zeitraum?

5. Verwenden Sie *Crystal Ball* oder ein anderes Monte-Carlo-Simulationsprogramm sowie das in Tabelle 9.2 dargestellte Kalkulationsmodell und ermitteln Sie die Volatilität des Projektwerts auf der Basis von 5 000 Simulationen, dies unter jeder der folgenden Bedingungen:
   – Unsicherheitsfaktor Preis, wobei dieser einer geometrischen Brownschen Bewegung mit konstanter Volatilität folgt. Sein Spitzenniveau in Jahr 7 liegt mit 95-prozentiger Konfidenz bei 14 Dollar.
   – Unsicherheitsfaktor Absatzmenge, wobei diese einer geometrischen Brownschen Bewegung mit konstanter Volatilität folgt. Der schlechteste Wert in Jahr 7 liegt mit 95-prozentiger Konfidenz bei 70.
   – Beide Faktoren – Preis und Menge – unterliegen der Unsicherheit, Parameter wie oben.

Volatilitätsschätzung
– ein konsolidierter
Ansatz

Kapitel 10
Getrennte Behandlung der Unsicherheiten

Im letzten Kapitel haben wir gesehen, wie man die Parameter verschiedener Unsicherheiten modelliert und ihre Auswirkungen auf die Volatilität des Projektwerts schätzt. Dabei ging es uns im Prinzip um eine Konsolidierung und Bündelung dieser Faktoren. Anschließend ließen wir den Wert einer geometrischen Brownschen Bewegung folgen und generierten mit dieser einen binomialen Ereignisbaum, bei dem sich die Genauigkeit der Berechnungen durch Verwendung immer kleinerer Zeitintervalle steigern ließ. Diese Methodik basiert allerdings auf der zentralen Annahme, dass sich die dergestalt in einem einzigen Wert gebündelte Projektunsicherheit mit der Zeit sukzessive auflöst. Dies trifft etwa auf die Entwicklung des Marktwerts ganzer Unternehmen durchaus zu, und auch für manche Einzelprojekte mag die Prämisse taugen. Anders liegt der Fall aber bei den vielen Projekten, bei denen die primären Unsicherheitsfaktoren im technologischen Bereich angesiedelt sind oder mit Änderungen in den staatlichen Bestimmungen oder dem Wettbewerberverhalten zu tun haben. Derlei Unsicherheiten sind in der Regel leider nicht so freundlich, sich sukzessive aufzulösen, wie beim Brownschen Bewegungsprozess der Fall. Die Auflösung erfolgt vielmehr punktuell, nämlich genau zu dem Zeitpunkt, da die Informationen bekannt und somit zugänglich werden. Dies kann einen asymmetrischen Ereignisbaum für das Projekt zur Folge haben, wobei Wertänderungen (Sprünge) immer dann auftreten, wenn sich zu bestimmten Zeitpunkten ein erheblicher Teil der Unsicherheiten auflöst. Ein Beispiel wäre etwa die Unsicherheit im Zusammenhang mit der Genehmigung eines neuen Medikaments durch die Food and Drug Administration. Sobald die Information publik wird, bewegt sich der Projektwert sprunghaft – nach oben, wenn die Entscheidung positiv ist; nach unten (auf null), wenn sie negativ ist. Dies heißt aber auch, dass es nicht möglich ist, ohne weiteres die Volatilität des Projekts zu schätzen und mit ihr dann anhand eines binomialen Standardmodells den Ereignisbaum zu generieren. Vielmehr wird ein Ereignisbaum gebraucht, der den faktischen Verhältnissen – der tatsächlichen Auflösung der Unsicherheit im Laufe der Zeit – Rechnung trägt, denn nur so ist eine optimale Ausübung der verfügbaren Realoptionen und eine korrekte ROA-Bewertung möglich. Dies hat freilich die Konsequenz, dass wir die primären Unsicherheitsfaktoren getrennt behandeln müssen, verbunden mit einer expliziten Modellierung ihres Zusammenwirkens wie auch ihrer jeweiligen Auswirkungen auf den Projektwert.

In vielen Fällen löst sich die Unsicherheit allerdings nicht einfach von selbst auf. Hier sind folglich separate Anstrengungen und Investitionen erforderlich, um Einblicke in die Projektbedingungen und -zusammenhänge zu gewinnen und die Unsicherheit zu verringern. Ist die nötige Flexibilität für derlei Investitionen vorhanden, verfügen die Verantwortlichen über eine so genannte »Lernoption«. Zwei Beispiele für Lernoptionen wären die Entscheidung für verstärkte geologische Forschungen, um genauen Aufschluss über vorhandene Erzvorkommen zu erhalten, sowie die Durchführung von Marktuntersuchungen, um die Absatzmöglichkeiten zu prüfen.

Lernoptionen mit unkorrelierten Unsicherheiten

In diesem Abschnitt werden wir uns mit Realoptionen befassen, die zum einen mehrphasig sind und zum anderen auf zwei Unsicherheitsquellen beruhen – produkt-/marktbezogener sowie technologischer Art. Der erstgenannte Unsicherheitsfaktor basiert auf Preisen, die in der Gegenwart bekannt sind, mit der Zeit aber diffuser und schwerer kalkulierbar werden. Dabei nehmen wir an, dass diese Produkt-/Marktunsicherheit einem Gauss-Wiener-Prozess folgt, dass also keine Zeitabhängigkeiten im Spiel sind. Bei der technologischen Unsicherheit unterstellen wir Markt- wie Zeitunabhängigkeit und gehen ferner davon aus, dass sich – umgekehrt wie bei der Produkt-/Marktunsicherheit – die heute bestehende Unklarheit im Zuge der Forschung mit der Zeit verringert. Das zugehörige Fallbeispiel entwickeln wir in zwei Stufen. Zunächst behandeln wir eine zusammengesetzte Option, bei der lediglich technologische Unsicherheit im Spiel ist. Danach erarbeiten wir die Lösung für eine zusammengesetzte Regenbogenoption. Bei der Produkt-/Marktunsicherheit unterstellen wir, dass sie mit dem Markt korreliert ist und mit der Zeit zunimmt, während die technologische Unsicherheit – umgekehrt – marktunabhängig ist und mit der Zeit abnimmt.

Zusammengesetzte Option mit technologischer Unsicherheit

Ein Pharmaunternehmen erwägt eine Investition in ein Forschungs- und Entwicklungsprojekt, das in der Phase der Grundlagenforschung 3 Millionen Dollar kostet, erfahrungsgemäß aber nur eine 20-prozentige Chance besitzt, die Entwicklungsstufe zu erreichen. Diese zweite Phase würde 60 Millionen Dollar verschlingen, geht aber lediglich mit einer 15-prozentigen Wahrscheinlichkeit einher, dass am Ende ein erstklassiges Produkt mit einem Barwert von 600 Millionen Dollar herauskommt. Die Wahrscheinlichkeit, dass am Ende ein mittelmäßiges Produkt mit einem Barwert von 40 Millionen Dollar steht, liegt bei 25 Prozent, doch die Gefahr, dass überhaupt kein marktfähiges Produkt geschaffen wird, liegt bei 60 Prozent. Für die Markteinführung wäre im Erfolgsfalle zum Bau der Produktionsanlagen eine Schlussinvestition von 40 Millionen Dollar erforderlich. Die gleich bleibende ewige Reihe von Cashflows setzt am Ende der Anlagenbauphase (Jahr 3) ein und wird zu den gewichteten Gesamtkapitalkosten (WACC; hier 10 Prozent) abgezinst. Der risikofreie Kalkulationszinssatz liegt bei 5 Prozent. Dies ist zugleich auch der korrekte Satz für die Berechnung (Abzinsung) der Cashflows, da deren Beta-Faktor (gemäß Capital Asset Pricing Model) angesichts ihrer Marktunabhängigkeit gleich null ist.

Das Kapitalwertmodell verlangt bekanntlich, dass man sich vorab entweder ganz für oder ganz gegen das Projekt (mit allen seinen Phasen) entscheidet. Angenommen also, wir verfahren so restriktiv und verzichten auf jegliche Flexibilität, so erhalten wir als Kapitalwert des Projekts:

$$
NPV = -3 + 0{,}2 \left[\frac{0{,}15\left[\left(\frac{600}{1{,}05}\right) - 40\right] + 0{,}25\left[\left(\frac{40}{1{,}05}\right) - 40\right] + 0{,}60(-40)}{1{,}05} - 60 \right] \div (1{,}05)
$$

$$
+ 0{,}8\left[\frac{0}{1{,}05} - 60\right] \div 1{,}05
$$

$$
= -3 + 0{,}2\left[\frac{55{,}23}{1{,}05} - 60\right] \div (1{,}05) + 0{,}8(-60) \div (1{,}05)
$$

$$
= -3 - 1{,}41 - 45{,}71 = -50{,}12
$$

Wenn wir uns hingegen vom Ende des Baumes zurück zum Ursprung arbeiten und von der Option Gebrauch (oder eben nicht Gebrauch) machen, am Ende der ersten Periode 60 Millionen Dollar und am Ende der zweiten Periode weitere 40 Millionen Dollar zu investieren, lassen sich diese Folgeaufwendungen vermeiden (und damit Kosten sparen), falls die Ergebnisse der Grundlagenforschungsphase oder der Entwicklungsphase unbefriedigend sind. Abbildung 10.1 zeigt dies.

Getrennte
Behandlung der
Unsicherheiten

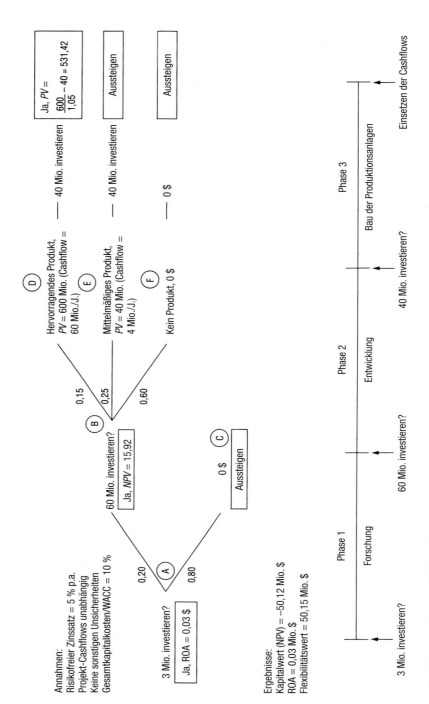

Annahmen:
Risikofreier Zinssatz = 5 % p.a.
Projekt-Cashflows unabhängig
Keine sonstigen Unsicherheiten
Gesamtkapitalkosten/WACC = 10 %

Ergebnisse:
Kapitalwert (NPV) = –50,12 Mio. $
ROA = 0,03 Mio. $
Flexibilitätswert = 50,15 Mio. $

Abb. 10.1 Dreiphasiges F&E-Projekt als zusammengesetzte Option

Falls die beiden genannten Phasen jedoch erfolgreich verlaufen, gilt es zu entscheiden, ob sich der Bau einer Produktionsanlage lohnt. Die besagten 40 Millionen Dollar sind offenkundig nur dann eine gute Investition, wenn das entwickelte Produkt hervorragend ist; andernfalls wäre es ratsam, das Projekt aufzugeben. Falls man nach der Grundlagenforschungsphase mit günstigen Ergebnissen an Knoten B ankommt, ergibt sich bei Fortführung des Projekts folgender Kapitalwert:

$$NPV(\text{an Knoten } B) = -60 + \left\{ \frac{0,15\left[\left(\frac{600}{1,05}\right) - 40\right] + 0,25(0) + 0,60(0)}{1,05} \right\}$$
$$= -60 + 75,92 = 15,92$$

Bei diesem Ergebnis würde man das Projekt also fortführen. Sind die Ergebnisse aus Phase 1 hingegen unbefriedigend, bringt uns dies direkt zu Knoten C; in diesem Falle würden wir die Investitionsoption (60 Millionen Dollar) nicht ausüben, da es sinnvoller wäre, aus dem Projekt auszusteigen.

Nachdem wir an Knoten A angelangt sind, stellen wir fest, dass der Barwert des Projekts, ausgehend von optimalen Entscheidungen an Knoten B, wie folgt lautet:

$$NPV(\text{an Knoten } A) = -3 + \left[0,2\left(\frac{15,92}{1,05}\right) + 0,8(0)\right] = -3 + 3,03 = 0,03$$

Bei gegebener Handlungsflexibilität würde man sich also für das Projekt entscheiden. Der Wert der Flexibilität beträgt in diesem Fall:

$$NPV \ (\text{mit Flexibilität}) = 0,03 \ \$$$
$$\underline{\ \dot{/}. \ NPV \ (\text{bei Vorabfestlegung}) = - \ (- \ 50,12 \ \$)}$$
$$Wert \ der \ Flexibilität = 50,15 \ \$$$

Zusammengesetzte Regenbogenoptionen mit zwei unkorrelierten Unsicherheiten

Wir verkomplizieren das Investitionsproblem nun ein wenig, indem wir zusätzlich die Produkt-/Marktunsicherheit einführen. Diese ist logischerweise mit dem Markt korreliert, was bedeutet, dass die Cashflows nicht zum risikofreien Zinssatz diskontiert werden können. Zwar rechnet die Marketingabteilung des Unternehmens damit, dass ein hervorragendes Produkt 600 Millionen Dollar und ein mittelmäßiges Produkt immerhin noch 40 Millionen Dollar in die Kassen spülen würde, doch natürlich ist klar, dass all diese Schätzungen der Produkt-/Marktunsicherheit unterliegen. Ferner gehen die Planer davon aus, dass für eine neue Produktionsanlage zusätzliche Ausgaben in Höhe von 40 Millionen Dollar fällig werden. Ist das Produkt exzellent, sind zeitlich unbegrenzte Cashflows in Höhe von jährlich 60 Millionen Dollar zu erwarten (woraus ein Barwert von 600 Millionen Dollar resultiert); ist das Produkt nur mittelmäßig, stehen jährlich nur 4 Millionen Dollar an »ewigen« Cashflows zu Buche. Diese heutigen Schätzwerte können freilich nach unten wie nach oben um bis zu 20 Prozent jährlich schwanken.

Abbildung 10.2 zeigt den Ereignisbaum für jeden der beiden Unsicherheitsfaktoren. Links sehen wir die technologische Unsicherheit. In der Forschungsphase ist zu 20 Prozent ein Erfolg und zu 80 Prozent ein Misserfolg zu erwarten. Im Falle des erfolgreichen Abschlusses der Phase 1 besteht eine 15-prozentige Wahrscheinlichkeit, dass die Entwicklungsphase ein hervorragendes Produkt (Wert 600 Millionen Dollar) erbringt; eine 25-prozentige Wahrscheinlichkeit spricht für ein mittelmäßiges Produkt (Wert 40 Millionen Dollar), und zu 60 Prozent ist davon auszugehen, dass überhaupt kein marktfähiges Produkt gelingt. Da die technologische Unsicherheit marktunabhängig ist, können wir die Erwartungswerte zum risikofreien Satz abzinsen.

Die zweite Unwägbarkeit ist, wie erwähnt, die Produkt-/Marktunsicherheit. Der Erwartungswert kann nach oben und unten um bis zu 20 Prozent per annum schwanken. Die rechte Hälfte des Ereignisbaumes in Abbildung 10.2 illustriert dies. Halten wir fest, dass die Cashflow-Ergebnisse eng davon abhängen, ob das Projekt zu einem exzellenten oder nur zu einem mittelmäßigen Produkt führt. Wir müssen daher die unsicheren Ergebnisse, die sich aus der Produkt-/Marktunsicherheit ergeben, anhand eines Replikationsportfolios bewerten, weil die Produkt-/Marktunsicherheit ja mit dem Markt (wiewohl nicht mit der technologischen Unsicherheit) korreliert. Ist das Produkt erstklassig und sind die Produktwertänderungen zwei Jahre hintereinander positiv, so resultiert daraus – wie Abbildung 10.2 zeigt – ein Produktwert von 864 Millionen Dollar. Ein mittelmäßiges Produkt hingegen erzielt unter denselben Bedingungen lediglich einen Wert von 57,6 Millionen Dollar.

Die Bewertung des Projekts (mit Flexibilität) ist in Abbildung 10.3 dargestellt. Wir modellieren die Unsicherheit alternierend, wechseln also zwischen dem Produkt-/Markt- und dem technologischen Faktor. Dies geht allerdings ein wenig (wiewohl nur geringfügig) zulasten der Genauigkeit. Eine präzisere Lösungsmethode – den so genannten quadranomialen Ansatz – werden wir später in diesem Kapitel noch kennen lernen.

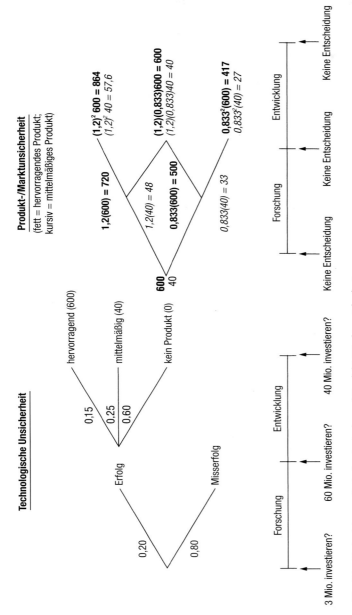

Technologische Unsicherheit

Produkt-/Marktunsicherheit
(fett = hervorragendes Produkt;
kursiv = mittelmäßiges Produkt)

hervorragend (600)

mittelmäßig (40)

kein Produkt (0)

0,15

0,25

0,60

Erfolg

Misserfolg

0,20

0,80

600
40

1,2(600) = 720

1,2(40) = 48

0,833(600) = 500

0,833(40) = 33

(1,2)² 600 = 864
(1,2)² 40 = 57,6

(1,2)(0,833)600 = 600
(1,2)(0,833)40 = 40

0,833²(600) = 417
0,833²(40) = 27

Forschung   Entwicklung   Keine Entscheidung   Keine Entscheidung   Keine Entscheidung

Forschung   Entwicklung   Keine Entscheidung

3 Mio. investieren?   60 Mio. investieren?   40 Mio. investieren?   Keine Entscheidung

Abb. 10.2   Ereignisbaum für technologische und Produkt-/Marktunsicherheit

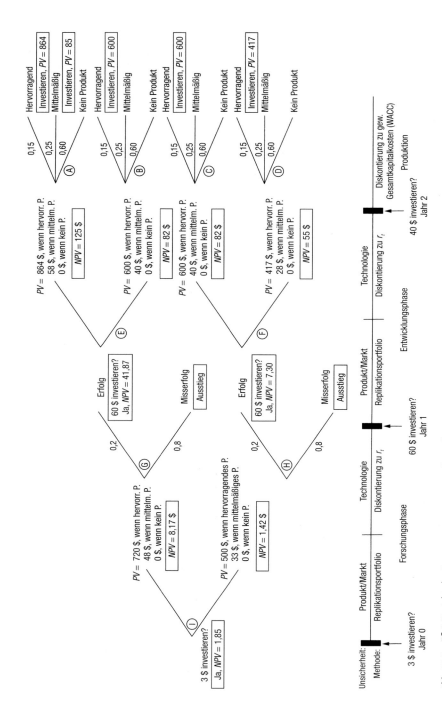

Abb. 10.3 F&E-Projekt als eine zusammengesetzte Regenbogenoption (unkorrelierte Unsicherheiten)

Die technologische Unsicherheit löst sich schließlich am Ende des zweiten Jahres – an den Knoten A, B, C und D – vollständig auf. Zu diesem Zeitpunkt stehen die Verantwortlichen vor der Entscheidung, entweder weitere 40 Millionen Dollar zu investieren, um in Produktion zu gehen, oder das Projekt ganz aufzugeben. Positiv wirkt sich auf den Projektkapitalwert an den genannten Punkten aus, dass die technologische Unsicherheit marktunabhängig ist. Er berechnet sich daher wie folgt: Erwartungswert abgezinst zum halben risikofreien Jahreszinssatz, abzüglich Investitionskosten (= Ausübungspreis der Realoption). Nehmen wir ein Beispiel. Die Berechnung des Kapitalwerts an Knoten D basiert, wie erwähnt, auf der Auflösung der Produkt-/Marktunsicherheit. Schlechte Nachrichten von Produkt-/Marktseite haben indes den Projektwert an diesem Knoten zweimal nach unten gedrückt. Das heißt: Steht am Ende der Entwicklungsphase ein technologischer Erfolg (überlegenes Produkt), so ist mit einem Wert von 417 Millionen Dollar zu rechnen; ein mittelmäßiges Produkt hingegen wird einen Wert von lediglich 27,78 Millionen Dollar erzielen. Dieses Wissen ist äußerst entscheidungsrelevant. Man würde die besagten 40 Millionen Dollar natürlich nur investieren, wenn ein erstklassiges Produkt zu erwarten ist. Der Kapitalwert an Knoten D berechnet sich daher – ausgehend von einer optimalen Investitionsentscheidung – durch Diskontierung der erwarteten Cashflows zum risikofreien Zinssatz wie folgt:[1]

$$NPV \ (an \ Knoten \ D) = \frac{0,15(417-40) + 0,25(0) + 0,60(0)}{1,025} = 55,17$$

Die Kapitalwerte an den Knoten A, B und C werden analog berechnet.

Indem wir uns in gewohnter Weise zum Ursprung des Baumes zurückarbeiten, gelangen wir als Nächstes zu den Knoten E und F. Da, wie gesehen, die Produkt-/Marktunsicherheit mit dem Markt korreliert ist, können wir die erwarteten Zahlungsströme nicht einfach zum risikofreien Satz abzinsen, sondern müssen den Replikationsportfolioansatz verwenden. Illustrieren wir dies am Knoten F. Die Periodenende-Payoffs betragen 82 Millionen Dollar im günstigen und 55 Millionen Dollar im ungünstigen Zustand. Der Wert des Basisobjekts (Underlying) zu Beginn der Periode ist schlicht identisch mit dem erwarteten technologischen Ergebnis der Forschungsphase (das heißt: 0,15(500 $) + 0,25(33 $) = 83,25 $). Der Wert des Basisobjekts am Ende der Periode im günstigen Zustand, uV, ist das im Falle einer positiven Entwicklung (Aufwärtsbewegung) im Produkt-/Marktbereich zu erwartende Ergebnis:

$$uV = 0,15(600 \ \$) + 0,25(40 \ \$) + 0,60(0 \ \$) = 100 \ \$$$

Getrennte
Behandlung der
Unsicherheiten

Im ungünstigen Zustand, dV, lautet die Formel für den Wert des Basisobjekts am Periodenende:

$$dV = 0,15(417 \text{ \$}) + 0,25(28 \text{ \$}) + 0,60(0) = 69,55 \text{ \$}$$

Auf der Basis dieser Fakten können wir nun in folgender Weise ein Replikationsportfolio für den günstigen und ungünstigen Zustand bilden (es sei daran erinnert, dass der risikofreie Zinssatz für sechs Monate 1,025 beträgt):

$$muV + (1 + r_f)B = 82$$
$$mdV + (1 + r_f)B = 55$$
$$m = 0,887, \quad B = -6,54$$
$$Wert = mV - B = 0,887(83,25 \text{ \$}) - 6,54 \text{ \$} = 67,30 \text{ \$}$$

In diesem Fall – bei einem Projektwert von 67,30 Millionen Dollar an Knoten F – würden wir uns für die 60-Millionen-Investition entscheiden, also in die Entwicklung einsteigen.

Wenn wir uns in dieser alternierenden Weise – Wechsel zwischen Abzinsung der durch die *technologische* Unsicherheit determinierten Erwartungswerte zum risikofreien Satz und Verwendung des Replikationsportfolioansatzes für die *produkt-/marktbezogenen* Werte – durch den Baum nach hinten arbeiten, so ergibt sich an Knoten I schließlich ein geschätzter Kapitalwert (NPV) von 1,85 Millionen Dollar, nachdem die Anfangsinvestition in Höhe von 3 Millionen Dollar zum Einstieg in die Forschungsphase vorgenommen wurde.

Dies ist zugegebenermaßen ein etwas grober, dafür aber klarer und einfacher Ansatz. Im nächsten Abschnitt wollen wir uns nun mit der Alternative – dem quadranomialen Ansatz – befassen. Er erlaubt im Unterschied zum gerade skizzierten »alternierenden« Ansatz die gleichzeitige, das heißt parallele Auflösung der Unsicherheiten.

Bewertung von Lernoptionen anhand des quadranomialen Ansatzes

Wir wollen den quadranomialen Ansatz anhand von zwei Beispielen illustrieren. Das erste davon ähnelt dem gerade behandelten F&E-Beispiel aus der Pharmaindustrie. Dabei wird (wie gehabt) unterstellt, dass die Produkt-/Marktunsicherheit mit dem Markt korreliert ist, während die technologische Unsicherheit marktunabhängig ist. Beim zweiten Beispiel gehen wir davon aus, dass beide Unsicherheitsquellen mit dem Markt korreliert sind. Zunächst aber zur Theorie des quadranomialen Ansatzes.

Einführung in den quadranomialen Ansatz

Beim quadranomialen Ansatz handelt es sich um einen Binomialbaum mit zwei Variablen. Betrachten wir den Fall einer Option, deren Payoffs von einem Objektwert abhängen, der von zwei Unsicherheitsquellen beeinflusst wird. Unterstellen wir, dass die beiden Unsicherheiten einem Gauss-Wiener-Prozess folgen und dass sie außerdem miteinander korreliert sein können. Abbildung 10.4 zeigt die vier potenziellen Ergebnisse am Ende einer Periode. Dabei hat das Risikoobjekt den Anfangswert V_0; die von Unsicherheit 1 beeinflussten multiplikativen Auf- und Abwärtsbewegungen bezeichnen wir mit u_1 und d_1, die von Unsicherheit 2 abhängigen mit u_2 und d_2.

Der quadranomiale Ereignisbaum hat an jedem Knoten vier Verzweigungen und stellt eine einfache Erweiterung des Binomialbaums dar, der bekanntlich zwei Verzweigungen je Knoten aufweist. Um den Baum entwickeln zu können, benötigen wir zum einen Schätzwerte der jährlichen Standardabweichungen der prozentualen Wertänderungen des Basisobjekts in Abhängigkeit von den beiden Unsicherheiten, σ_1 und σ_2, zum anderen die Korrelation zwischen ihnen, $\rho_{1,2}$. Damit kennen wir gleichzeitig auch die gemeinsame Verteilung der Auf- und Abwärtsbewegungen, die von den beiden Unsicherheiten erzeugt werden. Darüber hinaus jedoch müssen auch die Basispreise

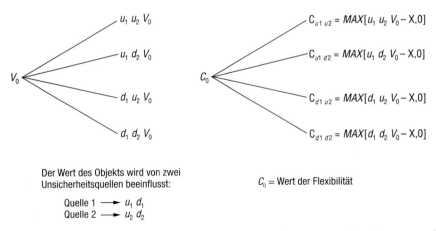

Der Wert des Objekts wird von zwei Unsicherheitsquellen beeinflusst:

Quelle 1 ⟶ $u_1\ d_1$
Quelle 2 ⟶ $u_2\ d_2$

C_0 = Wert der Flexibilität

Abb. 10.4 Quadranomiale Werte des Basisobjekts und einer Call-Option, jeweils nach einer Periode

bekannt sein. Hierbei kann es sich beispielsweise um experimentelle Aufwendungen oder um solche für die Marktentwicklung handeln. Unterstellen wir für den Moment, dass es nur einen einzigen Basis- oder Ausübungspreis gibt, nämlich Aufwendungen für experimentelle Versuche.

Wir könnten nun sicherlich versuchen, unser Quadranomialproblem mit dem Replikationsportfolioansatz zu lösen. Dies liefert uns zwar die folgenden vier Gleichungen, aber leider nur zwei Unbekannte, m und B.

$$mu_1 u_2 V_0 + (1 + r_f) B = C_{u1u2}$$

$$mu_1 d_2 V_0 + (1 + r_f) B = C_{u1d2}$$

$$md_1 u_2 V_0 + (1 + r_f) B = C_{d1u2}$$

$$md_1 d_2 V_0 + (1 + r_f) B = C_{d1d2}$$

Wir verfahren daher anders, indem wir für jeden Quadranomialzweig nach den risikoneutralen Wahrscheinlichkeiten auflösen und diese dann in die folgende Bewertungsformel einsetzen:

$$C_0 = \frac{p_{u1u2} C_{u1u2} + p_{u1d2} C_{u1d2} + p_{d1u2} C_{d1u2} + p_{d1d2} C_{d1d2}}{(1 + r_f)} \qquad [10.1]$$

Unter der Bedingung, dass die beiden Unsicherheiten nicht miteinander korreliert sind, entspricht die risikoneutrale Wahrscheinlichkeit je Quadranomialzweig dem Produkt der risikoneutralen Wahrscheinlichkeiten für den betreffenden Zweig, ausgehend von den einzelnen Unsicherheitsquellen. Dies ergibt vier mögliche Kombinationen beziehungsweise Gleichungen:

$$p_{u1u2} = p_{u1} p_{u2}$$

$$p_{u1d2} = p_{u1} p_{d2}$$

$$p_{d1u2} = p_{d1} p_{u2} \qquad [10.2]$$

$$p_{d1d2} = p_{d1} p_{d2}$$

Die risikoneutralen Wahrscheinlichkeiten lassen sich sodann in die obige Optionsbewertungsgleichung (10.1) einsetzen. Die Kombination voneinander unabhängiger beziehungsweise unkorrelierter Unsicherheiten ist im Prinzip zwar einfach, rechnerisch aber schwierig und komplex. Durch die Identifizierung aller Wertkombinationen je Knoten und der entsprechenden risikoneutralen Wahrscheinlichkeiten kommt man jedenfalls aber sauber ans Ziel, da bei der Optionsbewertung eine korrekte Abzinsung aller künftigen Payoffs erfolgt.

Der quadranomiale Ansatz mit korrelierten Unsicherheiten

Zu Beginn gilt es zunächst zwischen unbedingten und bedingten Wahrscheinlichkeiten zu unterscheiden. Angenommen, wir haben es mit den Unsicherheiten X und Y zu tun, sodass X in der nächsten Periode nur einen von zwei Werten annehmen kann:

$$X_t \; \varepsilon \; [X_u, X_d]$$

Die zugehörigen Wahrscheinlichkeiten lauten p_{uX} und $(1 - p_{uX})$. Auch Y kann nur zwei Werte annehmen:

$$Y_t \; \varepsilon \; [Y_u, Y_d]$$

Die Wahrscheinlichkeiten lauten hier analog p_{uY} und $(1 - p_{uY})$. Sind die beiden Wahrscheinlichkeiten unabhängig voneinander, so impliziert dies logischerweise, dass sich an der Wahrscheinlichkeit einer Aufwärtsbewegung von Y überhaupt nichts ändert, wenn X steigt. In diesem Fall sind die bedingten Wahrscheinlichkeiten für X und Y mit den jeweiligen unbedingten Wahrscheinlichkeiten identisch.

$$p(Y_u \,|\, X_u) = p_{uY}$$

$$p(X_u \,|\, Y_u) = p_{uX}$$

Wie oben beschrieben, lässt sich unter Unabhängigkeitsbedingungen die Wahrscheinlichkeit für jede der vier möglichen Kombinationen von $[X_u, X_d]$ und $[Y_u, Y_d]$ einfach dadurch ermitteln, dass wir die jeweiligen Wahrscheinlichkeiten miteinander multiplizieren. Sind die beiden Unsicherheiten aber miteinander korreliert, wird es schwieriger – denn die bedingten Wahrscheinlichkeiten sind nun nicht mehr mit den unbedingten Wahrscheinlichkeiten identisch. Die Beziehung zwischen bedingten und unbedingten Wahrscheinlichkeiten formalisiert die Bayessche Gleichung:

$$p\big(Y_u \,|\, X_u\big) = \frac{p(Y_u \cap X_u)}{p(X_u)} = \frac{p(Y_u)p\big(X_u \,|\, Y_u\big)}{p(X_u)} \qquad (Bayessches\ Gesetz)$$

Der Ausdruck $p(Y_u \cap X_u)$ beziehungsweise p_{u1u2} steht für die gemeinsame Wahrscheinlichkeit einer Aufwärtsbewegung von X und Y und entspricht dem obersten Zweig des Quadranomialbaumes. Das Bayessche Gesetz liefert mithin einen wichtigen Beitrag zur Erklärung korrelierter Unsicherheiten (siehe die Beispiele gegen Ende dieses Kapitels).

Es folgt nun ein etwas komplexerer Exkurs, denn wir kommen auf einen subtilen Punkt in stochastischen Prozessen zu sprechen: Während der *Wert* eines Objekts einer *geometrischen* Brownschen Bewegung folgt, unterliegt die *Rendite* desselben Objekts einer *arithmetischen* Brownschen Bewegung. Der Kurs einer Aktie beispielsweise wird nie negativ, und ihre Kursbewegung lässt sich im Zeitverlauf als eine (im Wesentlichen lognormale) geometrische Brownsche Bewegung darstellen. Die Rendite des Papiers hingegen kann auch negative Werte annehmen und lässt sich als arithmetischer Brownscher Bewegungsprozess modellieren. Dies werden wir nutzen, um den arithmetischen Brownschen Bewegungsprozess als Quadranomialbaum zu modellieren. Da die Auf- und Abwärtsbewegungen additiv und symmetrisch sind, ergibt sich ein rekombinierender Baum.

Die Änderungen im *Wert* eines Objekts indes folgen, wie erwähnt, einer geometrischen Brownschen Bewegung:

$$dV = \mu V dt + \sigma V dz \qquad [10.3]$$

Ein ganz fundamentales Ergebnis der Optionstheorie ist das so genannte Itô-Lemma, das die kurzfristige Modellierung der Wertänderungen eines jedweden Wertpapiers (zum Beispiel eben einer Option) ermöglicht, das von einem anderen Papier (zum Beispiel dem risikobehafteten Basiswert) abhängig ist. Ist der bedingte Anspruch, C, lediglich eine Funktion der Zeit, t, sowie des Wertes des zugrunde liegenden Risikoobjekts, V, so lässt er sich mathematisch wie folgt ausdrücken:

$$dC = \left(\frac{\partial C}{\partial V} \mu V + \frac{\partial C}{\partial t} + \frac{1}{2} \frac{\partial^2 C}{\partial V^2} \sigma^2 V^2 \right) dt + \frac{\partial C}{\partial V} \sigma V dz \qquad [10.4]$$

Ist die Option $C = \ln(S)$, dann

$$\frac{\partial C}{\partial V} = \frac{1}{S}$$
$$\frac{\partial^2 C}{\partial V^2} = -\frac{1}{S^2} \qquad [10.5]$$
$$\frac{\partial C}{\partial t} = 0$$

Getrennte
Behandlung der
Unsicherheiten

Durch Einsetzung dieser Beziehungen in das Itô-Lemma erhalten wir folgenden Ausdruck für die arithmetische Brownsche Bewegung:

$$dC = \left(\mu - \frac{\sigma^2}{2}\right)dt + \sigma dz \qquad [10.6]$$

Diese Gleichung drückt die Änderung des Wertes des bedingten Anspruchs (der Option) aus und stellt gleichzeitig die Wachstumsrate beziehungsweise prozentuale Wertänderung des Basisobjekts dar, da $\partial C = \partial V/V$. Folglich ist der Zuwachs im natürlichen Logarithmus, $\ln(V)$, bei einem Mittelwert von $(\mu + \sigma^2/2)$ und einer Standardabweichung von $\sigma\sqrt{t}$ normalverteilt.

Kehren wir nun zu unserem Problem zurück, bei dem wir es mit zwei Unsicherheitsquellen zu tun haben, die beide einer geometrischen Brownschen Bewegung folgen. Wir haben bei der Modellierung die Wahl zwischen zwei verschiedenen Methoden. Ansatz 1 setzt bei den Änderungen im Objektwert an, die als eine erwartete Zuwachsrate dargestellt werden. Dieser Parameter wird natürlich von beiden Unsicherheiten beeinflusst. Ein grobes Beispiel bietet die Seefahrt. Die Geschwindigkeit und Fahrtrichtung eines Segelboots hängen zum einen von der Windstärke, zum anderen von der Strömung ab. Nehmen wir an, der Wind bläst mit 30 Knoten plus/minus 10 Knoten in nordöstliche Richtung, während die Strömung mit einer Geschwindigkeit von 10 plus/minus 5 Knoten nach Nordwesten gerichtet ist. Die Geschwindigkeit des Bootes (ähnlich wie der Wert des Objekts) ergibt sich nun nicht aus der simplen Addition der beiden Geschwindigkeiten (Wind plus Strömung), und auch die geschwindigkeitsbezogene Unsicherheit entspricht keineswegs der kombinierten Wind- und Strömungsunsicherheit. Um den Wert des Risikoobjekts korrekt zu modellieren, müssten wir vielmehr sowohl seine Wachstumsrate als auch seine Unsicherheit jeweils in Abhängigkeit von jeder der beiden kausalen Unsicherheiten (sowie ihrer Korrelation) bestimmen. Dies ist freilich ein schwieriges Unterfangen. Daher wählen wir einen anderen, praktikableren Ansatz.

Bei diesem zweiten Ansatz beginnen wir bei den beiden kausalen Unsicherheiten (die wir jeweils getrennt betrachten). In der Regel lassen sie sich entweder aus Vergangenheitsdaten ableiten oder aber schätzen, desgleichen ihre Korrelation und Zuwachsraten. In unserem Segelbeispiel handelte es sich, wie gesehen, um die Parameter Wind und Strömung. Nehmen wir nun aber sinnvollerweise wieder ein Finanzbeispiel.[2] Angenommen, bei den beiden Unsicherheiten handelt es sich um den Stückpreis und die Absatzmenge eines neu zu entwickelnden Produkts. Nehmen wir ferner an, die erwartete Zuwachsrate bei den Preisen sei g_1 und das Mengenwachstum sei g_2; die jeweiligen Standardabweichungen wiederum seien σ_1 und σ_2. In einer risikoneutralen Welt entsprechen diese Wachstumsraten dem risikofreien Zinssatz; daher lassen sich die Wachstumsgleichungen in der folgenden Form schreiben. Für den Preis P ergibt sich:

$$d\ln(P) = \left(r_f - \frac{\sigma_1^2}{2}\right)dt + \sigma_1 dz \qquad [10.7]$$

$$g_1 = \left(r_f - \frac{\sigma_1^2}{2}\right)dt \qquad [10.8]$$

Für die Menge Q ergibt sich:

$$d\ln(Q) = \left(r_f - \frac{\sigma_2^2}{2}\right)dt + \sigma_2 dz \qquad [10.9]$$

$$g_2 = \left(r_f - \frac{\sigma_2^2}{2}\right)dt \qquad [10.10]$$

Die Wachstumsraten folgen einer arithmetischen Brownschen Bewegung mit konstanten Auf- und Abwärtsbewegungen bei umgekehrten Vorzeichen (das heißt $u = -d$). Die Kombination ihrer möglichen Werte ist in Abbildung 10.5 dargestellt. Wenn es sich hierbei um zwei voneinander unabhängige (also unkorrelierte) Variablen handelt, würden wir anhand eines Systems von sechs Gleichungen und sechs Unbekannten nach den risikoneutralen Wahrscheinlichkeiten und nach den Auf- und Abwärtsbewegungen auflösen. Dabei modelliert das erste Paar (die Gleichungen 10.11 und 10.13) das erwartete Wachstum; das zweite Paar (die Gleichungen 10.12 und 10.14) modelliert die Wachstumsvarianz, und eine fünfte Gleichung (10.16) ist einfach Ausdruck dessen, dass die Wahrscheinlichkeiten in der Summe den Wert 1 er-

Abb. 10.5 Quadranomiale Kombinationen von Preis und Menge

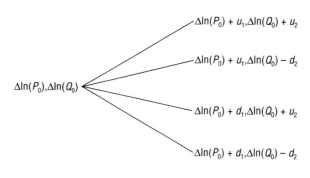

geben müssen. Damit sind fünf der nachstehenden sechs Gleichungen erklärt. Die sechste (10.15) resultiert aus der Definition der Kovarianz. Wir haben somit sechs Gleichungen und sechs Unbekannte: p_{u1u2}, p_{u1d2}, p_{d1u2}, p_{d1d2}, u_1 und u_2. Die sechs Gleichungen lauten:

$$E(g_1) = \left(r_f - \frac{\sigma_1^2}{2} \right) \Delta t = (p_{u1u2} + p_{u1d2})u_1 - (p_{d1u2} + p_{d1d2})u_1 \qquad [10.11]$$

$$\sigma_1^2 \Delta t = (p_{u1u2} + p_{u1d2})u_1^2 - (p_{d1u2} + p_{d1d2})u_1^2 \qquad [10.12]$$

$$E(g_2) = \left(r_f - \frac{\sigma_2^2}{2} \right) \Delta t = (p_{u1u2} + p_{d1u2})u_2 - (p_{u1d2} + p_{d1d2})u_2 \qquad [10.13]$$

$$\sigma_2^2 \Delta t = (p_{u1u2} + p_{d1u2})u_2^2 - (p_{u1d2} + p_{d1d2})u_2^2 \qquad [10.14]$$

$$\rho_{12}\sigma_1\sigma_2 \Delta t = (p_{u1u2} - p_{d1u2} - p_{u1d2} - p_{d1d2})u_1 u_2 \qquad [10.15]$$

$$p_{u1u2} + p_{d1u2} + p_{u1d2} + p_{d1d2} = 1 \qquad [10.16]$$

Durch systematische Auflösung erhalten wir die risikoneutrale Wahrscheinlichkeit für jeden der möglichen Zustände:

$$p_{u1u2} = \frac{u_1 u_2 + u_2 g_1 + u_1 g_2 + \rho_{1,2}\sigma_1\sigma_2 \Delta t}{4u_1 u_2} \qquad [10.17]$$

$$p_{u1d2} = \frac{u_1 u_2 + u_2 g_1 + d_1 g_2 - \rho_{1,2}\sigma_1\sigma_2 \Delta t}{4u_1 u_2} \qquad [10.18]$$

$$p_{d1u2} = \frac{u_1 u_2 + d_2 g_1 + u_1 g_2 - \rho_{1,2}\sigma_1\sigma_2 \Delta t}{4u_1 u_2} \qquad [10.19]$$

$$p_{d1d2} = \frac{u_1 u_2 + d_2 g_1 + d_1 g_2 + \rho_{1,2}\sigma_1\sigma_2 \Delta t}{4u_1 u_2} \qquad [10.20]$$

Die übrigen beiden Unbekannten unseres Gleichungssystems sind die Aufwärts- und die Abwärtsbewegung:

$$u_1 = \sigma_1 \sqrt{t} \qquad [10.21]$$

$$u_2 = \sigma_2 \sqrt{t} \qquad [10.22]$$

Getrennte
Behandlung der
Unsicherheiten

Anwendungsbeispiele für den quadranomialen Ansatz

Zur Illustration des quadranomialen Ansatzes nehmen wir ein einfaches Beispiel einer Regenbogenoption. Konkret handelt es sich um ein Produktentwicklungsprojekt, bei dem zwei Unsicherheitsquellen im Spiel sind: Preis und Menge. Das Zweiperioden-Projekt dauert sechs Monate und erzeugt einen Cashflow $P \times Q$ an Erlösen, abzüglich der fixen Kapitalkosten. Am Ende der zweiten Periode werden die Cashflows zu einer konstanten ewigen Rente mit einem Vielfachen von 6. Das Projekt kann jederzeit für 50 000 Dollar an einen Konkurrenten verkauft (das heißt aufgegeben) werden. Der kumulierte risikofreie Jahreszinssatz beträgt 5 Prozent.

Abbildung 10.6 zeigt den zweiperiodigen Ereignisbaum für den Faktor Menge. Der diesbezügliche Erwartungswert beziffert sich gegenwärtig auf 1 000 Einheiten je Periode, dies jedoch bei einer geschätzten Volatilität von jährlich 20 Prozent. Festzuhalten ist, dass es sich beim Mengen*niveau* um einen geometrischen Prozess handelt, folglich $u = 1/d = 1,105$. Unter der Annahme einer jährlichen Volatilität von 20 Prozent ergibt sich bei vier Perioden pro Jahr folgende Periodenvolatilität:

$$\sigma \text{ pro Quartal} = \text{Jahres-}\sigma \sqrt{0,25} = 0,20(0,5) = 0,10$$

Die risikoneutrale Wahrscheinlichkeit einer Aufwärtsbewegung, p, errechnet sich wie folgt:

$$Q_0 = \frac{puQ_0 + (1-p)dQ_0}{1+r_f}$$

$$p = \frac{1+r_f-d}{u-d} = \frac{1+0,125-0,9048}{1,10517-0,9048} = 0,5378$$

Als Nächstes sehen wir in Abbildung 10.7 den zweiperiodigen Ereignisbaum für das Preisniveau, welches gegenwärtig zwar bei 10 Dollar erwartet wird, allerdings einer geschätzten jährlichen Volatilität von 12 Prozent unterliegt. Die entsprechenden risikoneutralen Wahrscheinlichkeiten sind in Abbildung 10.7 ebenfalls ausgewiesen.

Die nächsten beiden Abbildungen zeigen die Preis-Mengen-Kombinationen (10.8) und die Cashflows (10.9). Der Barwert des Projekts nebst zugehörigem Ereignisbaum findet sich in Abbildung 10.10. Wenn die beiden Unsicherheiten – Preis und Absatzmenge – nicht korreliert sind, werden die

Anfangsmenge Q_0 = 1 000

Jährliche Volatilität = 20 %

Anzahl der Perioden = 2

Perioden pro Jahr = 4

Periodenvolatilität = 10,0 % = $\sigma\sqrt{T} = 0,2\sqrt{0,25} = 0,10$

Aufwärtsbewegung je Periode (u) = 1,1051709 = u

Abwärtsbewegung je Periode (d) = 0,9048374 = $1/u$

Risikofreier Zinssatz je Periode = 1,25 %

Risikoneutrale (Aufwärts-)Wahrscheinlichkeit = 0,5378084 = $\dfrac{1+r_f-d}{u-d} = \dfrac{1+0,0125-0,9048}{1,152-0,9048} = p$

Risikoneutrale (Abwärts-)Wahrscheinlichkeit = 0,4621916 = $1-p$

Niveau des zugrunde liegenden Risikowerts

Wachstumsraten

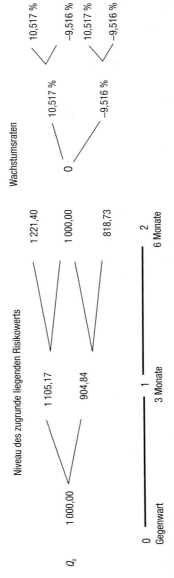

Abb. 10.6 Absatzmenge

Parameter:

Anfangswert P_0	10
Jährliche Volatilität	12,0 %
Perioden pro Jahr	4
Periodenbezogene Volatilität	6 %
Aufwärtsbewegung je Periode (u)	$u = 1,0618365$
Abwärtsbewegung je Periode (d)	$d = 1/u = 0,9417645$
Risikofreier Zinssatz je Periode	$r_f = 1,25 \%$
Risikoneutrale (Aufwärts-)Wahrscheinlichkeit	$p = 0,5897621 = \dfrac{1 + r_f - d}{u - d}$

Risikoneutrale (Abwärts-)Wahrscheinlichkeit $\quad 1 - p = 0,4102379$

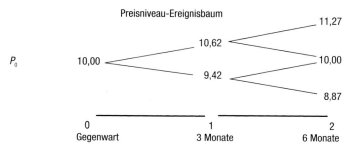

Preisniveau-Ereignisbaum

$$
\begin{array}{cccc}
& & & 11,27 \\
& & 10,62 & \\
P_0 \quad 10,00 & & & 10,00 \\
& & 9,42 & \\
& & & 8,87
\end{array}
$$

0	1	2
Gegenwart	3 Monate	6 Monate

Abb. 10.7 Preisbezogener Ereignisbaum

risikoneutralen Wahrscheinlichkeiten anhand der vier Gleichungen berechnet, die wir oben mit der Nummer 10.2 gekennzeichnet haben. Den Barwert des Projekts erhalten wir durch Multiplikation der Cashflows mit den risikoneutralen Wahrscheinlichkeiten je Knoten und anschließende Division der Summe der Ergebnisse durch den risikofreien Zinssatz. Für Knoten B ergibt sich zum Beispiel:

$$
PV_B = \frac{0,32(68\,398,9) + 0,22(57\,498,2) + 0,27(50\,924,8) + 0,19(42\,000,0)}{1,0125} + 7\,735 = 63\,262
$$

Wir verwenden diesen Ereignisbaum nun als das zugrunde liegende Risikoobjekt, auf das die Option geschrieben/verkauft wurde, und verwandeln ihn im nächsten Schritt in einen Entscheidungsbaum, wie in Abbildung 10.11 illustriert. Nun spiegeln die Payoffs die Abbruch-Put-Option eines Verkaufs zu 50 000 Dollar wider. Wie gehabt, bewerten wir jene Auszahlungen, die die optimalen Entscheidungen je Knoten darstellen, durch Gewichtung mit ihren

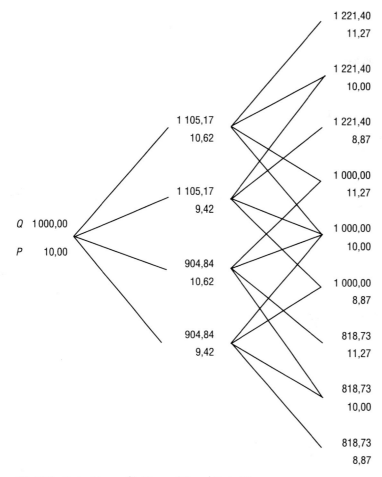

Abb. 10.8 Ereignisbaum für Menge (Q) und Preis (P)

risikoneutralen Wahrscheinlichkeiten und Abzinsung zum risikofreien Zinssatz. Ein vergleichender Blick auf die Resultate in Abbildung 10.10 (Barwert
des Projekts *ohne* Flexibilität) und Abbildung 10.11 (Projektwert *mit* Flexibilität) zeigt, dass die Differenz 7 287 Dollar ausmacht (63 926 \$ – 56 639 \$).
Dies ist genau der Wert der Flexibilität (unter der Voraussetzung, dass die beiden Unsicherheiten nicht miteinander korreliert sind).

Als Nächstes wollen wir annehmen, dass die beiden Unsicherheiten
miteinander korreliert sind, und zwar mit einem positiven Korrelationskoeffi-
zienten von 30 Prozent ($\rho_{12} = 0{,}3$). Beachten Sie, dass sich die Cashflows (sie-

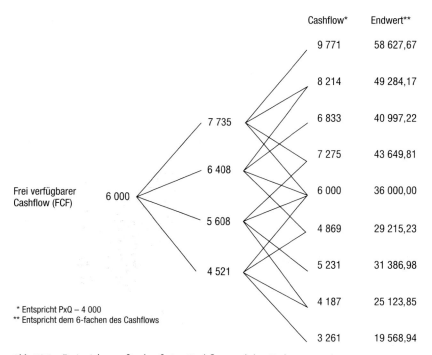

	Cashflow*	Endwert**
	9 771	58 627,67
	8 214	49 284,17
7 735	6 833	40 997,22
	7 275	43 649,81
6 408		
6 000	6 000	36 000,00
5 608	4 869	29 215,23
4 521	5 231	31 386,98
	4 187	25 123,85
	3 261	19 568,94

Frei verfügbarer Cashflow (FCF) 6 000

* Entspricht PxQ – 4 000
** Entspricht dem 6-fachen des Cashflows

Abb. 10.9   Ereignisbaum für den freien Cashflow und den Endwert

he Abbildung 10.9) im Vergleich zur »unabhängigen« respektive unkorrelierten Variante nicht verändert haben, wohl aber die risikoneutralen Wahrscheinlichkeiten. Hier gilt es nun also die sechs Gleichungen aufzulösen (siehe obiges Gleichungssystem 10.11 bis 10.16). Anhand der Gleichungen 10.21 und 10.22 berechnen wir ferner u_1 und u_2, die den Periodenvolatilitäten der beiden Unsicherheiten entsprechen:

$$u_1 = \sigma_1\sqrt{t} = 0{,}2\sqrt{0{,}25} = 0{,}1$$

$$d_1 = -u_1 = -0{,}1$$

$$u_2 = \sigma_2\sqrt{t} = 0{,}12\sqrt{0{,}25} = 0{,}06$$

$$d_2 = -u_2 = -0{,}06$$

Anhand der Gleichungen 10.8 und 10.10 berechnen wir nun die in einer risikoneutralen Welt zu erwartenden Zuwächse bei den natürlichen Logarithmen von Preis und Menge:

Getrennte Behandlung der Unsicherheiten

$$g_1 = \left(r_f - \frac{\sigma_1^2}{2} \right) dt = \left(0,05 - \frac{0,2^2}{2} \right) \times 0,25 = 0,0075$$

$$g_2 = \left(r_f - \frac{\sigma_2^2}{2} \right) dt = \left(0,05 - \frac{0,12^2}{2} \right) \times 0,25 = 0,0107$$

Die Werte der vier Wahrscheinlichkeiten gewinnen wir schließlich aus den Gleichungen 10.17 bis 10.20:

$$p_{u1u2} = \frac{0,1 \times 0,06 + 0,06 \times 0,0075 + 0,1 \times 0,0107 + 0,3 \times 0,2 \times 0,12 \times 0,25}{4 \times 0,1 \times 0,06} = 0,39$$

$$p_{u1d2} = \frac{0,1 \times 0,06 + 0,06 \times 0,0075 - 0,1 \times 0,0107 - 0,3 \times 0,2 \times 0,12 \times 0,25}{4 \times 0,1 \times 0,06} = 0,15$$

$$p_{d1u2} = \frac{0,1 \times 0,06 - 0,06 \times 0,0075 + 0,1 \times 0,0107 - 0,3 \times 0,2 \times 0,12 \times 0,25}{4 \times 0,1 \times 0,06} = 0,20$$

$$p_{d1d2} = \frac{0,1 \times 0,06 - 0,06 \times 0,0075 - 0,1 \times 0,0107 + 0,3 \times 0,2 \times 0,12 \times 0,25}{4 \times 0,1 \times 0,06} = 0,26$$

Hierbei stellen wir fest: Ist die Korrelation gleich null, so führen die obigen Gleichungen zu Ergebnissen, die exakt mit jenen übereinstimmen, bei denen Preis und Menge unabhängig voneinander (also unkorreliert) sind (vergleiche Abbildung 10.10):

$$p_{u1u2} = \frac{0,1 \times 0,06 + 0,06 \times 0,0075 + 0,1 \times 0,0107}{4 \times 0,1 \times 0,06} = 0,32$$

$$p_{u1d2} = \frac{0,1 \times 0,06 + 0,06 \times 0,0075 - 0,1 \times 0,0107}{4 \times 0,1 \times 0,06} = 0,22$$

$$p_{d1u2} = \frac{0,1 \times 0,06 - 0,06 \times 0,0075 + 0,1 \times 0,0107}{4 \times 0,1 \times 0,06} = 0,27$$

$$p_{d1d2} = \frac{0,1 \times 0,06 - 0,06 \times 0,0075 - 0,1 \times 0,0107}{4 \times 0,1 \times 0,06} = 0,19$$

Anhand der quadranomialen Wahrscheinlichkeiten mit Korrelation und unter Verwendung des Bayesschen Gesetzes können wir nun die bedingten binomialen Wahrscheinlichkeiten für die beiden Unsicherheiten ableiten. Beispielsweise lauten die bedingten Wahrscheinlichkeiten für die steigende Menge bei steigendem oder fallendem Preis:

Getrennte
Behandlung der
Unsicherheiten

Barwertbaum

68 398,9

57 498,2

47 830,1

50 924,8

42 000,0

34 084,4

36 618,1

29 311,2

22 830,4

63 262,0
Ⓑ

52 529,1
Ⓒ

46 056,9
Ⓓ

37 269,6
Ⓔ

56 638,9
Ⓐ

Risikoneutrale Wahrscheinlichkeiten

$0,32 = P_{uu} = P_{u1} \, P_{u2}$

$0,22 = P_{ud} = P_{u1} \, P_{d2}$

$0,27 = P_{du} = P_{d1} \, P_{u2}$

$0,19 = P_{dd} = P_{d1} \, P_{d2}$

1,00

$P_{uu} = P_{u1} \, P_{u2}$ $= 0,5378(0,5898) = 0,32$

$P_{ud} = P_{u1} \, P_{d2}$ $= 0,22$

$P_{du} = P_{d1} \, P_{u2}$ $= 0,27$

$P_{dd} = P_{d1} \, P_{d2}$ $\underline{= 0,19}$

Σ der Wahrscheinlichkeiten = 1,00

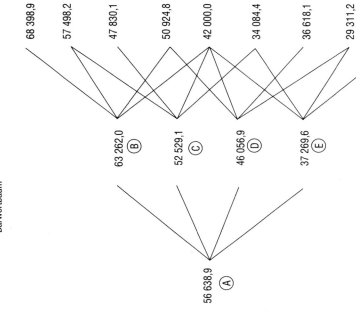

Abb. 10.10 Barwert bei nicht korrelierten Unsicherheiten

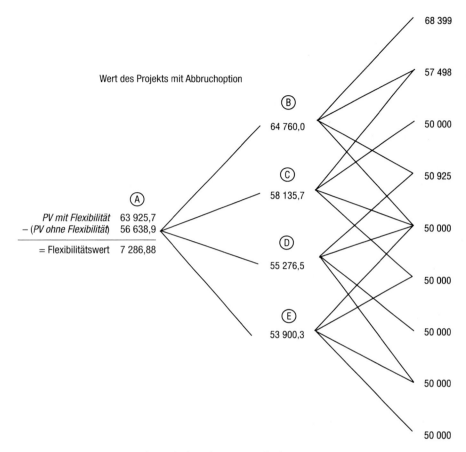

Abb. 10.11 ROA-Bewertung bei nicht korrelierten Unsicherheiten

$$p\left(Q_u\mid P_u\right) = \frac{p(Q_u \cap P_u)}{p(P_u)} = \frac{0,39}{0,59} = 0,66$$

$$p\left(Q_u\mid P_d\right) = \frac{p(Q_u \cap P_d)}{p(Q_d)} = \frac{0,15}{0,41} = 0,36$$

Wie ersichtlich, ist bei 30-prozentiger Korrelation eine Aufwärtsbewegung der Menge bei steigendem Preis fast doppelt so wahrscheinlich wie bei fallendem Preis. Ohne Korrelation hingegen ist die Wahrscheinlichkeit einer steigenden Menge konstant (das heißt in beiden Fällen identisch):

$$p\left(Q_u \mid P_u\right) = \frac{p(Q_u \cap P_u)}{p(P_u)} = \frac{0{,}32}{0{,}59} = 0{,}54$$

$$p\left(Q_u \mid P_d\right) = \frac{p(Q_u \cap P_d)}{p(Q_d)} = \frac{0{,}22}{0{,}41} = 0{,}54$$

Eine positive Korrelation erhöht mithin die Wahrscheinlichkeit extremer Werte und somit auch die Projektvolatilität, wie Abbildung 10.12 belegt. Die Änderung bei den Wahrscheinlichkeiten hat indes keinen Einfluss auf die Barwerte am Ende des Baumes, wohl aber auf die Barwerte an den davor liegenden Knoten.

Beispielsweise ergibt sich als Barwert des Projekts an Knoten B:

$$PV(B) = [0{,}39(68\,398{,}9) + 0{,}15(57\,498{,}2) + 0{,}20(50\,924{,}8) + 0{,}26(42\,000)]/$$
$$(-1{,}0125) + 7\,735 = 63\,390{,}8$$

Unter der Annahme fehlender Korrelation zwischen Preis und Menge erhielten wir an Knoten B einen Wert von 63 262 Dollar – ein weniger extremes Ergebnis also. Ähnlich ist es an Knoten E mit Preis und Menge im ungünstigen Zustand. Hier lautet das Ergebnis 37 269,60 Dollar, wenn unkorreliert, und 37 363,20 Dollar bei positiver Korrelation.

Insgesamt erhöhte sich der Barwert von 56 638,9 Dollar (keine Korrelation) auf 56 877,7 Dollar (mit Korrelation). Der ökonomische Grund für die Barwertsteigerung besteht in der höheren Wahrscheinlichkeit, aus der Korrelation höherer Preise mit größeren Absatzmengen – einem guten Ergebnis – voll Nutzen zu ziehen, desgleichen aus der ebenfalls relativ hohen Wahrscheinlichkeit niedrigerer Preise bei geringeren Mengen – einem zwar eher schlechten, doch immer noch besseren Ergebnis als im Falle niedrigerer Preise bei höheren Mengen (was größere Verluste bedeuten würde). Wir wollen diesen Ereignisbaum nun als den risikobehafteten Basiswert verwenden und ihn anhand der Abbruchoption in einen Entscheidungsbaum verwandeln. Das Ergebnis zeigt Abbildung 10.13.

Auch hier wieder bestimmen wir in gewohnter Weise zunächst den Projektwert je Knoten, um die Option optimal nutzen zu können. Danach ermitteln wir die Erwartungswerte für jede einzelne Vier-Knoten-Kombination, dies anhand der risikoneutralen Wahrscheinlichkeiten und unter (rückwärtsgerichteter) Abzinsung zum risikofreien Satz. Dabei ergibt sich für das Projekt *mit* Flexibilität und korrelierten Faktoren ein Barwert in Höhe von 64 650,7 Dollar. Im Vergleich zum Barwert ohne Flexibilität (56 877,1 Dollar) ergibt dies eine Differenz von 7 773,6 Dollar. Wir können also festhalten, dass die Einführung

Risikoneutrale Wahrscheinlichkeiten

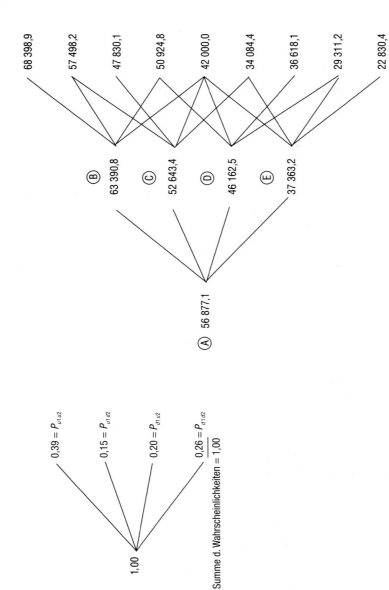

$0,39 = P_{u1\,u2}$

$0,15 = P_{u1\,d2}$

$0,20 = P_{d1\,u2}$

$0,26 = P_{d1\,d2}$

Summe d. Wahrscheinlichkeiten = 1,00

1,00

Abb. 10.12 Barwert-Ereignisbaum bei einer Korrelation von 30 Prozent

Der ROA-Wert mit Korrelation bestimmt sich in genau gleicher Weise wie im Falle fehlender Korrelation

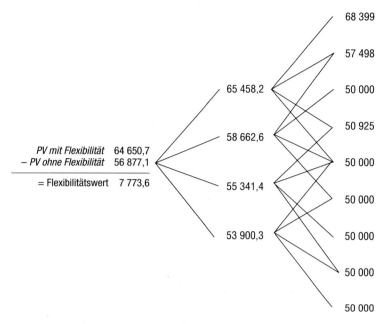

Abb. 10.13 Quadranomiales Beispiel einer ROA-Bewertung auf Basis einer 30-prozentigen Korrelation der Unsicherheiten

einer positiven Korrelation zwischen Preis und Menge den Wert der Flexibilität deutlich erhöht hat. Der Wert der Option indes hat mit zunehmender Projektvolatilität abgenommen.

Zusammenfassendes Fazit

In diesem Kapitel haben wir uns mit Realoptionssituationen befasst, in denen es sinnvoll ist, die involvierten Unsicherheitsquellen voneinander getrennt zu halten. Dies empfiehlt sich zum Beispiel, wenn sich die technologische Unsicherheit nicht sukzessive, sondern punktuell auflöst (etwa mit dem Vorliegen von Versuchs- oder Testergebnissen).

Wir haben Lösungen unterschiedlichen, das heißt zunehmenden Komplexitätsgrades betrachtet. Wenn es sich um eine zusammengesetzte Option mit einer einzigen Unsicherheitsquelle handelt – marktunabhängige technologische Unsicherheit zum Beispiel –, ist die Lösung (wie gesehen) relativ einfach, da wir zum risikofreien Zinssatz diskontieren können. Schwieriger wurde es, als wir einen zweiten Unsicherheitsfaktor – die Produkt-/Marktunsicherheit – ins Spiel brachten. Diese ist wohl mit dem Markt, nicht aber mit der technologischen Unsicherheit korreliert. Zunächst haben wir bei diesem Beispiel zu einer Ad-hoc-Lösung gegriffen, indem wir jedes Subintervall noch einmal unterteilten, um dann alternierend zu verfahren: In den der technologischen Unsicherheit zugeordneten Abschnitten haben wir die Cashflows zum risikofreien Satz abgezinst; für die produkt-/marktbezogenen Abschnitte haben wir die Replikationsportfoliomethode verwendet. Anschließend haben wir mit dem quadranomialen Ansatz eine alternative und präzisere, freilich auch komplizierтere Methode vorgestellt.

Abschließend haben wir gezeigt, wie sich der quadranomiale Ansatz bei zwei miteinander korrelierten Unsicherheiten sowie im Falle zusammengesetzter Optionen (das heißt echten zusammengesetzten Regenbogenoptionen) einsetzen lässt.

Übungsaufgaben

1. Angenommen, es gilt, den Wert der Konzession für einen Limonadestand auf einer karibischen Insel zu berechnen. Dieser hängt zum einen von der Touristenzahl und zum anderen vom Barwert einer Zitronenlieferquelle ab (die hier dem Marktpreis eines Zitronenbaums entsprechen soll). Gegeben sei das Recht (sprich: die Option), den Limonadestand innerhalb der nächsten zwei Monate zum vereinbarten Preis von X Dollar zu erwerben. Welchen Problemlösungsansatz wählen Sie? Empfiehlt sich hinsichtlich der involvierten Unsicherheiten ein konsolidierter Ansatz oder eine Getrenntbehandlung?

2. Modifizieren wir die Problemstellung in Aufgabe 1 geringfügig: Der Verkaufsstand gehört uns nun bereits, und wir verfügen über genug Kapital, um hinsichtlich der Touristenzahl den Markt zu untersuchen und bei Bedarf zusätzlichen Zitronensaft zu kaufen. Hat dies Auswirkungen auf den Problemlösungsansatz? Falls ja, welche?

3. Gehen Sie von dem einfachen Beispiel aus, das wir oben im Rahmen des Quadranomialansatzes skizzierten (siehe S. 306; vgl. auch Abbildung 10.6). Unterstellen Sie, dass die beiden Unsicherheiten nicht miteinander korreliert sind. Hat es jeweils Auswirkungen auf den Wert der Put-Option, ge-

Getrennte
Behandlung der
Unsicherheiten

messen in Prozent des ROA-Gesamtwerts, wenn folgende Änderungen eintreten? (Begründen Sie jeweils anhand detaillierter Berechnungen!)

– Der Anfangspreis erhöht sich von 10 auf 15 Dollar.

– Die Mengenvolatilität verringert sich von 20 auf 15 Prozent.

– Die fixen Kosten steigen von 4 000 auf 6 000 Dollar.

4. Gehen Sie erneut von dem einfachen Beispiel aus, das wir oben im Rahmen des Quadranomialansatzes eingangs skizzierten (siehe S. 306; vergl. auch Abbildung 10.6). Unterstellen Sie nun aber eine positive Korrelation von 30 Prozent zwischen den beiden Unsicherheiten. Hat es jeweils Auswirkungen auf den Wert der Put-Option, gemessen in Prozent des ROA-Gesamtwerts, wenn folgende Änderungen eintreten? (Begründen Sie jeweils anhand detaillierter Berechnungen!)

– Die Korrelation erhöht sich von 30 auf 50 Prozent.

– Die Korrelation erhöht sich von 30 auf 40 Prozent bei gleichzeitiger Preissteigerung von 10 auf 15 Dollar.

– Die Korrelation ist negativ und beträgt –20 Prozent.

5. Ermitteln Sie für sämtliche Fälle in Aufgabe 4 die bedingten Wahrscheinlichkeiten für einen Preisanstieg oder -rückgang in Abhängigkeit von einem Mengenanstieg und einem Mengenrückgang. Ermitteln Sie – umgekehrt – in gleicher Weise die bedingten Wahrscheinlichkeiten für einen Mengenanstieg oder -rückgang in Abhängigkeit von einem Preisanstieg oder Preisrückgang.

Teil III

Kapitel 11
Fallbeispiele

Nachdem wir uns intensiv mit der Realoptionsmethodik auseinander gesetzt haben, wollen wir uns nun zwei konkrete und praxisnahe Anwendungsbeispiele vornehmen. Im ersten Fall geht es um die Bewertung eines Internet-Portals, im zweiten um ein Forschungs- und Entwicklungsprojekt. Fall A illustriert die Lösungsmethodik mit gebündelten Unsicherheiten (wie in Kapitel 9 erläutert). Bei Fall B betrachten wir die Unsicherheiten separat und verwenden den Quadranomialansatz (vergleiche Kapitel 10).

Bewertung eines Internetprojekts – der Fall ›Portes‹

Die hohen Preise, die für Internetunternehmen (insbesondere für kleine mit hohem Wachstumspotenzial) gezahlt werden, wurden schon von vielen Fachleuten mit Kritik, ja, Unverständnis bedacht. Nicht wenige halten es mit Alan Greenspan, für den solche Aktienbewertungen Ausdruck einer maßlosen Marktübertreibung sind – »irrational exuberance«, so das inzwischen klassische Verdikt[1]. Wir wollen versuchen, etwas Licht in dieses Dunkel zu bringen, indem wir ein Internetunternehmen einer Realoptionsanalyse unterziehen. Dieser Ansatz scheint sich ja gerade für kleine, wachstumsstarke, nicht diversifizierte Unternehmen zu eignen – nicht diversifiziert insofern, als die gesamte Firma praktisch aus nur einem oder zwei Projekten besteht. Wir haben es in unserem Beispiel zwar mit einem anonymisierten Unternehmen und fiktiven Daten zu tun. Gleichwohl ist der Fall typisch, wie wir aus unserer Beratungspraxis wissen.

Die Einzelheiten des Falles

Unser fiktives Unternehmen »Portes« ist eine Softwarefirma, die seit zehn Jahren im amerikanischen Markt tätig ist. Das Flaggschiff-Produkt ist eine Systemrettungssoftware namens *Recover*[TM], mit der sich Daten von beschädigten Festplatten retten lassen. Das Produkt hat stark kundenspezifischen Charakter, was einen hohen Preis garantiert. Gegründet wurde das Unternehmen von der derzeitigen Chefin, CEO Diane Mullins, einer Softwarespezialistin mit unternehmerischen Neigungen. Von Hause aus Informatikerin, arbeitete sie zunächst vier Jahre lang bei einer angesehenen Softwarefirma und ging dann nach Frankreich, um sich am INSEAD zum MBA ausbilden zu lassen. Anschließend kehrte sie in die USA zurück und gründete ihr eigenes Unternehmen, Portes Inc., das heute sechzig Mitarbeiter zählt, in der Mehrzahl Programmierer.

Vor einigen Jahren setzte sich bei Diane Mullins der Eindruck fest, Portes sei mit seinem Recovery-Produkt an gewisse Grenzen gestoßen. Mit dem raschen Wachstum der Anfangsjahre war es jedenfalls vorbei, wiewohl das Produkt noch immer recht profitabel war. Ein Grundproblem vermutete sie in dem ausgesprochen kundenspezifischen Charakter des Produkts, da dieser eine breite Vermarktung und hohe Absatzzahlen verhindere. Hierzu passte auch, dass das Internet beim Absatz praktisch keine Rolle spielte, obgleich das Produkt auch über das Web beworben wurde. Mullins gelangte daher zu der Überzeugung, dass die Firma ihre F&E-Bemühungen verstärken sollte, um die Software einfacher und damit für die breite Masse attraktiver zu machen, selbst wenn dies zulasten der Erträge aus anpassungsspezifischen Serviceleistungen gehen würde. Gesagt, getan.

Als Ergebnis dieser Umorientierung verfügt Portes nun über ein Portfolio standardisierter High-End-Software für das Daten-Recovery. Ein Vorteil von derlei Produkten besteht darin, dass sie sich gut über das Internet verkaufen lassen. Bisher geschah dies über die vorhandenen Vertriebskanäle und -partner, doch hält man bei Portes die Händlerprovision für zu hoch, gemessen am Produktwert. Leider besaß Portes bislang aber keine eigene Internetpräsenz, und Diane Mullins hat Bedenken, dass es angesichts der vielen Anbieter in diesem Sektor inzwischen zu spät sein könnte, selbst in das B2B-Internetgeschäft einzusteigen. Außerdem befürchtet sie, durch einen solchen Direktverkauf die derzeitigen Vertriebspartner zu verärgern.

Diane hat diese Fragen mit Olivier, einem Studienfreund aus INSEAD-Tagen, erörtert. Dieser macht einen Vorschlag, der wirklich vielversprechend klingt. Olivier ist Franzose und arbeitete zunächst einige Jahre lang in Paris, bevor er zu einem Internet-Start-up in die USA wechselte. Daher kennt er den französischen Softwaremarkt wie seine Westentasche. Er ist der Meinung, dass Frankreich ein geradezu idealer Standort für den internetbasierten Vertrieb der neu entwickelten Software wäre – zum einen wegen der dortigen starken Nachfrage nach Datenschutz- und Datenrettungsprodukten, zum anderen deshalb, weil hier gegenüber den lokalen Vertriebspartnern keinerlei Verpflichtungen bestehen. Hinzu komme, dass der B2B-Internetmarkt in Frankreich noch nicht so heiß umkämpft sei wie in den USA. Die Möglichkeiten für neue E-Commerce-Firmen seien in Frankreich sogar ganz hervorragend, trotz der Internetpräsenz amerikanischer Anbieter. Dies deshalb, weil die Amerikaner den französischen Markt nur unzureichend bedienten – zum einen wegen mangelnder Marktkenntnisse, zum anderen wegen der Sprachbarriere. Als weiteres Problem komme die Lieferung hinzu. Denn wer von Frankreich aus in den USA bestellt, muss nicht nur hohe Versandkosten, sondern auch Importzölle in Rechnung stellen. Olivier ist daher der Auffassung, dass es sich lohnen würde, in Frankreich ein neues E-Commerce-Unternehmen zu gründen – vorausgesetzt, es gelingt, die neue Software gut auf die französischen Verhältnisse abzustimmen. Im Übrigen müsse ein solches Unternehmen keineswegs auf den Vertrieb der Portes-Software beschränkt bleiben. Vielmehr könne man die Popularität der eigenen Website nutzen, um auch Produkte anderer Anbieter zu vertreiben. Und nicht zu vergessen sei schließlich auch, dass eine solche Internetpräsenz die Möglichkeit böte, wertvolle weitere Informationen über die spezifischen Softwarebedürfnisse des französischen Marktes zu gewinnen. Auf dieser Basis ließen sich in der Folge spezifische Produkte entwickeln und über die inzwischen vorhandene Internetplattform vertreiben.

Diane ist von Oliviers Überlegungen und Argumenten sehr angetan und beschließt, ihren Finanzchef Bill das Projekt einmal gründlich durchrechnen zu lassen. Dabei macht sie keinen Hehl daraus, dass sie die Idee gerade aus strategischer Sicht großartig findet.

Bill und seine Mitarbeiter versuchen sich also ein Bild von der Kosten- und Ertragssituation des potenziellen französischen Ablegers zu machen. Bei den Kosten wäre zunächst eine Investition in Räumlichkeiten und Ausrüstung fällig. Beträchtliche Werbekosten kämen hinzu, in den konventionellen Printmedien wie im Web, ferner Betriebskosten für die Website. Die Kapitalkostenschätzung für einen derartigen Betrieb erweist sich allerdings als schwieriges Unterfangen, da offenkundig viele Unwägbarkeiten im Spiel sind. Bill führt eine konventionelle Kapitalwertanalyse durch und stellt fest, dass das Projekt mit einem Kapitalwert (NPV) von −319 000 Dollar deutlich negativ abschneidet (vergleiche Tabelle 11.1).

Bei Portes rechnet man damit, im ersten Betriebsjahr bereits 200 Programme verkaufen und diese Zahl in den folgenden fünf Jahren verdoppeln zu können. In diesem Zeitraum würde freilich wohl ein zu erwartender Preisverfall dafür sorgen, dass der anfängliche Paketpreis von 30 000 auf 20 000 Dollar absinkt. Bills Berechnungen zufolge lägen die Kosten je verkaufter Produkteinheit beträchtlich über dem entsprechenden US-Wert, bedingt durch die geringeren Mengen und eine kompliziertere Logistik. Im ersten Betriebsjahr wäre jedes verkaufte Programm mit Kosten in Höhe von 9 000 Dollar belastet; dieser Kostenanteil dürfte bis zum sechsten Jahr allerdings auf 7 000 Dollar fallen.

Portes müsste Büro- und Lagerräume mit zu erwartenden Fixkosten von jährlich 200 000 Dollar anmieten. Ferner wäre erfahrungsgemäß mit Vertriebs- und Verwaltungskosten in Höhe von 10 Prozent der Umsatzerlöse zu rechnen.

Das Projekt würde eine Anfangsinvestition von 35 Millionen Dollar erfordern, abzuschreiben über zehn Jahre. Das Unternehmen war in den vorausgehenden fünf Jahren sehr profitabel und ist schuldenfrei. Es ist geplant, das Projekt im Falle der Durchführung in Frankreich zu finanzieren.

Tabelle 11.1 Kapitalwertanalyse des Investitionsvorschlags

Posten	Jahr 0	Jahr 1	Jahr 2	Jahr 3	Jahr 4	Jahr 5	Jahr 6	Jahr 7
Absatzmenge (Stück/Pakete)		200	230	264	303	348	400	
Stetige jährliche Zuwachsrate		13,86 %						
Preis pro Stück/Paket (in Tsd.)		30,00	27,66	25,51	23,52	21,69	20,00	
Stetige jährliche Zuwachsrate		−8,1 %						
Kosten pro Stück/Paket		9,0	8,6	8,1	7,7	7,4	7,0	
Umsatzerlöse		6 000	6 355	6 732	7 130	7 553	8 000	
Umsatzaufwendungen		1 800	1 966	2 148	2 346	2 563	2 800	
Bruttoeinnahmen		4 200	4 389	4 584	4 784	4 990	5 200	
Brutto-/Rohgewinn in %		70	69	68	67	66	65	
Miete		200	200	200	200	200	200	
Vertriebs-/Verwaltungskosten		600	636	673	713	755	800	
Gewinn vor Zinsen, Steuern und Abschreibung (EBITDA)		3 400	3 554	3 711	3 871	4 034	4 200	
Abschreibung		3 500	3 500	3 500	3 500	3 500	3 500	
Gewinn vor Zinsen und Steuern (EBIT)		(100)	54	211	371	534	700	
Gewinn-/EBIT-*Zuwachs* (in %)		–	154	294	76	44	31	
Steuern		0	21	84	148	214	280	
Nettogewinn		(100)	32	126	223	321	420	
Abschreibung		3 500	3 500	3 500	3 500	3 500	3 500	
Anfangsinvestition	35 000							
Freier Cashflow (FCF)	(35 000)	3 400	3 532	3 626	3 723	3 821	3 920	
Veränderung des FCF (in %)			4	3	3	3	3	
Fortführungswert								44 748
Diskontierungssatz	13,88 %							
Barwert (*PV*)	34 681	36 096	37 575	39 165	40 880	42 735	44 748	
Kapitalwert (*NPV*)	(319)	39 496	41 107	42 792	44 603	46 555	48 668	
FCF in % des Barwerts		8,6	8,6	8,5	8,3	8,2	8,05	

Der in Frankreich zu erwartende Steuersatz liegt bei 40 Prozent; Verlustvorträge sind nicht zulässig. Bei ähnlichen Projekten in den USA operierte das Unternehmen in letzter Zeit mit einer Sollrendite von 10 bis 11 Prozent. In Frankreich, so schätzt Bill, wären angesichts des höheren Marktrisikos und des involvierten Währungsrisikos mindestens 13,88 Prozent erforderlich.

Bill und seine Mitarbeiter sind der Meinung, dass es kaum möglich ist, die Ertrags- und Kostensituation mit der nötigen Zuverlässigkeit und dem erforderlichen Detaillierungsgrad über das sechste Jahr hinaus zu prognostizieren. Zur Ermittlung des Fortführungswerts des Projekts benutzen die Planer daher eine einfache Annuitätenformel, indem sie beim freien Überschuss (FCF) einen dauerhaft konstanten Zuwachs von 3 Prozent unterstellen, verbunden mit einer dauerhaft gültigen Rendite von 12 Prozent.

Bill teilt Diane seine Analyseergebnisse mit, doch Diane kann einfach nicht glauben, dass das Projekt realiter einen negativen Kapitalwert aufweisen soll. Zusammen gehen sie noch einmal alle getroffenen Annahmen durch. Nun, es scheint alles zu stimmen. Doch Diane gehen die Argumente, die sie mit Olivier erörtert hat, nicht aus dem Kopf, und sie beharrt auf ihrer Ansicht, dass das Projekt eine große Chance sei, international zu expandieren und eine eigene Internetpräsenz aufzubauen. Daher bittet sie Bill, das Projekt noch einmal in Ruhe von allen Seiten zu betrachten und sich dann wieder bei ihr zu melden.

Als ersten Schritt einer erweiterten Analyse beauftragt Bill seinen Mitarbeiter Eric, einen jungen MBA, sich die zentralen für die Rentabilität bedeutsamen Risikofaktoren des Projekts einmal vorzunehmen, sie zu modellieren und zu prognostizieren. Anders formuliert: Er hat eine Monte-Carlo-Simulation im Sinn, um herauszufinden, in welchem Schwankungs- beziehungsweise Ergebnisbereich sich der Kapitalwert (NPV) eigentlich bewegt.

Eric kommt zu dem Ergebnis, dass die verkauften Stückzahlen pro Jahr und der Preis pro Paket die Hauptrisikofaktoren darstellen. Beim ersten Simulationslauf lässt er Absatzmenge und Preis unkorreliert. Mit seinen Marketingkollegen zusammen veranschlagt er den Konfidenzbereich für jeden der beiden Faktoren auf 95 Prozent. Was die Verkaufszahlen angeht, sehen die Schätzer die untere Grenze (die, wie in unseren theoretischen Ausführungen gesehen, als Vorgabewert für die Simulation benötigt wird) im sechsten Jahr bei 190, den Erwartungswert bei 400. Beim Preis wird analog dazu in Jahr 6 ein unteres Limit von 15 Dollar angesetzt; der Erwartungswert wird auf 20 Dollar veranschlagt.

Bill beschäftigt sich ziemlich lange mit der Frage der Parametrisierung und Quantifizierung des strategischen Werts des Projekts. Er kommt zu der Auffassung, dass neben den Cashflows/Einnahmen aus Softwareverkäufen (basierend auf dem bereits vorhandenen Produkt) der zentrale strategische

Projektwert in der Website bestünde. Diese könnte man als Plattform für den Vertrieb weiterer, komplementärer Produkte nutzen, sobald im französischen Markt ein hinreichender Bekanntheitsgrad erreicht wäre. Ein spezifisches Komplementärprodukt hat Bill auch schon im Sinn: *PreventLoss*, eine intelligente Echtzeit-Back-up-Software, die kurz vor der Marktreife steht. Das Programm verbessert die Wahrscheinlichkeit und Qualität einer erfolgreichen Datenrettung (selbstverständlich mit *Recover*) im Falle eines Festplatten-Crashs. Die beiden Produkte ergänzen sich mithin auf ideale Weise – *Recovery* und *PreventLoss* würden ein perfektes Gespann bilden. Bill diskutiert diese Idee mit seiner Chefin Diane. Diese ist absolut gleicher Meinung.

Im Verlaufe ihres Gesprächs fällt ihnen hinsichtlich der Expansionsmöglichkeit allerdings ein wichtiger Punkt auf. Da die zusätzliche Investition ja erst später – zum Zeitpunkt der Expansion – fällig ist, braucht in der Gegenwart ja eigentlich noch gar keine definitive Entscheidung getroffen zu werden. Angesichts dessen, dass die Einführung des neuen Produkts mit ziemlicher Sicherheit eine erhebliche Investition verlangt, hängt die Expansionsentscheidung (und damit auch der Expansionszeitpunkt) eng von den dann gegebenen Verkaufszahlen ab. Läuft *Recover* gut genug, lässt sich auch *PreventLoss* profitabel im Markt platzieren, da man davon ausgehen kann, dass ein gewisser Prozentsatz der *Recover*-Käufer auch *PreventLoss* erwerben wird. Die beiden sind überzeugt davon, dass sich die Expansionschance irgendwann in den nächsten fünf Jahren bieten wird. Somit kommt eine wichtige weitere Dimension hinzu – die Flexibilität, entscheiden zu können, ob und wann man *PreventLoss* optimalerweise im französischen Markt platziert.

Diane findet, dass eigentlich ja noch weitere Optionen ins Kalkül gezogen werden müssten. Angenommen etwa, das Frankreichunternehmen wird ein Fehlschlag: Müsste es dann nicht möglich sein, die vorhandenen Sachanlagen einigermaßen profitabel zu verkaufen? Ein Anruf bei Olivier bestätigt ihre Vermutung. Nach Durchsicht der technischen Projektspezifikation ist er der Meinung, dass sich die anzuschaffenden Anlagen innerhalb der nächsten sechs Jahre jederzeit für einen Erlös von rund 15 Millionen Dollar veräußern lassen. Daraufhin bittet Diane ihren Finanzkollegen Bill, einmal durchzurechnen, welche Investitionen denn erforderlich wären, um *PreventLoss* in den französischen Markt einzuführen, und mit welchen zusätzlichen Erlösen in der Folge zu rechnen sei.

Bill berät sich mit seinen Technik- und Marketingkollegen und kommt zu dem Ergebnis, dass die Markteinführung von *PreventLoss* eine Zusatzinvestition von 10,5 Millionen Dollar verlangen würde, verbunden mit einer Steigerung des künftigen freien Cashflows um 30 Prozent.

Tabelle 11.2 zeigt den Lösungsprozess für den geschilderten Fall.

Tabelle 11.2 Lösungsprozess Portes

	Ermittlung des Barwerts des NPV-Ausgangsfalles (*ohne* Flexibilität) anhand des DCF-Modells (Cashflow-Abzinsung)	Modellierung der Unsicherheiten anhand von Ereignisbäumen	Identifizierung und Einbau der Handlungsflexibilitäten anhand eines Entscheidungsbaumes	Ermittlung des Realoptionswertes (ROA)
Schritte				
Maßnahmen	• Kalkulation des freien Cashflows auf der Basis folgender Erwartungswerte: Preis, Mengen, Investitionsaufwand, Endwert und gewichtete Gesamtkapitalkosten (WACC) • Berechnung des Kapitalwerts der freien Cashflows • Ermittlung der zu erwartenden Barwertentwicklung (das heißt Berechnung des Barwerts aller künftigen FCF für jeden einzelnen Zeitpunkt)	• Spezifizierung der Preis- und Mengenunsicherheit • Subjektive Schätzung des Tiefstwerts von Preis und Menge in Jahr 6 bei 95-prozentiger Konfidenz • Ermittlung der Volatilitäten von Preis und Menge • Durchführung einer Monte-Carlo-Simulation für Preis und Absatzmenge unter der Annahme, dass keine Korrelation besteht • Übersetzung der Preis- und Mengenunsicherheit in Barwertkategorie (das heißt in die Unsicherheit der Barwertentwicklung) • Ermittlung der Standardabweichung des Barwertzuwachses • Berechnung der Aufwärts-/Abwärtsfaktoren der Barwertsteigerung, ausgehend von der Standardabweichung • Erstellung von Barwert-Ereignisbäumen (Ermittlung des Barwerts ohne Dividende anhand des Verhältnisses von FCF zu Barwert)	• Identifizierung aller verfügbaren Realoptionen • Berechnung des Werts einer jeden Option an jedem Knoten, ausgehend von der letzten Periode • Manuelle Berechnung des Werts für Knoten X. Den Rest erledigt das Programm • Je Knoten Vergleich des Werts der Realoption mit der erforderlichen Investition • Markierung der höchstwertigen Alternative an jedem Knoten	• Bewertung des Gesamtprojekts anhand der Replikationsportfoliomethode • Ermittlung des optimalen Ausübungspfades für die Realoptionen • Ermittlung des Gesamtwerts aller Optionen durch Subtraktion des Kapitalwerts (NPV) vom ROA-Wert

Schritt 1: Der DCF-Wert

Der erste Schritte besteht darin, den Wert der diskontierten Cashflows (DCF) des Projekts *ohne* Flexibilität zu berechnen. Der frei verfügbare Projekt-Cashflow (FCF) hat das übliche Profil (vergleiche Abbildung 11.1) – nach einer erheblichen Anfangsinvestition ist der gesamte Prognosezeitraum durch einen geringfügigen Einzahlungsüberschuss geprägt, und am Ende steht ein erheblicher Fortführungswert.

Durch Diskontierung der freien Cashflows zu den Kapitalkosten (13,88 Prozent) erhalten wir den Barwert des Projekts pro Jahr sowie seinen gegenwärtigen Kapitalwert. Abbildung 11.2 illustriert dies (negativer Kapitalwert von 319 000 Dollar) und zeigt ferner, wie sich der Barwert des Projekts mit der Zeit entwickelt. Von Periode zu Periode verringert sich der verbleibende Wert immer wieder um den Einzahlungsüberschuss, der als Gewinn entnommen wird (Sägezahnmuster).

Schritt 2: Der Ereignisbaum

Auf der zweiten Stufe modellieren wir die kausalen Unsicherheiten und geben die Ergebnisse in ein Monte-Carlo-Simulationsmodell ein, ausgehend von

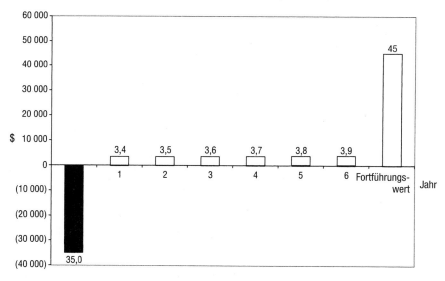

Fallbeispiele   **Abb. 11.1**   Für das Projekt erwartete freie Cashflows

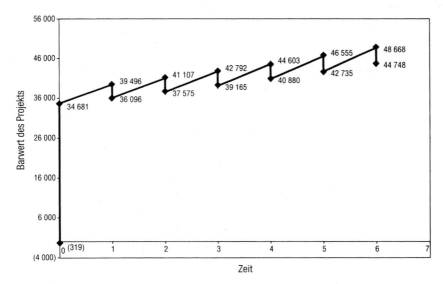

Abb. 11.2 Entwicklung des Projektbarwerts (ohne Flexibilität) im Zeitverlauf

der ursprünglichen Kapitalwertanalyse. Diese Simulation ermöglicht eine Schätzung der zu erwartenden Volatilität des Projektwerts. Die Volatilität wiederum bildet die Basis für die Erstellung eines wertbasierten Ereignisbaumes. Als Hauptunsicherheitsfaktoren wurden, wie gesehen, die jährlichen Absatzmengen und der Stück- beziehungsweise Paketpreis ermittelt.

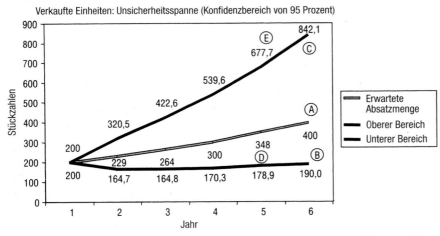

Abb. 11.3 Basiswerte (Inputs) für die Monte-Carlo-Simulation: Verkaufte Stückzahlen (Konfidenzbereich von 95 Prozent)

Anhand der in Kapitel 9 entwickelten Hilfsmittel in Verbindung mit den von den verantwortlichen Fachleuten gelieferten zusätzlichen Informationen (untere Limits) können wir nun die in den Abbildungen 11.3 und 11.4 dargestellten 95-Prozent-Konfidenzintervalle entwickeln.

Aus der Kapitalwertanalyse wissen wir, dass das aktuelle Preisniveau bei 30 Dollar liegt, dass aber für die nächsten sechs Jahre mit einem konstanten Rückgang um jährlich 8,11 Prozent auf einen Wert von 20 Dollar zu rechnen ist:

$$P_6 = P_1 e^{Tr} = 30 e^{5(-8,11\%)} = 20$$

Bezüglich der Absatzmengen ist bekannt, dass – ausgehend von aktuell 200 – in den nächsten sechs Jahren mit einer konstanten durchschnittlichen Steigerung um 13,86 Prozent auf schließlich 400 Verkaufseinheiten zu rechnen ist:

$$Q_6 = Q_1 e^{Tr} = 200 e^{5 \times 0,1386} = 400$$

Bei beiden Unsicherheiten fehlt nun für eine Monte-Carlo-Simulation lediglich noch der Volatilitätswert. Je nach Volatilität wird das tatsächliche Preisniveau in Jahr 6 innerhalb des folgenden 95-Prozent-Konfidenzbereichs liegen:

$$P_6 = \left[30 e^{5(-8,1\%) - 2\sigma\sqrt{5}}, \ 30 e^{5(-8,1\%) + 2\sigma\sqrt{5}} \right]$$

Stellt sich also die Frage, wie die Projektplaner mit Blick auf den Preis zu ihrem 95-Prozent-Vertrauensintervall gelangen. Nun, dies geschieht indirekt, etwa anhand folgender Problemstellung: »Laut Kapitalwertberechnung ist in Jahr 6 mit einem Preis von 20 Dollar zu rechnen. Da dies ein Durchschnittswert ist, gilt es, die folgende Frage zu beantworten: Wie weit, glauben Sie, wird der tatsächliche Preis in Jahr 6 mit 95-prozentiger Konfidenz nach unten (oder oben) abweichen?«

Das Management steuert auf diese Weise (wie in Kapitel 9 erörtert) einen subjektiven Schätzwert für die Untergrenze des gerade genannten Intervalls bei. Angenommen, dieser Wert lautet 15, so lässt sich die jährliche Volatilität nun anhand der Volatilitätsgleichung, die wir in Kapitel 9 kennen gelernt haben, wie folgt ableiten:

$$\sigma = \frac{\sum_{i=1}^{n} r_i - \ln\left(\dfrac{P_T^{unten}}{P_0}\right)}{2\sqrt{T}}$$

$$\sigma = \frac{5 \times (-8,1\%) - \ln\left(\dfrac{15}{30}\right)}{2\sqrt{5}} = 6,43\,\%$$

Als Nächstes bilden wir in unserem Modell für die einzelnen Jahre das Konfidenzintervall, welches das jeweils erwartete Preisniveau umgibt. Für Jahr 6 – vergleiche Abbildung 11.4 , Punkte B und C – ergeben sich die folgenden beiden Grenzwerte:

$$Lim_u[P_6] = P_1 e^{\sum r_i + 2\sigma\sqrt{T}} = 30 e^{5 \times (-0,081) + 2 \times 0,0643\sqrt{5}} = 26,7$$
$$Lim_l[P_6] = P_1 e^{\sum r_i - 2\sigma\sqrt{T}} = 30 e^{5 \times (-0,081) - 2 \times 0,0643\sqrt{5}} = 15$$

In analoger Weise resultiert als 95-Prozent-Konfidenzintervall für Jahr 5 (vergleiche Punkte D und E in Abbildung 11.4):

$$Lim_u[P_5] = P_1 e^{\sum r_i + 2\sigma\sqrt{T}} = 30 e^{4 \times (-0,081) + 2 \times 0,0643\sqrt{4}} = 28,1$$
$$Lim_l[P_5] = P_1 e^{\sum r_i - 2\sigma\sqrt{T}} = 30 e^{4 \times (-0,081) - 2 \times 0,0643\sqrt{4}} = 16,8$$

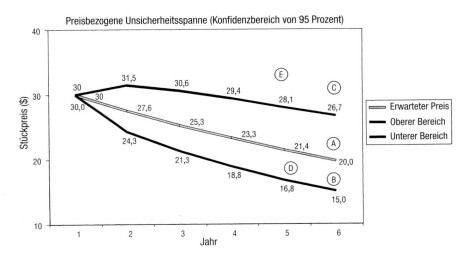

Abb. 11.4 Basiswerte (Inputs) für die Monte-Carlo-Simulation: Preis pro Einheit (Konfidenzbereich von 95 Prozent)

Das Konfidenzintervall verbreitert sich also mit zunehmender zeitlicher Reichweite der Prognose. Ähnlich wie beim Preis, wird auch die tatsächliche Absatzmenge in Jahr 6 mit 95-prozentiger Sicherheit innerhalb des folgenden Intervalls liegen:

$$Q_6 = \left[200e^{5(0,139)-2\sigma\sqrt{5}}, \; 200e^{5(0,139)+2\sigma\sqrt{5}} \right]$$

Auch hier wird nun ein subjektiver Schätzwert bezüglich der jährlichen Volatilität der verkauften Stückzahlen benötigt. Wir stellen dem Praktiker – ähnlich wie beim Preis – also folgende Frage: »Angenommen, die für Jahr 6 erwartete durchschnittliche Absatzmenge beträgt 400: Wie stark dürften die tatsächlichen Absatzmengen mit 95-prozentiger Konfidenz nach oben oder unten abweichen?« Wie gehabt, interessieren wir uns für den unteren Grenzwert.

Angenommen, dieser Schätzwert lautet 190, so können wir nun den Wert der Absatzvolatilität anhand der Volatilitätsgleichung aus Kapitel 9 wie folgt ableiten:

$$\sigma = \frac{5 \times 13,86\% - \ln\left(\dfrac{190}{200} \right)}{2\sqrt{5}} = 16,65$$

Nachdem die Volatilität ermittelt ist, lassen sich die Unter- und Obergrenze des 95-Prozent-Konfidenzintervalls für Jahr 6 – siehe Punkte B und C in Abbildung 11.3 – folgendermaßen berechnen:

$$Lim_u[Q_6] = Q_1 e^{\Sigma r_i + 2\sigma\sqrt{T}} = 200e^{5 \times 0,1386 + 2 \times 0,1665\sqrt{5}} = 842,1$$
$$Lim_l[Q_6] = Q_1 e^{\Sigma r_i - 2\sigma\sqrt{T}} = 200e^{5 \times 0,1386 - 2 \times 0,1665\sqrt{5}} = 190$$

In analoger Weise gelangen wir zu den Grenzwerten des Konfidenzintervalls für Jahr 5:

$$Lim_u[Q_5] = Q_1 e^{\Sigma r_i + 2\sigma\sqrt{T}} = 200e^{4 \times 0,1386 + 2 \times 0,1665\sqrt{4}} = 677,7$$
$$Lim_l[Q_5] = Q_1 e^{\Sigma r_i - 2\sigma\sqrt{T}} = 200e^{4 \times 0,1386 - 2 \times 0,1665\sqrt{4}} = 178,9$$

Mit diesen Werten lassen sich nun beide Unsicherheiten per Monte-Carlo-Simulation modellieren, ausgehend von unserem ursprünglichen DCF-Modell. Zunächst definieren wir für jedes Jahr zwei normalverteilte Zufallsvariablen: »Jährliche Preissteigerung«, r_{Pt}, mit einem Mittelwert von –0,0811 Prozent und einer Standardabweichung von 0,0643; ferner »Jährliche Absatzsteigerung«, r_{Qt}, mit einem Mittelwert von 13,86 Prozent und einer Standardabweichung von 0,1665. Bei jedem Simulationsdurchlauf werden nun mittels folgender Formeln für jedes einzelne Jahr Preis und Absatzmenge generiert:

$$P_t = P_{t-1}\, e^{r_{Pt}}$$

$$Q_t = Q_{t-1}\, e^{r_{Qt}}$$

Auf diese Weise erhalten wir eine Vielzahl von (paarweisen) Preis- und Mengen-Simulationsdaten für die Prognosejahre. Hierbei ist Folgendes festzustellen: (a) Der Durchschnitt aus allen für das jeweilige Jahr ermittelten Werten nähert sich sowohl beim Preis als auch bei der Menge dem jeweiligen Erwartungswert laut Kapitalwertmodell. (b) 95 Prozent der ermittelten Werte liegen innerhalb des oben spezifizierten Konfidenzintervalls. Dies bedeutet eine hohe Übereinstimmung: Wiewohl sich die Parameter Preis und Absatzmenge als Zufallsvariablen verhalten, entsprechen sie im Normalfall ziemlich genau den Ergebnissen der Kapitalwertanalyse wie auch den Schätzungen und Erwartungen der Praktiker.

Nehmen wir ein Beispiel: Der Durchschnittswert für den Absatz in Jahr 6 liegt nach 1 000 Simulationszyklen bei 416, der Preis-Mittelwert bei 20,10. Beide Ergebnisse liegen damit sehr nahe bei den jeweiligen Erwartungswerten (400 bzw. 20), und je höher die Zahl der Iterationen, desto mehr schmilzt diese Differenz zusammen. Die Verteilungen von Preis und Menge nähern sich im Übrigen einer Log-Normalform, da ihre Entwicklung ja als geometrische Brownsche Bewegung definiert ist (siehe Abbildung 11.5).

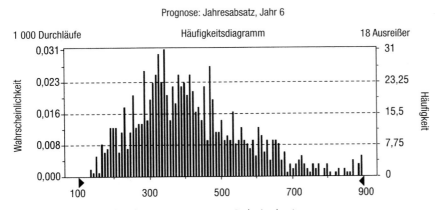

Abb. 11.5 Verteilung der Absatzmengen (Monte-Carlo-Analyse)

Fallbeispiele

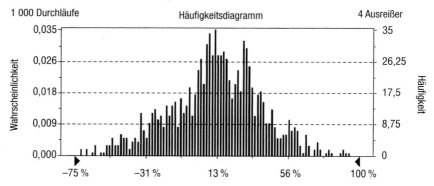

Abb. 11.6 Renditeverteilung (wertbasiert)

Wir können die Monte-Carlo-Simulation nun abschließen und die Unsicherheiten auf unser Kapitalwertmodell anwenden, um die Volatilität des Projektwerts zu schätzen. Auf der Basis von 1 000 Durchläufen ergibt sich eine relativ normale Renditeverteilung mit einem Mittelwert von 12 Prozent (vergleiche Abbildung 11.6).

$$E\left[\ln\left(\frac{PV_1 + CF_1}{PV_0}\right)\right] = 0,12$$

Die Volatilität der Rendite (Standardabweichung) liegt bei 30 Prozent. Nachdem wir die managementseitigen Schätzungen zur Preis- und Mengenunsicherheit in einem einzigen Unsicherheitsfaktor, dem Projektwert, zusammengefasst haben, erstellen wir nun einen wertbasierten Ereignisbaum (vergleiche Abbildung 11.7). Beachten Sie, dass der Kapitalwert des Projekts bei −319 000 Dollar liegt. Indem wir die Anfangsinvestition (35 Millionen Dollar) wieder hinzuaddieren, ergibt sich für das Projekt an Knoten A ein Barwert von 34,681 Millionen Dollar.

Schritt 3: Der Entscheidungsbaum

Im dritten Schritt geht es um die Identifizierung der Realoptionen, die sich den Projektverantwortlichen bieten. Uns interessieren ihre Auswirkungen auf den verbleibenden Barwert, ihr Basis- beziehungsweise Ausübungspreis und das optimale Timing. Im vorliegenden Fall sind zwei Optionen im Spiel: ein Abbruch-Put und eine Erweiterungsoption. Bei der Abbruchoption handelt es

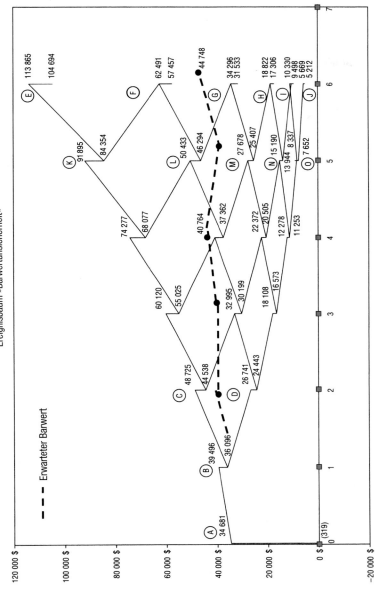

Ereignisbaum »Barwertunsicherheit«

- - - Erwarteter Barwert

Abb. 11.7 Barwert-Ereignisbaum für das Projekt ohne Folgeinvestition

Anmerkung: Wir unterstellen, dass die Unsicherheit erst ab Jahr 1 einsetzt.
Es lässt sich freilich auch annehmen, dass sie sofort einsetzt. Damit käme eine Verzweigung hinzu.

sich um Oliviers Schätzung, dass das Unternehmen jederzeit für 15 Millionen Dollar – den Wert der Sachanlagen – verkauft werden kann. Die Erweiterungsoption bezieht sich auf die Einführung von *PreventLoss*, das mit einem Investitionsaufwand von 10,5 Millionen Dollar verbunden wäre und den Cashflow des Unternehmens den Erwartungen zufolge ab Einführung um 30 Prozent steigern würde.

Schritt 4: Die Realoptionsanalyse

Wie gehabt, beginnen wir auch hier am Ende des Baumes und analysieren die optimale Ausübung der beiden Optionen an jedem Endknoten (Abbildung 11.8). Der Maximalwert des Projekts nach Auszahlung des freien Cashflows ist das Maximum aus dem Eigenwert (Barwert) und den beiden Optionswerten (Erweiterungs- und Abbruchoption). Nehmen wir beispielsweise den in Abbildung 11.8 durch die Lupe hervorgehobenen Knoten. Hier beträgt der Maximalwert:

$$MAX\ Wert = MAX(Barwert,\ Wert\ bei\ Erweiterung,\ Wert\ bei\ Abbruch)$$
$$= MAX[104\,694,\ 104\,694 \times 1{,}3 - 10\,500,\ 15\,000]$$
$$125\,602 = MAX[104\,694,\ 125\,602,\ 15\,000]$$

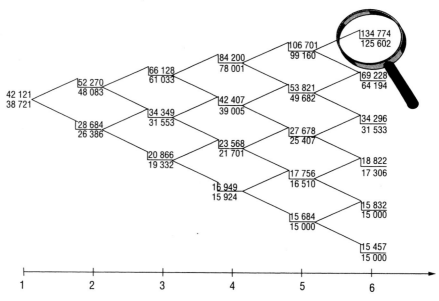

Abb. 11.8 Realoptionsberechnungen für einen Endknoten des Ereignisbaumes

Der *Gesamtbarwert* des Projekts an diesem Punkt ergibt sich aus dem maximalen Barwert zuzüglich des freien Cashflows:

$$134\,774 = 125\,602 + 9\,172$$

Wir zinsen nun anhand der Replikationsportfoliomethode mit einer angenommenen risikofreien Rate von 5,13 Prozent ab. Dabei arbeiten wir uns in gewohnter Weise entlang der Äste des Entscheidungsbaumes zum Ursprung zurück und ermitteln alle Knoten, an denen die Ausübung der Erweiterungs- oder Abbruchoption optimal ist. Auf diese Weise erhalten wir am Anfang des Baumes den ROA-Wert des Projekts mit Flexibilität.

Abbildung 11.9 zeigt die optimale Ausübung der beiden Optionen. Beide erhöhen die Projektflexibilität, da sie in vielen möglichen Szenarien ausgeübt werden können. Die Erweiterungsoption wird voraussichtlich dann optimal ausgeübt, wenn das Projekt gut läuft, bei der Abbruchoption ist es umgekehrt.

Angesichts der hohen Unsicherheit, die mit dem Projekt einhergeht, sorgt die Flexibilität in der Tat für einen erheblichen Wertzuwachs. Indem infolge der Optionen im positiven Fall ausgeweitet und im negativen Fall der Verlust begrenzt werden kann, verwandelt sich der anfänglich negative Barwert von –319 000 Dollar in einen positiven ROA-Wert (mit Flexibilität) von 1 986 000 Dollar (vergleiche Abbildung 11.10).

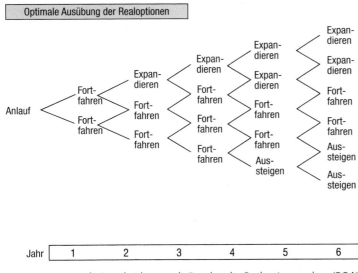

Abb. 11.9 Optimale Entscheidungen als Resultat der Realoptionsanalyse (ROA)

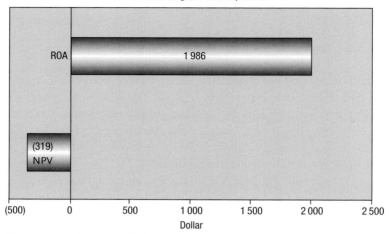

Abb. 11.10   Projektwert mit Flexibilität

Fazit

Der ROA-Wert liegt um mehr als 2 Millionen Dollar über dem Kapitalwert, da letzterer die Flexibilität nicht zu erfassen vermag. Die ROA-Analyse bestätigt damit Diane Mullins' intuitive Erkenntnis, dass hinter dem Projekt mehr stecken muss, als die Zahlen zunächst vermuten ließen. Der Zusatzwert der Flexibilität macht das Projekt in der Tat lohnend.

Vorabfestlegung bei Mehrperiodigkeit – eine Neubetrachtung

Bevor wir uns dem zweiten Beispiel zuwenden (bei dem es sich um eine zusammengesetzte Regenbogenoption handelt, beispielhaft veranschaulicht an einem pharmazeutischen F&E-Projekt), wollen wir uns den Unterschied zwischen den verschiedenen Ansätzen und Methoden noch einmal vor Augen führen – also jenen zwischen (a) der simplen, »naiven« Kapitalwertanalyse, (b) der verfeinerten, szenariobasierten Kapitalwertanalyse, (c) der Entscheidungsbaumanalyse (DTA) und (d) der Realoptionsanalyse (ROA). Schauen wir uns dazu Abbildung 11.11 an, eine zusammengesetzte Option mit lediglich einer einzigen Unsicherheitsquelle. Die Projektplaner müssen sich hier klar darüber werden, ob es sich lohnt, heute 50 Dollar zu investieren, um das Pro-

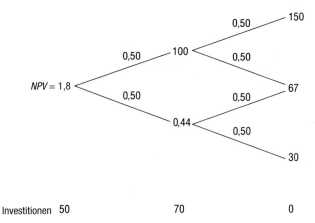

Investitionen 50   70   0

Abb. 11.11 »Naiver« Kapitalwert-Ereignisbaum (Vorabfestlegung – keine Flexibilität)

jekt in Gang zu setzen, und am Beginn der zweiten Stufe weitere 70 Dollar nachzulegen. Die zustandsabhängigen freien Cashflows sind in Abbildung 11.11 ausgewiesen. Unterstellen wir einen Abzinsungssatz von 25 Prozent und einen risikofreien Zinssatz von 5 Prozent.

Der naive Kapitalwert beruht auf der Annahme, dass es zu Projektbeginn – das heißt im Zeitpunkt 0 – erforderlich ist, sich entweder für beide oder gegen beide Investitionen zu entscheiden. Unter dieser sehr rigiden Annahme berechnet sich der Kapitalwert des Projekts schlicht durch Diskontierung der erwarteten Cashflows zu den gewichteten Gesamtkapitalkosten (WACC):

$$Naiver\,(NPV) = -50 + \frac{0,5(100) + 0,5(44) - 70}{1,25} + \frac{0,5(0,5)150 + 2(0,5)(0,5)67 + 0,5(0,5)30}{(1,25)^2}$$
$$= -50 + 1,6 + 50,2 = 1,8$$

»Naiv« ist diese Analyse deshalb, weil angesichts der heute verfügbaren Informationen im Grunde bereits klar ist, dass man von der Folgeinvestition (70 Dollar) Abstand nehmen wird, falls am Ende der ersten Periode der ungünstige Zustand eintritt – denn in diesem Fall nimmt der Barwert der künftigen Cashflows ja den Barwert der Cashflows am Ende der zweiten Periode an: [0,5(67$) + 0,5(30$)]/(1,25) = 38,8 $. Wir wissen also bereits bei Projektbeginn, dass wir unter diesen Bedingungen an Knoten E *nicht* investieren würden. Eine globale Vorabentscheidung für die Investition ist daher schlicht töricht.

Bei den nächsten beiden Entscheidungskriterien – der subtileren (szenariobasierten) Kapitalwertanalyse und der Entscheidungsbaumanalyse – stellt sich heraus, dass es sich im Grunde nur um zwei verschiedene Benennungen des gleichen Sachverhalts handelt. Bei beiden Ansätzen geht es ja darum, unter Nutzung gegenwärtig bereits verfügbarer Informationen jene Zustände zu eliminieren, bei deren Eintreten es unsinnig wäre, sich vorab auf eine Investition festzulegen. Abbildung 11.12 zeigt, dass die Szenarioplanung wie auch die Entscheidungsbaumanalyse (DTA) bei der Ermittlung der Payoffs durchaus vernünftigerweise davon ausgehen, dass in Verlust bringenden Zuständen keine Investitionen stattfinden werden. Der verfeinerte Kapitalwert des Projekts lautet also:

$$Verfeinerter\,(NPV) = DTA = -50 + \frac{0,5(100-70)+0,5(44)}{1,25}$$
$$+ \frac{0,5(0,5)150+0,5(0,5)67+2(0,5)(0,5)0}{(1,25)^2} = -50+29,6+34,72 = 14,3$$

Dieser Wert liegt ganz klar über jenem der »naiven« Analyse, eben weil uns ein szenariobasierter Ansatz durch Nutzung der heute bereits vorhandenen Informationen in die Lage versetzt, eine nicht lohnende Investition, wie sie in bestimmten Umweltzuständen (Szenarien) ganz unvermeidlich wäre, zu unterlassen. Unserer Einschätzung nach dürfte die verfeinerte Kapitalwertmethode (beziehungsweise die Entscheidungsbaummethode) in der Praxis recht verbreitet sein, wenngleich es sicherlich noch immer Unternehmen gibt, die mit dem »naiven« Kapitalwertansatz arbeiten (und damit leider auf jede Flexibilität verzichten).

Die Realoptionsanalyse (ROA) stellt demgegenüber einen Ansatz dar, der eine weitere Optimierung ermöglicht und somit der subtilen Kapitalwertmethode wie auch der Entscheidungsbaumanalyse überlegen ist. Dies vor allem

Abb. 11.12 Entscheidungsbaumanalyse (DTA) und verfeinerte Kapitalwertmethode – Ereignisbaum unter Berücksichtigung der Flexibilität

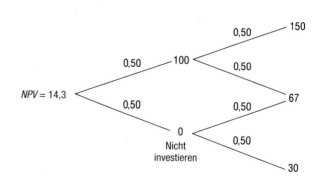

Abb. 11.13 Wertbasierter Ereignisbaum (Vorabfestlegung)

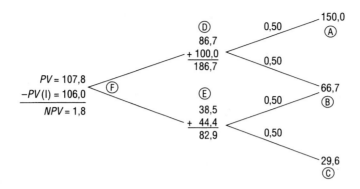

deshalb, weil er dem *Gesetz des einheitlichen Preises* gehorcht und demzufolge den Projektwert in einer Weise bestimmt, bei der Arbitragemöglichkeiten ausgeschlossen sind. Anders formuliert: Die relativen Preise stimmen; sie stehen in korrektem Verhältnis zueinander. Abbildung 11.13 zeigt den wertbasierten Ereignisbaum für den Fall ohne Flexibilität (die obige Version – vergleiche Abb. 11.11 – basierte im Unterschied dazu ja auf den Cashflows!). Der Kapitalwert ist der gleiche wie gehabt, doch wir müssen bei unserer Realoptionsanalyse zunächst vom Wert des Basisobjekts ohne Flexibilität (also dem NPV) ausgehen. Die ROA-Lösung für unser Beispielproblem findet sich in Abbildung 11.14. An den Endknoten A und B sind keine Entscheidungen zu treffen, folglich ist der Barwert an Knoten D der gleiche wie zuvor (das heißt 86,7 Dollar). Die Wahlmöglichkeiten an Knoten D lauten mithin (wie Abbildung 11.14 zu entnehmen): Investition von 70 Dollar, um dadurch einen Barwert von 86,70 Dollar zu erlangen; oder aber keine Investition in Verbindung mit einem

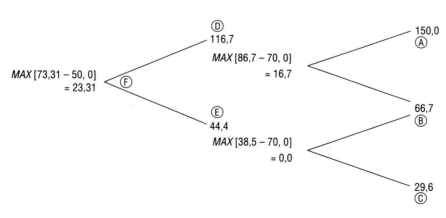

Abb. 11.14 ROA-Bewertung

341

Barwert von null. Der Gesamtwert an Knoten D ergibt sich folglich aus der Summe von 16,70 Dollar und dem Perioden-Cashflow in Höhe von 100 Dollar, woraus ein Gesamt-Payoff von 116,70 Dollar resultiert. Am anderen Knoten am Ende des ersten Jahren – Knoten E – entscheiden wir uns gegen eine Investition, da der Barwert der Cashflows bei lediglich 38,5 Dollar liegt – also weit unter der erforderlichen Investitionssumme von 70 Dollar. An Knoten E ergibt sich mithin ein Gesamt-Payoff von 0 + 44 (Cashflow) = 44 Dollar. Infolge der Handlungsflexibilität an Knoten E hat sich freilich auch das Payoff-Risiko gegenüber dem Ausgangsfall – dem Kapitalwert ohne Flexibilität (NPV) – verändert. Wir müssen uns folglich des Replikationsportfolioansatzes bedienen, um den ROA-Wert zu ermitteln. Die Algebra lautet:

$$\text{An Knoten D: } mu V_0 + (1 + r_f) B = C_u$$

$$\text{An Knoten E: } md V_0 + (1 + r_f) B = C_d$$

Folglich:
$$m = \frac{C_u - C_d}{V_0(u - d)} = \frac{116,7 - 44,4}{107,8(1,5 - 0,67)} = 0,805$$

und
$$B = \frac{C_u - mu V_0}{1 + r_f} = \frac{116,7 - 0,805(1,5)107,8}{1,05} = -13,47$$

Hieraus ergibt sich folgender Barwert für die Option:

$$C = m V_0 + B = 0,805(107,8) - 13,47 = 73,31$$

Da der Optionswert über dem Basispreis von 50 Dollar liegt, würde man bei gegebener Flexibilität in das Projekt investieren. Der mit dem ROA-Ansatz ermittelte Kapitalwert beträgt 23,31 Dollar (73,31 \$ – 50 \$). In unserem Beispiel wird das Projekt beim Entscheidungsbaumansatz somit um 9 Dollar unterbewertet.

In diesem Abschnitt ging es uns also um die Herausarbeitung der Unterschiede zwischen dem naiven Kapitalwertansatz, der auf jedwede Flexibilität verzichtet, und einem verfeinerten Kapitalwertansatz, der anhand heute bereits vorliegender Informationen zu korrekten zustandsabhängigen Entscheidungen führt. Wie gesehen, ist dieser subtilere, szenariobasierte Ansatz mit der Entscheidungsbaumanalyse äquivalent. Freilich besitzen auch diese beiden Ansätze ihre Mängel, da sie bei der Abzinsung der Realoptionswerte mit den gewichteten Gesamtkapitalkosten (WACC) operieren (einem Parameter, der nur für die Bewertung von Projekten ohne Flexibilität taugt). Abschließend haben wir daher gezeigt, wie man die risikobehafteten Projekt-Cashflows unter Berücksichtigung der Flexibilität anhand des Replikationsportfolioansatzes richtig bewertet.

Bei dem pharmazeutischen F&E-Projekt, dem wir uns nun zuwenden, stellen wir den subtileren Kapitalwertansatz dem ROA-Ansatz gegenüber.

Bewertung eines pharmazeutischen F&E-Projekts

Bei unserem zweiten Beispiel handelt es sich um eine zusammengesetzte Regenbogenoption mit unkorrelierten Unsicherheiten. Wir werden eine davon – die technologische – von den übrigen Unsicherheitsfaktoren getrennt halten und den quadranomialen Lösungsansatz verwenden. Für die objektive Einschätzung des Projekterfolgs je Experimentalstufe ist ein Wissenschaftlerteam zuständig. Für die Einschätzung der Produkt-/Marktunsicherheit hingegen werden Vergangenheitsdaten herangezogen.

Die Einzelheiten des Falles

PharmX Inc. plant ein Forschungsprojekt zur Entwicklung eines neuen Parkinson-Medikaments, das nicht nur die Symptome des Muskelzitterns nebenwirkungsfrei beseitigen, sondern die Krankheit völlig heilen soll. Dr. Timothy Parks, der Forschungsleiter, verlangt eine Wirtschaftlichkeitsrechnung auf zwei Ebenen – anhand des üblichen Kapitalwertansatzes und anhand des neuen Realoptionsansatzes, von dem er kürzlich gehört hat.

Für das Projekt sind im Rahmen der FDA-Zulassung drei obligatorische Prüfphasen erforderlich. Danach erfolgt entweder direkt die Markteinführung, oder aber man schiebt noch ein weiteres Testjahr dazwischen, um das neue Medikament (vorläufig PDX genannt) auf vergleichender Basis einer Indikationsprüfung zu unterziehen, also hinsichtlich seiner Risiken genau zu untersuchen. Diese ergänzende Prüfphase würde es im Erfolgsfalle erlauben, mit zusätzlichen therapeutischen Ansprüchen aufzutreten, was wiederum mit einem deutlichen Umsatzplus einherginge.

Um sich einen Überblick zu verschaffen, fasst Dr. Parks alle Entscheidungen bis zur Produkteinführung in einem Baumdiagramm zusammen, das – wie Abbildung 11.15 illustriert – recht komplex gerät und auch die objektiven Wahrscheinlichkeiten des Erfolges oder Scheiterns einer jeden Phase enthält. Festzustellen ist, dass die kumulierte Wahrscheinlichkeit einer erfolgreichen Absolvierung aller drei klinischen Testphasen bei 47,8 Prozent liegt. Dr. Parks hat bereits begriffen, dass der Kapitalwertansatz am Ende der dritten Forschungsphase die Bewertung zweier sich wechselseitig ausschließender Alternativen verlangt: entweder direkte Markteinführung oder zusätzliche vergleichende Untersuchung – aber nicht beides zusammen. Demgegenüber würde der Realoptionsansatz offenbar jedoch einen einzigen Barwert liefern, weil er – ausgehend von den Endknoten – zeitlich rückwärts schreitet und so den Vorzug bietet, Knoten für Knoten optimale Entscheidungen zu treffen, abhängig jeweils von den sich einstellenden Werten der Unsicherheitsvariablen (Technologie und Produkt/Markt). Dr. Parks hat förmlich Lunte gerochen. Er will den Unterschied zwischen den beiden Ansätzen nun unbedingt klären.

Wie Abbildung 11.16 zeigt, beläuft sich die Gesamtinvestition für die drei Forschungsphasen, die Vergleichsstudie und die Produkteinführung auf schätzungsweise 92 Millionen Dollar (unter der Voraussetzung also, dass die Indikationsprüfung stattfindet).

Zur technologischen Unsicherheit kommt bei diesem Projekt die Produkt-/Marktunsicherheit hinzu. Das Unternehmen schätzt, dass sich die Pille gegenwärtig für 10 Dollar pro Einheit verkaufen ließe. Allerdings ist auch die Absatzmenge unsicher. Wie aus Abbildung 11.15 ersichtlich, hängt der zu erwartende Jahresabsatz (beziehungsweise die Steigerungsrate) davon ab, ob die Markteinführung direkt erfolgt (Erwartungswert 1,6 Mio. Stück/Einheiten pro Jahr) oder ob zunächst Indikationsprüfungen vorgenommen werden (je nach Ergebnis 2,0 oder 1,2 Mio. Stück). Für den Fall, dass das Medikament den Markt erreicht, wird sein Wert auf das Siebenfache des Cashflows geschätzt.

Aus Vereinfachungsgründen schätzt Dr. Parks den freien Cashflow nach der Formel »Gesamterlöse (Preis mal Menge) abzüglich Gesamtkosten (variable Kosten von 2 Dollar/Einheit mal Gesamtmenge, minus Fixkosten von 1 Million Dollar)«. Die gewichteten Gesamtkapitalkosten (WACC) betragen 7 Prozent, der risikofreie Zinssatz liegt bei 5 Prozent.

Die Lösung des Problems

Da wir, wie erwähnt, die technologische Unsicherheit von der Marktunsicherheit (Preis und Mengen betreffend) getrennt halten wollen, verwenden wir das in Tabelle 11.3 dargestellte vierstufige Verfahren. Dieses beginnt mit der Modellierung der Unsicherheiten anhand von Ereignisbäumen. Danach berechnen wir den Kapitalwert des Ausgangsfalls (das heißt den üblichen NPV) anhand der risikoneutralen Wahrscheinlichkeiten und des risikofreien Zinssatzes, indem wir – ausgehend von den Endknoten – die freien Cashflows abzinsen. Im dritten Schritt verwandeln wir den Baum in einen Entscheidungs-

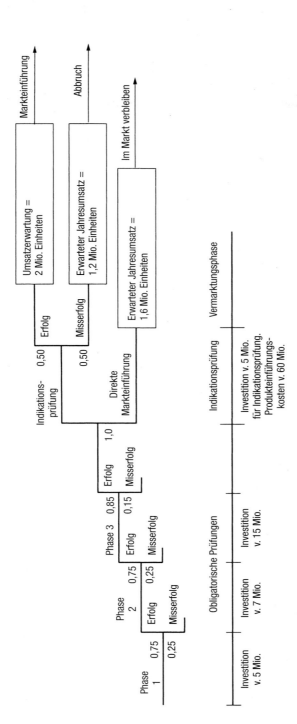

Abb. 11.15 F&E-Entscheidung in der Pharmaindustrie

Tabelle 11.3 Fall PharmX: Gesamtansatz zur Projektanalyse

Schritt 1	Schritt 2	Schritt 3	Schritt 4
Modellierung der Unsicherheit anhand von Ereignisbäumen	Berechnung des Barwerts des Ausgangs-falles (ohne Flexibilität)	Identifizierung und Einbau der Handlungs-flexibilitäten (Erstellung eines Entscheidungs-baumes)	Ermittlung des Realoptionswerts (ROA)
Ziele • Identifizierung der Haupt-unsicherheits-faktoren auf jeder Stufe • Klärung der Frage, wie diese Unsicherheiten den Barwert beeinflussen	• Ermittlung des Barwerts des Ausgangs-falles ohne Flexibilität zum Zeit-punkt t = 0	• Analyse des Ereignis-baumes, um Handlungs-flexibilität zu ermitteln und einzu-bauen	• Bewertung des Gesamt-projekts anhand einer einfachen algebraischen Methode
Kommentar • Explizite Unsicherheits-schätzung		• Die Berücksichtigung der Flexibilität verwan-delt Ereignisbäume in Entscheidungsbäume • Infolge der Flexibilität verändern sich die Risikoeigenschaften des Projekts ständig – und somit auch die Kapitalkosten	• Der ROA-Wert beinhal-tet den Barwert des Ausgangsfalles (ohne Flexibilität) plus den Options- bzw. Flexi-bilitätswert • Bei hoher Unsicherheit und gegebener Hand-lungsflexibilität ist der Optionswert erheblich
Ergebnis • Detaillierter Ereignisbaum, unter Erfassung der möglichen Werte der Haupt-unsicherheiten	• Barwert des Projekts ohne Flexibilität	• Detaillierter Entschei-dungsbaum, der mögliche Ereignisse mit Entscheidungen korreliert	• ROA-Wert des Projekts plus optimaler Alter-nativplan für die bestehenden Real-optionen

baum, und im vierten Schritt schließlich erfolgt eine Neuberechnung der Barwerte unter Berücksichtigung der Flexibilität.

Schritt 1: Modellierung der Unsicherheiten

Halten wir fest, dass sich die technologische Unsicherheit und die Produkt-/ Marktunsicherheit zeitlich parallel entwickeln. Dabei unterstellen wir bei der

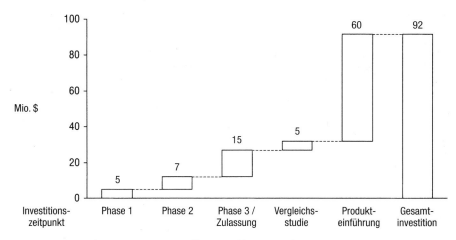

Abb. 11.16 Kumulative Investitionen (inklusive Indikationsprüfung)

technologischen Unsicherheit (dargestellt in Abbildung 11.17) allerdings Marktunabhängigkeit.

Abbildung 11.18 illustriert demgegenüber die zeitliche Entwicklung der Preisunsicherheit, ausgehend von einem hypothetischen Preis von 10 Dollar je Einheit und einer geschätzten jährlichen Standardabweichung von 10 Prozent. Bei einem multiplikativen Binomialgitter ergibt sich daraus folgende jährliche Auf- und Abwärtsbewegung:

$$u = e^{-0,10} = 1,1052$$

$$d = \frac{1}{u} = 0,9048$$

Steigt der Preis pro Einheit jährlich um 8 Prozent, so wird die objektive Wahrscheinlichkeit einer Aufwärtsbewegung dadurch bestimmt, dass der heutige Preis, multipliziert mit 1 plus Steigerungsrate (g), dem erwarteten Preis gleich sein muss. Die entsprechende Gleichung lautet:

$$P_0(1+g) = puP_0 + (1-p)\,dP_0$$
$$(1+g) = pu + d - pd$$
$$p = \frac{1+g-d}{u-d} = \frac{1,08 - 0,9048}{1,1052 - 0,9048} = 0,87$$

Eine dritte Unsicherheitsquelle kommt hinzu: die Absatzmenge (das heißt die Anzahl der pro Jahr verkauften Dosen/Einheiten). Der unbedingte Erwartungswert liegt den Fachleuten zufolge bei 1,6 Millionen Stück, wenn die

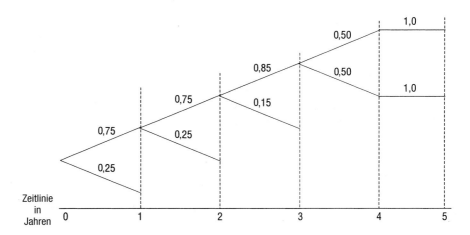

Abb. 11.17 Technologische Unsicherheit

Annahmen:

- Das Medikament wäre derzeit für einen Preis
  von 10 Dollar je Einheit verkäuflich.
- Preissteigerung von durchschnittlich 8 Prozent jährlich
- Die Prognose unterstellt eine jährliche Preisfluktuation
  von 10 Prozent.

$P = 0,89$ – Objektive Wahrscheinlichkeit der Aufwärtsbewegung*

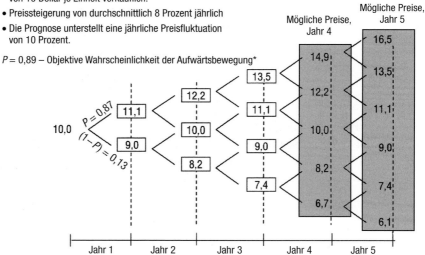

* Basierend auf der Theorie der Gitterdarstellung von Optionen: $u = e^{0,1}$, $d = \dfrac{1}{u}$, $p = \dfrac{(1 + 0,08) - d}{u - d} = 0,87$

Abb. 11.18 Preisunsicherheit

Markteinführung direkt nach Phase 3 (nach Abschluss der klinischen Prüfungen also) stattfindet. Alternativ besteht die Möglichkeit, weitere 5 Millionen in die Indikationsprüfung zu investieren und den damit verbundenen einjährigen Umsatzausfall in Kauf zu nehmen, dafür aber genau zu wissen, ob der Markt nun ein Absatzvolumen von 2,0 Millionen oder nur eines von 1,2 Millionen Einheiten hergibt.

Die letzte Aufgabe der Stufe 1 unseres Lösungsverfahrens besteht darin, einen quadranomialen Ereignisbaums zu erstellen, der es ermöglicht, die Preisunsicherheit und die Mengenunsicherheit in einem einzigen Unsicherheitsfaktor, der Produkt-/Marktunsicherheit, zusammenzufassen. Abbildung 11.19 illustriert dies. Die – zustandsabhängigen – Cashflows treten an jedem Knoten in Erscheinung. Wir unterstellen, dass die technologische und die Produkt-/ Marktunsicherheit unabhängig voneinander sind (keine Korrelation).

Schritt 2: Berechnung des Kapitalwerts des Ausgangsfalles

Wie wir wissen, muss der Kapitalwertansatz die beiden Optionen des direkten Markteintritts oder einer vorgängigen (einjährigen) Indikationsprüfung als sich wechselseitig ausschließende Alternativen betrachten. In diesem Kapitelabschnitt zeigen wir en détail, wie man den Kapitalwert der beiden Alternativen berechnet, wobei wir mit der Indikationsprüfung beginnen. Um es vorwegzunehmen: Für diese letztere Option ergibt sich ein Kapitalwert von −36,4 Millionen Dollar; dem steht für die Alternative der direkten Markteinführung ein Kapitalwert von −35,1 Millionen Dollar gegenüber. Der konventionellen Analyse zufolge wäre rein rechnerisch also die direkte Markteinführung vorzuziehen; da aber beide Werte negativ sind, würde man sich überhaupt gegen das Projekt entscheiden.

Die Analyse der Alternative »Indikationsprüfung« beginnen wir mit der Berechnung des Barwerts der geplanten Investitionsaufwendungen:

$$PV(I) = 5 + \frac{7}{1,05} + \frac{15}{(1,05)^2} + \frac{5}{(1,05)^3} + \frac{60}{(1,05)^4}$$
$$= 5 + 6,67 + 13,61 + 4,32 + 49,36 = 78,96$$

Wie zu sehen, haben wir diese Investitionsaufwendungen zum risikofreien Zinssatz abgezinst, da es sich dabei ja um Basispreise von Call-Optionen handelt, deren Wert von der technologischen Unsicherheit abhängt, die ihrerseits indes marktunabhängig ist. Beachten Sie auch, dass wir die Aufwendungen für die Markteinführung (60 Millionen Dollar) als Vorabfestlegung begreifen.

Fallbeispiele

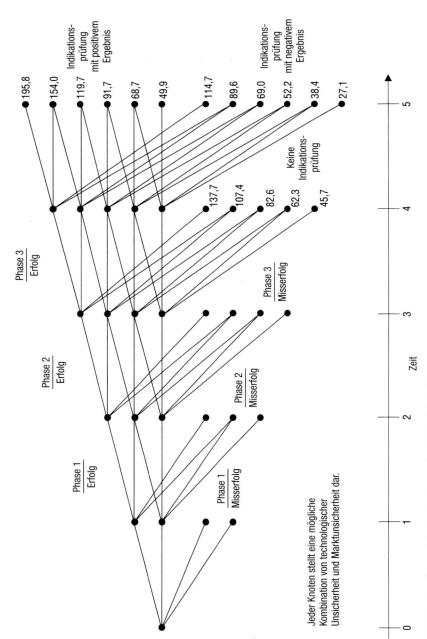

Phase 1 Erfolg

Phase 1 Misserfolg

Phase 2 Erfolg

Phase 2 Misserfolg

Phase 3 Erfolg

Phase 3 Misserfolg

Indikations-prüfung mit positivem Ergebnis

Indikations-prüfung mit negativem Ergebnis

Keine Indikations-prüfung

195,8
154,0
119,7
91,7
68,7
49,9
114,7
89,6
69,0
52,2
38,4
27,1
137,7
107,4
82,6
62,3
45,7

Zeit

0   1   2   3   4   5

Jeder Knoten stellt eine mögliche
Kombination von technologischer
Unsicherheit und Marktunsicherheit dar.

Abb. 11.19 Quadranomialer Ereignisbaum für die Unsicherheiten

Abbildung 11.20 zeigt den Ereignisbaum der Werte (unter der Annahme, dass die Indikationsprüfung stattfindet) in Abhängigkeit vom Marktpreis pro Einheit/Dosis und von der Absatzmenge je Zustand. An Knoten A beispielsweise berechnet sich der Barwert durch Schätzung der Cashflows und Kapitalisierung des Ergebnisses durch Multiplikation mit dem Faktor 7. Bei erfolgreicher Indikationsprüfung gilt an Knoten A:

$$CF = [(P - var.\ K.)Q - F] = (16{,}5\ \$ - 2\ \$)\ 2\ \text{Mio.} - 1\ \$ = 28\ \text{Mio.}\ \$$$
$$Wert = CF \times 7 = 196\ \text{Mio.}\ \$$$

Bei negativ verlaufender Indikationsprüfung (Knoten G) gilt:

$$CF = (16{,}5 - 2)\ 1{,}2\ \text{Mio.} - 1\ \text{Mio.} = 16{,}4\ \text{Mio.}\ \$$$
$$Wert = CF \times 7 = 114{,}8\ \text{Mio.}\ \$$$

Ähnliche Berechnungen führen zu den Werten B und L am Ende des Baumes.

Als Nächstes schätzen wir anhand der risikoneutralen Wahrscheinlichkeiten die sicherheitsäquivalenten Cashflows, die wir anschließend zum risikofreien Zinssatz diskontieren. Lediglich die Preisunsicherheit ist ja marktabhängig. Laut Abbildung 11.18 und zugehörigen Annahmen beträgt der Anfangspreis 10 Dollar, die Jahresvolatilität $\sigma = 10$ Prozent. Hieraus ergeben sich die folgenden binomialen Auf- und Abwärtsbewegungen:

$$u = e^{\sigma} = e^{0{,}1} = 1{,}1052$$

$$d = \frac{1}{u} = 0{,}9048$$

Ferner können wir unterstellen, dass der Preis um 8 Prozent jährlich steigt und der risikofreie Zinssatz bei 5 Prozent liegt. Auch wissen wir, dass der erwartete Preis am Periodenende bei gegebener Steigerungsrate dem Produkt aus objektiven Wahrscheinlichkeiten und Payoffs entspricht:

$$P_0 e^g = p u V_0 + (1 - p) d P_0$$
$$\frac{e^g - d}{u - d} = \frac{e^{0{,}08} - 0{,}9048}{1{,}1052 - 0{,}9048} = p = 0{,}83$$

Zur Berechnung der risikoneutralen Wahrscheinlichkeiten unterstellen wir einen zum risikofreien Zinssatz steigenden Preis, sodass sich ergibt:

$$\frac{e^{r_f} - d}{u - d} = \frac{e^{0{,}05} - 0{,}9048}{1{,}1052 - 0{,}9048} = p' = 0{,}73$$

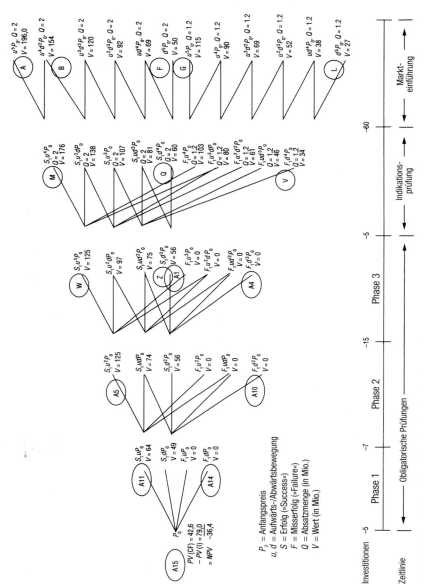

Abb. 11.20 Kapitalwertberechnungen bei Indikationsprüfung

P_0 = Anfangspreis
u, d = Aufwärts-/Abwärtsbewegung
S = Erfolg (»Success«)
F = Misserfolg (»Failure«)
Q = Absatzmenge (in Mio.)
V = Wert (in Mio.)

Anhand der risikoneutralen Wahrscheinlichkeiten berechnen wir nun den Wert an jedem einzelnen Knoten, indem wir uns von den Endknoten aus zum Ursprung zurückarbeiten (vergleiche Baum in Abbildung 11.20). Beispielsweise ergibt sich an Knoten M folgender Wert:

$$V_M = \frac{p'196,0 + (1-p')154}{1+r_f} = \frac{0,73(196,0) + (0,27)154}{1,05} = 175,6$$

Beachten Sie, dass ab Jahr 5 nur noch ein einziger Unsicherheitsfaktor – die Preisunsicherheit – eine Rolle spielt, denn die technologische Unsicherheit hat sich ja im vierten Jahr, mit Abschluss der Indikationsprüfungen, aufgelöst. Folglich gehen von jedem Knoten der Periode 4 nur noch zwei Äste ab.

Wenn wir uns nun weiter nach hinten arbeiten und zu Knoten W gelangen, haben wir es jedoch mit zwei voneinander unabhängigen Unsicherheitsquellen und einer Vierfachverzweigung – einem quadranomialen Baum – zu tun. Um den Wert an Knoten W bestimmen zu können, müssen wir zunächst die vier risikoneutralen Wahrscheinlichkeiten ermitteln – das heißt eine je Zweig. Da Preis und Menge nicht miteinander korrelieren, können wir ihre risikoneutralen Wahrscheinlichkeiten in der in Tabelle 11.4 gezeigten Weise multiplizieren. Den Wert an Knoten W ermitteln wir durch Multiplikation der Payoffs mit den risikoneutralen Wahrscheinlichkeiten und anschließende Diskontierung des Ergebnisses zum risikofreien Zinssatz:

$$V_W = \frac{0,365(176) + 0,135(138) + 0,365(103) + 0,135(80)}{1,05} = \frac{131,265}{1,05} = 125$$

Tabelle 11.4 Quadranomiale risikoneutrale Wahrscheinlichkeiten (Indikationsprüfphase)

		Preis	
		Aufw.-Wahrsch. = 0,73	Abw.-Wahrsch. = 0,27
Menge	Aufw.-Wahrsch. = 0,5	0,365	0,135
	Abw.-Wahrsch. = 0,5	0,365	0,135

In analoger Form werden auch die Werte der übrigen Knoten berechnet, zunächst von W bis A4, dann zurück bis zum Wurzelknoten A15, wo sich ein Projektbarwert von 42,6 Millionen Dollar ergibt. Nicht zu vergessen ist indes, dass sich die risikoneutralen Wahrscheinlichkeiten des technologischen Risikos (auch mit den objektiven Wahrscheinlichkeiten identisch) von Prüfphase zu Prüfphase ändern.

Die Alternative ist ein Ereignisbaum ohne Indikationsprüfung (vergleiche Abbildung 11.21), bei dem wir uns von Anfang an auf eine direkte Marktein-

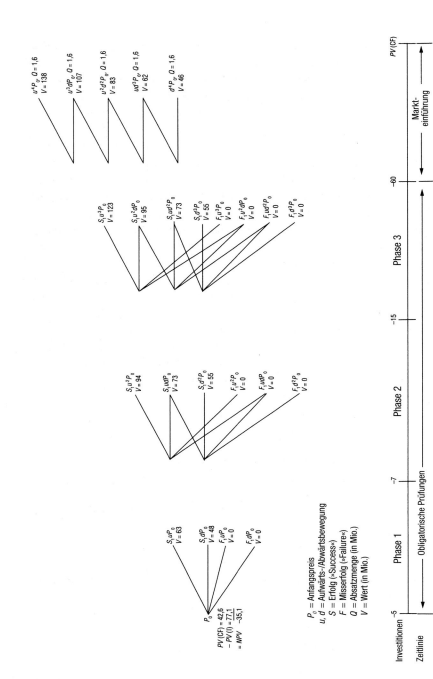

P_0 = Anfangspreis
u, d = Aufwärts-/Abwärtsbewegung
S = Erfolg (»Success«)
F = Misserfolg (»Failure«)
Q = Absatzmenge (in Mio.)
V = Wert (in Mio.)

Abb. 11.21 Kapitalwertberechnungen ohne Indikationsprüfung

führung festlegen. Das Verfahren zur Berechnung des Kapitalwerts des Projekts ist exakt dasselbe wie zuvor, allerdings ist der Vermögensverlust im Ergebnis nicht ganz so hoch (nur −35,1 Millionen Dollar). Von zwei »unflexiblen«, sich wechselseitig ausschließenden Alternativen wäre demnach diese zweite zwar die etwas bessere, doch zu empfehlen wäre natürlich keine von beiden.

Als Nächstes wenden wir uns nun der Realoptionsanalyse zu, um den Wert des Projekts mit Flexibilität zu ermitteln – in diesem Fall mit Abbruchoption und zusammengesetzten Investitionsoptionen. Abbildung 11.22 zeigt die ROA-Berechnungen sowie die optimalen Entscheidungen. Am Ende der beiden ersten obligatorischen Prüfphasen lautet die Entscheidung: entweder weitermachen (also die Investitionsoption ausüben) oder aussteigen. Am Ende der dritten Phase jedoch gilt es, drei Optionen zu berücksichtigen: (a) Indikationsprüfung, verbunden mit einer Investition von 5 Millionen Dollar; (b) direkte Markteinführung, verbunden mit einer Investition von 60 Millionen Dollar; (c) Abbruch. Führen wir die Berechnungen für Knoten W exemplarisch durch. Angenommen, wir entscheiden uns für die Indikationsprüfung, so könnte am Ende ein Erfolg oder ein Misserfolg stehen, verbunden mit einem hohen oder einem niedrigen Preis. Abbildung 11.23 zeigt die quadranomialen risikoneutralen Wahrscheinlichkeiten, die Payoffs für jeden Zustand sowie den Wert an Knoten W:

$$Prüfung\ V_W = \frac{0,365(116) + 0,135(78) + 0,365(43) + 0,135(20)}{1,05} = \frac{71,265}{1,05} = 67,87$$

Die zweite Investitionsalternative an Knoten W besteht in der direkten Markteinführung, verbunden mit Kosten in Höhe von 60 Millionen Dollar und dem folgenden Barwert:

$$Direkte\ Markteinführung\ V_W = \frac{0,73(138) + 0,27(107)}{1,05} = 123,46$$

Da der Kapitalwert der direkten Markteinführung größer ist als jener der Indikationsprüfung,

$$MAX[123,4 - 60,0] > MAX[67,87 - 5,0]$$
$$63,46 > 62,87$$

entscheiden wir uns an Knoten W für den direkten Marktgang. An den übrigen Knoten sehen die Berechnungen ähnlich aus.

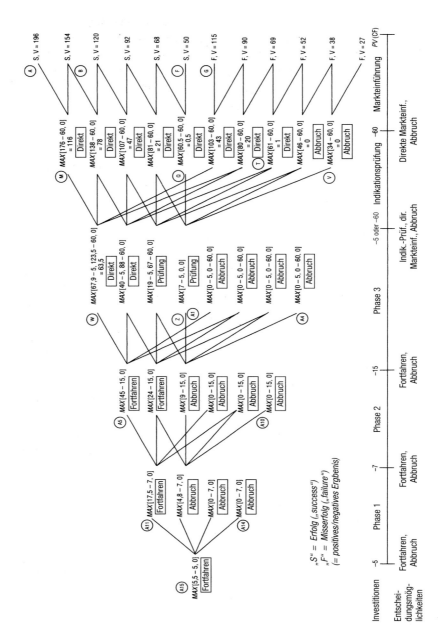

Abb. 11.22 ROA-Berechnungen und optimale Entscheidungen

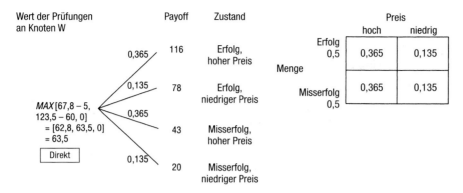

Abb. 11.23 Indikationsprüfung mit positiven oder negativen Ergebnissen

Nachdem wir uns in gewohnter Weise durch den Baum zum Ursprung zurückgearbeitet haben, stellen wir fest, dass der ROA-Wert des Projekts mit 5,3 Millionen Dollar positiv ist. Folglich würde man die erforderlichen 5 Millionen Dollar investieren und in Phase 1 der obligatorischen Prüfungen einsteigen. Am Ende der dritten Stufe der Pflichtprüfungen würde man sich in jenen Zuständen, in denen der Preis hoch ist, für den direkten Markteintritt entscheiden. Ist der Preis eher niedrig, wäre hingegen eine Indikationsprüfung sinnvoller. Auch die Entscheidung an Knoten T ist interessant. Auf einem der beiden Pfade, die zu diesem Knoten hinführen, fand eine Indikationsprüfung mit eher negativem Ergebnis in dem Sinne statt, dass eine geringe Nachfrage (nur 1,2 Millionen Einheiten pro Jahr) zu erwarten ist. Dessen ungeachtet entscheiden wir uns aufgrund des hohen Marktpreises für den direkten Markteintritt.

Zusammenfassendes Fazit

In diesem Kapitel haben wir zwei ziemlich realistische, praxisnahe Beispiele und gleichzeitig zwei verschiedene Ansätze zur Handhabung mehrerer Unsicherheitsquellen kennen gelernt. Beim Fall Portes arbeiteten wir mit der Realoptionsanalyse, um ein Internetportal-Projekt zu bewerten, bei dem es zwei Optionen gab: Erweiterung (amerikanischer Call) und Ausstieg (amerikanischer Put). An Unsicherheitsfaktoren gab es ebenfalls zwei – den Stück- oder Paketpreis und die Absatzmenge. Anhand einer Monte-Carlo-Analyse bündelten wir diese beiden Faktoren in einem einzigen, nämlich in der Standardabweichung der Rendite auf den Unternehmenswert. Auf Basis dieses singulären Volatilitätsschätzwerts entwickelten wir anschließend in Verbindung mit dem Kapitalwert des Projekts einen (wertbasierten) Ereignisbaum zur Bewertung des Projekts.

Beim Fall PharmX handelte es sich um eine zusammengesetzte Option mit dreiphasigen obligatorischen Prüfungen. Danach bestand die Möglichkeit einer fakultativen vergleichenden Indikationsprüfung – eine Komplikation, die bei der traditionellen Kapitalwertmethode nur anhand sich wechselseitig ausschließender Alternativen lösbar ist. In puncto Unsicherheit waren zwei Faktoren im Spiel: marktunabhängige technologische Unsicherheit sowie Produkt-/Marktunsicherheit (das heißt Preis und Absatzmenge), Letztere natürlich marktkorreliert. Wir entschieden uns in diesem Fall dafür, die beiden Unsicherheiten getrennt zu halten, und benutzten deshalb den quadranomialen Ansatz. Mit dem ROA-Ansatz haben wir nicht nur den korrekten Wert der Flexibilität erfasst, sondern auch gezeigt, dass die Vorstellung sich gegenseitig ausschließender Alternativen so unproduktiv wie unnötig ist.

Übungsaufgaben

1. Verwenden Sie die Daten des Portes-Falles: Haben die nachfolgend aufgeführten Änderungen jeweils Einfluss auf den ROA-Wert? Wenn ja, warum? Wie wirkt sich dies jeweils auf die Projektvolatilität aus? (Belegen Sie Ihre Antwort mit genauen Berechnungen!)
   – Die erwartete Mindestabsatzmenge sinkt in Jahr 6 auf 120.
   – Die zu erwartende Preisuntergrenze steigt in Jahr 6 auf 18 Dollar.
   – Es besteht eine positive Korrelation von 35 Prozent zwischen der Zufallskomponente der Wachstumsrate der Absatzmenge und jener des Preises.
   – Der endwertbezogene Diskontierungssatz fällt von 12 auf 8 Prozent.

2. Gehen Sie wiederum von den Daten des Portes-Falles aus: Haben die nachfolgend aufgeführten Änderungen jeweils Einfluss auf den ROA-Wert? Wenn ja, warum? Wie wirkt sich dies jeweils auf die optimale Nutzung der Erweiterungs- und der Abbruchoption aus? (Belegen Sie Ihre Antwort mit genauen Berechnungen!)
   – Es ist lediglich die Erweiterungsoption verfügbar.
   – Es ist lediglich die Abbruchoption verfügbar.
   – Der Abbruch- beziehungsweise Ausstiegswert erhöht sich von 15 Millionen auf 25 Millionen Dollar.

– Es existiert zusätzlich eine Einschränkungsoption, die es den Verantwortlichen erlaubt, den Betrieb um 20 Prozent zu reduzieren und dabei 7 Millionen Dollar einzusparen.

3. Gehen Sie erneut vom Portes-Fall aus: Wie hoch ist der Wert der Abbruchoption? Wie hoch ist der Wert der Erweiterungsoption? Wie hoch ist der Wert beider Optionen zusammen? Begründen Sie!

4. Verwenden Sie nun die Daten des PharmX-Falles: Haben die nachfolgend aufgeführten Änderungen jeweils Einfluss auf den ROA-Wert? Wenn ja, warum? Wie wirken sie sich jeweils auf die optimale Nutzung der Abbruchoption sowie der Indikationsprüfungsoption aus?
   – Die Preisvolatilität erhöht sich von 10 auf 20 Prozent.
   – Der anfänglich erwartete Preis erhöht sich von 10 auf 13 Dollar, während die Aussichten auf eine erfolgreiche Marktuntersuchung/Indikationsprüfung von 50 auf 30 Prozent sinken.
   – Die Anfangspreiserwartung sinkt auf 5 Dollar, und das erwartete Endwertvielfache steigt von 6 auf 8.
   – Die Wahrscheinlichkeit eines Fehlschlags von Phase 2 sinkt von 0,25 auf 0,1.

5. Ausgehend von den PharmX-Daten: Haben die nachfolgend aufgeführten Änderungen jeweils Einfluss auf den ROA-Wert? Wenn ja, warum? Wie wirken sie sich jeweils auf die optimale Ausübung der Abbruchoption und (gegebenenfalls) der zusätzlichen Indikationsprüfungsoption aus?
   – Es gibt keine Option zur Durchführung der zusätzlichen Indikationsprüfung.
   – Es besteht in der Entwicklungsphase jederzeit die Möglichkeit, bei einem Erlös von 3 Millionen Dollar aus dem Projekt auszusteigen.

6. Ausgehend vom PharmX-Fall: Wie hoch ist der Wert der Abbruchoption? Wie hoch ist der Wert der Option auf die zusätzliche Indikationsprüfung? Wie hoch ist der Wert beider Optionen zusammen? Begründen Sie!

7. Warum handelt es sich bei der Option auf die zusätzliche Indikationsprüfung um eine Lernoption? Unter welchen veränderten Bedingungen wäre die Option noch wertvoller?

Kapitel 12
Abschließende Überlegungen und offene Forschungsfragen

Die Realoptionsanalyse bedeutet einen erheblichen Fortschritt, was die Berücksichtigung der Flexibilität und insbesondere deren Bewertung angeht. Die Methodik, die wir in diesem Buch vorgestellt haben, baut zwar in gewissem Sinne auf bereits vorhandenen Ansätzen auf. Gewiss aber lässt sich mit Recht auch behaupten, dass dieses Buch in puncto Anwendung viel Neues bietet und insofern die Grenzen deutlich erweitert. Freilich bleibt noch viel zu tun. Wir möchten daher alle, die sich ähnlich stark wie wir für das Thema Flexibilitätsbewertung interessieren, ermuntern, zur Weiterentwicklung der Anwendungsbreite der ROA-Methodik aktiv beizutragen.

Im ersten Teil dieses kurzen Schlusskapitels befassen wir uns mit einfachen Erweiterungen des in den vorausgehenden elf Kapiteln entwickelten Grundansatzes. Danach folgen einige komplexere Anwendungen – manche mit Lösungen, manche ohne. Anschließend kommen wir auf den beklagenswerten Sachverhalt zu sprechen, dass die Validierung der Realoptionsanalyse derzeit leider noch auf ziemlich schwachen Füßen steht. Zum Abschluss untersuchen wir den Zusammenhang zwischen der Spieltheorie (welche die Unsicherheit endogenisiert) und der Realoptionsanalyse (bei welcher die Unsicherheit exogen bleibt).

Einfache Erweiterungen

Einfach strukturierte Routineoptionen – Call-Optionen wie das Recht, ein Projekt zu erweitern – sind leicht zu beschreiben. Es besteht für eine bestimmte Zeit das Recht, aber nicht die Pflicht, den Betrieb durch Investition eines festgelegten Betrages um einen bestimmten Prozentsatz zu erweitern (und damit den Barwert zu erhöhen). Zur Lösung dieses Problems müssen wir lediglich drei Parameter bestimmen: die Volatilität des Projekts, seinen Kapitalwert sowie den risikofreien Zinssatz. Doch was geschieht, wenn wir einige der stillschweigend getroffenen Annahmen lockern?

Angenommen, der Basispreis steigt mit der Zeit auf nicht zufällige Weise (was normalerweise eher die Regel als die Ausnahme darstellt). Die Kosten der

Beschaffung zusätzlicher Kapazität beispielsweise nehmen mit der Zeit tendenziell zu. Mit dem Gitteransatz ist dieses Problem leicht zu lösen. Wir ändern einfach den Basis- respektive Ausübungspreis pro Periode und lösen dann in der gewohnten Weise auf. Üben können Sie dies etwa anhand von Aufgabe 3 in Kapitel 5 oder Aufgabe 7 in Kapitel 7.

Wie sieht es aber aus, wenn Projektoptionen nur zu bestimmten Zeitpunkten ausgeübt werden können? Auch hierbei handelt es sich um ein keineswegs ungewöhnliches Problem. Forschungs- und Entwicklungsergebnisse zum Beispiel liegen typischerweise nur periodisch und dazu in unregelmäßigen Abständen vor – etwa nach mehrmonatigen Versuchen (am Menschen oder Tier). Der Gitteransatz bietet jedoch auch für dieses Problem eine Lösung: Wir unterteilen einfach die Laufzeit eines Projekts in mehr Subintervalle als Entscheidungspunkte und modellieren Entscheidungen nur dann, wenn sie praktisch möglich sind. Ein Problem dieser Art findet sich in Aufgabe 8 von Kapitel 7.

Wechseloptionen mit ihren Erweiterungen und Subtilitäten verdienen eigentlich mehr Raum, als wir ihnen hier geben konnten. Die einfachste Wechseloption ist weder mit Wechselkosten noch mit Beständen verbunden. Es geht vielmehr schlicht um den Tausch eines risikobehafteten Objekts gegen ein anderes – ein Problem analog zur Bestimmung des Preises einer Option mit einem stochastischen Basispreis (hier dem Preis des Wechselobjekts). Zur Lösung dieses Problems lässt sich die in Kapitel 6 beschriebene Logik einsetzen. Diese taugt im Übrigen auch für das schwierigere Problem, wenn bei einem Wechsel zwischen zwei Modi (A und B) positive Wechselkosten anfallen. Nicht erörtert haben wir in diesem Buch allerdings die Frage, wie der Gitteransatz zur Lösung von Wechseloptionsproblemen verwendet werden kann, wenn die Basisobjekte *nicht* vollkommen miteinander korreliert sind. Zwar empfiehlt sich unseres Erachtens auch in diesem Fall ein quadranomialer Ansatz, doch würde die Erörterung dieses Anwendungsproblems hier zu weit führen.

Es gibt im Zusammenhang mit dem Wechselproblem freilich drei spezifische Erweiterungen, die in der Praxis nützlich sein dürften. Erstens: Wie stellt sich der Fall dar, wenn es etwa um den Abbau nicht erneuerbarer Bodenschätze geht und die beiden Optionen beziehungsweise Betriebsmodi in einem langsamen respektive forcierten Abbau bestehen? Bei hohem Preis liegt sicherlich der Gedanke an einen relativ raschen Abbau nahe. Dies würde allerdings zwangsläufig bedeuten, dass die Ressourcen schneller erschöpft sind und man sich folglich der Chance auf noch höhere Preise beraubt. Aufgabe 2 von Kapitel 6 bietet ein Problem dieser Art. Die zweite Erweiterung betrifft den Fall mehrerer Betriebsmodi. Wie soll man sich entscheiden, wenn drei Abbaugeschwindigkeiten – rasch, mittel, langsam – zur Diskussion stehen? Das dritte Szenario schließlich betrifft eine Abfolge mehrerer Wechseloptionen.

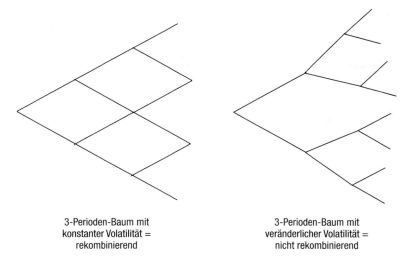

3-Perioden-Baum mit
konstanter Volatilität =
rekombinierend

3-Perioden-Baum mit
veränderlicher Volatilität =
nicht rekombinierend

Abb. 12.1 Entscheidungsbäume mit konstanter respektive veränderlicher Volatilität

Ein Beispiel wäre eine Wechseltechnologie eines bestimmten Typs, die zu fixen Kosten durch eine andere, bessere Wechseltechnologie ersetzt werden kann. Unseres Wissens gibt es zu derartigen Problemen jedoch weder Literatur noch allgemein zugängliche Lösungsansätze.

In unserem Buch gingen wir ja generell davon aus, dass die Volatilität des Underlying oder Basisobjekts im Zeitverlauf konstant bleibt. Diese rigide Annahme muss in der Praxis jedoch häufig gelockert werden. Verändert sich die Volatilität in deterministischer Weise (was impliziert, dass die Volatilitätsänderung *keine* Zufallsvariable ist), so lässt sie sich in der Weise modellieren, dass man die Auf- und Abwärtsbewegungen im Gitter/Baum von Periode zu Periode einfach entsprechend ändert. Freilich hat diese Modifikation zur Folge, dass der Ereignisbaum nicht mehr rekombiniert (siehe Abbildung 12.1). Ein einfaches Beispiel für dieses Problem findet sich in Aufgabe 1 am Ende dieses Kapitels.

Schließlich gibt es noch weitere interessante Optionskombinationen. Ein Beispiel ist die Kombination von Aufschub- und Lernoption, etwa im Zusammenhang mit der Eröffnung einer Mine. Angenommen, es sind zwei Unsicherheitsquellen im Spiel – der Goldpreis einerseits, die vorhandene Abbaumenge andererseits. Die einzige Möglichkeit, die Unsicherheit bezüglich des Goldvorkommens zu verringern, besteht darin, den Betrieb zu eröffnen und nach dem Edelmetall zu graben. Der Wert der Aufschuboption ist umso höher, je später man sie ausübt. Bei der Lernoption hingegen ist es umgekehrt – sie ist umso wertvoller, je früher sie ausgeübt wird. Folglich mag es je nach den

Abschließende
Überlegungen und
offene Forschungs-
fragen

problemspezifischen Parametern ein »inneres« Optimum geben: Im einen Fall mag es optimal sein, den Betrieb sofort aufzunehmen; im anderen Fall mag es indes besser sein, die Eröffnung möglichst lange hinauszuschieben.

Realoptionen und Strategie

Wir können nicht oft genug betonen, dass der Realoptionsansatz eine radikal verschiedene strategische Denkweise impliziert. Traditionellerweise entwickelt man, wie gesehen, verschiedene sich wechselseitig ausschließende Alternativen, zieht zu Vergleichszwecken irgendein strategisches (meist wertbezogenes) Messkriterium heran und entscheidet sich dann für eine der Alternativen. Anders formuliert: Man arbeitet einfach mit den Barwerten unvereinbarer, sich wechselseitig ausschließender Alternativen. In Kapitel 6 haben wir erläutert, warum der ROA-Ansatz (und insbesondere die Wechseloption) ein produktiveres Szenario für die Evaluierung von Strategien darstellt. Die Begründung fällt nicht schwer: Wie jeder Projektplaner nur allzu gut weiß, tauchen im Fortgang der Dinge sehr häufig neue Informationen auf, die nicht selten auf die Notwendigkeit eines Strategiewechsels hindeuten.

Sind unter Bedingungen hoher Unsicherheit die Wechselkosten niedrig, liegt es auf der Hand, dass flexible Strategien den starren bei weitem überlegen sind. Daraus folgt ganz eindeutig, dass der Stratege gut beraten ist, seine Entscheidungen nicht als wechselseitig exkludente Alternativen zu betrachten, sondern als eine Wechseloptionsübung, die den Unsicherheitsgrad und die Wechselkosten genauso in Rechnung stellt wie die auf den potenziellen Strategiepfaden zu erwartenden Cashflows.

Realoptionen und Spieltheorie

Eine der impliziten Annahmen der Realoptionsanalyse besteht darin, die Unsicherheit als exogen zu betrachten. Ungewissheit wird mithin als ein Parameter betrachtet, der wohl den Wert einer Option beeinflusst, nicht aber Teil des Lösungsprozesses ist. Anders formuliert: Unsicherheit ist ein Input (eine Eingangsgröße), kein Output (Ergebnis-/Gestaltungselement). Dies erweist sich vor allem bei Aufschuboptionen als nachteilig. Hierbei handelt es sich ja um amerikanische Optionen, die für den Fall, dass keine Dividenden gezahlt werden, erst zum Verfallstermin optimal ausgeübt werden. Unter diesen Bedingungen kann die ROA in der Tat zu unsinnigen Ergebnissen führen. Nehmen wir an, es geht um die wettbewerbsorientierte Entwicklung eines neuen Medikaments. Betrachtet man hier die Volatilität des Wertes des erhofften Endprodukts als exogen (und damit als unabhängig von den eigenen Entscheidungen wie auch dem Verhalten der Wettbewerber), so müsste man den Forschungsbeginn bis zum Äußersten hinausschieben – eine gewiss unkluge Entscheidung. Natürlich ist hier der Wettbewerb ausschlaggebend, und es liegt auf der Hand, dass die eigenen Entscheidungen das Verhalten der Konkurrenten beeinflussen und umgekehrt.

Die akademische Forschung zum Verhältnis zwischen Optionspreisbestimmung und Spieltheorie steckt mit Arbeiten von Grenadier (2000), Smit und Ankum (1993) und Trigeorgis (1996) allerdings noch sehr in den Anfängen. Zwar arbeiten die letztgenannten Autoren an den einzelnen Knoten des Ereignisbaumes mit einem Zwei-Personen-Gefangenendilemma, doch das wesentlich kompliziertere Problem eines N-Personen-Spiels ist nach wie vor ungelöst.

Wenden wir uns kurz der Arbeit von Smit und Ankum (1993) zu. Die beiden Forscher beschäftigen sich mit Aufschuboptionen unter Bedingungen eines wettbewerblichen Gleichgewichts. Ein Beispiel ist der Wettbewerb zwischen zwei relativ eng benachbarten Flughäfen (Amsterdam-Schiphol/Holland und Brüssel), die beide nach der Führungsrolle im nordwesteuropäischen Raum streben. Beide Flughäfen planen daher Großinvestitionen für den Ausbau. Es handelt sich hier also um ein klassisches Zwei-Personen-Spiel namens »Gefangenendilemma«, wie in Abbildung 12.2 illustriert. Expandieren beide, ist die Rendite für beide gering. Expandiert nur einer der beiden, so profitiert dieser stark, während der Konkurrent das Nachsehen hat. Bleibt noch eine dritte Variante: Verzichten beide auf eine Expansion, profitieren beide, wiewohl mäßig.

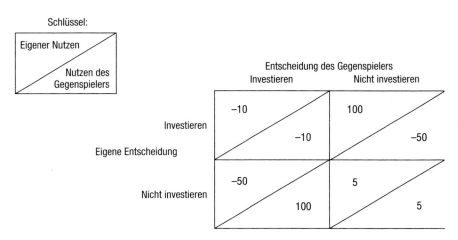

Abb. 12.2 Nutzentabelle beim Gefangenendilemma

Abschließende Überlegungen und offene Forschungsfragen

Das Wettbewerbsverhalten lässt sich unter vielerlei Prämissen beschreiben – das Duopol ist nur eine davon. Wir kommen auf diese Variante aber gleich noch einmal zurück. Smit und Ankum (1993) diskutieren mehrere Möglichkeiten: einen Monopolfall, bei dem die ökonomische Rente aus einem Projekt für alle Zeit als konstant betrachtet wird (da der Markt abgeschottet ist); eine wettbewerbliche Reaktionsfunktion, das heißt ein Wettbewerbsszenario, bei dem die ökonomische Rente mit der Zeit (auf nicht-stochastische Weise) bis zu dem Punkt fällt, an dem eine Wettbewerbsrendite erreicht ist; schließlich noch das bereits erwähnte Duopol. Die Marktmacht von »Duopolisten« (unter symmetrischen wie asymmetrischen Bedingungen) und ihre Auswirkungen auf die Problemlösung werden von den beiden Autoren im Weiteren eingehend erörtert.

Reaktionsfunktionen

Wir wollen uns zunächst die Wettbewerbsfunktion vornehmen, da sie sich als eine Art Reaktionsfunktion darstellen lässt, die das Problem unter der Annahme löst, dass der mit dem neuen Produkt anfänglich erworbene Wettbewerbsvorteil infolge des Wettbewerbs mit der Zeit in vorhersagbarer (das heißt nicht-stochastischer) Weise verloren geht. Der Monopolfall stellt in dieser Sichtweise einfach eine Wettbewerbsreaktionskurve dar, bei der die ökonomischen Renten keiner Aushöhlung unterliegen.

Nehmen wir ein konkretes Beispiel, um zu zeigen, wie sich Reaktionskurven in ein Optionspreismodell integrieren lassen. Folgende Bedingungen seien gegeben:

1. Anfangsinvestition in ein unbegrenzt laufendes Projekt: I = 1 000 Dollar.
2. Cashflows beziehungsweise Dividenden jährlich: (a) Normale Wettbewerbsrendite auf die Anfangsinvestition: k = 20 Prozent. (b) Erwartete ökonomische Rente (oder Überschussrendite), die im ersten Jahr 100 Dollar beträgt, dann aber infolge des zu erwartenden Wettbewerbs um 20 Prozent jährlich sinkt.
3. Risikofreier Zinssatz (r_f) = 5 Prozent; Kapitalkosten k = 20 Prozent.
4. Der Projektwert unterliegt potenziellen jährlichen Schwankungen wie folgt: Aufwärtsfaktor u = 1,7; Abwärtsfaktor d = $1/u$ = 0,588.
5. Es besteht eine Aufschuboption, Laufzeit drei Jahre.
6. Es wird unterstellt, dass sich die Dividenden proportional zum Barwert des Projekts inklusive Dividende verhalten.

Im Rahmen der Problemlösung ermitteln wir zunächst die zeitabhängige Entwicklung des Projektbarwerts. Der Barwert zum Zeitpunkt 0 lautet:

$$PV_0 = \frac{D_1}{1+k} + \frac{D_2}{(1+k)^2} + \frac{D_3}{(1+k)^3} + ... + \frac{D_N}{(1+k)^N}$$

$$= \frac{kI + 100(1-0,2)}{1+k} + \frac{kI + 100(1-0,2)^2}{(1+k)^2} + ... + \frac{kI + 100(1-0,2)^N}{(1+k)^N}$$

$$= \sum_{t=1}^{N} \frac{kI}{(1+k)^t} + \sum_{t=1}^{N} \frac{100(1-0,2)^t}{(1+k)^t}$$

Der erste Term steht für eine ewige konstante Rente, der zweite für eine unendlich anwachsende (abnehmende) Rente. Folglich lässt sich der Ausdruck für PV_0 in die folgende Form bringen:

$$PV_0 = \frac{kI}{k} + \frac{100}{k-(-0,2)}$$

$$= 1\,000 + \frac{100}{0,2+0,2} = 1\,250$$

Nach der Kapitalwertregel würde man also investieren, da das Projekt einen positiven Kapitalwert aufweist:

$$NPV = PV - I = 1\,250 - 1\,000 = 250$$

Ermitteln wir abschließend noch PV_1, ausgehend von den folgenden Definitionen von PV_0 und PV_1:

$$PV_0 = \frac{D_1}{1+k} + \frac{D_2}{(1+k)^2} + \frac{D_3}{(1+k)^3} + ... + \frac{D_N}{(1+k)^N}$$

$$PV_1 = \frac{D_2}{(1+k)} + \frac{D_3}{(1+k)^2} + ... + \frac{D_N}{(1+k)^{N-1}}$$

Hieraus ergibt sich:

$$PV_1 = \left[PV_0 - \frac{D_1}{(1+k)} \right](1+k)$$

$$= PV_0(1+k) - D_1 = 1\,250(1,2) - (kI + 100)$$

$$= 1\,500 - (200 + 100) = 1\,200$$

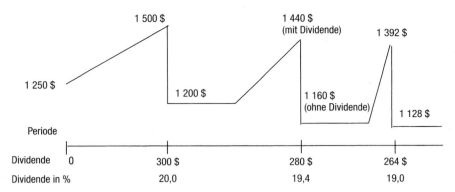

Abb. 12.3 Erwarteter Wert des Projekts

Durch Wiederholung dieses Prozesses erhalten wir die in Abbildung 12.3 illustrierten Erwartungswerte des Projekts im Zeitverlauf.

Als Nächstes unterstellen wir Unsicherheit in Bezug auf das risikobehaftete Basisobjekt, indem wir die Werte ohne Dividende mit der angenommenen Auf- beziehungsweise Abwärtsbewegung multiplizieren. Dies ist in Abbildung 12.4 illustriert. Die Dividenden verhalten sich (wie oben definiert) proportional zum Wert des Projekts inklusive Dividende.

Schließlich verwandeln wir den Ereignisbaum des Basisobjektwerts in einen Entscheidungsbaum und bewerten die Entscheidungen anschließend anhand risikoneutraler Wahrscheinlichkeiten. Die Ergebnisse sind in Abbildung 12.5 zusammengefasst. Die risikoneutrale Wahrscheinlichkeit lautet:

$$p = \frac{1 + r_f - d}{u - d} = \frac{1,05 - 0,588}{1,7 - 0,588} = 0,415$$

Hieraus ergibt sich für die laufende/offene Option an Knoten H folgender Wert:

$$
\begin{aligned}
C &= \frac{pCu + (1 - p)}{1 + r_f} C_d \\
&= \frac{0,415(1\,376) + (1 - 0,415)146}{1,05} \\
&= \frac{656}{1,05} = 625
\end{aligned}
$$

Wie gehabt, lösen wir den Baum rekursiv auf und stellen dabei fest, dass der Projektwert inklusive des Aufschubrechts 309 Dollar beträgt, verglichen mit

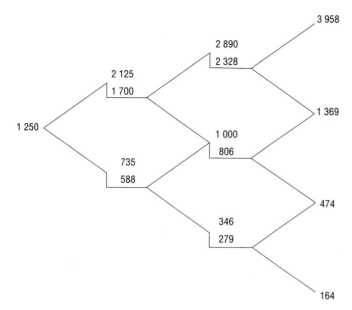

Abb. 12.4 Ereignisbaum für den Wert des Underlying/Basisobjekts (unter der Annahme einer Wettbewerbsreaktionskurve)

einem Kapitalwert (NPV) von 250 Dollar. Festzustellen ist ferner, dass aufgrund der unterstellten Rückläufigkeit der ökonomischen Rente bereits in Periode 2 eine Neuinvestition erforderlich ist.

Optionen mit endogener Unsicherheit

Smit und Ankum lösen das Optionsproblem auf der Basis zweier nicht kooperierender Wettbewerber, indem sie an jedem Entscheidungsbaumknoten ein Zwei-Personen-Spiel einbetten (vergleiche Abbildung 12.6). Das gerade analysierte Beispiel zeigt, wie der Realoptionsansatz in diesem Sinne ohne nennenswerte Komplikationen auch zur Modellierung und Analyse der strategischen Interaktion zwischen Wettbewerbern verwendet werden kann. Typisch für diese Art von Realoptionsmodell ist freilich der exogene Charakter des Wettbewerberverhaltens. In unserem obigen Beispiel gingen wir einfach davon aus, dass die Konkurrenten ins Marktgeschehen eingreifen und so dafür sorgen, dass die abnorm hohe Rente mit der Zeit sinkt, völlig unabhängig davon, wie sich das Rente beziehende Unternehmen verhält. Unter diesen Voraussetzungen optimiert das betreffende Unternehmen also lediglich seine

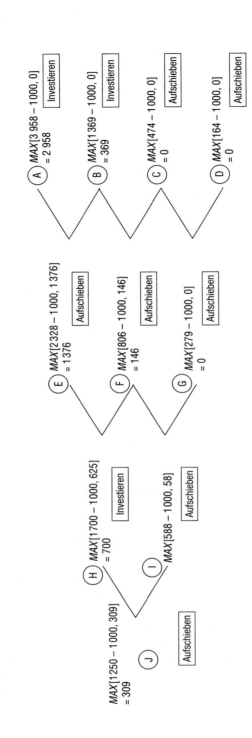

Abb. 12.5 Realoptionsanalyse (Wettbewerbsreaktionskurve)

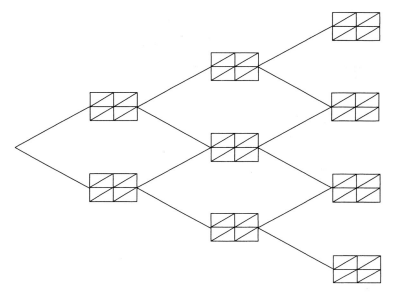

Abb. 12.6   Entscheidungsbaum mit integriertem Gefangenendilemma

eigene Wettbewerbsreaktion auf ein gegebenes (vorausgehendes) Verhalten der Konkurrenz.

Realistischer wird die Sache freilich, wenn beide Wettbewerber das Optimierungsverhalten des jeweils anderen Marktteilnehmers erkennen und entsprechend in Rechnung stellen. Genau unter diesen Voraussetzungen ist die Spieltheorie ein exzellentes Analyseinstrument, da sie die Modellierung unterschiedlicher Marktstrukturen – vom Duopol über das Oligopol bis hin zum vollkommenen Wettbewerb – ermöglicht. Daneben erlaubt sie die sehr flexible Berücksichtigung des Wettbewerbsverhaltens der einzelnen Marktteilnehmer, etwa in Form der Festlegung von Preis- oder Mengenniveaus. Am interessantesten und produktivsten freilich sind die so genannten »dynamischen Spiele«. Hier identifizieren wir nicht nur ein optimales strategisches Verhalten je Teilnehmer zu einem gegebenen Zeitpunkt, sondern können eine Sequenzierung der Maßnahmen im Zeitverlauf vornehmen. Dieser Ansatz passt ganz offenkundig besser zum Strategieverständnis von Managern im Sinne eines zukunftsorientierten Wettbewerbsverhaltens.

Alle dynamischen Spiele setzen bei der Optimierung aktueller Entscheidungen eine Diskontierung künftiger Werte voraus. Gleichzeitig stellen sie durch Erfassung der künftigen Änderungen in den Geschäftsbedingungen und der jedem Teilnehmer zugänglichen Flexibilität aber auch die Änderun-

Abschließende
Überlegungen und
offene Forschungs-
fragen

gen im Risikoprofil des Projekts in Rechnung. Von normalen Optionen (Real- wie Finanzoptionen) her wissen wir ja bereits, dass der Diskontierungssatz sich mit der Zeit und je nach Szenario ändert und mithin einen Indikator für die Änderung des Investitionsrisikos darstellt. Genau hier ergänzen sich die Spieltheorie und die Realoptionsanalyse wechselseitig. Während Erstere die Modellierung des Wertes erlaubt, den jeder Teilnehmer in einer gegebenen Wettbewerbssituation erzeugt, ermöglicht Letztere eine realitätsgerechte Ab- zinsung dieses Wertes sowie eine korrekte Formulierung und Evaluierung einer dynamischen Wettbewerbsstrategie.

Abschließendes Fazit

In diesem Kapitel haben wir einige Erweiterungen wie auch gewisse Be- schränkungen der Realoptionsanalyse diskutiert. Gittermodelle ermöglichen es dem Praktiker, auch Situationen zu modellieren, die mit formal geschlos- senen stochastischen Kalkülen nur schwer oder gar nicht in den Griff zu bekommen sind. Wie gesehen, ist es sogar möglich, die Spieltheorie in ein binomisches Gitter zu integrieren. Allerdings steht die Forschung hier noch ganz am Anfang. Es liegt also noch viel Arbeit vor uns.

Übungsaufgaben

1. Der aktuelle Wert eines Objekts beträgt 100 Dollar, die jährliche Volatilität liegt bei 30 Prozent, und die zu erwartende jährliche Steigerungsrate beträgt null. Wie hoch ist der Wert einer dreijährigen Abbruchoption mit einem Ausübungspreis von 60 Dollar?

   Welche Auswirkungen hat es auf Ihren Ansatz und Ihr Ergebnis, wenn sich die jährliche Volatilität im Laufe der Zeit von 30 Prozent (im ersten Jahr) auf 20 Prozent (im zweiten Jahr) und schließlich 10 Prozent (im drit- ten Jahr) verringert?

2. Bestimmen Sie anhand des in diesem Kapitel entwickelten Beispiels unter jeder der folgenden Bedingungen den optimalen Investitionszeitpunkt so- wie den Wert der Flexibilität des Unternehmens:
   - Die abnorme Rente bleibt konstant hoch. (Welche Art von Marktstruktur würde dies implizieren?)
   - Die Investition erzeugt in den ersten drei Jahren keinen freien Cashflow.
   - Die Aufwärtsbewegung verringert sich von 1,7 auf 1,5.
   - Die abnorme Rente sinkt um jährlich 50 Prozent.

Anhang

Bereiche unter der Normalverteilungskurve

Bereiche unter der Standard-Normalverteilungsfunktion $\int_0^z f(z)dz$

z	0,00	0,01	0,02	0,03	0,04	0,05	0,06	0,07	0,08	0,09
0,0	0,0000	0,0040	0,0080	0,0120	0,0160	0,0199	0,0239	0,0279	0,0319	0,0359
0,1	0,0398	0,0438	0,0478	0,0517	0,0557	0,0596	0,0636	0,0675	0,0714	0,0753
0,2	0,0793	0,0832	0,0871	0,0910	0,0948	0,0987	0,1026	0,1064	0,1103	0,1141
0,3	0,1179	0,1217	0,1255	0,1293	0,1331	0,1368	0,1406	0,1443	0,1480	0,1517
0,4	0,1554	0,1591	0,1628	0,1664	0,1700	0,1736	0,1772	0,1808	0,1844	0,1879
0,5	0,1915	0,1950	0,1985	0,2019	0,2054	0,2088	0,2123	0,2157	0,2190	0,2224
0,6	0,2257	0,2291	0,2324	0,2357	0,2389	0,2422	0,2454	0,2486	0,2517	0,2549
0,7	0,2580	0,2611	0,2642	0,2673	0,2704	0,2734	0,2764	0,2794	0,2823	0,2852
0,8	0,2881	0,2910	0,2939	0,2967	0,2995	0,3023	0,3051	0,3078	0,3106	0,3133
0,9	0,3159	0,3186	0,3212	0,3238	0,3264	0,3289	0,3315	0,3340	0,3365	0,3389
1,0	0,3413	0,3438	0,3461	0,3485	0,3508	0,3531	0,3554	0,3577	0,3599	0,3621
1,1	0,3643	0,3665	0,3686	0,3708	0,3729	0,3749	0,3770	0,3790	0,3810	0,3830
1,2	0,3849	0,3869	0,3888	0,3907	0,3925	0,3944	0,3962	0,3980	0,3997	0,4015
1,3	0,4032	0,4049	0,4066	0,4082	0,4099	0,4115	0,4131	0,4147	0,4162	0,4177
1,4	0,4192	0,4207	0,4222	0,4236	0,4251	0,4265	0,4279	0,4292	0,4306	0,4319
1,5	0,4332	0,4345	0,4357	0,4370	0,4382	0,4394	0,4406	0,4418	0,4429	0,4441
1,6	0,4452	0,4463	0,4474	0,4484	0,4495	0,4505	0,4515	0,4525	0,4535	0,4545
1,7	0,4554	0,4564	0,4573	0,4582	0,4591	0,4599	0,4608	0,4616	0,4625	0,4633
1,8	0,4641	0,4649	0,4656	0,4664	0,4671	0,4678	0,4686	0,4693	0,4699	0,4706
1,9	0,4713	0,4719	0,4726	0,4732	0,4738	0,4744	0,4750	0,4756	0,4761	0,4767
2,0	0,4772	0,4778	0,4783	0,4788	0,4793	0,4798	0,4803	0,4808	0,4812	0,4817
2,1	0,4821	0,4826	0,4830	0,4834	0,4838	0,4842	0,4846	0,4850	0,4854	0,4857
2,2	0,4861	0,4864	0,4868	0,4871	0,4875	0,4878	0,4881	0,4884	0,4887	0,4890
2,3	0,4893	0,4896	0,4898	0,4901	0,4904	0,4906	0,4909	0,4911	0,4913	0,4916
2,4	0,4918	0,4920	0,4922	0,4925	0,4927	0,4929	0,4931	0,4932	0,4934	0,4936
2,5	0,4938	0,4940	0,4941	0,4943	0,4945	0,4946	0,4948	0,4949	0,4951	0,4952
2,6	0,4953	0,4955	0,4956	0,4957	0,4959	0,4960	0,4961	0,4962	0,4963	0,4964
2,7	0,4965	0,4966	0,4967	0,4968	0,4969	0,4970	0,4971	0,4972	0,4973	0,4974
2,8	0,4974	0,4975	0,4976	0,4977	0,4977	0,4978	0,4979	0,4979	0,4980	0,4981
2,9	0,4981	0,4982	0,4982	0,4982	0,4984	0,4984	0,4985	0,4985	0,4986	0,4986
3,0	0,4987	0,4987	0,4987	0,4988	0,4988	0,4989	0,4989	0,4989	0,4990	0,4990

Das Modell des Binominalbaums (Ereignisbaum)

Dieser Anhang dient dazu, zur Darstellung einer möglichen Wertentwicklung von Projekten das Binomialbaum-Modell einzuführen. Dem Leser wird damit ermöglicht, die Probleme in Kapitel 4 und folgende zu lösen. Eine sehr viel detailliertere Behandlung dieses Modells befindet sich in Kapitel 7.

Das allgemeine Modell der Wertentwicklung

Es wird davon ausgegangen, dass der Wert der meisten Investitionsmöglichkeiten (V) um einen bestimmten jährlichen Ertrag oder Zinssatz anwächst.

$$V_1 = V_0\left(1 + \frac{r}{\Delta t}\right)^{n\Delta t}, \, n\Delta t = 1$$

$$V_{\Delta t} = V_0\left(1 + \frac{r}{\Delta t}\right)^{\Delta t}$$

Wenn die Verzinsung häufiger in jedem Zeitabschnitt (t) stattfindet, wächst der Wert derart:

$$V_1 = V_0 e^{\mu}$$

Wenn der Zeitabschnitt sehr klein wird und die Verzinsung kontinuierlich, wird folgendes Wachstum des Wertes erwartet:

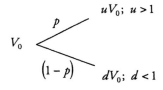

wobei p die Möglichkeit der Aufwärtsbewegung ergibt.

Es gibt verschiedene Wege, um u, d und p so auszuwählen, dass für kurze Zeitintervalle der binominale Prozess die geometrische Brownsche Bewegung nachbildet. Die weitgehendste Annäherung geht davon aus, dass die Aufwärt- und Abwärtsbewegungen proportional zur Standardabweichung (Volatilität) und symmetrisch sind:

$$u = e^{\sigma\sqrt{t}}, \quad d = e^{-\sigma\sqrt{t}}$$

$$u = \frac{1}{d}$$

Der erwartete Wert E (V) am Ende des Zeitabschnitts muss folgende Gleichung erfüllen:

$$E\left(V_{\Delta t}\right) = V_0 e^{r\Delta t} = pu V_0 + \left(1 - p\right) d V_0$$

$$e^{r\Delta t} = pu + \left(1 - p\right) d$$

Wenn wir die obige Gleichung lösen, ergeben sich diese Möglichkeiten für die Aufwärtsbewegung:

$$p = \frac{e^{r\Delta t} - d}{u - d} \qquad \text{für kontinuierlich verzinstes Wachstum}$$

$$\text{oder} \quad p = \frac{1 + r - d}{u - d} \qquad \text{für jährlich verzinstes Wachstum}$$

Der in dieser Weise strukturierte binominale Prozess ist eine gute Annäherung an die geometrische Brownsche Bewegung, wenn der gewählte Zeitabschnitt ausreichend kurz ist.

In unseren meisten Beispielen gehen wir zwar von längeren Zeitintervallen aus, um das Verstehen der Lösungen zu erleichtern, wir empfehlen jedoch nachdrücklich, kurze Zeitabschnitte in der praktischen Anwendung zu verwenden.

Das Modell
des Binominalbaums
(Ereignisbaum)

Anmerkungen

Kapitel 1

(1) Der Itô-Kalül wird zur Ableitung der Formel von Black und Scholes zur Bewertung von Optionen verwendet (Anm. d. Red.).

(2) Vergleiche beispielsweise T. Copeland, T. Koller und J. Murrin: *Valuation. Measuring and Managing the Value of Companies*, 3. Auflage, New York, John Wiley & Sons, 2000 (deutsch: *Unternehmenswert. Methoden und Strategien für eine wertorientierte Unternehmensführung*, 3. Auflage, Frankfurt am Main, Campus Verlag, 2002).

(3) Anfänglich bei McKinsey (1987 bis 1998), später dann bei Monitor.

(4) Diese Aufgaben und ihre Lösungen können Sie, wie auch die nachfolgenden, anhand eines Lösungshandbuchs vertiefen, das Sie unter *www.corpfinonline.com* bestellen können.

Kapitel 2

(1) Everett M. Rogers, *Diffusion of Innovations*, 4. Auflage, New York, Free Press, 1995.

Kapitel 3

(1) Der dem CAPM zugrunde liegenden Theorie gemäß entspricht die zu erwartende Rendite eines Wertpapiers unter Gleichgewichtsbedingungen stets dem risikofreien Zinssatz, r_f, zuzüglich der zu erwartenden marktbestimmten Risikoprämie, $E(R_m) - R_f$, multipliziert mit dem systematischen Risiko des Papiers, β_j. Dabei stellt $E(R_m)$ die erwartete Rendite auf das Marktportfolio aller Risikowerte dar.

(2) Die Kovarianz definiert sich als

$$COV(x,y) = \frac{\sum_i p_i [x_i - E(x)][y - E(y)]}{\sum_i p_i [x_i - E(x)]^2}$$

Dies entspricht der Steigung einer linearen Regression(sgeraden) der abhängigen Variablen Y in Bezug auf eine unabhängige Variable X.

(3) Beta ist im Capital Asset Pricing Model (CAPM) wie folgt definiert:

$$\beta = \frac{COV(R_i, R_m)}{VAR(R_m)}$$

Kapitel 4

(1) Wir nehmen ferner an, dass die Volatilitätssteigerung marktunabhängig ist (also nicht mit dem Markt korreliert), sodass sich der Diskontierungssatz nicht ändert.

Kapitel 5

(1) Beispielsweise lautet der durchschnittliche geometrische Payoff in der ersten Periode von Abbildung 5.1: $[(uV_0)(dV_0)]^{1/2}$ = V_0, da $ud = 1$.

(2) Wenn $p \neq q$ oder $u \neq |d|$, wird die Verteilung asymmetrisch (schief).

(3) Wenn der fortlaufende Satz bei jährlich 5 Prozent liegt, so gilt für den äquivalenten diskreten Jahressatz:

$$e^i = (1 + r_f)$$
$$e^{0,05} = (1 + r_f)$$
$$1,0513 = 1 + r_f$$
$$r_f = 5,13\,\%$$

Der vierteljährliche risikofreie Zinssatz berechnet sich daher wie folgt:

$$\left(1 + \frac{j}{m}\right)^m = 1 + r_f$$

$$\frac{j}{4} = (1{,}0513)^{0{,}25} - 1$$

$$\frac{j}{4} = 1{,}258 \%$$

(4) Im Allgemeinen ist bei mehrperiodigen Problemen eine vorzeitige Ausübung einer amerikanischen Call-Option nur dann sinnvoll, wenn sich die Option auf den Wert nach Dividende bezieht.

Kapitel 6

(1) Ganz offenkundig liegen beide Payoffs unter dem Basispreis von 400 Dollar. Die erste Option würde in diesem Zustand also nicht ausgeübt.

(2) Generalisierte Versionen von Wechseloptionen (siehe zum Beispiel Margrabe, 1978) zeichnen sich durch zwei korrelierte Unsicherheitsquellen aus, von denen jede einen anderen Modus bestimmt. Unser Beispiel basiert allerdings auf der stillschweigenden Annahme vollkommen korrelierter Unsicherheiten, sodass sich das Problem auf eine einzige Unsicherheitsquelle reduziert.

Kapitel 8

(1) Die Ableitung dieser Formel beginnt mit der Darstellung der unendlichen geometrischen Reihe für Zahlungen von b Dollar, die in jedem ungeraden Jahr fällig sind, abgezinst zum Satz r:

$$PV(ungerade) = [b / (1 + r)] + [b / (1 + r)^3] + [b / (1 + r)^5] + \ldots + [b / (1 + r)^{2N-1}]$$

Wenn wir $u = 1/(1 + r)$ setzen, lässt sich diese Formel zunächst vereinfachen. Danach multiplizieren wir sie mit u^2, woraus sich eine zweite Gleichung ergibt. Subtrahieren wir diese zweite Gleichung von der ersten, entfallen sämtliche

Zwischenglieder. Mathematisch ausgedrückt:

$$PV(ungerade) = bu + bu^3 + bu^5 + \ldots + bu^{2N-1}$$
$$-u^2 [PV(ungerade) = bu^3 + bu^5 + \ldots + bu^{2N-1} + bu^{2N+1}]$$

$$PV(ungerade) - u^2 PV(ungerade)$$
$$= bu - bu^{2N+1} = bu(1 - u^{2N})$$

$$= bu(1 - u^{2N}) / (1 - u^2)$$

Im Grenzfall, wenn N gegen Unendlich geht, nähert sich der zweite Term des Klammerausdrucks im Zähler dem Wert null, sodass wir letztlich zu der im Text angegebenen Formel gelangen: $PV(ungerade) = bu / (1 - u^2)$.
Die Gleichung für die Zahlungen in den geraden Jahren lässt sich auf analoge Weise ableiten.

Kapitel 9

(1) Kovarianz (COV) wird definiert als $\Sigma(p_i [X_i - E(X)][Y_i - E(Y)]$, wobei X_i und Y_i die beiden Zufallsvariablen mit Mittelwert $E(X)$ und $E(Y)$ sind, während p_i für die gemeinsame Wahrscheinlichkeit der Beobachtung von (X_i und Y_i) steht. Die intuitive Erklärung lautet, dass die Kovarianz ein Maß der gleichzeitigen Abweichung von X und Y vom jeweiligen Mittelwert darstellt. Wenn beide Zufallsvariablen gleichzeitig zu einem Wert oberhalb oder unterhalb ihres Mittelwerts tendieren, ist die Kovarianz positiv (und umgekehrt).

(2) Dies scheint auf den ersten Blick zwar mit der Volatilitätsformel für geometrische Brownsche Bewegungen identisch zu sein, doch kann es zwischen beiden Formeln zu Differenzen kommen, da die geometrische Brownsche Bewegung auf der Wachstums-/Steigerungsrate in der modellierten Variablen beruht, während diese Annahme bei der Regression nicht notwendigerweise verlangt ist. Für den Fall jedoch, dass die Regression das Wachstum bei beiden Variablen (x und y) ebenfalls berücksichtigt, sind die beiden Ansätze in der Tat voll identisch.

Kapitel 10

(1) Beachten Sie, dass wir hier lediglich für ein halbes Jahr zum risikofreien Satz abzinsen.

(2) Eine Erörterung des quadranomialen Ansatzes mit korrelierten Unsicherheiten findet sich in Clewlow und Strickland (1998), S. 44–51. Die Entwicklung dieser Methoden geht auf Boyle (1988) und Boyle, Eunine und Gibbs (1989) zurück.

Kapitel 11

(1) Aus einer Rede des Chefs der US-Notenbank Federal Reserve vom 5. Dezember 2000.

Danksagung

Vielen Menschen gebührt an dieser Stelle ein Dankeswort. Tom möchte zuallererst Maggie, seiner schönen und begabten Gattin, für ihre immerwährende Unterstützung und Ermutigung in den hektischen und arbeitsreichen Zeiten, die mit dem Buch verbunden waren, von Herzen danken. Doch Dank auch an seine lieben Söhne Timothy und Michael. Vladimir hatte in seiner Mutter Liliana eine unermüdliche Unterstützerin. Sein Dank gilt außerdem seinem Sohn Teodor – der Sonne seines Lebens – sowie all seinen lieben und hoch geschätzten Freunden.

Ein ganz besonderes Dankeschön gebührt John Stonier, der Kapitel 2 beisteuerte und unser Buch mit seinen Erkenntnissen zu Managementfragen im Zusammenhang mit der Anwendung des Realoptionsansatzes bereicherte.

Daneben gibt es noch viele hervorzuheben, die uns mit Rat und Anregungen zur Seite standen: Andy Lo (MIT); Eduardo Schwartz (UCLA), Soussain Faiz (Texaco), Steve Ross (MIT), Peter Tufano (HBS) und Peter Carr (Bank of America) verdienen hier besondere Erwähnung. Dank aber auch an Warren Bailey (Cornell), Phil Keenan (General Motors), Chem Inal (McKinsey & Co.), Sam Blyakher (McKinsey & Co.), Max Michaels (McKinsey & Co.), Yannos Pierides (Universität von Zypern), Don Rosner (McKinsey & Co.), Rob McLean (McKinsey & Co.), Klaus Droste (Deutsche Bank), Lenora Cannegieter (McKinsey & Co.), Saugata Banerjee (Monitor), Sandeep Vaswani (Monitor), Betsy Bellingrath (Monitor), Albert Wang (MIT), Alan Kantrow (Monitor), Mark Fuller (Monitor) und Myles Thompson (Texere).

Tom Copeland
Vladimir Antikarov

Literatur

Kapitel 1: Zum Einstieg

Nachfolgend finden Sie einige leicht verständliche Artikel zum Thema »Realoptionen«, die eine gute Einführung bieten, ohne allzu hohe Ansprüche an Ihre Mathematikkenntnisse zu stellen.

Chorn, L., und P. Carr: »The Value of Purchasing Information to Reduce Risk in Capital Investment Projects«, SPE-Dokument Nr. 37948, vorgelegt auf dem SPE-Symposium »Hydrocarbon Economics and Evaluation«, 16. bis 18. März 1997, Dallas (Texas).

Copeland, T., und P. Keenan: »How Much Is Flexibility Worth?«, in: *McKinsey Quarterly*, 2, 1998, S. 38–49.

Copeland, T., und P. Keenan: »Making Real Options Real«, in: *McKinsey Quarterly*, 3, 1998, S. 129–141.

Copeland, T., und J. Weiner: »Proactive Management of Uncertainty?«, in: *McKinsey Quarterly*, 4, 1990, S. 133–148.

Kemna, A.: »Case Studies on Real Options«, in: *Financial Management*, Herbst 1993, S. 259–270.

Kulatilaka, N., und A. Markus: »Project Valuation Under Uncertainty: When Does DCF Fail?«, in: *Journal of Applied Corporate Finance*, Herbst 1992, S. 92–100.

Ritchkin, P., und G. Rabinowitz: »Capital Budgeting Using Contingent Claims Analysis: A Tutorial«, in: *Advances in Futures and Options Research*, 3, 1998, S. 119–143.

Trigeorgis, L.: »A Conceptual Options Framework for Capital Budgeting«, in: *Advances in Futures and Options Research*, 3, 1998, S. 145–167.

Trigeorgis, L.: »Real Options and Interactions with Flexibility«, in: *Financial Management*, 22, 3, Herbst 1993, S. 202–222.

Kapitel 2: Der Veränderungsprozess

Argyris, Chris: *Flawed Advice and the Management Trap*, New York, Oxford University Press, 2000.

Jensen, Michael C.: *Foundations of Organizational Strategy*, Cambridge, Harvard University Press, 1998.

Rogers, Everett M.: *Diffusion of Innovations*, 4. Auflage, New York, Free Press, 1995.

Kapitel 3: Die Kapitalwertmethode

Bailey, W.: »Valuing Agricultural Firms: An Examination of the Contingent Claims Approach to Pricing Real Assets«, in: *Journal of Economic Dynamics and Control, 15*, 1991, S. 771–791.

Copeland, T., T. Koller und J. Murrin: *Valuation. Measuring and Managing the Value of Companies*, 3. Auflage, New York, John Wiley & Sons, 2000 (deutsch: *Unternehmenswert. Methoden und Strategien für eine wertorientierte Unternehmensführung*, 3. Auflage, Frankfurt am Main, Campus Verlag, 2002).

Davis, G.: »Option Premiums in Mineral Asset Pricing: Are They Important?«, in: *Land Economics*, Mai 1996.

Klammer, T.: »Empirical Evidence on the Adoption of Sophisticated Capital Budgeting Techniques«, in: *Journal of Business*, Juli 1972, S. 387–397.

McConnell, J., und C. Muscarella: »Corporate Capital Expenditure Decisions and the Market Value of the Firm«, in: *Journal of Financial Economics*, September 1985, S. 399–422.

Miller, M., und F. Modigliani: »Some Estimates of the Cost of Capital to the Electric Utility Industry, 1954–1957«, in: *American Economic Review*, Juni 1966, S. 333–348.

Moel, A., und P. Tufano: »When are Real Options Exercised? An Empirical Study of Mine Closings«, in: *Review of Financial Studies, 15*, 2002, S. 35–64.

Paddock, J., D. Siegel und J. Smith: »Option Valuation of Claims on Physical Assets: The Case of Offshore Petroleum Leases«, in: *Quarterly Journal of Economics, 103*, 3, August 1988, S. 479–508.

Quigg, L.: »Empirical Testing of Real Option Pricing Models«, in: *Journal of Finance, 48*, 2, 1993, S. 621–640.

Schall, L., G. Sunden und W. Geijsbeek: »Survey and Analysis of Capital Budgeting References«, in: *Journal of Finance*, März 1978, S. 281–297.

Titman, S.: »Urban Land Prices under Uncertainty«, in: *American Economic Review, 75*, Juni 1985, S. 505–514.

Kapitel 4: Kapitalwertmethode, Entscheidungsbäume und Realoptionsanalyse im Vergleich

Black, F., und M. Scholes: »The Pricing of Options and Corporate Liabilities«, in: *Journal of Political Economy*, Mai/Juni 1973, S. 637–659.

Brennan, M., und L. Trigeorgis (Hg.): *Product Flexibility, Agency and Product Market Competition: New Development in the Theory and Application of Real Option Analysis*, 1999.

Dixit, A., und R. Pindyck: *Investment under Uncertainty*, Princeton, NJ, Princeton University Press, 1994.

Dixit, A., und R. Pindyck: »The Options Approach to Capital Investment«, in: *Harvard Business Review*, Mai/Juni 1995, S. 105–115.

Hurn, A. S., und R. E. Wright: »Geology or Economics? Testing Models of Irreversible Investment Using North Sea Oil Data«, in: *The Economic Journal*, März 1994.

Ingersoll jun., J., und S. Ross: »Waiting to Invest; Investment and Uncertainty«, in: *Journal of Business*, 65, 1, 1992, S. 1–29.

McDonald, R., und D. Siegel: »The Value of Waiting to Invest«, in: *Quarterly Journal of Economics*, November 1986, S. 707–727.

Merton, R.: »The Theory of Rational Option Pricing«, in: *Bell Journal of Economics and Management Science*, Frühjahr 1973, S. 141–183.

Pindyck, R.: »Irreversible Investment, Capacity Choice, and the Value of the Firm«, in: *Journal of American Economic Review*, 78, 5, Dezember 1998, S. 969–985.

Pindyck, R.: »Irreversibility, Uncertainty and Investment«, in: *Journal of Economic Literature*, 28, 1991, S. 1110–1148.

Kapitel 5: Numerische Methoden für einfache Optionen

In Klammern angegeben ist mitunter der Optionstyp, den der betreffende Artikel behandelt.

Abel, A., A. Dixit, J. Eberly und R. Pindyck: »Options, the Value of Capital and Investment«, in: *Quarterly Journal of Economics*, August 1996, S. 753–777.

Berger, P., E. Ofek und I. Swary: »Investor Valuation of the Abandonment Option«, in: *Journal of Financial Economics 42*, 2, Oktober 1996, S. 257–287.

Bjerksund, P., und S. Ekern: »Managing Investment Opportunities under Price Uncertainty: From Last Chance to Wait and See Strategies«, in: *Financial Management*, Herbst 1990, S. 65–83.

Bonini, C.: »Capital Investment under Uncertainty with Abandonment Options«, in: *Journal of Financial and Quantitative Analysis*, März 1997, S. 39–54.

Carr, P.: »The Valuation of Sequential Exchange Opportunities«, in: *Journal of Finance, 43*, 5, Dezember 1988, S. 1235–1256. (Gestaffelte Investitionen)

Kester, W.: »Today's Options for Tomorrow's Growth«, *Harvard Business Review, 62*, 2, März/April 1984, S. 153–160. (Wachstumsoptionen)

Kogut, B.: »Joint Ventures and the Option to Acquire and to Expand«, in: *Management Science, 37*, 1, 1991, S. 19–33.

MacDonald, R., und D. Siegle: »Investment and the Valuation of Firms When There Is an Option to Shut Down«, in: *International Economic Review, 26*, Juni 1985, S. 331–349. (Abbruchoption)

MacDonald, R., und D. Siegle: »Investment and the Valuation of Firms When There Is an Option to Shut Down«, in: *International Economic Review, 26*, 1985, S. 331–349.

MacDonald, R., und D. Siegle: »The Value of Waiting to Invest«, in: *Quarterly Journal of Economics, 101*, November 1986, S. 707–727. (Aufschuboption)

Majd, S., und R. Pindyck: »Time to Build Option Value, and Investment Decisions«, in: *Journal of Financial Economics, 18*, 1987, S. 7–27.

Margrabe, W.: »The Value of an Option to Exchange One Asset for Another«, in: *Journal of Finance, 33*, 1, März 1978, S. 177–186. (Wechseloptionen)

Myers, S., und S. Majd: »Abandonment Value and Project Life«, in: *Advances in Futures and Options Research, 4*, 1991, S. 1–21. (Abbruchoption)

Pindyck, R.: »Irreversible Investment, Capacity Choice, and the Value of the Firm«, in: *American Economic Review, 78*, 5, Dezember 1988, S. 969–985. (Wechseloption)

Titman, S.: »Urban Land Prices under Uncertainty«, in: *American Economic Review, 75*, Juni 1985, S. 505–514. (Aufschuboption)

Trigeorgis, L.: »A Conceptual Options Framework for Capital Budgeting«, in: *Advances in Futures and Options Research, 3*, 1988, S. 145–167. (Wachstumsoptionen)

Trigeorgis, L.: »Real Options and Interactions with Flexibility«, in: *Financial Management, 22*, 3, 1993, S. 202–224. (Gestaffelte Investitionen)

Trigeorgis, L.: »The Nature of Options Interactions and the Valuation of Investments with Multiple Real Options«, in: *Journal of Financial and Quantitative Analysis, 28*, 1, 1993, S. 1–20.

Kapitel 6: Zusammengesetzte Optionen und Wechseloptionen

Baldwin, C. Y.: »Optimal Sequential Investment when Capital Is Not Readily Reversible«, in: *Journal of Finance, 37*, 3, Juni 1982, S. 763–782.

Black, F., und M. Scholes: »The Pricing of Options and Corporate Liabilities«, in: *Journal of Political Economy*, Mai/Juni 1973, S. 637–59.

Brennan, M., und E. Schwartz: »Evaluating Natural Resource Investments«, in: *Journal of Business*, April 1985, S. 135–57.

Carr, P.: »The Valuation of Sequential Exchange Opportunities«, in: *Journal of Finance, 43*, 5, Dezember 1988, S. 1235–1256.

Cortazar, G., und E. Schwartz: »A Compound Option Model of Production and Intermediate Inventories«, in: *Journal of Business, 66*, 4, 1993, S. 517–540.

Dixit, A.: »Entry and Exit Decisions Under Uncertainty«, in: *Journal of Political Economy, 97*, 3, 1989, S. 620–638.

Geske, R.: »The Valuation of Corporate Liabilities as Compound Options«, in: *Journal of Financial and Quantitative Analysis*, November 1977, S. 541–552.

Kaslow, T., und R. Pindyck: »Valuing Flexibility in Utility Planning«, in: *The Electricity Journal, 7*, März 1994, S. 60–65.

Kulatilaka, N.: »The Value of Flexibility: The Case of a Dual-Fuel Industrial Steam Boiler«, in: *Financial Management*, Herbst 1993, S. 271–280.

Margrabe, W.: »The Value of an Option to Exchange One Asset for Another«, in: *Journal of Finance, 33*, 1, März 1978, S. 177–186.

Moel, A., und P. Tufano: »When are real options exercised? An empirical study of mine closings«, in: *Review of Financial Studies, 15*, 2002, S. 35–64.

Morck, R., E. Schwartz und D. Strangeland: »The Valuation of Forestry Resources Under Stochastic Prices and Inventories«, in: *Journal of Financial and Quantitative Analysis, 24*, 1989, S. 473–487.

Pindyck, R.: »Irreversible Investment, Capacity Choice, and the Value of the Firm«, in: *American Economic Review, 78*, 5, Dezember 1988, S. 969–985.

Zinkham, F.: »Option Pricing and Timberland's Land-Use Conversion Option«, in: *Land Economics, 67*, 1991, S. 317–325.

Kapitel 7: Von ganzjährigen zu untergliederten Perioden

Black, F., und M. Scholes: »The Pricing of Options and Corporate Liabilities«, in: *Journal of Political Economy, 3*, 1973, S. 639–654.

Cox, J., S. Ross und M. Rubinstein: »Option Pricing: A Simplified Approach«, in: *Journal of Financial Economics, 7*, 3, September 1979, S. 229–264.

Feller, W.: *An Introduction to Probability Theory and Its Applications*, Bd. 1, 3. Auflage 1968, New York, John Wiley & Sons.

Omberg, E.: »A Note on the Convergence of the Binomial Pricing and Compound Option Models«, in: *Journal of Finance, 42*, 2, 1987, S. 463–469.

Rubinstein M.: »Implied Binomial Trees«, in: *Journal of Finance, 69*, 3, 1994, S. 771–818.

Kapitel 8: Ein vierstufiges Verfahren zur Bewertung von Realoptionen

Copeland, T., und J. F. Weston: *Financial Theory and Corporate Policy*, 3. Auflage, Reading, Mass., Addison-Wesley, 1992.

Samuelson, P.: »Proof That Properly Anticipated Prices Fluctuate Randomly«, in: *Industrial Management Review*, Frühjahr 1965, S. 41–49.

Kapitel 9: Volatilitätsschätzung – ein konsolidierter Ansatz

Bhattacharya, S.: »Project Valuation with Mean-Reverting Cash Flow Streams«, in: *Journal of Finance, 33*, 5, 1978, S. 1317–1331.

Bjerksund, P., und S. Ekern: »Contingent Claims Evaluation of Mean-Reverting Cash Flows in Shipping«, in: *Real Options in Capital Investments*, hg. v. L. Trigeorgis, Praeger 1995.

Boyle, P.: »Options: A Monte Carlo Approach«, in: *Journal of Financial Economics*, Mai 1977, S. 323–338.

Clewlow, L., und C. Strickland: *Implementing Derivatives Models*, New York, John Wiley & Sons, 1998.

Guttman, I., S. Wilkes und J. S. Hunter: *Introductory Engineering Statistics*, 3. Auflage, New York, John Wiley & Sons, 1982.

Johnston, J.: *Econometric Methods*, 2. Auflage, New York, McGraw-Hill, 1972.

Vijverberg, W.: »Monte Carlo Evaluation of Multivariate Normal Probabilities«, in: *Journal of Econometrics, 76*, 1997, S. 281–307.

Kapitel 10: Getrennte Behandlung der Unsicherheiten

Boyle, P.: »A Lattice Framework for Option Pricing with Two State Variables«, in: *Journal of Financial and Quantitative Analysis, 23*, 1988, S. 1–26.

Boyle, P., P. Eunine und S. Gibb: »Numerical Evaluation of Multivariate Contingent Claims«, in: *Review of Financial Studies, 2,* 1989, S. 241–250.

Chang, C., und J. Chang: »Option Pricing with Stochastic Volatility. Information-Time versus Calendar-Time«, in: *Management Science, 42,* 7, 1996, S. 974–991.

Clewlow, L., und C. Strickland: *Implementing Derivatives Models*, New York, John Wiley & Sons, 1998.

Hull, J., und A. White: »The Pricing of Options on Assets with Stochastic Volatilities«, in: *Journal of Finance, 42,* 2, 1987, S. 281–300.

Kamrad, B., und P. Ritchken: »Multinomial Approximating Models for Options with k State Variables«, in: *Management Science, 37,* 1991, S. 1640–1652.

Kapitel 11: Fallbeispiele

Greenspan, Alan: Auszug aus einer Rede des Fed-Chairman im Jahr 1996.

Mitchell, G., und W. Hamilton: »Managing R&D as a Strategic Option«, in: *Research Management, 31,* Mai/Juni 1988, S. 15–22.

Kapitel 12: Abschließende Überlegungen und offene Forschungsfragen

Grenadier, S. (Hg.): *Game Choices: The Intersection of Real Options and Game Theory*, Risk Books, 2000.

Grenadier, S.: »Option Exercise Games: The Intersection of Real Options and Game Theory«, in: *Journal of Applied Corporate Finance, 13,* 2, 2000, S. 99–108.

Smit, H., und L. Ankum: »A Real Options and Game-Theoretic Approach to Corporate Investment Strategy Under Competition«, in: *Financial Management, 22,* 1993, S. 241–250.

Smit, H., und L. Trigeorgis: »Flexibility and Commitments in Strategic Investment«, Arbeitspapier, Erasmus-Universität (Tinbergen-Institut), 1993.

Trigeorgis, L.: »Anticipated competitive entry and early preemptive investment in deferrable projects«, in: *Journal of Economics and Business, 43,* 2, 1991, S. 143–156.

Trigeorgis, L.: *Real Options: Managerial Flexibility and Strategy in Resource Allocation*, Cambridge/Mass., MIT Press, 1996, Kapitel 9.

Register